히브리 병행구조로 해석한

미로탈출 요한계시록

김지형 목사 著

도서출판 키아스무스

미로탈출 요한계시록

초판 1쇄 발행 : 2022년 9월 1일

지은이 : 김지형
발행인 : 김지형
펴낸 곳 : 도서출판 키아스무스
주소 : 전주시 완산구 서원로 386. 105동 706호
H.P. : 010. 2448. 1517
이메일 : kmfm2m@hanmail.net
등록일 : 2021년 4월 1일
등록번호 : 제 2021-000022호

디자인 : 김은율

ISBN : 979-11-979088-0-4 93230

내가 진실로 속히 오리라
아멘 주 예수여 속히 오시옵소서
(계22:20)

미로탈출 요한계시록

도서출판 키아스무스

목   차

서 평
추천사
필자의 소회(素懷)

위 사진은 미국에 사는 지인이 교회 근처를 산책하던 중 발견한 팻말이다,

위 팻말에 쓰인 문장의 의미는

주님 나라 임하옵시고, 주님의 뜻이 이루어지이다

이며, 이것은 계시록의 주제인 그리스도 강림과 연관이 있다, 그래서

필자는 위 문장을 디자인하여 표지로 사용하였다,

서 평

구조제시로 요한계시록을 이해하였습니다

1. 김지형 목사는 계시록 이해에 있어서 새로운 도전을 제시한다.
계시록은 상징적 언어로 쓰였기 때문에 독자들이 늘 미로를 헤매고 다녔다. 일단 들어가면 출구를 찾지 못했고 미로가 어느 목표를 향해서 나아가는지를 알지 못했다. 그리하여 세대론적 이해로 귀착하였다.

2. 이 책의 저자는 각 장의 구조를 제시하므로 계시록이 수수께끼가 아니고 하나님의 나라를 목표하고 있음을 밝힌다.

3. 저자는 계시록을 심판의 책으로 규정하여 대적자들인 용, 짐승, 적그리스도 세력이 멸망 받을 것을 강조한다.

4. 괄목할만한 주해들이 있다.
악의 삼위일체 해설, 아마겟돈 전쟁과 곡과 마곡의 전쟁을 그리스도의 재림과 일치시킨다. 또 거짓 선지자를 배도한 교회와 일치시키는 점이다. 사탄의 멸망을 곡과 마곡의 전쟁과 또 아마겟돈 전쟁과 일치시킨다. 또 이스라엘의 남은 자를 사랑하시는 성으로 해석하는 점 등이다.

5. 아쉬운 점도 있다.
저자는 계시록을 심판의 책으로 정의하여 백마 탄 자를 적그리스도로 판정하는 점이다. 백마 탄 자를 적그리스도와 일치시키면 역사에서 복음의 진행과 승리를 고려 밖으로 놓게 된다. 곧 복음의 진보로 하나님의 백성이 회복되어 하나님이 그의 백성 가운데 충만히 거주하심이 논의의 중심에 서지 못한다. 복음이 승리의 행진을 하는 것이 이 저자의 저술에서 주목받지 못하고 있다. 계시록 전체에서 핍박에도 불구하고 복음이 승리의 행진을 하는 것이 거의 고려되지 못하고 있다.

6. 저자는 천년왕국이란 용어를 사용하지 말 것을 권한다.
계시록 해설자는 단정하기를 천년은 교회시대 전체를 지시하는 것으로 이해해야 한다는 전통적인 견해에 부착한다. 이 천년 기간에 사탄의 결박과 감금을 넣는다. 또 사탄의 놓여남으로 마지막 때가 도래함을 밝힌다.

천년왕국은 메시아 왕국에 대한 오해로 해설한다. 곧 죄에서 인류를 해방함을 메시아 왕국으로 해설한다. 좋은 적합한 해석이다.

7. 그리스도께서 십자가상의 사역으로 사탄을 결박하였음을 저자는 명료하게 제시한다. 사탄이 인류로 하나님께 반역하게 하였으므로 불 못에서 영원히 고통받을 것을 강조한다. 이 사실이 고난받는 그리스도인들에게 위로와 힘을 주려고 한다는 것을 명시하고 있다.

8. 사탄의 감금으로 천년동안 교회가 존속함을 강조한다.

9. 아들 하나님이 심판을 집행하시고 새 창조를 이루심을 잘 전개하고 있다.
믿는 자에게 영생을 주심을 강조하고 있다. 또 그리스도와 연합한 자들이 생명의 부활에 동참함을 합당하게 강조하고 있다.

10. 불신자들이 범죄와 불신앙으로 심판받아 영원한 불 못에 던져짐을 강조해서 응당한 형벌이 이루어짐을 말한다.

11. 구원경륜이 성취되어 하나님이 구원 얻은 백성 가운데 충만히 거주하심의 묘사로 계시록 주해를 마친다.

12. 계시록 마지막 부분 주해에서 구원 경륜의 성취로 믿는 백성이 누릴 영광스러운 삶과 거소의 묘사는 은혜와 감동을 연출하는 드라마와 같다.

13. 대칭구조와 그에 맞는 해설로 전개하는 계시록 주해는 마땅히 일독할 충분한 가치를 갖는다.

2019년 4월 5일   서철원
(전 총신대 조직신학 교수)

요한계시록에 대한 일관되고 균형 잡힌 교차대칭 구조적 접근을 시도하였습니다

존경하는 동역자 김지형 목사의 성경 연구를 향한 열정과 오랜 인내를 가깝게 지켜보았습니다. 그가 제게 요한계시록 연구서를 보내어 피드백을 부탁하였던 것이 벌써 1년이 훨씬 지났습니다. 많은 토론과 질문이 오갔으며 금번에 출간될 그의 책을 보면서 기쁨과 존경을 표합니다.

요한계시록과 구약 예언서 특히 이사야와 에스겔의 신학적, 주제적, 구조적 연관성은 일찍부터 익히 주목되고 연구되었습니다. 본인은 구약을 전공한 자로서 요한계시록을 구약적 관점의 커다란 틀 안에서 보려고 노력했습니다. 이러던 차에 저자의 계시록에 대한 일관되고 균형 잡힌 교차대칭 구조적 접근은 계시록 전체의 구조를 이해하고, 난제들을 새로운 관점으로 보는데 큰 촉매 역할을 하였습니다. 특별히 계시록 11-12장의 환상이 계시록 전체에서 갖는 역할에 대하여 많은 이해와 영감을 얻었습니다. 아울러 다니엘서의 카아즘 구조에 대한 고찰과 계시록과의 상관관계에 관한 연구는 두 책의 밀접한 관계를 구조적으로, 신학적으로 연결시켜 두 책을 이해하는 데 크게 도움을 주고 있습니다. 학계의 전통적, 관행적 논의의 틀에서 벗어난 저자의 자유롭고 창의적 접근이 새로운 관점과 영감을 주기에 충분합니다. 또한 이러한 깨달음에 이르기 위한 그의 기도와 경건의 훈련도 빼놓을 수 없습니다. 말씀 연구에서 경건을 떠난 연구는 누구에게도 유익을 줄 수 없습니다. 이런 면에서 그의 기도와 경건의 훈련의 열매가 이 책이 아닌가 생각합니다. 물론, 구조적 접근이 지닌 내재적인 약점, 획일화와 구조적 긴장에 대한 우려도 없지는 않지만, 충분히 읽기에 흥미롭고 영감을 주며, 배울 것이 풍성한 책임에는 틀림이 없습니다. 유익한 독서 경험되기를 바랍니다.

2020년 2월 10일 장도선
(순천 서울신학원 구약학 교수)

〈미로탈출 요한계시록〉은 통일된 키아즘 구조를 따라 전체를 분석하였습니다

계시록은 어떤 구조, 방법, 신학에 따라 다양하게 해석된다. 김지형 목사는 적어도 10년 동안 계시록 해석에 문제를 제기하며 관심을 가지고 연구하였다. 수많은 해석의 전제들과 해석법들을 보면서 가장 객관적으로 해석할 수 있는 방법을 찾기 위해 문제를 제기하고 연구하면서 크게 세 가지 전제를 가지고 계시록을 해석하고 있다.

첫번째 해석의 전제는 계시록이 키아즘 구조를 따라 통일되게 기록되었다는 것이다. 저자는 1세기 당시 일반화된 구조를 따라 기록한 계시록 해석을 위하여 통일된 구조를 따라 전체와 부분을 분석하고 해석한다. 왜냐하면 구조를 아는 것은 해석의 출발점으로 기저에 놓여있는 메시지 이해의 기초가 되기 때문이다. 교차대구 구조는 글로 기록하던 시대보다는 말을 통해 자신의 논리를 표현하는 시대에 아주 일반적으로 사용했던 방법이다. 이 구조는 이스라엘은 물론 고대 근동에서 논리적으로 자신의 주장을 상대방이나 청중에게 전달하기 위해 사용하였던 방법으로 수사학에서 기본 논쟁 구조 중의 하나로 정착 되었다. 헬라-로마 시대 뿐 아니라 예수님 시대의 팔레스타인 문학에서도 문서의 구조를 세우는 틀(frame)로써 일반화되었던 표현 양식이었다.

교차대구법은 문장에서 두 가지 요소들을 가진다. 하나는 전도(inversion)로서 A와 A´, 그리고 B와 B´ 형태를 가지며, 다른 하나는 균형(balance)으로 형태뿐만 아니라 주제에서도 절정을 이루는 구심점을 가진다. 문장에서 단어들이 십자로 교차되는 교차대구 구조는 "사상들, 대상들 혹은 사실들에 대한 단어들의 관계를 따라 저자가 자기 생각에 미리 가지고 있던 표현"에서 그 순서가 의도적으로 전도되어 나타나게 한다(Wimsatt, *The Prose Style of Samuel Johnson*, 1972:20). 계시록의 저자 역시 1세기 수사학의 배열법으로 키아즘을 사용하여 전체 구조는 물론 각 논쟁 단위의 구조를 배열하였다. 저자는 계시록을 교차대구 구조를 따라 분석하였으며 그 구조를 따라 내용들이나 신학들을 밝혀냈다. 계시록을 전체 혹은 부분적으로 이 구조를 따라 분석한 학자들이 있지만 이처럼 전체는 물론 전체를 구성한 각 부분들까지 통일된 한 가지 구조로 분석한 연구서는 없다. 이러한 교차대구 구조를 계시록의 세세한 본문까지 동일하게 적용시키는 것에 어느 정도 한계가 있지만 하나의 구조를 따라 전체를 분석한 수고와 노력은 계시록을 해석하는 모든 사람에게 구조적인 관점에서 안내자 역할을 할 것이다.

두번째 전제는 계시록 해석에 있어서 절충주의적 해석법을 사용한 것이다.

시간적인 측면에서 지금까지 계시록은 다섯 가지 관점으로 해석되어 왔다. 첫째는 과거적인 관점으로 1세기 로마에서 핍박받는 성도들에게 위로와 소망을 주기 위해 계시록이 기록되었기 때문에 저작 당시의 상황에서 해석한다. 둘째는 역사적인 관점으로 세계사(혹은 교회사) 전체를 보여주기 위해 계시록이 기록되었기 때문에 인류의 역사를 보여주는 "역사 맞추기"를 시도한다. 셋째는 온건 미래적인 관점으로 주의 재림 직전의 종말 사건들을 다루고 있으므로 계시록을 미래적 계시의 관점에서 해석한다(1-3장 제외). 넷째는 극단 미래적인 관점(세대주의)으로 역사의 완전한 시간표(계1:19)로 계시록을 이해하기 때문에 극단적인 문자적 해석을 한다. 다섯째는 이상주의적인 관점으로 하나님과 그리스도의 영원한 승리를 보여주기 위해 계시록이 기록되었기 때문에 궁극적인 승리의 관점에서 상징적으로 해석한다.

저자는 계시록 해석에 있어서 절충주의적 방법으로 해석한다. 먼저 저자는 히브리 문학을 사용하여 '이제 있는 일'과 '장차 될 일'을 구분한 교차대구 구조를 고안한다. 그리고 묵시문학 형식으로 기록한 '장차 될 일'은 온건한 미래주의적 방식으로 해석한다. 이러한 해석은 현대를 살아가는 독자에게 미래에 대한 승리의 보장과 위로와 용기를 주는 권면의 효과를 극대화할 수 있으며, 실제적인 삶에 적용을 전제한 현재적인 해석(interpretation)을 제시한다. 반면 저자는 사도 당시에 있었던 '이제 있는 일'은 과거주의적 해석을 한다. 그래서 계시록의 1차 독자인 1세기 신앙 공동체에게 줄 수 있는 의미가 퇴색되지 않도록 저작 당시의 의미를 밝혀내는 해석(exegesis)에 충실하였다. 그러므로 저자는 사도가 여러 장르를 사용하여 기록한 계시록에 다양한 해석법을 적용하는 절충주의적 해석을 시도하였다.

세번째 신학적인 전제는 그리스도의 십자가와 통치하심의 강조이다.

계시록 해석에서 난제가 되는 핵심 문제들을 구조적인 관점에서 도출해 냄으로 그리스도 통치의 완성을 신학적인 전제로 제시한다. 저자는 십자가 사역의 중요성과 그 효력을 강조한다. 하나님의 통치를 방해했던 사탄은 십자가 사건으로 결박되고 감금되었으며 성도들이 그리스도와 함께 통치한다는 교회시대를 강조함으로 이미 하나님께서 통치하시는 하나님 나라가 시작되었으며 미래에 완성될 것이라는 십자가 지심의 영향력과 효력을 강조하고 있다. 또한 교차대구 구조를 따라 그리스도의 완전한 승리를 강조하는 세 개의 전쟁과 그것에서 승리를 그리스도의 재림의 결과로 해석한다. 곡과 마곡의 전쟁, 아마겟돈 전쟁, 그리고 백마를 탄 인자와 짐승의 전쟁은 예수님의 재림으로 일어날 하나님의 온전한 통치와 완성된 하나님 나라의 도래로 강조한다.

김지형 목사의 〈미로탈출 요한계시록〉은 통일된 키아즘 구조를 따라 전체를 분석하고, 절충주의적 해석법을 취하여 현재 독자에게 실제적인 도움을 주며, 구조 분석을 따라 신학을 도출하여 그리스도의 초림과 재림을 통해 주어질 하나님 나라의 완전한 성취를 논리적으로 제시하므로 독자들에게 건전하고 유용한 계시록 연구서가 될 것이다.

2020년 3월 5일 박정식

(전 광신대학교 신약학 교수)

〈미로탈출 요한계시록〉은 한국 교회를 향한 저자의 사랑이 배어 있습니다

〈미로탈출 요한계시록〉은 교회의 머리이신 그리스도와 그분의 몸에 속한 한국 교회를 향한 저자의 사랑이 배어 있습니다. 이 사랑에 비추어 저자가 제안하는 성경의 '구조'를 살펴야 합니다. 이 구조를 흔히 '키아즘[교차대칭] 구조'라 하는데, 이 구조는 '대저 의인의 길은 여호와께서 인정하시나 악인의 길은 망하리로다' 같이 익숙한 평행법은 물론이고, 심지어 책 전체에서도 발견됩니다. 눈으로 성경을 읽는 오늘날과 달리 말씀을 귀로 듣는 시대로 돌아가면 이 구조가 성경의 줄거리와 핵심 주제를 이해할 뿐만 아니라 성경을 암기하는 데에 큰 도움이 되었을 것입니다. 이런 실제적 경험이 있어 저자가 '성경의 구조는 성경 해석에 앞선다'고 확신 있게 선언하는 것인지도 모릅니다.

성경 각 권마다 많은 해석이 제시됩니다만, 아마도 요한계시록만큼은 아닐 것입니다. 게다가 많은 이단이 이 책의 그릇된 해석을 무기로 삼아 교인을 현혹하고 교회를 어지럽혔습니다. 계시록의 바른 해석을 찾는 일이 실로 중요한 만큼 어려운 과제일 것입니다. 저자가 이런 힘든 과업을 마다하지 아니한 것은 한국 교회가 하나님의 말씀 위에 든든히 서 나가기를 바라는 목회자의 따뜻한 심정에 있는 줄로 압니다.

요한계시록의 전문가도 아닌 사람으로서 송구합니다만, 김 목사님의 노고에 작은 도움이 되려는 마음으로 저서에 관하여 몇 마디를 덧붙입니다. 저자의 계시록 해석은 점진적 세대주의와 아주 비슷합니다만, 놀랍게도 저자는 세대주의나 그 저술과 거리가 먼 것을 개인적으로 밝혔습니다. 점진적 세대주의가 천년왕국론과 유대인의 문제 외에는 전통적 세대주의보다 언약주의에 가까울 정도인데, 개혁신학을 표방하는 저자가 점진적 세대주의와 비슷한 해석에 이른 것은 흥미롭습니다. '교차대칭 구조'로 계시록을 살핀 결과라는 그 점이 더욱 그러합니다. 물론 천년왕국론에 관한 저자의 입장은 점진적 세대주의와 전혀 다릅니다. 그처럼 계시록 19-20장의 교차구조에 입각해서, 19-20장을 연대기적 순서로 읽는 세대주의 해석이나 19장과 20장을 별개의 단락으로 읽는 무천년론적 개혁주의 해석을 극복하려 한 점은 주목받을 만합니다.

저는 대체로 이상론적 해석론을 택하지만, 이 해석론이 특별히 계시록의 '예언'적 성격에 있어 약점이 있음을 잘 압니다. 아울러 계시록 연구는 공관복음서의 감람산 강화, 로마서 11장의 유대인의 회복, 데살로니가전후서의 종말 계시는 물론이고 구약 예언서들 특히 다니엘서와 반드시 견주어, 예언의 해석과 유대인의 문제나 대환난의 문제를 다루어야 합니다. 이런 주제에서 김 목사님의 저서는 중요한 통찰을 제시한다고 믿습니다.

저는 여전히 저자의 중요한 주장과 의견을 달리합니다만, 한국교회가 하나님의 말씀을 사랑하고 그 말씀을 바르게 깨닫기를 바라는 저자의 심정에 깊은 동감을 보냅니다. 하늘의 주님께서 주의 종의 수고를 받아 주시고 귀히 써 주시기를 바랍니다.

2021년 3월 13일　김기찬

(전주개혁교회 담임목사)

추 천 사

교회의 성경신학과 설교, 성경공부에 새로운 지평이 열린다

성경 본문에서 독자들 스스로 의미를 찾고 토론하고 실천할 수 있도록 좋은 질문을 만드는 것이 나의 주된 과제이다. 질문에 대한 답을 찾는 과정을 공유하면서 설교자와 청중의 구분이 없어지고, 설교와 성경공부와 묵상이 하나가 될 수 있다. 이런 방식은 성령께서 설교자만 아니라 실제로 교회 전체와 함께 계시는 것을 체험하게 하며, 교인들을 복음의 증인으로 담대하게 나서게 만드는 훈련이 되는 것이다.

그런데 성경 각 책을 이해하기 위해서는 먼저 책 전체를 반복하여 읽으면서 책의 저작 동기, 목적, 핵심 내용 등 골격을 파악하는 것이 우선이며, 그 일을 잘 할 수 있도록 어떤 질문을 만들 것인가 고민한다. 이것은 결국 저자의 저술 내용을 구성하는 문학적 방식과 그로 인한 전체 구조를 먼저 파악하는 작업이다. 이것은 다음 과정, 즉 차례로 본문을 해석하는 데 지대한 영향을 끼친다. 독자의 엉뚱한 해석과 적용을 차단할 수 있다. 철저하게 저자의 의도와 메시지에 집중하게 하고, 본문 자체가 보유한 충분한 근거들을 사용하게 되므로 해석이 풍성해지면서 본문에서 이탈할 일이 없게 된다.

신구약의 각 책의 구조를 풀이한 훌륭한 원서들이 번역되어 있으나, 히브리 병행법으로 신약의 각 책의 구조를 파악한 김지형 목사의 연구와 집필은 오랜 고난의 세월 동안 눈물과 기도로 천착한 품위가 깊게 배어 있다. 인간인지라 완전하다고는 할 수 없겠지만 탁월한 작업이라고 생각한다.

설교와 성경공부와 묵상이 하나가 된다. 설교자와 청중의 구분이 없어진다. 이단과 사이비로 빠지지 않고 누구나 성경을 스스로 먹을 수 있는 꿈같은 일이 이루어진다.

2019년 12월 12일 성은주
(바이블톡 이사/목사)

필자의 소회[1]

보좌에 앉으신 이와 어린양에게
찬송과 존귀와 영광과 능력을 세세토록 돌릴지어다
(계5:13)

평생 처음으로 팬데믹을 경험하였으며, 날마다 'COVID-19'라는 말을 들으며 살고 있습니다. 또한 수년 간격으로 반복되는 바이러스의 공격으로 인하여 인명과 재산의 손실을 경험하는 시대 가운데 생존하고 있습니다. 더 나아가 자연환경의 변화로 인하여 점차 강도와 빈도가 강력해지는 지진들과 이상기후, 그리고 인간의 탐욕으로 인한 혼란한 국제질서 등 가히 오늘은 혼돈의 시대라고 말할 수 있습니다. 그러나 현대인들의 진정한 두려움은 이러한 현상들로 기인한 난관보다도 위 현상들이 성경에서 예언된 종말의 징조들과 연관이 있다는 것입니다. 그래서 세상은 갈수록 성경적 종말에 대하여 관심을 가지며, 또한 이단들도 사람들의 불안한 심리를 이용하여 요한계시록의 해석을 곡해하므로 굶주린 사자처럼 영혼들을 삼키려 하고 있습니다. 이러한 세태 가운데 하나님의 계시의 통로인 그리스도 교회가 요한계시록에 대하여 침묵한다면, 이것은 교회로서 바람직한 태도가 아닐 것입니다. 또한 예수 그리스도께서 하나님 나라를 선포하신 이래 오늘도 주님은 영광스러운 재림을 위하여 오고 계시는데, 그리스도 교회가 마지막 예언을 명료하게 해석할 수 없어서 신부로 준비되지 못하면 주님의 강림이 어찌 속히 이루어질 수 있겠습니까?

그런데 현존하는 요한계시록 해석은 일치와 통합을 이루지 못하고 있습니다. 필자는 이러한 원인을 환상으로 기록된 요한계시록의 줄거리를 파악하지 못하기 때문이라고 이해합니다. 그럼에도 불구하고 해석자들은 요한계시록의 전체 줄거리를 간과한 채 여러 환상과 용어들을 자의적으로 해석하는 일이 비일비재 합니다. 이러한 자의적 해석은 마지막 예언서의 이해를 더욱 어렵게 하므로 교회가 종말의 계시를 이해하는데 혼란을 가중시키는 형국입니다.

필자는 이러한 현실을 고민하며, 기존의 계시록 해석과 다른 '원초적인' 방식으로

---

1) 마음속에 품고 있는 생각

요한계시록 연구를 시도 하였습니다. 즉 성경 저자가 성경을 기록한 히브리 문학적 원리로 본문을 분석하여 요한계시록의 줄거리를 고안하였습니다. 그래서 예언서의 내용을 손쉽게 파악할 수 있는 길라잡이 책자처럼 고안하므로 교회들이 미로 같은 요한계시록 해석을 용이 하도록 하였습니다.

본 저서가 지닌 특징은 다음과 같이 일곱 가지로 요약할 수 있습니다.
첫째, 본 저서는 요한계시록의 통합적 해석을 지향합니다.
요한계시록의 통합적 해석[2]은 요한계시록의 기존 해석 대신 히브리 문학구조로 고안하고 해석하는 과정에서 '의도치 않게 그러나 은혜로' 얻은 결과물입니다. 그러므로 필자의 해석을 이해하면 요한계시록은 더 이상 어려운 예언서가 아닙니다.
둘째, 새로운 성경해석법으로 침체한 요한계시록 해석에 변화를 시도하였습니다.
필자는 환상으로 이루어진 요한계시록의 전체 줄거리를 파악한 후 히브리 병행법(竝行法)을 사용하여 병행단락을 통합하여 해석하였습니다. 이러한 해석의 장점은 성경 저자가 히브리 병행구조에서 지시하는 주제를 쉽게 찾을 수 있고, 단락들의 상호 연관성을 이용하여 본문의 행간을 정확히 추론하여 주해할 수 있습니다.
셋째, 묵시문학의 관점으로 다니엘서와 요한계시록의 관계를 살펴보았습니다.
필자는 요한계시록과 다니엘서의 교차적 병행구조를 근거로 묵시문학의 특징을 제시하였습니다. 또한 묵시문학의 특징으로부터 두 예언서에서 언급한 '한때 두 때 반 때'가 종말적 이스라엘 구원과 관련된 시기임을 설명하였습니다. 더 나아가 묵시문학의 특징에 근거하여 '시간적 도약 이론(gap theory)'을 설명하므로 큰 괄호 시대인 이방인의 구원시대를 설명하였습니다.
넷째, 히브리 병행법을 사용하여 요한계시록의 전체 줄거리를 고안하였습니다.
요한계시록은 대부분 환상으로 설명된 예언서여서 전체 줄거리를 찾는 일이 쉽지 않습니다. 그래서 독자가 예언서의 줄거리를 발견하지 못하면, 저자의 의도를 파악하지 못할 뿐 아니라 해석법을 선택하는 일도 어렵습니다. 그 결과 요한계시록 해석은 미궁에 빠지게 됩니다. 그러므로 요한계시록 해석에 있어서 본문을 해석하는 일보다 그것의 전체 줄거리를 파악하는 작업이 선행되어야 합니다.
필자는 보좌에서 시작된 하나님의 구원역사가 재림 사건을 거쳐 새 하늘과 새 땅에

---

2) 필자의 '통합적 해석'은 각 학파가 상대방 학파의 약점을 말하면서도 그 대안을 제시하지 못한 점을 보완한 해석이다는 의미이다.

이르는 연대기적인 줄거리를 완성하였습니다. 또한 요한계시록의 장르가 서신서와 묵시문학 형식을 지닌 예언서라는 점을 설명하므로 요한계시록의 줄거리에 대한 정당성을 입증하였습니다.

다섯째, 히브리 병행법을 사용하여 요한계시록에 나타난 계시의 점진적 발전을 보였습니다.

혹자는 요한계시록 해석에서 연대기적 해석 대신 반복·점층 해석법을 선호합니다. 이러한 해석은 요한계시록 해석에 있어서 계시의 점진적 발전을 포기하고, 대신 일곱 재림 환상을 근거하여 반복·점층 해석법을 새로운 대안으로 제시하므로 천년왕국에 대한 논쟁을 회피하려는 시도입니다.

그러나 필자는 계4-22장에 이르는 연대기적 줄거리를 발견하므로 요한계시록에서 계시의 점진적 발전을 입증하였습니다. 특히 계19-20장을 교차적 병행구조로 고안하여 두 짐승과 사탄의 멸망이 동일한 사건임을 입증하므로 '천년왕국 가설'의 허구성을 설명하였습니다. 더 나아가 계20장의 두 번의 '천년과 왕노릇'을 천년왕국이 아닌 '이미와 아직의 하나님 나라'로 해석하였습니다.

여섯째, 히브리 병행법을 사용하여 사도의 저작 목적과 해석법을 제시하였습니다.

사도는 환상을 통하여 종말의 계시를 깨달은 후 당시 교회를 교훈하기 위하여 그의 예언서를 기록하였습니다. 필자는 사도의 저작 의도를 깨닫고 '네 본 것과 이제 있는 일, 장차 될 일'(1:19)을 교차적 병행구조로 고안하여 요한계시록이 당시 교회뿐 아니라 모든 신약교회를 교훈하기 위한 예언서임을 입증하였습니다.

아울러 필자는 요한계시록 해석법의 근거를 제시하였습니다. 서신서와 묵시문학 형식을 지닌 예언서인 요한계시록은 과거와 현재, 미래를 넘나들며 줄거리가 전개되므로 하나의 해석법으로 해석할 수 없습니다. 그래서 필자는 요한계시록 해석에 있어서 과거주의와 미래주의 해석법뿐 아니라 역사주의와 이상주의 해석법도 고려한 절충적 해석법을 사용하였습니다.

일곱째, 히브리 병행구조로 제작될 성경의 해석을 위한 지침서 형식으로 집필하였습니다.

〈미로탈출 요한계시록〉은 장차 히브리 병행구조로 출판될 구조성경의 줄거리를 파악하고 해석하는 지침서가 되도록 집필하였습니다. 이 책에서는 단락들을 비교, 분석, 통합하는 형식으로 내용을 설명하므로 이러한 해석 방식이 낯설게 여길 수 있습니다. 그러나 이러한 훈련에 익숙해지면, 장차 히브리 구조성경을 해석할 때 하나님의 말씀이 손쉽게 이해되는 기쁨과 유익을 누릴 수 있을 것입니다.

최근 성경구조에 관한 연구가 활발해지면서 새롭게 조명받아야 할 성경 해석 원리가 있다고 생각하는데, 그것은

성경구조는 성경해석에 앞선다

하는 것입니다. 이처럼 필자가 성경구조를 강조하는 이유는 성경구조가 정교할수록 정확한 성경 해석이 가능하기 때문입니다. 그리할 때 성령 하나님께서 계시를 주신 의도, 또는 사도의 저작 의도를 바르게 이해할 수 있기 때문입니다. 이러한 원칙을 고수할 때, 사도적 전통을 계승한 교회로써 바른 성경 해석을 할 수 있을 뿐 아니라 종말의 교회를 미혹으로부터 지킬 수 있습니다.

마지막으로, 요한계시록 연구에 대한 필자의 고뇌를 간략히 언급하고자 합니다.
18세기 자유주의 신학의 발흥으로 인하여 성경의 진리가 훼손되는 상황에서 성경을 문자적으로 해석하려는 운동이 있었습니다. 이러한 신학운동 가운데 19세기 초에 태동한 세대주의 운동이 있습니다.
어떤 신학자는 그의 저서에서 세대주의에 대한 소견을 다음과 같이 밝힙니다.[3]

> 필자는 세대주의 학자들과 그들 중의 신실한 그리스도인들에 대하여 혹평만을 늘어놓으려는 의도가 없다. 그러한 것은 필자의 의도와 정면으로 배치된다. 필자는 이(주-다니엘서의 네 가지) 환상들이 전하는 진리를 다시금 탐구하고 또한 가능하면 그 진리를 좀 더 선명하게 제시하여서, 이 연구가 세대주의를 견지하는 사람들이나 그렇지 않은 사람들 모두에게 도움이 주기를 소망한다.

또 다른 신학자도 세대주의에 대하여 다음과 같이 설명합니다.[4]

---

3) 김홍전, 다니엘서의 네 가지 환상 (성약, 2014), p. 83.
4) Vern S. 포이쓰레스, 세대주의 이해 (총신대학출판부, 1990) p. 9-10.

세대주의와 언약신학(covenant theology) 간의 논쟁에 있어서 양편이 다 옳을 수는 없다. 한쪽이 옳고 다른 쪽이 그른지도 모르겠다. 아니면 한편이 대개 옳지만 그래도 반대편으로부터 무엇인가를 배울 수 있을지도 모른다. 그러므로 여러 관점에 심각하게 귀를 기울여서 일부 중요한 진리가 간과하지 않도록 확인하는 것이 중요하다.

설령 우리의 연구 결과로 한편이 기본적으로 잘못되었다는 결론이 나온다 할지라도 그 신학의 모든 국면이나 관심이 잘못되었다는 것을 의미하지는 않는다. 그 입장으로부터 아무것도 배울 수 없다는 것을 의미하는 것은 더욱더 아니다. 그 입장에 선 자들이 개인적으로는 귀한 자들이다. 단순히 신학적인 입장에 대해서만 결론을 내리는 것이 다가 아니다. 우리는 또한 우리와 다른 입장을 가진 자들과 어떻게 최선의 대화를 하며 우리가 할 수 있는 한 어떻게 그들과 참된 공감대를 형성할 수 있는가 하는 문제를 놓고 씨름할 필요가 있다.

윗글의 주장처럼 필자도 세대주의의 견해를 청종하고, 그들이 발견한 진리의 파편들을 소중한 교회의 자산으로 생각하여 요한계시록 해석에 융화시키고자 하였습니다. 그 결과 주류 학파들의 견해와 조화를 이루는 통합적 해석을 위한 발판을 마련하였다고 생각합니다. 그러므로 본 저서가 장차 모든 교회가 일치된 요한계시록 해석을 배울 수 있는 도구가 될 수 있기를 고대합니다.

필자의 연구가 현존하는 요한계시록 연구와 비교하여 색채가 독특함에도 불구하고 서평을 주신 교수님들께 깊은 감사를 드리고 싶습니다. 먼저 독일 튀빙겐대학이 선정한 20세기 저명한 신학자이시며, 개혁주의 신학자이신 서철원 교수님께서 볼품없는 초고임에도 불구하고 감수와 서평을, 그리고 이 저작이 완성할 수 있도록 큰 격려를 주셨습니다. 구약 신학자이신 장도선 교수님의 지도는 요한계시록과 다니엘서의 상호 간 연구에 균형을 더하여 주셨습니다. 요한 신학자이신 박정식 교수님께서 신학적 조언과 함께 히브리 문학 구조에 대한 가르침을 주셔서 요한계시록의 키아즘 구조를 나름 완성할 수 있었습니다. 독립개신교회 신약학 교수이신 김기찬 목사님께서 필자의 해석과 점진적 세대주의 해석의 유사점과 상이점을 지적하시므로 세대주의 해석을 품고 극복할 가능성을 고취해 주셨습니다. 부족한 서책임에도 불구하고 지대한 사랑과 관심을 아끼지 않으신 교수님들께 재차 깊은 감사를 드립니다. 아울러 이 책의 제목을 선물하시고, 추천사를 통하여 히브리 병행구조의 특징과 유익을 잘 설명해 주신 바이블톡 이사이신 성은주 목사님께도 감사를 드립니다.

요한계시록을 유선(有線)으로 지도해 주신 개신대학원대학교 배종열 교수님과 함께한 시간은 평생 잊지 못할 추억입니다. 요한계시록 연구의 문을 열어주시고 좌절부터 출판까지 동고동락한 나내원 목사님의 섬김은 주님께서 기억하실 것입니다. 히브리 구조로 집필한 본 저서가 요한계시록 해석의 모범이 될 것을 기대한다는 덕담과 함께 출판비를 후원하신 박정일 목사님의 사랑과 선행을 기념하고자 합니다.
아울러 필자의 연구를 목회 현장에서 활용하시고 현장의 감동을 전해 주신 김철기 목사님께 감사를 드립니다. 또한 개혁신학연구원 선배이신 김강호, 문석주, 박균일, 박태천 목사님, 그리고 박주석 목사를 비롯한 동문들께서 사명을 받들 수 있도록 사랑과 격려를 주셨습니다.
〈키아스무스 성경연구소〉가 세상에서 항행을 시작할 수 있도록 헌신하신 강순일, 김윤배 목사님께 감사를 드립니다. 어려운 수술 이후 전북제일노회원들과 일일이 거명하지 못한 많은 분들의 격려는 출판까지 여정을 마칠 수 있는 동력이 되었습니다. 모든 분들의 존함을 일일이 기록하지 못함을 혜량하여 주시길 바랍니다.
오랜 시간 동안 문서작업을 도와주신 문승봉 집사님, 출판에 대한 조언을 아끼지 않으신 〈행복한 마음〉 최병윤 대표님께도 감사를 전합니다.
마지막으로, 하나의 '출산'을 위하여 평생토록 기도로 동역하신 부모님과 가족, 그리고 오랜 세월 동안 '산고(産故)'를 함께 한 사랑하는 아내와 자녀들에게 고맙다는 말로는 다 표현할 수 없는 감사를 드립니다.

2020년, 성탄 절기에
주님의 꿈을 품은 종

〈미로탈출 요한계시록〉개요

〈미로탈출 요한계시록〉은 필자가 고안한 요한계시록[5]의 구조에 근거하여 주석한 책이다. 이 책의 내용은 현존하는 계시록 해석과 상당한 차이가 있으며, 미완의 계시록 해석에 대한 마중물 역할을 위하여 집필하였다. 이 일을 위하여 필자는 새로운 성경해석 방법, 곧 히브리 문학 형식에 근거한 해석을 시도하였다. 그리고 이 책에 대한 독자들의 이해를 위하여 책의 개요를 다음과 같이 기술하였다.

1.

계시록은 성경의 마지막 계시이며, 마지막 날에 이루어질 일들에 관한 예언의 책이다. 그런데 이 책이 난해하고 그래서 신약교회가 종말의 계시를 이해할 수 없다면, 이것은 그리스도께서 사도에게 계시록을 기록하게 하신 목적에 어긋난다(1:1). 그러나 불행하게도 현금의 교회는 계시록을 난해한 책으로 생각하고 있다.

개인적으로 계시록에는 새로운 신학적 주제를 거의 찾아볼 수 없다고 생각한다. 오히려 계시록의 난제는 환상들로 이루어진 이 책의 줄거리를 파악하는 어려움으로 인하여 발생한다. 그러므로 현금의 교회가 계시록의 줄거리를 선명히 이해할 수 있다면, 마지막 계시의 책은 그 영광스러운 자태를 드러낼 것이다. 필자는 이 책을 통하여 전체 계시록의 선명한 줄거리와 그에 따른 해석을 제시하였다.

2.

필자는 계시록을 교회론적 관점, 특히 종말교회에 관한 책으로 해석하였다. 사도는 마지막 때 있을 악의 세력들의 멸망보다 대환난의 박해를 믿음의 인내로 승리할 종말교회에게 초점을 맞추어 계시록을 저술하였다.

아울러 계시록은 높임 받으신 그리스도께서 교회와 함께 세상의 악을 심판하실 것을 설명한 책이다. 성경은 성부 하나님께서 세상 구원을 위하여 아들을 화목제물로 보내신 하나님의 사랑에 관한 증언인 동시에 그토록 지고한 하나님의 사랑을 외면한 인생들을 향한 하나님의 심판에 대한 경고이다. 그래서 계시록은 반복되는 재앙과 함께 마침내 악의 세력을 멸망시키는 하나님의 진노가 가득한 책이다. 즉 계시

---

5) 이후부터 요한계시록을 계시록으로 표기한다.

록은 '세상 나라가 우리 주와 그 그리스도의 나라가 되어 그가 세세토록 왕노릇'(11:15) 하실 하나님의 구원경륜이 완성될 때까지 지속될 종말적 심판을 설명하고 있다. 그리고 이 심판은 '주의 이름을 경외하는 자들에게 상 주시며, 땅을 멸망케 하는 자들을 멸망시키실'(11:18) 그리스도 왕권의 실현이다.

3.

필자는 절충주의적 해석법을 사용하여 계시록을 해석하였다. 계시록 해석의 난제 중 하나는 이 책의 성격과 그에 따른 해석법을 선택하는 것이다. 이러한 선택은 사도의 의중, 곧 사도가 이 책의 줄거리를 어떻게 구상하고 무엇을 강조하려고 하느냐에 의하여 결정된다.

계시록은 크게 두 부분으로 대별 되는데, 계4장을 기점으로 사도 당시 상황인 '이제 있는 일'과 '장차 될 일'로 구분할 수 있다(1:19). 그러므로 사도 당시 상황은 과거주의 해석을, 반면 계4장 이후는 사도가 장엄한 대서사시를 선포하듯이 역사의 종국을 향한 인류의 남은 때를 기술하였으므로 미래주의 해석해야 한다. 이러한 주장은 사도가 환상 가운데 '장차 될 일'을 목도한 후 당시 교회들에게 편지하였기 때문에 가능하다.

4.

필자는 히브리 문학의 특징을 이용하여 계시록을 해석하였다. 필자의 이해에 의하면, 사도는 계시록을 히브리 병행법을 사용하여 구성하였다. 그러므로 독자들이 이러한 구조적 특성을 선명하게 이해하지 못하면, 본문 해석이 혼란스러울 수 있다. 대표적인 예(例)가 계19-20장의 그리스도 강림과 곡과 마곡 전쟁의 중간에 기술된 천년기인데(20:1-7), 이 본문의 요지는 재림 이후 설립될 천년왕국에 대한 설명이 아니라 첫째 부활에 참여한(할) 자에 대한 설명이다.

아울러 독자들은 계시록의 반복적인 특징 때문에 이 책을 입체적으로 볼 수 있어야 한다. 계시록은 시간적 순서를 따라 전개되지만, 동일한 사건이 다른 구조에서 나타나므로 독자들은 그것의 연관성을 발견하여 각 사건에 대한 해석을 보완할 필요가 있다. 예를 들면, 두증인의 승천 사건은 해 입은 여자로부터 출생할 남자아이의 승천과 동일한 시기에 일어날 사건으로 해석해야 한다. 왜냐하면 사도가 두 사건을 '1260일'(11:3, 12:6)이라는 문학적 기법을 사용하여 동일한 시기에 발생할 사건임을 의도적으로 명시하기 때문이다. 또한 아마겟돈 전쟁과 곡과 마곡 전쟁도 재림 직전 발발할 인류 마지막 전쟁을 다르게 표현한 것으로 해석해야 한다.

5.

필자는 2세기 이후 계속되는 천년기 논쟁을 하나님 나라의 신학으로 재해석하였다. 필자는 현존하는 무천년과 전천년 학파의 논쟁을 재고할 수 있는 새로운 해석을 시도하였다. 이러한 필자의 해석은 신학적 접근이 아닌 히브리 병행구조에 근거하여 본문을 주석한 후 두 학파의 해석 가운데 계20장에 대한 올바른 이론을 채택하여 발전시켰다.

필자가 히브리 병행구조에 근거하여 계20장을 해석한 결과 천년기 해석은 전통적인 견해와 일치하지 않았다. 계시록 해석에는 대표적인 두 학파와 두 개의 학설이 있다. 그리고 두 학파가 다른 견해를 표방하는 대표적인 본문은 12장과 20장일 것이다. 이 학파들이 12장의 해 입은 여자가 출산한 남자아이와 20장의 천년기를 해석할 때, 전천년은 남자아이를 미래의 교회나 미래의 실제 인물, 그리고 천년을 문자적으로 해석한다. 반면 무천년은 남자아이를 그리스도로, 천년기를 상징으로 해석한다.

그런데 G. E. 래드나 그랜트 오즈번은 이러한 전통적인 견해와 다르게 (전통적인 견해에 대한 새로운 대안을 제시하려는 의도 때문인지 알 수 없지만) 12장의 남자를 그리스도로, 계20장의 천년을 천년왕국으로 해석하였다. 그러나 필자는 남자아이를 유대인 교회의 사역자로, 천년을 영원한 그리스도 나라에 대한 상징으로 해석하여 '이미와 아직의 하나님 나라'에 적용하였다(20:4,6).

6.

필자는 제4장 이하를 대환난 이후 전개될 종말적 이스라엘 구원을 위한 계시로 해석하였다. 필자의 구조에 의하면, 사도는 대환난 이후 발생할 예언적 사건들을 설명하고자 이 계시의 책을 기록하였다는 결론에 도달한다.

하나님의 궁극적인 관심은 종말적 이스라엘 구원으로 이루어질 우주적 교회의 완성에 있고, 이것은 주님이 세상에 다시 오실 근거가 된다. 그래서 이방인의 때가 차고 열방교회가 완성될 무렵 하나님의 열심은 이스라엘의 남은 자를 향하게 될 것이다. 반면 사탄은 자신의 멸망이 예정되었음을 알면서도 끝까지 그리스도의 강림을 저지하려고 할 것이다. 이것이 인류 역사의 마지막 전쟁으로 표출될 것이다.

아울러 계시록은 신약교회가 어떻게 사명을 감당해야 할지를 보여주는 지침서이다. 신약교회는 열방을 향한 복음 전파뿐만 아니라 장차 우주적 교회의 구성원이 될 이스라엘 선교에 힘써야 한다. 사탄은 마지막까지 이스라엘로 하여금 예수 그리스도께서 주와 하나님임을 알지 못하도록 미혹하므로 그리스도의 강림을 지체시키려고 할 것이다. 그러나 신약교회는 극심한 고난을 감내할지라도 두 증인처럼 우주적 교회에 편입될 이스라엘 남은 자를 향한 선교사역을 수행해야 한다.

7.

필자는 종말의 징조(환상)로 가득한 계시록에서 종말론적 환난의 시점(始點)을 제시하였다. 필자의 이해에 의하면, 신약시대 동안 순교자들의 신원이 계속될 것이나 (6:9-11), 주님의 심판은 일곱째 인이 떼어지고 신약교회의 신원의 기도가 많은 향연과 함께 하나님 앞으로 올라갈 때까지 유보될 것이다(8:1-4). 즉 일곱째 인이 떼어지고, 신약교회의 신원의 기도가 채워진 후 주님께서는 심판을 시작하실 것이다. 이것이 종말론적 환난의 시점이다. 즉 종말론적 환난의 시점은 나팔 환상의 시작과 일치한다.

8.

필자는 십사만 사천을 신약교회 또는 대환난 이후 활동할 종말교회의 복음 사역자로 해석하였다. 혹자들은 십사만 사천을 마지막 때 구원받은 자들의 총수로 해석하면서 7장의 흰옷 입은 큰 무리와 동일한 존재로 해석한다. 그러나 이러한 해석은 신학적 선입견에 근거한 해석이다.

필자는 십사만 사천을 이스라엘 열두지파 가운데 선택된 일만 이천으로 표현한다. 그래야만 십사만 사천의 참된 의미를 해석할 수 있다. 결론적으로, 십사만 사천은 신약교회 또는 대환난 이후 활동할 종말교회의 복음 사역자로 해석해야 한다.

9.

마지막으로 필자가 이 책에서 사용하는 용어에 대하여 정의하고자 한다. 계시록은 사도가 종말적 이스라엘의 구원을 염두에 두고 기술한 예언서이다. 여기서 종말적 이스라엘의 구원은 종말론적 환난과 연관된 개념이다. 그러므로 종말적 이스라엘의 구원을 설명하기 위해서 먼저 종말론적 환난6)에 대한 정의가 선행되어야 한다.

필자는 종말론적 환난을 다니엘서의 '한 이레'(단9:27)로 해석한다. 성경에는 '환난'이라는 단어가 개인 또는 교회와 관련하여 자주 사용된다. 그런데 이 단어가 종말의 구원역사와 함께 사용되어 상당한 기간의 환난을 표현하기도 한다. 이러한 예는 예수께서 재림 직전 상황을 '환난'(마24:9)과 '큰 환난'(마24:21; 눅21:23; 막13:19)으로 구분한 데서 알 수 있다. 그래서 필자는 소위 종말장(작은 묵시록)이라고 일컫는 마24장에서 언급된 환난들을 '종말론적 환난'과 '대환난'으로 정의한다.

아울러 마24장의 줄거리는 다니엘서의 예언(단9:26,27)과 일치하므로, 마24장의 용어들은 다니엘서의 '한 이레'(단9:27)와 연계하여 사용할 수 있다. 그래서 필자는 다니엘서의 한 이레의 전반과 후반을 종말론적 환난과 큰 환난(대환난)으로 지칭한다. 또한 사도가 계시록에서 한 이레의 후반에 있을 종말적 이스라엘 구원에 대하여 강조하는 점을 고려할 때, 신약교회 가운데 대환난 이후 활동할 교회를 '종말교회'로 정의한다. 반면 종말교회를 제외한 신약교회를 '종말시대의 교회'로 정의한다.

---

6) 서철원은 '종말론적'의 의미를 '시간의 끝을 말하는 것이 아니라, 시간의 과정에서 그보다 더 큰 것이 없는 의미를 갖는 사건을 종말론적이다'라고 정의한다. 이러한 정의에 근거하여, 필자는 종말적 적그리스도가 출현하는 시점을 종말론적 환난의 시점으로 해석한다.

〈미로탈출 요한계시록〉 활용법

최근에 성경의 구조 해석에 대한 중요성이 강조되는 것 같다. 그래서 많은 분이 히브리 문학 구조에 관심을 보이며 성경구조를 고안하는데, 개인적으로 고무적인 현상이라고 생각한다. 그런데 필자가 성경구조를 살피면서 깨달은 점은 주제가 선명한 구조를 먼저 고민해야 한다는 것이다. 누구든지 성경 각 권의 구조를 고안할 수 있지만, 그 구조들이 각 성경의 주제와 내용을 파악하는 데 얼마나 도움이 되는가에 염두에 두어야 한다. 왜냐하면 성경은 모든 교회를 위하여 주신 구원의 책이므로 누구든지 주제와 내용을 쉽게 이해하도록 고안되어야 하기 때문이다. 이것이 필자가 성경의 구조를 고안할 때 우선적으로 주지하는 사항이다.

그런데 히브리 구조를 접하면서 알게 된 사실은 해석자들마다 각자의 틀로 성경을 읽고 해석한다는 것이다. 물론 성경의 구조가 다르다 해서 성경의 주제에 어긋난 해석을 한다고 말할 수 없지만, 그러나 성경의 구조가 선명하지 않으면 성경 저자의 의도와 다른 해석과 강조를 할 위험이 있다. 특별히 이러한 문제는 환상으로 기록된 계시록 해석의 경우 더욱 심각하게 대두될 것이다.

〈미로탈출 요한계시록〉은 보통 사람들에게 익숙하지 않은 형식으로 제작된 책일 수 있다. 어떤 이에게는 책의 형태가 이색적으로 생각되고, 또 다른 이에게는 많은 부호의 의미가 궁금할 수 있다. 그러나 이러한 것들은 비교와 대조를 통하여 문장의 상관관계를 나타내는 도구일 뿐 특별한 의미는 없다. 또한 반복되는 어휘들인 단락, 소단락 또는 항목, 소항목 등은 필자가 설명하려는 본문의 위치를 표시하는 것으로 이것에 조금 익숙해지면 생략하며 읽을 수 있게 될 것이다. 외형적인 형태가 어찌 되었건, 이 책은 계시록을 바르게 깨닫도록 도움을 주는 교재로서 탐독할 가치가 있다고 생각한다.

1.

이 책은 시작(試作)이다. 이 책은 계시록 전체를 구조로 분석한 후 단계적으로 구조를 해석하였다는 점에서 성경 해석의 새로운 시도라고 할 수 있다. 필자는 지금까지 계시록 해석에서 결론을 도출하지 못한 신학적 접근 대신 계시록 구조에 근거하여 해석을 시도하였다. 이처럼 필자가 계시록 구조에 집중한 이유는 다음과 같다.

첫째, 히브리 민족이 하나님의 계시를 숙지한 방식인 히브리 병행법을 사용하면 하나님의 말씀을 바르게 이해할 수 있다는 확신 때문이다.

둘째, 사도가 보았던 환상들을 자의적으로 해석하지 않으려면 계시록의 선명한 줄거리를 파악해야 하는데, 히브리 병행구조가 이러한 난제를 해결하여 줄 수 있기 때문이다.

2.

이 책을 읽을 때 유의할 점은 먼저 계시록의 구조를 숙지하는 것이다. 이 책은 계시록을 정독할 목적으로 고안되었다. 이 책은 계시록의 점진적 구조를 따라 다음 단계로 진행하면서 각 단락의 주제와 줄거리를 파악할 목적으로 고안되었다. 그래서 각 단계로 진행할 때마다 동일한 기호와 색깔로 표시된 단락의 동의적 혹은 반의적 의미를 발견하고, 그것을 해석해야 한다. 그리할 때 성경으로부터 성령의 음성을 들을 수 있고, 성경 저자의 의도를 손쉽게 이해할 수 있을 것이다.

3.

성경의 구조를 해석할 때 주지해야 할 점이 있다. 이것은 각 단락의 의미를 먼저 그 단락 자체에서 찾아야 한다는 것이다. 독자는 먼저 각 단락에서 비교와 대조를 통하여 그 단락의 주제와 줄거리를 이해한 후 근접 단락이나 다른 장(章)으로 확대 해석을 시도해야 한다. 이처럼 각 단락을 통하여 본문을 한정하고, 그 안에서 의미를 발견하므로 해당 본문을 정확하게 살필 수 있는 것이 히브리 병행구조에 기초한 성경 해석의 장점이다. 더욱이 이러한 해석 방법은 환상으로 기록된 계시록 해석에 있어서 필요 불가결한 요소이다.

4.

필자는 성령께서 성경 저자에게 히브리 병행구조로 성경을 고안하도록 지혜를 주셨다고 추론한다. 성령께서는 이러한 수사학적 방법을 통하여 각 성경과 단락에서 강조하려는 의미를 선명하게 드러내신다. 독자가 이러한 전제에서 성경을 해석하려면, 우선 성경이 병행구조 형식으로 기록되었다는 확신이 있어야 한다. 또한 성령께서 언약 백성에게 자신의 뜻을 선명하게 계시하신 방식이 교차적 병행구조라는 사실을 인지한다면, 이러한 구조를 간과한 채 성경을 해석하려는 태도는 자의적 해석의 위험에 노출될 수 있다 는 점도 인정해야 할 것이다.

5.
필자가 장차 〈(가칭) 미로탈출 신약성경 길라잡이〉를 출간한다면, 이 책은 신약성경의 구조를 이해하는 지침서 역할을 할 것이다. 이러한 이유로 이 책은 단락들을 구분하여 퍼즐을 맞추는 형식으로 집필되었다. 그럴지라도 이 책이 의도한 목적을 이해하고 훈련한다면, 독자들은 계시록뿐만 아니라 장차 신약성경의 주제와 내용을 파악하는데 큰 도움을 얻을 수 있을 것이다. 필자가 히브리 병행구조를 사용하여 난해한 계시록을 개진한 것처럼 장차 교회들도 성경 각 권의 내용을 쉽게 파악할 수 있을 것이다. 그리할 때 모든 교회가 하나님의 말씀을 정독하는 즐거움을 누릴 것을 기대한다.

6.
필자가 계시록을 집필하면서 G. E. 래드의 저술과 그랜트 오즈번의 〈요한계시록〉 그리고 이필찬의 〈요한계시록 어떻게 읽을 것인가〉〈내가 속히 오리라〉를 참고하였다. 오즈번의 저작이 여러 학자의 다양한 견해를 비교하고 종합한 방대한 주석서라면, 이필찬의 저작은 필자와 견해가 다를지라도 견고한 학문적 토대 위에 선명하고 간결한 해석이 담긴 매혹적인 주석서라고 생각한다.
아울러 이 책의 목적은 본문 주석보다도 계시록 해석의 방향을 제시하는데 있다는 점을 재차 강조한다. 그러므로 혹여 필자의 계시록 해석에 동의할지라도, 다양한 주석서를 참고하여 마지막 예언서를 균형 있게 이해하는 일이 중요하다. 그리하여 사도의 가르침대로 종말의 상황을 잘 '이기는 자'로 준비되어야 할 것이다.

왜 성경을 히브리 구조로 읽어야 하는가?[7]

1. 성경의 권위
성경은 하나님의 감동으로 기록된 책이다. 그래서 일점일획도 오류가 없고, 한 획도 빼거나 더할 수 없는 하나님의 말씀이다. 혹자가 성경을 이해하지 못한다면 그것은 그의 영적·학문적 한계이지, 성경이 오류가 있다는 것을 의미하지 않는다. 그래야만 하나님의 말씀에 끝까지 순종할 수 있다. 이것이 성경을 대하는 신자의 바른 신앙 자세이다. 이러한 신앙의 자세가 영생을 얻을 수 있도록 할 것이다.

이처럼 교회가 성경의 권위를 인정한다면, 교회는 성경의 내용을 비판하거나 편집할 수 없다. 교회가 할 수 유일한 작업이 있다면, 그것은 사도와 선지자들이 성령의 감동으로 기록한 성경에 대한 경외심을 가지고 기록된 그대로 해석하는 것이다. 또한 성경을 통하여 계시하신 하나님의 뜻을 깨닫고 순종하는 것이다.

2. 왜 구조인가?
혹자는 성경을 하나님의 설교라고 말한다. 화자가 청중에게 메시지를 전하고자 할 때, 그는 가장 효과적인 전달법을 사용할 것이다. 마찬가지로 하나님께서 언약 백성에게 계시를 전달하실 때, 가장 효과적인 전달 방식을 사용하셨을 것이다.

전통적으로 모세가 구약성경의 처음 다섯 권의 책들을 기록하였다고 전해지고 있다. 그러면 당시 모세는 하나님께 받은 말씀을 어떤 방식으로 히브리인들에게 전달하였을까? 오늘을 사는 현대인들은 고대 히브리인이 어떤 방식으로 살았는지 정확하게 알 수 없고, 또한 어떤 방식으로 의사소통했는지 정확히 알 수 없다. 하지만 모세가 기록한 문서가 남아있기 때문에 당시의 정황에 대하여 추측은 가능하다.

이 일을 위하여 학자들은 성경을 하나의 문학작품으로 간주하고, 수사학적 접근을 시도하였다. 그러다가 성경에서 사용된 독특한 수사학(修辭學)[8]의 기교들을 발견하는데, 그것이 히브리 병행법(竝行法)이다.

3. 왜 병행법일까?

---

7) http://blog.daum.net/paulblog/17474331

8) 수사학이란 사상이나 감정 따위를 효과적, 미적으로 표현할 수 있도록 문장과 언어의 사용법을 연구하는 학문이다.

출애굽의 연대를 추정할 때 솔로몬 성전의 건축 연대를 사용한다(왕상6:1).9) 성전공사는 대략 솔로몬 왕 즉위 4년에 시작되었다고 추론하면, 출애굽 연대는 B.C. 1446년경이 된다. 그러면 출애굽 당시 문화는 얼마나 번창했으며, 기록문화는 어떠했을까? 또 주전 15세기에 살았던 모세는 다섯 권의 책을 어디에 기록했을까? 양피지(羊皮紙)가 아니었을까 싶다. 만약 이러한 추측이 옳다면, 모세의 기록은 얼마나 거대한 부피였으며, 광야생활 동안 어떻게 그것들을 운반했을까? 예를 들어 이사야서 두루마리가 세로 26.5cm와 길이 734cm의 크기임을 생각하면 히브리인들이 성경을 기록하거나 소지한다는 것이 쉽지 않았을 것이다. 현대인들이 가진 codex 형태의 책은 기원후 2세기에 가능했고, 그 이후 종이와 인쇄술의 발달이 있기까지 성경을 개인적으로 소장한다는 것은 결코 쉬운 일이 아니었다. 그래서 고대 히브인들은 하나님의 말씀을 외워서 기억하였고, 그 방식을 발전시켰을 것이다.

그렇다면 고대 히브리인들은 어떻게 하나님의 말씀을 배우며 암기했을까? 이것에 대한 해답으로 학자들은 구전(口傳)을 말한다. 구전 문화는 모든 것을 말로 전하고, 수신한 모든 내용을 정확히 기억하는 것이 관건이다. 따라서 고대 히브리인들은 청중들이 알 수 있도록 독특한 문장형식을 고안하였을 것이다. 즉 히브리인들은 병행법이라는 문학적 기법을 발전시켰으며, 이러한 수사학의 특징은 비교, 대조, 반복, 강조, 설명 등의 기능을 제공한다.

4. 대표적인 히브리 병행법의 종류
성경에서 사용된 대표적인 병행법10)의 예는 다음과 같은 것들이 있다.

4.1. 동의적 병행구조
히브리 문장의 병행구조에서 대응(對應)되는 단어는 서로 차이가 있어도 실제 의미는 같다고 보아야 한다. 문장 내에서 서로 대응되는 단어는 같은 의미를 가지나 반복을 피하고, 또 이해를 돕기 위하여 동일한 의미를 가진 다른 용어를 사용한다. 따라서 어떤 문장에서 한 주제가 정해지면, 전체 또는 일부가 같은 의미를 가진 용

---

9) (왕상6:1) "이스라엘 자손이 애굽 땅에서 나온지 사백 팔십 년이요 솔로몬이 이스라엘 왕이 된지 사년 시브월 곧 이월에 솔로몬이 여호와를 위하여 전 건축하기를 시작하였더라"
10) 히브리 문학의 특징은 병행법이다. 필자는 이것의 근거를 사34:16절로 추정한다. 병행법은 단어나 문장의 대칭과 반복을 통하여 단락의 의미를 제한, 보충하므로 그 단락의 의미를 분명히 하려는 의도가 있으며, 또한 히브리인의 구전을 가능케 하는 문학적 음률의 원천이기도 하다.

어를 사용하여 점진적/점층적으로 뜻을 발전시킨다. 즉 동의적 병행구조는 두 번째 행이 첫 번째 행의 개념을 그대로 반복·확장하는 형식이다. 동의적 병행에 대한 예를 살펴보자.

예1) 시편 19편 1절

    a. 하늘이 하나님의 영광을 선포하고
    a' 궁창이 그 손으로 하신 일을 나타내는도다

예2) 시편 8편 4절

    a. 사람이 무엇이관대　주께서 저를 생각하시며
    a' 인자가 무엇이관대　주께서 저를 권고하시니이까

예3) 마태복음 7장 7-11절

    a. 구하라 그러면 너희에게 주실 것이요
      b. 찾으라 그러면 찾을 것이요
        c. 문을 두드리라 그러면 너희에게 열릴 것이요
    a' 구하는 이마다 받을 것이요
      b' 찾은 이가 찾을 것이요
        c' 두드리는 이에게 열릴 것이라

4.2. 반의적 병행구조

반의적 병행구조는 병행하는 문장에서 사용된 단어의 의미가 반대되는 경우 사용한다. 즉 반의적 병행구조는 두 번째 행이 첫 번째 행의 개념과 대조를 이룬다. 반의적 병행법을 사용하는 이유는 대조되는 개념을 언급하므로 다른 해석이 없어도 성경을 읽는 사람이 쉽게 그 의미를 파악할 수 있도록 하기 위함이다. 반의적 병행법은 동의적 병행법과 어울려 주로 잠언에서 자주 쓰이는 히브리 문장구조의 형태이다. 반의적 병행에 대한 예를 살펴보자.

예1) 시편 1편 6절
    a. 의인의 길은　여호와께서 인정하시나
    b. 악인의 길은　망하리로다

예2) 잠언 27장 6-7절

a. 친구의 통책은   충성에서 말미암은 것이나
b. 원수의 자주 입맞춤은 거짓에서 난 것이니라

4.3. 종합적 병행구조

히브리 병행구조는 단어와 단어, 문장과 문장 사이에 동의적 혹은 반의적 병행이 직접 존재하지만, 각 부분의 의미를 더욱 분명하게 보여주기 위해서 서로 대칭 및 병행의 의미를 사용하여 종합적인 내용으로 병행구조를 만들기도 한다. 즉 종합적 병행구조는 일종의 포괄적인 방법으로서 두 번째 행이 첫 번째 행의 내용을 점차 확산시켜 나간다. 종합적 병행에 대한 예를 살펴보자.

예1) 시편 23편 1절

a. 여호와는 나의 목자시니
b.   내가 부족함이 없으리로다

예2) 시편 1편 1-2절

a. 복 있는 사람은 ① 악인의 죄를 좇지 아니하며
                 ② 죄인의 길에 서지 아니하며
                 ③ 오만한 자의 자리에 앉지 아니하고
b.   ① 오직 여호와의 율법을 즐거워하여
                 ② 그 율법을 주야로 묵상하는 자로다

4.4. 교대적 병행구조

교대적 병행법은 전반부의 내용이 후반부에서 동일한 순서로 전개되는 것을 말한다. 히브리 저자는 교대적 병행구조를 통하여 강조 혹은 부연 설명 하려는 의도를 지닌다. 또한 이 본문을 해석하는 사람이 다른 의도로 해석하지 못하도록 하려는 의도를 가진다. 교대적 병행구조의 예를 살펴보자.

예1) 요한일서 1장 1-2절

a. 태초부터 있는 생명의 말씀에 관하여는

우리가 ① 들은 바요

② 눈으로 본 바요

③ 주목하고 우리 손으로 만진 바라

　b. 이 생명이 나타내신바 된지라

　aʹ 이 영원한 생명을 우리가 보았고 증거하여 너희에게 전하노니

　bʹ 이는 아버지와 함께 계시다가 우리에게 나타내신바 된 자니라

예2) 계시록 22장 18b-19절

　a. 만일 누구든지 이것들 외에 더하면

　b. 하나님이 이 책에 기록된 재앙들을 그에게 더하실 터이요

　aʹ 만일 누구든지 이 책의 예언의 말씀에서 제하여 버리면

　bʹ　하나님이 이 책에 기록된 ① 생명나무와 및

② 거룩한 성에 참예함을 제하여 버리시리라

4.5. 교차적 병행구조

히브리 문장구조의 가장 독특한 형태는 교차적 병행구조라고 부르는 ‘키(chi)’ 구조이다. 이것은 히브리 문장에서만 나타나는 형태로 다른 언어에서는 그 유래를 찾아보기 어렵지만, 신구약 성경은 거의 ‘키’ 구조의 형태라고 보면 틀림없다. 교차적 병행구조는 한 단락의 내용이 아무리 길더라도 글의 중심에서부터 시작하여 첫 줄이 마지막 줄과 병행이 되고, 둘째 줄은 마지막 이전 줄과 병행이 되는 식으로 전체가 배열되는 형태를 말한다. 이러한 교차적 병행구조의 특징은 각 성경의 특정 단락이나 전체의 주제를 암시한다. 그러므로 히브리 문서에서 교차적 병행구조를 찾는 것은 그 책을 기록한 저자의 의도를 파악하는 중요한 작업이 될 것이다. 이러한 히브리 병행구조를 키아스무스/키아즘 구조, 교차대구 구조로 칭한다. 교차적 병행구조의 예를 살펴보자.

예1) 요한일서 3장 4-6절

　a. 죄를 짓는 자마다 불법을 행한다

　　b. 그리스도는 우리 죄를 없이 하려고 오셨다

　　　c. 그리스도는 무죄하시다

　　bʹ 그리스도 안에 거하는 자는 범죄 하지 않는다

　aʹ 범죄 하는 자는 그리스도를 보지도 알지도 못한다

예2) 다니엘서 2-7장

    a. 느부갓네살 왕의 꿈: 금신상과 하나님 나라

      b. 풀무불 속의 다니엘의 세 친구: 세상 나라에서 신자의 고난

        c. 느부갓네살 왕의 짐승 생활: 열 왕을 세우시는 하나님의 주권

        c' 벨사살 왕의 향연: 열 왕을 폐하시는 하나님의 주권

      b' 사자 굴 속의 다니엘: 세상 나라에서 신자의 고난

    a' 네 짐승 환상: 네 짐승과 짐승 나라

예3) 마태복음 6장 24절

    a. 한 사람이 두 주인을 섬기지 못할 것이니

      b. 혹 이를 미워하며   저를 사랑하거나

      b' 혹 이를 중히 여기며 저를 경히 여김이라

    a' 너희가 하나님과 재물을 겸하여 섬기지 못하느니라

5. 왜 교차적 병행구조인가?

우리는 신구약 성경의 주제에 대하여 알고 있다. 그러나 성경의 각 권의 내용에 대하여 알고 있는가? 만약 각 권의 주제를 알고 있다면, 그것을 청중들에게 잘 이해시킬 수 있는가? 때로 어떤 사람은 성경을 읽다가 하나님의 은혜로 성경을 관통했다고 말한다. 만약 그것이 사실이라면, 그것은 하나님 은혜의 일이다. 그러나 모든 사람에게 그 은혜가 주어지지 않는다. 그래서 많은 사람은 성경을 분석적으로 연구하여 진리를 깨달으려고 노력한다. '구하고 찾고 두드리면 ~~ 받고 찾고 열릴 것' 이라는 약속을 믿고 성경을 열심히 연구하면, 성경 각 권의 내용을 깨닫게 될 것이다. 필자는 이 일에 교차적 병행구조가 큰 도움이 된다고 확신한다.

여기까지 필자의 설명을 듣고 난 후 의문이 생길 수 있다. 정말 모든 성경이 교차적 병행구조로 기록되어 있는가? 하는 것이다. 그런데 이 믿음을 가지고 성경을 보려는 자세가 중요하다. 왜냐하면 교차적 병행구조는 성경을 기록했던 히브리인들의 사고방식이어서 그들은 이러한 방식을 사용하여 생각하고, 말하고, 글을 썼을 것이다. 그러므로 하나님 계시인 성경도 동일한 방식으로 표현했을 것이라는 확신이 있어야 한다. 그리할 때 성경이 히브리인 성경 저자들의 시각으로 보이기 시작할 것이다.

여기서 필자는 왜 교차적 병행구조이어야 하는가? 라는 질문에 답하고자 한다. 서두에서 언급한 것처럼 '성경은 하나님의 설교' 라는 혹자의 말을 빌리면, 성경 각 권의 주제와 각 단락의 강조점은 하나님께서 이미 밝히 드러내셨다. 즉 히브리 문장구조는 문장에 나타난 글의 형태를 통해서 성경 저자인 하나님의 의도를 쉽게 파악할 수 있도록 고안되었다. 더욱이, 위의 예에서 보았듯이, 교차적 병행구조는 한 단락의 메시지를 가장 정확하게 전달하고자 할 때 사용하는 최상의 구조이다. 그래서 해석자가 그 구조를 이해하면 이미 그 단락의 내용을 파악했다고 할 수 있다. 반면 히브리 문장구조, 특히 교차적 병행구조를 모르면 성경 저자의 뜻대로 성경을 해석하지 못하는 것이다. 이러한 이유로 교차적 병행구조는 성경 해석에 있어서 핵심적인 원리가 된다.

6. 결론

성경을 구조로 해석할 때 주의해야 할 점은 수많은 구조가 있을지라도 동일한 구조는 거의 없다고 해도 과언이 아니다. 왜냐하면 구조를 만드는 사람의 생각, 신학적 훈련 등 모든 배경이 다르기 때문이다. 그러므로 성경의 구조를 고안할 때는 구조의 옳고 그름보다는 최선과 차선의 논리로 접근하는 것이 옳을 듯싶다. 즉 많은 구조가 있다면 어떤 구조가 성경을 이해하는 데 도움이 되는가, 그래서 어떤 구조를 선택하여 성경을 읽을 것인가를 선택하는 것이 지혜일 것이다. 이때 신자는 하나님께로부터 오는 지혜를 구하는 겸손함이 필요하다.

A. 계시록 전체 구조 설명

> A. 임박한 그리스도의 강림 예고와 신약교회를 향한 교훈(1:1-3:22)
>
> B. 종말의 개략적 · 점진적인 구원계시(4:1-11:13)
>
> B' 종말의 핵심적 구원계시(11:14-22:5)
>
> A' 임박한 그리스도의 강림 예고와 신약교회를 향한 교훈(22:6-21)

1.

성경 각 권의 전체 구조를 찾는 작업은 서양화의 황금분할 구도를 찾는 것과 같고, 또 하얀 화선지에 큰 획을 긋는 것과 같다. 그래서 성경 각 권의 전체 구조를 어떻게 고안하느냐에 따라서 성경 해석에 커다란 영향을 미친다. 왜냐하면 성경 각 권의 전체 구조는 성령께서 계시하려는 뜻에 얼마나 근접할 수 있느냐를 결정하는 중대한 요인이 되기 때문이다.

계시록의 저작 연대를 고려할 때, 사도가 발전된 묵시문학의 형식을 참고하여 계시록의 구조를 복잡하고 독특한 구조로 고안하였다고 추론할 수 있다. 이러한 계시록의 독특한 구조와 환상이 지닌 상징성 때문에 계시록은 교회에서 가장 난해한 책이 되었다. 그러니 누가 사도의 의도를 알고 계시록의 구조를 재구성할 수 있겠는가? 다만 주님의 은혜로 말미암아 계시록의 구조를 얻을 수 있기를 소망할 뿐이다.

2.

필자는 사도가 성령의 감동으로 제시한 구조, 즉 '네 본 것과 이제 있는 일과 장차 될 일'(1:19)에 근거하여 계시록 전체 줄거리를 고안하려고 했다.

첫째 단락(A. 1:1-3:22, 임박한 그리스도의 강림 예고와 신약교회를 향한 교훈)은 '네 본 것과 이제 있는 일'에 관한 설명이며, 이 단락의 주제는 '임박한 그리스도의 강림 예고와 신약교회를 향한 권면'이다. 또한 마지막 단락(A' 22:6-21, 임박한 그리스도의 강림 예고와 신약교회를 향한 교훈)도 동일한 주제로 처음 단락(A)과 병행을 이룬다. 이것이 박해와 환난에 직면한 당시 교회를 향한 메시지이다.

아울러 필자는 '장차 될 일'(1:19) 또는 '이후에 마땅히 될 일'(4:1)을 둘째(B.

4:1-11:13, 종말의 개략적·점진적인 구원계시)와 셋째 단락(B' 11:14-22:5, 종말의 핵심적 구원계시)에서 설명하였다. 둘째 단락(B)은 신약시대에서 전개될 구원계시이며, 셋째 단락(B')은 대환난 이후 구원계시이다. 사도는 이 단락들에서 임박한 그리스도의 강림이 완성되는 과정을 기술하므로 계시록은 모든 신약교회에게 필요한 종말의 계시가 된다.

3.
어떤 구조는 본론을 '네 본 것'(1:9-20), '이제 있는 일'(2:1-3:22), '장차 될 일'(4:1-22:5)로 구분한다. 이러한 구조는 본론의 강조점이 무엇인지 명확히 드러나지 않는 아쉬움이 있다. 사도가 수사학적 기법을 사용하여 성경의 구조를 만들고자 할 때는 분명한 메시지를 전달하기 위함이다. 만약 수사학적 기법을 사용하여 성경 각 권의 메시지를 분명히 찾을 수 없다면, 필자는 성경 저자들이 각 성경의 구조를 고안할 이유가 없다고 생각한다. 환언하면, 성경 저자들은 히브리 병행구조를 사용하여 각 성경의 주제와 각 단락의 강조점을 설명하려고 하였다.

4.
사도는 계시록의 구성을 위하여 여러 가지 묵시문학 특징을 사용하였다.
유대 묵시문학은 문장 구성 또는 개념을 설명하는 일에 있어서 7이라는 숫자를 사용하는데, 이러한 묵시문학의 특징은 신약성경에 영향을 미쳤다. 이러한 예는 묵시문학 특징을 사용한 계시록 외에도 복음서에서도 찾아볼 수 있다.[11]
사도가 계시록을 구성하는 대원칙으로 7이라는 상징을 사용하는데, 이러한 예는 다음과 같다: 일곱 교회(2-3장), 일곱 인(6장), 일곱 나팔(8,9장), 일곱 대접(16장), 일곱 재림(6,7,11,14,16,19,20장), 칠복(1:3; 14:13; 16:15; 19:9; 20:6; 22:7,14), 일곱 막간(7^2, 10, 11, 17, 18, 19장) 이다. 또한 계시록에는 어떤 사물을 표현할 때도 7이라는 숫자를 사용한다. 예를 들면, 일곱 촛대(1:12,20; 2:1), 일곱 천사(8,15,16,17장), 일곱 별(1:16,20; 2:1; 3:1), 일곱 뿔과 일곱 눈을 가진 어린양(5:6), 일곱 머리와 일곱 왕관을 쓴 용(12:3), 일곱 머리를 가진 짐승(13:1) 등이다.

---

11) 마태복음서의 7가지 천국 비유(13:3-50), 7가지 화 있을진저(마23:13-29) 등이다.

B. 첫째 단락(1:1-3:22)

1. 첫째 단락을 들어가면서

1.1.
계시록은 신구약 성경의 마지막 예언서이므로 모든 예언들의 결말이 있어야 한다. 계시록이 진리의 말씀이 되기 위하여 이 책의 예언은 당시 수신자들 뿐 아니라 현재 독자들에게도 현재형이어야 한다. 또한 계시의 점진적인 특성과 하나님의 구원 역사의 절정인 재림을 고려할 때, 계시록은 사도 당시 상황부터 시작하여 재림에 이르는 연속적인 계시의 확장이 나타나야 한다. 더 나아가 사도가 계시록을 '이야기 안에 이야기(the story in a story)' 형식으로 기술하면서 4장부터 묵시문학 형식을 사용한 것은 사도가 서두에 밝힌 '장차 될 일'(1:19) 곧 종말적 계시를 설명하려는 의도 때문이다. 그러므로 계시록을 1세기 배경에 제한하여 해석하거나, 또한 계시록의 한 부분을 당시 교회 상황으로 다른 부분을 재림 상황으로 해석하는 것은 불합리하다. 이러한 점을 고려할 때, 계시록은 일관적인 해석을 피하고 그것의 줄거리 또는 장르의 특성을 반영하여 해석하는 것이 바르다. 그래서 필자는 계시록 해석에 있어서 과거주의, 미래주의, 이상주의, 역사주의 해석을 함께 고려하는 절충주의 해석을 선호한다.

1.2.
필자가 고안한 계시록의 구조는 다음과 같은 교차적 병행구조(ABB'A')이다.

> A. 임박한 그리스도의 강림 예고와 신약교회를 향한 교훈(1:1-3:22)
> 　B. 종말의 개략적 · 점진적인 구원계시(4:1-11:13)
> 　B' 종말의 핵심적 구원계시(11:14-22:5)
> A' 임박한 그리스도의 강림 예고와 신약교회를 향한 교훈(22:6-21)

계시록 해석의 난제는 계시록의 줄거리(구조)를 파악하지 못한 것과 연관이 있다. 그래서 필자는 위 구조를 사용하여 계시록의 문학 장르와 해석법, 그리고 각 단락들의 상관성을 설명하고자 한다.

첫째, 처음(A. 1:1-3:22. 임박한 그리스도의 강림 예고와 신약교회를 향한 교훈)과 마지막 단락(A' 22:6-21. 임박한 그리스도의 강림 예고와 신약교회를 향한 교훈)은 사도가 당시 교회들에게 보낸 서신과 연관된 내용이다. 이 단락들은 계시록의 주제를 내포하고 있는데, 그것은 '임박한 그리스도 강림 예고와 신약교회를 향한 교훈' 이다. 그래서 사도는 주제 단락들에서 '속히' (1:1, 2:16, 3:11, 22:6,7,12,20)라는 표현을 자주 사용한다. 또한 사도는 주제 단락들에서 소아시아 교회에게 서신을 보낸 과정과 이유를 설명하는데, 이것이 사도가 언급한 '네 본 것과 이제 있는 일' 에 해당한다. 그래서 처음(A)과 마지막 단락(A')은 과거주의 해석을 해야 한다.

둘째, 둘째(B. 4:1-11:13. 종말의 개략적·점진적인 구원계시)와 셋째 단락(B' 11:14-22:5, 종말의 핵심적 구원계시)은 사도가 하늘의 열린 문으로 올라가 보았던 '이후에 마땅히 될 일' (4:1)을 기술한 내용이다. 사도가 묵시문학 형식을 사용하여 하나님의 보좌로부터 재림에 이르는 하나님의 구원경륜이 어떻게 전개될 것을 계시받았다고 증언한다. 사도가 보고 들은 환상들은 임박한 그리스도 강림이 어떻게 역사에서 성취되는가를 보여주는 종말적 예언이다. 이처럼 사도가 환상을 통하여 역사에서 전개되는 사건 배후의 의미를 깨달은 후 당시 교회가 장차 누릴 영광이 무엇인지 알 수 있었다. 그래서 사도가 당시 박해받는 교회를 위로하기 위하여 계시를 기록한 것이다. 결론적으로, 사도가 받은 계시의 주된 내용은 장차 도래할 종말적 사건들이며, 그래서 둘째(B)와 셋째 단락(B')은 미래주의 해석을 해야 한다.

셋째, 사도는 오른 손에 일곱 별과 일곱 금 촛대를 붙들고 계신 주님의 음성을 따라 자신이 본 환상들을 소아시아 일곱 교회에게 편지한다(1:11). 여기서 주목할 점은 사도가 환상을 본 후 서신을 기록하였다는 것이다. 이것은 단락들의 상호관계, 즉 계시록의 둘째(B)와 셋째 단락(B') 이후 처음(A)과 마지막 단락(A')으로 줄거리의 흐름이 전개된다는 사실을 명시한다(1:11). 그리고 이러한 논리적 추론은 앞서 언급한 계시록 해석 방법에 대한 단서를 제공한다. 환언하면, 사도가 환상을 통하여 종말교회가 대환난의 상황을 이기고 그리스도의 영광에 참여한다는 사실을 알았다. 그래서 암울한 상황에 직면한 당시 교회들에게 그리스도의 왕권을 힘입어 종말교회처럼 그리스도의 영광에 참여할 소망을 갖도록 권면한다. 그러므로 소아시아 교회에게 보낸 사도의 서신에는 '이기는 자' 라는 표현이 반복적으로 나타난다.

2. 첫째 단락(A)의 구조 설명

> ▶ A. 임박한 그리스도의 강림 예고와 신약교회를 향한 교훈(1:1-3:22)
>   1. 요한이 본 것(1:1-3): 하나님의 말씀과 예수의 증거
>   2. 이제 있는 일(1:4-8): 요한이 아시아 일곱 교회에 서신을 보냄
>   1' 요한이 본 것을 교회들에게 증언(1:9-20)
>   2' 이제 있는 일(2:1-3:22): 요한이 아시아 일곱 교회에 보낸 편지의 내용
>   B. 종말의 개략적 · 점진적 구원계시(4:1-11:13)
>   B' 종말의 핵심적 구원계시(11:14-22:5)
>   A' 임박한 그리스도의 강림 예고와 신약교회를 향한 교훈(22:6-21)

2.1.

첫째 단락(A. 1:1-3:22. 임박한 그리스도 강림 예고와 신약교회를 향한 교훈)에서 사도가 사용한 계시록의 문학 장르(양식)는 서신서이다.

대다수 서신서의 공통적인 특징은 AD 1세기 산물이며, 당시 교회에서 발생한 특정한 상황을 근거로 기록한 것이다. 예를 들면, 각 교회에게 필요한 교리적인 가르침이나 교회의 덕을 세우는 권면이 주를 이룬다. 그래서 서신서는 먼저 서신을 받는 교회의 특정한 배경, 곧 교회의 박해 상황을 일차적으로 다루어야 한다.

아울러 계시록은 소아시아 지역에 산재해 있던 일곱 교회에게 보내는 회람형식의 편지이다(1:4,11. 22:16). 그래서 계시록의 서두는 바울 서신의 그것과 유사하며, 일곱 교회에게 보내는 메시지도 서신의 형식을 가진다. 이것은 계시록의 첫째 단락(A. 1:1-3:22. 임박한 그리스도의 강림 예고와 신약교회를 향한 교훈)이 서신서의 특징을 가지고 있다는 것을 시사한다. 그래서 첫째 단락(A)을 해석할 때, 계시록을 수신하는 당시 교회의 상황 가운데서 성령께서 사도를 통하여 말씀하시고자 하는 의도를 발견하는 것이 중요하다.

2.2.

계시록의 역사적 배경은 '예수의 환난과 나라와 참음에 동참한 자'(1:9)와 이기는 자의 사용에서 엿볼 수 있다. 당시 사도는 하나님의 말씀과 예수의 증거로 인하

여 밧모섬에 유배당한 상태였다. 또한 당시 교회들도 폭압적인 황제숭배를 강요받는 상태에 있었다. 그러므로 사도는 당시 교회들이 직면한 환난의 상황을 믿음 안에서 이길 수 있도록 계시록을 기록할 필요가 있었다.

그런데 사도가 당시 교회를 완전함의 의미를 지닌 7의 숫자로 규정한다. 이것은 사도가 소아시아 일곱 교회에게 보낸 서신들이 당시 동등한 형편에 처한 교회들, 더 나아가 후대에서 유사한 형편에 처할 교회들에게 동일한 메시지를 보낸 것으로 이해될 수 있다. 이러한 주장의 근거는 일곱 교회에게 보낸 서신들의 마지막 후렴구, 곧 '귀 있는 자는 성령이 교회들에게 하시는 말씀을 들을지어다'에서도 알 수 있다. 즉 소아시아 일곱 교회에게 보내는 메시지는 모든 교회가 귀를 기울여서 청종해야 할 교훈이라는 의미이다.

2.3.
필자가 첫째 단락(A)에서 '네 본 것과 이제 있는 일'(1:19)을, 둘째(B)와 셋째 단락(B')에서 '장차 될 일'(1:19)을 배치한 것은 사도의 의도 때문이다. 마치 씨줄과 날줄로 천을 엮는 것처럼 사도는 첫째 단락(A)에서 '네 본 것과 이제 있는 일'을 함께 엮어 기록하므로, 둘째(B)와 셋째 단락(B')에서 '장차 될 일'과 구분하고자 한다. 성경에도 이러한 용례가 있다.

> 눅13:32,
> 가라사대 가서 저 여우에게 이르되 오늘과 내일 내가 귀신을
> 쫓아내며 병을 낫게 하다가 제 삼일에는 완전하여 지리라 하라

> 출19:10-11,
> 여호와께서 모세에게 이르시되 너는 백성에게 가서 오늘과 내일
> 그들을 성결케 하며 그들로 옷을 빨고 예비하여 제 삼일을 기다리게 하라
> 이는 제 삼일에 나 여호와가 온 백성의 목전에 시내산에 강림할 것임이니

위 구절들에는 3개의 시제나 내용을 제시한 후 앞선 두 개 시제(오늘과 내일)와 마지막 시제(제 삼일)를 구분한다. 그리할 때 앞선 시제의 내용보다 마지막 시제의 내용이 강조된다. 이러한 수사학적 표현처럼 사도는 '장차 될 일'을 강조하고 있으며, 특히 셋째 단락(B' 11:14-22:5, 종말의 핵심적 구원계시)인 대환난 이후 구원계

시를 가장 많은 분량으로 기술한다. 그럴지라도 '장차 될 일'은 계시록의 주제인 '임박한 그리스도의 강림 예고와 신약교회를 향한 권면'을 설명하려는 내용이다. 결론적으로면, 계시록은 과거주의와 미래주의 해석법을 모두 사용해야 한다.

2.4.

사도는 본 단락(A. 1:1-3:22. 임박한 그리스도의 강림 예고와 신약교회를 향한 교훈)의 '네 본 것과 이제 있는 일'을 전형적인 교대적 병행구조(ABA' B')로 기록하였다. 사도가 소아시아 일곱 교회에게 편지하는 시점을 기준 하면, 성령의 감동으로 그리스도의 계시를 보고 들은 시점은 과거일 것이다. 그러면 자연스럽게 사도가 계시의 내용을 기록하는 일은 현재의 일, 곧 '이제 있는 일'이 된다.

3. 요한이 본 것(1:1-3, 9-20)

> A. 임박한 그리스도의 강림 예고와 신약교회를 향한 교훈(1:1-3:22)
>   1. 요한이 본 것(1:1-3): 하나님의 말씀과 예수의 증거
>   2. 이제 있는 일(1:4-8): 요한이 아시아 일곱 교회에 서신을 보냄
> ▶ 1' 요한이 본 것을 교회들에게 증언(1:9-20)
>   a. 요한, 하나님의 말씀과 예수의 증인(1:9)
>   b. 요한이 주님의 음성을 들음(1:10-12)
>   c. 인자 같은 이(1:13-16): 영광을 받으신 그리스도의 모습
>   b' 요한이 주님을 대면함(1:17-18)
>   a' 요한이 증언할 내용들(1:19-20)
>   2' 이제 있는 일(2:1-3:22): 요한이 아시아 일곱 교회에 보낸 편지의 내용
> B. 종말의 개략적 · 점진적인 구원계시(4:1-11:13)
> B' 종말의 핵심적 구원계시(11:14-22:5)
> A' 임박한 그리스도의 강림 예고와 신약교회를 향한 교훈(22:6-21)

3.1.

본 단락(1' 1:9-20, 요한이 본 것을 교회들에게 증언)과 대칭 단락(1. 1:1-3, 요한이 본 것)에서 사도가 '본 것'(1:11,19)은 예수 그리스도께서 천사를 보내어 계시하신 일과 관계된다. 여기서 사도는 자신이 받은 '예수 그리스도의 계시'(1:1)를 '하나님의 말씀과 예수의 증거'(1:2,9)라고 말한다. 이것은 성부 하나님께서 그리스도에게 알리시고, 그리스도께서 천사를 보내어 그 종 요한에게 증거 하신 것이다.

아울러 사도가 천사의 증거를 '지시하신'(1:1)으로 표현하는데, 이 단어는 '표적(세메이온)'과 동일한 어원을 갖는다. 그런데 '세메이온'은 사도가 그의 복음서에서 예수의 하나님의 아들됨을 증거 할 때 사용하였다. 그러므로 이 단어는 사도가 계시로 받은 모든 내용을 포괄할 뿐 아니라 사도가 성령 안에서 보고 들은 모든 환상은 신적 계시라는 의미를 담고 있다.

3.2.

사도가 받은 계시는 신적 기원을 갖는데, 이 계시의 성격은 두 가지로 설명된다.

첫째, 이 계시는 '반드시 속히 될 일'(1:1, 22:6; 11:14)이다. 하나님의 구원역사에서 현세대 이후 다른 세대가 없으므로 재림에 관한 계시는 이 마지막 세대 안에서 반드시 성취된다. 이것이 사도가 말한 '반드시 속히 될 일'의 의미이다. 아울러 그리스도께서 사도에게 계시를 주신 목적은 '반드시 속히 될 일'을 그의 종들에게 알리기 위함이며, 이것은 그리스도 강림과 연관된 일련의 구원역사를 통보한 것이다.

둘째, 사도가 수여한 계시를 읽고, 듣고 지키는 자가 복이 있다. 사도가 주님께 받은 계시는 '하나님의 말씀과 예수 그리스도의 증거'(1:2,9) 곧 계시록의 예언이다. 이것은 역사의 주관자이신 그리스도께서 사도에게 계시하신 '이후에 마땅히 될 일'(4:1)을 교회를 통하여 이루신다는 선언이다. 그러므로 하나님의 약속 안에서 이 예언의 말씀을 읽고, 듣고 순종하는 자는 복이 있음을 권면한다.

3.3.

본 단락(1')에서 사도는 자신이 본 것에 관하여 기술한다. 본 단락(1')의 주제 단락(c. 1:13-16, 인자 같은 이)에서 영광의 그리스도는 단7장의 인자 같은 이의 실증으로서 왕과 대제사장의 모습으로 묘사된다.

본 단락(1')의 처음(a. 1:9, 요한, 하나님의 말씀과 예수의 증인)과 마지막 단락(a' 1:19-20, 요한이 증언할 내용들)에서 사도는 밧모섬에서 받은 계시와 자신의 사명에 대하여 언급한다. 사도가 받은 계시는 '네 본 것과 이제 있는 일과 장차 될 일'이다. 여기서 '네 본 것'은 사도가 밧모섬에서 보았던 그리스도의 현현하심에 관한 것이다. '장차 될 일'은 인자이신 그리스도께서 종말의 구원경륜을 사도에게 계시하신 내용이다. 그리고 '이제 있는 일'은 사도가 환상 가운데 그리스도 강림과 연관된 총체적인 구원경륜을 깨달은 후 소아시아 일곱 교회에게 주님의 교훈을 편지한 것이다.

4. 이제 있는 일(I) (1:4-8)

```
   A. 임박한 그리스도의 강림 예고와 신약교회를 향한 교훈(1:1-3:22)
      1. 요한이 본 것(1:1-3): 하나님의 말씀과 예수의 증거
   ▶ 2. 이제 있는 일(1:4-8): 요한이 아시아 일곱 교회에 서신을 보냄
         a. 사도가 아시아에 있는 일곱 교회에 편지함(1:4a)12)
         b. 그리스도, 아시아 일곱 교회에게 서신을 보내도록 명령하심(1:4b-8)
            ① 그리스도, 삼위 하나님(1:4b-5b)
               ② 구속주 예수 그리스도(1:5c-6)
               ②' 심판주 예수 그리스도(1:7)
            ①' 그리스도, 영존하시고 전능하신 주 하나님(1:8)
      1' 요한이 본 것을 교회들에게 증언(1:9-20)
      2' 이제 있는 일(2:1-3:22): 요한이 아시아 일곱 교회에 보낸 편지의 내용
   B. 종말의 개략적 · 점진적 구원계시(4:1-11:13)
   B' 종말의 핵심적 구원계시(11:14-22:5)
   A' 임박한 그리스도의 강림 예고와 신약교회를 향한 교훈(22:6-21)
```

4.1.

본 단락(2. 1:4-8, 이제 있는 일: 요한이 아시아 일곱 교회에게 서신을 보냄)과 대칭 단락
(2' 2:1-3:22, 이제 있는 일: 아시아 일곱 교회에 보낸 편지의 내용)에서 사도는 '이제 있는
일'(2:1-3:22) 곧 소아시아 일곱 교회에게 서신 보내는 일에 대하여 기술한다.

본 단락(2)의 첫째 단락(a. 1:4a, 요한이 아시아에 있는 일곱 교회에 편지함을 선언)에서 사
도는 소아시아 일곱 교회에게 편지한다고 언급한 후 둘째 단락(b. 1:4b-8, 예수 그리
스도: 요한에게 서신을 보내도록 말씀하신 분)에서 자신에게 이 사명을 주신 그리스도에 대
하여 설명한다. 둘째 단락(b)을 교차적 병행구조로 배열하면, 둘째 단락(b)의 주제는
처음(① 1:4b-5b, 그리스도, 삼위 하나님)과 마지막 소단락(①' 1:8, 그리스도, 영존하시고 전
능하신 주 하나님)에 있다. 사도는 이 단락들에서 영광을 받으신 그리스도를 설명하는
데, 그리스도는 성부 하나님으로부터 '반드시 속히 될 일'(1:1)을 위임받으신 영

---

12) 절 뒤에 덧붙인 알파벳은 각 절을 구분하는 표시로서 필자가 고안한 '(가칭) 미로탈출 요한계시
   록 성경'에 근거한 것이다.

광의 주 하나님이시다.

4.2.

본 단락(2)의 둘째 단락(b. 1:4b-8. 예수 그리스도: 요한에게 서신을 보내도록 말씀하신 분)의 구조는 다음과 같이 고안할 수 있다.

A. 임박한 그리스도의 강림 예고와 신약교회를 향한 교훈(1:1-3:22)
▶ 2. 이제 있는 일(1:4-8): 요한이 아시아 일곱 교회에 서신을 보냄
    a. 요한이 아시아에 있는 일곱 교회에게 편지함을 선언(1:4a)
    b. 예수 그리스도(1:4b-8): 요한에게 서신을 보내도록 말씀하신 분
      ① 그리스도, 삼위 하나님(1:4b-5b)
        ② 구속주 예수 그리스도(1:5c-6)
        ②' 심판주 예수 그리스도(1:7)
      ①' 그리스도, 영존하시고 전능하신 주 하나님(1:8)
  2' 이제 있는 일(2:1-3:22): 아시아 일곱 교회에 보낸 편지의 내용

사도는 둘째 단락(b)의 처음(①)과 마지막 소단락(①')에서 영광의 그리스도에 대한 묘사로 '이제도 계시고 전에도 계시고 장차 오실 이'(1:4.8)라는 관용구를 사용한다. 그런데 이것은 보좌에 앉으신 하나님에게 사용된 표현이다(4:8). 그래서 이 관용구를 일관되게 성부 하나님에게 적용하려는 경향이 있다.

그러나 본 단락(2)은 사도가 '이제 있는 일'을 기록하면서 자신이 천사를 통하여 받은 계시의 출처를 밝히는 내용이다. 사도는 이미 서두에서 하나님께서 그리스도에게, 또 그리스도께서 사도 자신에게 이 책의 계시를 주셨다고 설명하였다(1:1). 그래서 사도는 둘째 단락(b)에서 이 계시를 수여하신 그리스도를 영광 받으신 하나님으로 설명하고자 한다(1:13-16). 그러므로 처음(①)과 마지막 소단락(①')에서 사도가 묘사한 하나님에 대한 모습은 영광을 받으신 그리스도를 설명한 것이다.

결론적으로, 사도가 처음(①)과 마지막 소단락(①')에서 설명한 삼위 하나님에 관한 내용은 성부 하나님에 대한 설명인 동시에 삼위 하나님 가운데 한 분이신 그리스도에 대한 설명이기도 하다. 그러므로 이 소단락들에 표현된 하나님에 관한 설명은 문맥에서 판단해야 하는데, 여기서는 영광을 받으신 그리스도로 해석해야 한다.

4.3.

둘째 단락(b)의 둘째(② 1:5c-6, 구속주 예수 그리스도)와 셋째 소단락(②' 1:7, 심판주 예수 그리스도)은 주 하나님께서 그분의 몸인 교회와 함께 인류 역사를 주관하시는데, 그것의 토대는 예수 그리스도의 구속사역에 기초한다는 사실을 명시한다.

둘째 소단락(②)에서 사도는 구속주이신 예수 그리스도의 대속의 죽음과 부활을 설명한다. 예수 그리스도의 십자가 사건은 그리스도께서 하늘과 땅과 땅 아래의 권세를 굴복시키시고 죄인들을 사탄의 결박에서 구원하신 삼위 하나님의 은혜의 일이다. 사도는 이 구속사건으로 말미암아 그리스도께서 모든 권세의 근원 되신 '땅의 임금들의 머리' (1:5)임을 선포한다. 그러므로 예수의 보혈로 구속받은 신자들이라면, 만왕의 왕이신 그리스도와 함께 왕과 제사장의 사명을 수행해야 한다. 이것은 성부 하나님을 위한 증인의 삶 곧 교회의 소명이다(1:6).

셋째 소단락(②')은 심판주로 오실 예수 그리스도에 관한 내용이다. 주 예수는 대속 사역 이후 창세 전 성부 하나님과 함께하셨던 영광으로 높임을 받으셨다(요17:5,24). 높임을 받으신 주 예수는 하나님의 사랑을 거절하고 그분의 은혜와 약속을 멸시하는 자들을 심판하시려고 재림하실 것이다. 이처럼 셋째 단락(②')은 그리스도의 재림에 관한 문맥이며, 그래서 순교자의 승천과 신자의 휴거와는 이미 마감한 시점이다. 그러므로 여기 '땅에 있는 모든 족속' (1:7)은 끝까지 회개하지 않은 불신자들이며, 그들은 재림하실 주님을 두려움 가운데 애곡하며 대면해야 할 것이다(6:16).

4.4.

본 단락(2)의 대칭 단락(2' 2:1-3:22, 이제 있는 일: 아시아 일곱 교회에 보낸 편지의 내용)은 사도가 소아시아 교회에게 편지한 구체적인 내용들이 기록된 곳이다. 필자는 이 편지의 내용이 원독자의 실제적인 정황이며, 또한 신약교회에서 발생할 수 있는 징조로 간주하였다.

아울러 필자는 사도가 당시부터 종말에 이르는 시간적 간격을 메우는 방편으로 소아시아 일곱 교회를 사용하였다고 생각한다. 그래서 필자는 소아시아 일곱 교회를 교회사의 일곱 시대로 분류한 해석을 수용한다. 그러나 이러한 해석은 독자들로 하여금 계시록의 난제인 '장차 될 일'의 줄거리를 선명하게 볼 수 있도록 이 책에서 생략하였다.

5. 이제 있는 일(II) (2:1-3:22)

A. 임박한 그리스도의 강림 예고와 신약교회를 향한 교훈(1:1-3:22)

  1. 요한이 본 것(1:1-3): 하나님의 말씀과 예수의 증거

  2. 이제 있는 일(1:4-8): 요한이 아시아 일곱 교회에 서신을 보냄

  1' 요한이 본 것을 교회들에게 증언(1:9-20)

▶ 2' 이제 있는 일(2:1-3:22): 요한이 아시아 일곱 교회에 보낸 편지의 내용

    a. 에베소 교회(2:1-7): 초대교회시대를 상징

     b. 서머나 교회(2:8-11): 교부시대를 상징

      c. 버가모 교회(2:12-17): 국교시대를 상징

       d. 두아디라 교회(2:18-29): 중세교회시대를 상징

      c' 사데 교회(3:1-6): 종교개혁시대를 상징

     b' 빌라델비아 교회(3:7-13): 선교시대를 상징

    a' 라오디게아 교회(3:14-22): 종말교회시대를 상징

B. 종말의 개략적 · 점진적 구원계시(4:1-11:13)

B' 종말의 핵심적 구원계시(11:14-22:5)

A' 임박한 그리스도의 강림 예고와 신약교회를 향한 교훈(22:6-21)

5.1.

계시록은 요한복음과 동시대 작품이다. 그래서 사도는 요한복음의 태초에서 시작하여 인류 역사를 마감하는 신천신지로 계시록을 마감한다. 그리스도께서는 성육신부터 십자가에 이르는 공생애 사역을 마치셨고, 보좌에 앉으신 주님은 지금 지상의 교회와 함께하시며 재림 때에도 종말교회와 함께 역사를 마감하실 것이다.

이러한 구속사의 관점에서 보면 계시록은 신약교회에 관한 이야기이다. 그래서 사도가 신약교회에게 '이기는 자'가 되라고 교훈한다. 이기는 자에게 주신 약속은 당시 소아시아 교회들에서 성취되었고, 신약교회에서 성취되며 또 성취되어야 할 것이다. 또한 소아시아 일곱교회에게 주신 개별적인 칭찬과 경고, 권면과 교훈은 장차 신약교회를 심판하시는 근거가 될 것이다.

5.2.

사도가 소아시아 일곱교회에게 보내는 편지는 로마제국의 압제 아래서 신원을 요청하는 교회들의 기도에 대한 응답으로 주신 계시이다. 그래서 계시록을 당시 독자들의 삶의 정황에서 해석하는 것은 마땅하다. 반면 안토니 A. 후쿠마의 예언적 원근통시법에 의하면, 사도의 서신이 모든 교회에게 진리가 되기 위해서 소아시아 일곱교회에게 주신 교훈은 사도 당시만 아니라 신약교회에게 다시 적용해야 한다. 더 나아가 소아시아 일곱교회를 1세기 상황에서 해석할 뿐만 아니라 모든 신약교회의 상징으로 해석해야 한다. 필자는 소아시아 일곱 교회를 신약교회의 상징으로 해석할 수 있는 근거를 다음과 같이 제안한다.

첫째, 계시록은 묵시문학 형식을 갖는다. 묵시문학은 종말에 이르는 구성을 가지며, 마지막 때 선택받은 신자의 구원을 설명한다. 그래서 묵시문학 형식을 지닌 계시록도 사도 당시에서 마지막 때로 시간 이동이 필요한데, 이것을 위하여 사도는 신약시대를 일곱교회 시대로 구분한 후 소아시아 일곱교회의 특징으로 각 시대를 설명하였다. 이러한 맥락에서 소아시아 일곱교회에게 보내진 편지는 당시 교회들에게 주신 말씀인 동시에 역사에서 출현할 일곱교회 시대에 관한 예언의 말씀으로 볼 수 있다.

둘째, 창세기의 톨레도트 기법이다. 창세기와 계시록은 성경의 처음과 마지막 책으로서 구원역사의 시작과 종결이라는 점에서 연관이 있다. 여기서 필자는 창세기의 문학 형식인 톨레도트를 주목한다. 모세가 창세기에서 열 개의 톨레도트를 사용한 것은 창조부터 출애굽 직전까지 장구한 구원역사의 시간적 간격을 간결하게 정리하려는 의도 때문이다. 마찬가지로 사도가 소아시아 일곱교회의 특징을 사용하여 신약시대를 일곱 시대로 구분한 것도 사도 당시부터 대환난에 이르는 신약시대의 시간적 간격을 채운 후 마지막 시대에 전개될 대환난과 종말적 이스라엘의 구원을 설명하기 위함이다.

5.3.

당시 소아시아에는 사도가 언급한 일곱 교회 외에 골로새 교회(골1:2, 2:1)나 히에라볼리 교회(골4:13) 등 다른 교회들도 있었다. 그래서 사도가 소아시아 교회들 가운데 10개 혹은 12개의 교회를 선정하고, 그들을 신약교회의 상징으로 사용할 수도 있다. 그런데 사도는 의도적으로 일곱 교회만을 선정하고, 거기에 상징적인 의미를 부여하여 구원역사를 설명한다. 이처럼 사도가 계시록에서 자주 7의 상징적 의미를 활용하는데, 그것은 교차적 병행구조를 통하여 분명한 메시지를 전달하기 위한 문학적 기법이다. 사도는 이러한 기법을 사용하여 박해받는 신약교회에게 그리스도 교회는 항상 박해 당한다는 메시지를 전달하고자 한다.

5.4.

필자는 소아시아 일곱 교회를 신약교회로 보는 견해를 수용하여 두아디라 교회를 중심으로 교차적 병행구조를 고안하였다. 필자가 이러한 형태의 구조를 고안한 것은 사도가 전달하고자 하는 분명한 메시지를 발견하기 위함이다.

예를 들면, 사도는 두아디라 교회를 이세벨로 특징(特徵) 짓는다. 이세벨의 시기는 북이스라엘 왕조 가운데 우상숭배가 최고조에 이르렀으며, 하나님 나라의 실존을 거의 찾아볼 수 없었던 시기이다. 그런데 사도가 이세벨을 예표로 하여 신약시대에 전개될 특별한 박해 상황을 예고하였다. 어느 시대든지 교회는 세상에 의하여 박해를 받지만, 사도는 신약교회 가운데 두아디라 교회처럼 극렬한 박해를 당할 시대가 있음을 나타내고자 교차적 병행구조를 사용하였다. 또한 사도 당시에 많은 적그리스도가 출현한 것처럼 역사의 마지막 때에도 종말적 적그리스도가 출현할 것인데, 그것의 특징과 사역은 두아디라 교회의 이세벨과 방불할 것을 교훈한다.

5.5.

필자는 라오디게아 교회를 종말교회 시대를 상징하는 교회로 해석한다. 사도는 라오디게아 교회의 문제를 '네 곤고한 것과 가난한 것과 눈먼 것과 벌거벗은 것을 알지 못하는'(3:17) 것으로 말한다. 여기서 라오디게아 교회가 자신의 영적인 처지를 깨닫지 못하는 것은 영적인 미혹 때문인데, 주님은 이미 종말교회가 직면할 미혹을 대환난의 징조로서 예고 하셨다(마24:21,24).

아울러 주님께서는 라오디게아 교회의 이긴 자들에게 '내 보좌에 함께 앉게'(3:21) 해주시겠다고 약속하신다. 이 약속은 신약시대에서 순교하기까지 주님을 따르는 이기는 자들에게서 성취될 것이며, 하늘성전의 이십사 장로들로 말미암아 완성될 것이다(4:4). 여기서 '이기는 자'는 모든 환난을 이긴 교회, 특별히 대환난 이후 박해 상황을 이기고 장차 그리스도와 함께 보좌에 앉아 심판하는 권세를 받을 신약교회의 순교자를 의미한다(20:4,6).

C. 계시록과 묵시문학의 관계

1.

정경에는 묵시문학 장르로 분류되는 두 권의 책이 있는데, 다니엘서와 계시록이다. 그런데 엄밀히 말하면 이 책들의 장르는 묵시문학이 아니라 묵시문학과 동일한 형식을 지닌 예언서이다. 이러한 주장의 근거는 이 책들이 지닌 묵시문학과 다른 몇몇 특징 때문이다. 즉 이 책들은 묵시문학과 공유적인 특징이 있지만 차이점도 있는데, 특히 저자와 역사성에서 그러하다. 예를 들면, 묵시문학은 익명을 사용하지만, 이 책들은 저자가 누구인지를 명확히 한다. 또한 묵시문학은 비역사적인 요소로 구성되었지만, 이 책들은 종말에 전개될 구원계시를 예언한 책이다. 특히 계시록에는 묵시문학에서 볼 수 없는 특징, 곧 당시 박해 상황에 직면한 교회를 향한 교훈이 기록되어 있다. 이러한 상이한 요소들 때문에 이 책들은 묵시문학이 아니며, 묵시문학 형식을 사용하여 기술한 예언서로 분류되어야 한다.

2.

묵시문학은 이스라엘의 포로기 역사, 곧 바벨론 제국부터 로마제국에 이르는 암울한 식민시대와 연관이 있다. 묵시문학은 포로기 직후 시작하여 BC200년-AD100년 무렵에 성행하였다. 당시 유대신학은 하나님께서 탄압받는 현존하는 질서에 더 이상 개입하지 않는 분으로, 그래서 자신들은 스스로 벗어날 수 없는 거대한 열국들의 압제 아래 있다고 생각하였다. 이러한 역사적 상황에서 그들은 하나님께서 약속하신 다윗 왕국의 회복을 기대할 수 없었고, 그래서 역사에 대한 낙관적인 희망 대신 분노와 저항정신을 갖게 되었다. 그럴지라도 그들은 하나님의 언약을 부정하거나 포기할 수 없어서 다니엘서의 형식을 빌려서 악의 세력의 종식과 새로운 세상의 도래를 통한 구원을 염원하였다. 이러한 이유로 인하여 묵시문학은 이원론적 특징을 가진다.

3.

묵시문학의 종말론은 시간적·공간적 이원론에 입각한 극단적 종말론이다. 묵시문학의 종말론은 예언 문학의 종말론과 다르다. 예언 문학의 종말론은 미래 이스라엘의 회복을 역사의 과정과 방법을 통하여 역사적 실체로 성취된다고 이해하였다. 반면 묵시문학의 종말론은 예언 문학의 종말론과 달리 역사와 새 창조 사이에 관련성을 부정한다. 그래서 우주적 전쟁을 통하여 현 역사의 질서가 완전히 파괴된 이후 새로운 세계가 도래하는 종말을 강조한다. 이러한 묵시문학의 특징 때문에 묵시문학은 역사의 마지막 때까지 전개되는 줄거리가 있어야 한다. 또한 묵시문학은 하나님 나라의 도래 이전 하나님의 자녀들이 반드시 겪어야 할 고통과 비탄의 시기를 설명한다. 이것을 도식화하면 종말의 구원계시-종말적 이스라엘의 환난-종말적 이스라엘 구원으로 요약할 수 있다. 그래서 계시록의 줄거리에도 종말의 구원계시와 이스라엘이 직면할 종말론적 환난, 그리고 이스라엘이 온 우주적 교회의 일원으로서 얻게 될 종말적 구원이 하늘로부터 내려오는 거룩한 성 예루살렘으로 묘사되었다.

4.

계시록은 묵시문학처럼 환상을 사용하여 계시를 전달하지만, 그것을 사용하는 방식이 다르다. 묵시문학에서는 환상을 상대적으로 짧고 제한적으로 사용하는 반면 계시록의 환상은 전체 문맥을 구성하는 필수 불가결한 요소이며, 전체에 걸쳐서 반복적 또는 새로운 이미지로 사용된다. 또한 묵시문학은 계시자와 선견자 사이의 긴 대화 형태로 계시를 전달하는 한편, 계시록은 묵시문학보다 많은 환상을 사용하지만 주로 독자들에게 환상 해석을 위임한다. 여기서 '독자들에게 환상 해석을 위임한다'라는 말은 계시록의 환상에 대한 자의적 해석이 가능하다는 것을 의미하지 않는다. 오히려 사도는 신구약의 상징과 용어, 더 나아가 히브리 병행구조를 사용하여 독자들의 자의적인 환상 해석을 제한하였다.

5.

사도는 자신의 예언서를 기술하기 위하여 묵시문학 형식을 선호하였다. 필자는 사도가 그의 예언서에서 묵시문학 형식을 선호한 의도를 다음과 같이 추론하였다.
첫째, 사도는 묵시문학 형식을 사용하여 임박한 그리스도 강림에 관한 계시가 예수 그리스도에게서 왔다고 설명한다. 신약성경에서 묵시(Apocalypse)[13]는 그때까지 감추

---

13) 직접적인 말이나 행동으로 드러내지 않고 은연중에 뜻을 나타내 보임

어진 하나님의 구원경륜이 열린다는 것을 의미한다. 그래서 묵시문학은 묵시를 보는 자(seer)를 설정하여 종말에 펼쳐질 하나님의 경륜을 해석하는 기법을 사용한다. 마찬가지로 사도도 성령 안에서 하늘의 열린 문으로 올라갔고, 환상 가운데 종말에 관한 하나님의 계시를 '보고 들었다'(4:1). 즉 사도는 역사의 주관자이신 하나님께서 장차 이루실 종말의 구원계시를 받았다. 그래서 사도는 대언자로서 임박한 그리스도 강림을 선포한다는 점을 묵시문학 형식으로 기술하였다.

둘째, 사도는 자신이 기록한 예언서가 종말적 이스라엘 구원에 관한 계시임을 명시한다. 묵시문학은 종말적 이스라엘 구원을 대망하며 창작한 문학 장르이다. 그런데 사도가 예언서를 기록하면서 이러한 특징을 지닌 묵시문학 형식을 차용한 이유는 계시록이 종말에 관한 예언서일 뿐만 아니라 종말적 이스라엘의 구원을 설명한 계시라는 점을 강조하기 위함이다. 즉 계시록은 하나님께서 마지막 때에 역사에 개입하셔서 종말적 이스라엘 구원을 완성하신 후 재림하실 것을 설명한다.

셋째, 사도는 당시 교회가 패배주의에 물든 유대주의의 불신앙을 극복하고, 그들이 직면한 박해와 환난을 믿음으로 승리할 수 있도록 예언서를 기록하였다. 사도는 예언서에서 교회의 머리이신 예수 그리스도와 교회의 친교를 강조하므로 묵시문학의 특징인 이원론적 사고를 부정한다. 또한 사도는 주님께서 심판주로 역사에 개입하셔서 세상의 악을 심판하시며, 신약교회에게 종말적 승리를 주신다는 주님의 약속을 강조한다.

넷째, 사도가 계시록에서 묵시문학 형식을 사용한 이유는 독자들에게 계시록의 줄거리를 쉽게 이해하도록 하기 위함이다. 당시 밧모섬에서 유배 중인 사도가 예수 그리스도의 묵시를 소아시아 교회에게 전달하기 위하여 상호 간에 익숙한 문학 장르가 필요하였을 것인데, 이를 위하여 사도가 묵시문학 형식을 선택하였다. 즉 사도는 독자들에게 환상으로 기록된 예언서의 줄거리를 손쉽게 이해하도록 그들에게 익숙한 묵시문학의 틀 안에 그리스도의 계시를 담아서 기록하였다. 그러므로 제4장 이하에서 사도가 고안한 묵시문학 형식을 찾는 것은 사도가 의도한 계시록의 줄거리를 재구성하는 작업이 될 것이다.

D. 계시록과 다니엘서의 관계

1.

마16:2,3,
예수께서 대답하여 가라사대 너희가 저녁에 하늘이 붉으면 날이 좋겠다 하고
아침에 하늘이 붉고 흐리면 오늘은 날이 궂겠다 하나니 너희가 천기는 분별할
줄 알면서 시대의 표적은 분별할 수 없느냐

살전5:4-6.
형제들아 너희는 어두움에 있지 아니하매 그 날이 도적 같이 너희에게 임하지
못하리니 너희는 다 빛의 아들이요 낮의 아들이라 우리가 밤이나 어두움에
속하지 아니하나니 그러므로 우리는 다른 이들과 같이 자지 말고 오직 깨어
근신할찌라

위 구절에서 주님은 종말의 징조에 대하여 분별하지 못함을 책망하시며, 바울 사도
도 신약교회는 결코 재림의 시기를 모를 수 없다고 말한다. 또한 사도 마태는 그의
복음서에서 '재난의 시작-환난-멸망의 가증한 것-큰 환난-그날 환난 후'(마24
장) 도식으로 중요한 종말적 사건들을 시간 순서로 배열한다. 그러므로 마지막 예언
서인 계시록을 해석할 때도 종말의 때와 징조를 명료하게 말할 수 있어야 한다.

2.

계시록은 다니엘서와 함께 묵시문학 형식으로 기술한 예언서이다. 묵시문학의 기원
은 이원론에 근거한다. 포로기 이후 유대인들은 이방 세력이 주관하는 세상은 악하
고, 하나님은 더 이상 세상 역사에 개입하지 않는다고 생각했다. 또한 악한 세상은
마지막 날에 불태워 없어질 것이나 장차 주께서 친히 다스리는 새로운 세계가 도래
할 것으로 생각하였다. 그런데 사도가 계시록을 기록하면서 하나님을 '알파와 오
메가'(1:8, 21:6, 22:13) 또는 '전에도 계셨고 이제도 계시고 장차 오실'(1:4,8
4:8) 분으로 설명하였다. 즉 하나님은 세상 역사에 개입하시며, 그것을 주관하시는
분이시다. 또한 하나님은 세상의 심판을 위하여 기한을 정하셨는데, 이것이 다니엘
서의 칠십 이레 가운데 마지막 한 이레이다.
아울러 사도는 유대주의 신학에 물든 당시 교회의 불신앙을 극복하기 위하여 그들
에게 익숙한 묵시문학 형식 안에 종말의 구원계시를 담았다. 그래서 주님께서는 역

사의 주관자로서 하나님의 구원경륜을 집행하시는 분으로 설명한다. 이것이 계시록과 다니엘서의 둘째 단락(B)이다. 또한 주님께서 장차 심판주로 재림하시기 직전 종말적 이스라엘 구원이 완성될 것이다. 이것은 단12장의 예언의 성취로서 바울 사도가 역설한 종말적 이스라엘 구원이다(롬11:25-27). 그러나 이스라엘이 영원한 구원에 들어가기 전 그들은 반드시 환난을 통과해야 하는데, 이것이 계시록과 다니엘서의 셋째 단락(B')의 내용이다.

3.
계시록은 구약성경의 여러 곳에서 여러 부분을 인용하므로 반드시 구약의 배경을 가지고 해석해야 한다. 특히 주님께서 종말의 징조와 관련하여 친히 언급하신 다니엘서는 계시록 해석에 중요한 단서를 제공한다.[14)
다니엘서는 계시록처럼 묵시문학 형식을 지닌 예언서이다. 다니엘서의 난제는 계시록과 마찬가지로 이 책의 환상을 바르게 해석하는 것이다. 하지만 이러한 환상들을 구원역사의 때와 연계하여 바르게 해석하는 일은 쉽지 않다. 예를 들면, 어떤 이는 단2장을 그리스도의 초림에 관한 계시로, 다른 이는 재림에 관한 계시로 해석한다. 이처럼 동일한 계시를 서로 다른 관점으로 해석하면 다니엘서의 이해에 혼란을 불러일으킬 수 있다. 이러한 문제를 해결하기 위하여 필자는 히브리 병행구조를 사용하여 다니엘서의 줄거리를 고안한 후 다니엘서의 환상들이 하나님의 구원역사에서 어떤 의미로 사용되었는지 설명하고자 한다.

4.
필자가 고안한 다니엘서의 전체 구조는 다음과 같다.

> A. 구약교회의 고난 시작(1:1-21): 역사적 사건
> 　B. 역사를 주관하시는 하나님(2:1-7:28)
> 　B' 역사의 기한을 정하시는 하나님(8:1-11:45)
> A' 구약교회의 고난 종결(12:1-12): 종말적 예언

---

14) 마24:15, "그러므로 너희가 선지자 다니엘의 말한바 멸망의 가증한 것이 거룩한 곳에 선 것을 보거든 (읽는 자는 깨달을찐저)"

다니엘서의 중요한 특징은 개념 또는 문맥의 대조를 사용하여 하나님의 구원경륜을 설명한 것이다.

첫째 단락(A. 1:1-21. 구약교회의 고난 시작: 역사적 사건)은 남유다의 멸망과 1차 포로시대로 시작된 구약교회의 고난을, 마지막 단락(A' 12:1-12. 구약교회의 고난 종결: 종말적 예언)에서는 '개국이래로 그때까지 없던 환난'(단12:1)을 통하여 성도의 권세가 깨어진 후 종말적 이스라엘 구원의 완성과 함께 구약교회의 고난이 종결됨을 설명한다. 이것이 다니엘서의 주제이며, 예레미야 선지자가 예언한 70년 포로 귀환의 실체이며, 가브리엘 천사가 전해준 70 이레 예언의 결론이다.

둘째 단락(B. 2:1-7:28. 역사를 주관하시는 하나님)에서 선지자는 이스라엘 역사와 연관된 바벨론 제국의 처음과 마지막 왕인 느부갓네살과 벨사살을 언급한다. 또한 둘째 단락(B)의 네 제국과 '뜨인 돌'(단2:34)을 설명한 문맥은 그리스도의 초림에 대한 설명을(단2장), 반면 네 짐승과 '인자 같은 이'(7:13)는 재림의 문맥에 대한 설명으로 이들은 뚜렷한 대조를 보인다.

아울러 다니엘서의 또 다른 특징은 종말적 이스라엘의 구원을 기술한 것이다. 선지자는 마지막 단락(A')에서 자신의 저작 목적을 기술하는데, 이것은 다니엘서의 주제인 종말적 이스라엘 구원에 관한 설명이다. 또한 둘째(B. 2:1-7:28. 역사를 주관하시는 하나님)와 셋째 단락(B' 8:1-11:45. 역사의 기한을 정하시는 하나님)은 선지자 시대부터 시작하여 종말에 이르는 구원역사를 기술하면서 다니엘서의 결론을 도출하는 역할을 한다. 이러한 과정에서 둘째 단락(B)은 장차 일어날 사건들의 구체적인 순서를 예견하는 형식을, 셋째 단락(B')은 종말의 이스라엘이 영원한 구원에 들어가기 전 반드시 겪어야 할 고통과 비탄의 시기에 대하여 설명한다.

5.
다니엘서의 마지막 단락(A' 12:1-12. 구약교회의 고난 종결)의 줄거리는 다음과 같이 고안할 수 있다.

    A. 구약교회의 고난 시작(1:1-21): 역사적 사건
▶ A' 구약교회의 고난 종결(12:1-12): 종말적 예언
  1. 개국 이래 그때까지 없던 환란(12:1)
    2. 믿는 자와 영원히 부끄러움을 당할 자(12:2-3)

3. 마지막 때까지 이 글을 봉함하라(12:4)
   4. 환란이 끝나는 시점(12:5-7): 한때 두 때 반 때가 지남
3' 마지막 때까지 이 글을 봉함하라(12:8-9)
2' 정결케 될 자와 악한 자(12:10)
1' 종말적 이스라엘의 구원(12:11-13)

다니엘서의 첫째 단락(A)에서 선지자는 자신의 현실에서 시작된 이스라엘의 고난, 즉 하나님의 임재의 상징인 성전은 훼파되고 언약 백성들은 약속의 땅에서 추방되어 포로의 삶을 시작하는 상황을 설명한다. 이때 선지자의 관심은 하나님께서 조상들에게 약속하신 언약은 언제, 어떻게 성취되는가 하는 것이며, 선지자는 이 질문에 대한 해답을 마지막 단락(A')에서 제시한다.

마지막 단락(A')에서 선지자는 언약 백성의 영원한 구원을 설명한다. 선지자는 가브리엘 천사가 전해준 '칠십 이레(칠십의 일곱들)'로부터 마지막 한 이레의 절반인 '한때 두 때 반 때'(단7:25, 12:7)에 대한 깨달음을 얻는다. 이것은 역사의 마지막 때인 '한때 두 때 반 때'를 지날 때, 이스라엘은 종말적 적그리스도에 의하여 성도의 권세가 깨어지는 개국 이래 없던 환난을 경험한 후 네 백성 중 무릇 책에 기록된 모든 자가 구원을 얻는 때가 도래한다는 것이다(단12:1,7). 즉 칠십 이레의 기한이 지나면 '허물이 마치며 죄가 끝나며 죄악이 영속되며 영원한 의가 드러나며 이상과 예언이 응하며 또 지극히 거룩한 자가 기름부음을'(단9:24) 받는다.

요약하면, 다니엘서의 처음 단락(A)에서는 이스라엘의 포로 생활의 시작을 설명하며, 마지막 단락(A')에서는 종말에 있을 이스라엘의 완전한 구원을 예언한다. 즉 선지자는 병행구조를 사용하여 다니엘서의 주제를 설명하였다.

6.
다니엘서의 둘째 단락(B. 2:1-7:28, 역사를 주관하시는 하나님)의 구조는 다음과 같이 고안할 수 있다.

▶ B. 역사를 주관하시는 하나님(2:1-7:28)
  1. 느부갓네살 왕의 꿈(2:1-49): 금신상과 하나님 나라
   2. 풀무불 속의 다니엘의 세 친구(3:1-30): 세상 나라에서 신자의 고난
    3. 느부갓네살 왕의 짐승 생활(4:1-37): 열 왕을 세우시는 하나님의 주권

        3' 벨사살 왕의 향연(5:1-31): 열 왕을 폐하시는 하나님의 주권
      2' 사자굴 속의 다니엘(6:1-28): 세상 나라에서 신자의 고난
    1' 네 짐승 환상(7:1-28): 네 짐승과 짐승 나라
  B' 역사의 기한을 정하시는 하나님(8:1-11:45)

다니엘서의 둘째 단락(B)을 단2-7장으로 한정한 것은 이 부분이 아람어로 기록되었기 때문이다. 반면 이스라엘의 구원과 관련된 부분들은 히브리어로 기술되었다. 둘째 단락(B)에서 선지자가 주로 역사적 사건을 기록하면서 당시 고대 근동의 공용어인 아람어를 사용하였다. 이것은 이스라엘의 여호와께서 역사를 주관하시는 하나님을 고대 근동국가들에게 선포하려는 선지자의 의도 때문이다. 이러한 선지자의 의도는 느부갓네살 왕의 고백, 곧 여호와만이 참 신임을 고백한 장면에서 두드러지게 나타난다(단2:47, 3:28-29, 4:34-37). 환언하면, 이스라엘이 식민국가로 전락한 것은 자신들의 죄 때문이며, 여호와 하나님께서는 여전히 온 세상의 왕이시다 는 사실을 선포한 것이다.

둘째 단락(B. 2:1-7:28, 역사를 주관하시는 하나님)에서 선지자가 바벨론의 느부갓네살 왕과 벨사살 왕을 언급한다. 선지자는 바벨론 제국의 두 왕을 예로 들어 열 왕을 세우시고 폐하시며, 제국들의 흥망성쇠를 주관하시는 하나님의 주권을 설명한다. 이것이 둘째 단락(B)의 주제이다. 또한 '뜨인 돌'(단2:34)과 '인자 같은 이'(단7:13)에서 설명한 대로 여호와는 열국을 하나님 나라로 회복하시는 대주재이시다.

7.

다니엘서의 둘째 단락(B. 2:1-7:28, 역사를 주관하시는 하나님)에는 종말에 전개될 하나님의 구원경륜의 예표적 성격을 지닌 내용들이 기술되어 있다. 이러한 내용은 후일 태동하는 묵시문학 형식 가운데 장차 일어날 사건들의 구체적인 순서를 예견하는 요소로 발전한다.

둘째 단락(B)의 처음(1. 2:1-49, 느부갓네살 왕의 꿈)과 마지막 소단락(1' 7:1-28, 네 짐승 환상)에서 선지자가 그리스도의 초림과 재림에 관한 환상을 기술한 후 둘째(2. 3:1-30, 풀무불 속의 다니엘의 세 친구)와 다섯째 소단락(2' 6:1-28, 사자굴 속의 다니엘)에서 신자들의 고난에 대하여 설명한다. 이것은 초림과 재림 사이에 신약교회가 직면할 박해와 환난에 대한 상징적 표현이다. 누가복음의 저자는 이때를 이방인의 때가 차

기까지 예루살렘이 이방인들에게 밟히는 것으로 설명한다(눅21:24). 이때가 큰 괄호 시대인 이방인 구원시대 이다.

여기 큰 괄호시대, 곧 육십구 이레와 칠십 이레 사이의 한 이레는 구약의 선지자에게 감추어진 하나님의 비밀이다. 그래서 바울 사도에게 계시된 이방인 구원에 대한 계시가 선지자 다니엘에게는 전달되지 않았다. 그 결과 선지자는 큰 괄호시대에 대한 예언을 모른 채 예언서를 기록하였다.

8.
필자는 다니엘서의 셋째 단락(B' 8:1-11:45, 역사의 기한을 정하시는 하나님)의 구조를 다음과 같이 고안하였다.

> B. 역사를 주관하시는 하나님(2:1-7:28)
> ▶ B' 역사의 기한을 정하시는 하나님(8:1-11:45)
>   1. 숫양과 숫염소와 작은뿔(8:1-27)
>   2. 이스라엘의 회복을 고대하는 다니엘(9:1-19)
>   3. 칠십 이레 환상 해석(9:20-27)
>   2' 큰 전쟁 환상과 다니엘의 낙심(10:1-11:1)
>   1' 바사와 헬라와 한 비천한 사람(11:2-45)

셋째 단락(B')은 역사의 주관자이신 하나님께서 역사의 기한을 정하시고 그분의 뜻대로 역사를 집행하신다는 내용이다. 셋째 단락(B')에는 이스라엘이 영원한 구원에 들어가기 전 반드시 통과해야 할 환난에 대한 예표적 설명이 있다. 셋째 단락(B')의 주제 소단락(3. 9:20-27, 칠십 이레 환상 해석)의 핵심은 종말적 이스라엘 구원과 종말적 적그리스도에 관한 내용이다. 여기서 종말적 이스라엘 구원은 처음(1. 8:1-27, 숫양과 숫염소와 작은뿔)과 마지막 소단락(1' 11:2-45, 바사와 헬라와 한 비천한 사람)에서 지시하는 바사와 헬라 전쟁 이후 등장할 '작은뿔' (단8:9) 또는 '한 비천한 사람' (단11:21)의 실체가 출현한 이후 성취될 것이다.

아울러 주제 소단락(3)에서 가브리엘 천사로 계시하신 종말적 이스라엘 구원은 한 이레 때에 성취될 일이다. 구약성경 가운데 오직 다니엘서에서 칠십 이레가 언급된다. 여기서 칠십 이레는 육십구 이레와 한 이레로 구별되는데, 육십구 이레는 '예루살렘을 중건하라는 영이 날 때부터 기름부음을 받은 자가 일어날 때까지' (단

9:25) 기간이다. 그리고 육십구 이레 이후 무기한의 이방인 구원시대인 큰 괄호 시대가 시작되어 유대인 남은 자의 구원이 시작되는 시점까지 지속될 것이다.

마지막 한 이레는 재림의 징조로서 종말적 이스라엘의 환난과 구원에 관한 기간이다. 그런데 선지자가 단9:27절에서 '그 이레의 절반' 곧 마지막 한 이레의 후반을 설명한다. 이것은 '한때 두 때 반 때'(단7:25, 12:7)로서 '개국 이래로 그때까지 없던 환난'(단12:1) 곧 대환난을 지칭하며 문자적으로 삼년 반의 기간이다.

9.

셋째 단락(B')의 둘째(2. 9:1-19. 이스라엘의 회복을 고대하는 다니엘)와 넷째 소단락(2' 10:1-11:1. 큰 전쟁 환상과 다니엘의 낙심)은 선지자의 기대와 낙심에 대한 설명이다. 선지자 다니엘이 메대 족속 아하수에로의 아들 다리오 왕의 통치 원년(BC 539년)에 선지자 예레미야의 글을 읽던 중 '예루살렘의 황무함이 칠십년 만에 마치리라'(단9:2; 렘25:11, 29:10)는 예언의 성취가 가까움을 깨닫는다. 그래서 그가 베옷을 입고 재를 무릅쓰고 금식하며 이스라엘의 죄를 회개한다. 아마도 다니엘의 흉중에는 포로생활을 마감한 후 고토로 귀환하면 하나님의 선민으로서 신분이 회복되며, 예루살렘의 성소와 성읍이 재건될 것을 기대하며 기도하였을 것이다(단9:17,18). 이것이 둘째 소단락(2)의 내용이다.

그러나 넷째 소단락(2' 10:1-11:1. 큰 전쟁 환상과 다니엘의 낙심)에서 선지자는 자신의 소망과 달리 큰 전쟁에 관한 이상을 보았다. 선지자는 이상을 통하여 이스라엘이 바사와 헬라 전쟁, 그리고 헬라 제국의 분열로 인한 극심한 혼란 가운데서 생존해야 한다는 사실을 깨닫게 된다. 선지자가 이 이상을 깨달은 때가 바사왕 고레스 삼년(BC 536년)이므로 그는 1차 포로 귀환 직후 이 이상을 깨달은 것이다(단10:1). 그렇다면 이스라엘의 회복은 고토로 귀환한 유대인들의 소망과 달리 요원한 일이며, 장차 두 제국의 충돌과 지배 아래서 식민국가 백성의 고통스러운 삶을 살아야 한다. 이것이 선지자가 세 이레 동안 큰 슬픔과 근심 가운데 금식한 이유이다.

E. 둘째(B)와 셋째 단락(B')의 구조 설명

A. 임박한 그리스도의 강림 예고와 신약교회를 향한 교훈(1:1-3:22)

　B. 종말의 개략적·점진적 구원계시(4:1-11:13)

　B' 종말의 핵심적 구원계시(11:14-22:5)

A' 임박한 그리스도의 강림 예고와 신약교회를 향한 교훈(22:6-21)

1.

앞선 언급대로 4:1-22:5절은 장엄한 대서사시처럼 종말의 구원을 예언한다. 사도는 둘째(B. 4:1-11:14, 종말의 개략적·점진적 구원계시)와 셋째 단락(B' 11:14-22:5, 종말의 핵심적 구원계시)에서 '장차 될 일'(1:19) 또는 '이후에 마땅히 될 일'(4:1)을 시간적 또는 연속적 구조로 배열하였다. 즉 사도는 이 단락들에서 일곱 인-나팔-대접 환상을 연속적인 폴더처럼 연결한 후 그 틀 안에 일곱 개의 재림 기사를 공교히 배치하였다. 그 결과 하나님의 구원경륜은 역사에서 그리스도 나라의 완성을 향하여 전진하는 것처럼 구성되었다.

2.

계시록의 재림 기사들은 사도가 계시록의 구성을 위하여 고안한 문학적 장치이다. 필자는 일곱 재림 기사를 다음과 같이 구분한다: 여섯째 인(6:12-17), 셀 수 없는 흰옷 입은 무리(7:9-17), 두증인의 승천(11:12-13), 곡식과 포도추수(14:14-20), 일곱째 대접(16:17-21), 그리스도의 강림(19:11-21), 곡과 마곡 전쟁(20:8-10) 이다.

3.

계시록의 주된 골격은 일곱 인-나팔-대접 환상으로 구성되었다. 이러한 구성은 일곱 재림 기사와 조화를 이루면서 더욱 정교한 구조로 발전한다.

계시록의 둘째 단락(B)은 주로 인과 나팔 환상, 그리고 각 환상의 끝부분에 삽입된 막간(7:1-17; 8:1-6; 10:1-11; 11:1-13)으로 구성되었다. 그래서 언뜻 보면 삽입된 막간들 때문에 둘째 단락(B)의 흐름이 방해받는 것처럼 보인다. 그러나 삽입된 막간들은 앞선 병행 단락들과 연계되어 계시의 내용을 확장할 뿐 아니라 보좌의 음성부터 두증인의 승천까지 하나의 단락을 형성하는 역할을 한다. 그 결과 둘째 단락(B)에서 신약시대의 전 구원과정을 개략적으로 설명하는 것이 가능하게 하였다. 그래서 필자는 둘째 단락(B)을 '종말의 개략적 · 점진적 구원계시'로 표제 하였다.

4.

계시록의 셋째 단락(B' 11:14-22:5, 종말의 핵심적 구원계시)의 표제는 종말의 '핵심적 구원계시'이다. 필자는 셋째 단락(B')을 두 개의 소단락으로 구분하는데, '일곱째 나팔'(11:15)과 '마지막 재앙'(15:1)으로 시작하는 첫째(1. 11:14-14:20, 대환난 이후 개략적 구원계시)와 둘째 소단락(2. 15:1-22:5, 대환난 이후 개략적 구원사건)이 동일한 계시의 반복이기 때문이다.

필자가 셋째 단락(B')을 두 개의 소단락으로 구분한 것은 이들의 특징 때문이다. 사도는 첫째 소단락(1)에서 대환난 이후 구원계시를 개략적으로 설명한다. 사도가 첫째 소단락(1)에서 대환난 이후 구원계시를 기술하면서 '세상 나라가 주 하나님과 그리스도의 나라'(11:15)로 완성되는 과정을 개략적으로 설명한다.

반면 사도는 둘째 소단락(2)에서 대환난 이후 구원사건을 자세히 설명한다. 사도가 둘째 소단락(2)에서 일곱째 나팔인 일곱 대접 재앙이 실행되는 과정과 결과를 상세히 기술한다. 이것은 둘째 소단락(2)에서 첫째 소단락(1)의 계시가 어떻게 실현되는지 설명한 것으로 대환난 이후 발생할 구원사건들을 상세히 설명한 것이다. 이처럼 사도가 셋째 단락(B')에서 대환난 이후 전개될 내용을 반복하여 기술한 점을 고려할 때, 셋째 단락(B')이 사도가 강조하고자 하는 핵심 내용임을 알 수 있다.

5.

셋째 단락(B')의 둘째 소단락(2. 15:1-22:5, 대환난 이후 개략적 구원사건)인 일곱 대접 환상에는 막간 계시가 삽입되지 않았고, 대신 일곱째 대접과 재림 사이에 막간들이 삽입되어 있다. 이것은 하나님께서 세상을 멸망하기 전 신약교회로 하여금 세상 구원을 위한 모든 계시를 증거 하셨다는 것을 의미한다. 이러한 점으로 볼 때, 막간에 삽입된 계시들은 교회론적 관점으로 계시록을 해석할 때 중요한 메시지를 담고 있다는 사실을 추론할 수 있다.

F. 둘째 단락(4:1-11:13)

1. 둘째 단락을 들어가면서

1.1.

계시록의 문학 장르는 서신서와 묵시문학 형식을 사용하여 기술한 예언서이다. 계시록의 복합적인 문학 장르 때문에 다양한 해석법이 가능하고, 해석자들은 자신이 선호하는 해석법을 사용하여 계시록을 해석하려고 한다. 그 결과 계시록의 예언서와 묵시문학의 특징을 강조하는 학파는 미래주의 해석을 선호하는 반면, 서신서의 특징을 강조하는 학파는 당시 교회를 중심으로 한 과거주의 해석을 선호한다.

필자의 이해에 의하면, 계시록의 문학 장르와 해석법은 계시록의 줄거리(구조)를 어떻게 이해하는가 하는 문제와 연관된다. 그런데 사도가 보고 들은 개개의 환상을 해석하는 일이 난해하므로 계시록의 전체 줄거리를 파악하는 일은 쉽지 않다. 심지어 개별적인 것처럼 보이는 환상들이 서로 어떤 연관성을 갖는지 알기 어렵고, 또 계시록의 기본 골격들 사이에 삽입된 일곱 재림 기사도 입체적으로 해석할 수 없다. 그래서 혹자는 계시록의 줄거리를 연속적으로 구성하는 일곱 인-나팔-대접 환상을 연대기적으로 해석한다. 반면 혹자는 계시록을 일곱 개의 재림 단락으로 구분한 후 계시록의 줄거리를 반복·점층 형태로 고안하기도 한다. 이러한 사실을 고려할 때, 사도가 보고 들은 환상들을 어떻게 하나의 줄거리로 고안할 수 있는가 하는 것이 계시록 해석의 관건이다. 결론적으로, 계시록의 줄거리를 파악하지 못하면 계시록 해석은 점점 미궁 속으로 빠져들 것이고, 계시록 해석자들이 직면한 혼란은 점차 가중될 것이다.

1.2.

둘째 단락(B. 4:1-11:13. 종말의 개략적·점진적 구원계시)은 주로 일곱 인과 나팔 환상을 중심으로 기술되었다. 이 단락의 내용은 주로 '종말의 개략적·점진적 구원계시' 로서 셋째 단락(B' 11:14-22:5. 종말의 핵심적 구원계시)인 대환난을 총체적으로 설명한 '종말의 핵심적 구원계시' 와 대조를 이룬다.

둘째 단락(B)은 신약시대 동안 진행될 하나님의 구원역사를 '점진적' 으로 열거한 종말의 계시이다. 보좌의 음성이 '반드시 속히 될 일'(1:1)을 선언하시므로 재림을 향한 구원역사는 시작되었고(4장), 유대인 남은 자를 위한 두증인 사역으로 마감할 것이다(11장). 또한 둘째 단락(B)의 처음(1. 4:1-11, 하늘성전과 두증인)과 마지막 소단락(1' 11:1-13, 땅의 성전과 두증인) 사이 삽입된 소단락들은 신약시대 동안 점진적으로 전개될 구원계시를 설명한다.

아울러 둘째 단락(B)이 종말의 '개략적' 구원계시가 되는 이유는 사도가 환상으로 보고 들은 종말의 구원계시는 완전한 형태가 아니다. 둘째 단락(B)에서 사도는 보좌에서 시작된 구원역사가 재림에 이르기까지 어떠한 과정으로 전개되는가를 개략적으로 기술한다. 이후 셋째 단락(B')에서 대환난 이후 구원계시 곧 임박한 그리스도 강림이 역사 안에서 어떻게 실행되며, 종말교회와 악의 세력들의 운명은 어떻게 될 것인가를 설명한다. 이러한 점을 고려할 때 둘째 단락(B)은 '종말의 개략적 구원계시'라고 할 수 있다.

1.3.

둘째 단락(B)의 구조에서 고찰해야 할 중요한 사항은 다음과 같다.

첫째, 하나님의 구원역사에서 종말의 징조와 때를 명시한다. 사도가 환상으로 보고 들은 종말의 계시를 묵시 형태로 전달하였다. 그래서 독자들은 환상의 의미를 해석하는 데 어려움이 있고, 또 환상으로 기록된 종말의 징조가 발현되는 때도 정확히 알기 어렵다. 그런데 둘째 단락(B)의 구조는 종말의 징조와 때에 대한 단서를 제공한다. 즉 둘째 단락(B)의 넷째(4. 6:9-11, 신약교회의 탄원)와 병행 소단락(4' 8:1-6, 신약교회의 기도가 채워짐)이 종말론적 환난의 때를 표시하는 나침판 같은 역할을 한다.

둘째, 계시록에 명시된 대환난의 '때'에 대한 답을 찾을 수 있다.

1) 계시록 해석에서 미래주의 해석을 수용하기 어려운 이유는 계시록의 '때'를 분명하게 단정하지 못하기 때문이다. 그런데 사도가 계시록에서 대환난의 때와 관련하여 구체적인 단서를 제시한다. 즉 '한때와 두 때와 반 때'(12:14)이다. 이 관용구의 출처는 다니엘서의 '그(한) 이레의 절반'(단9:27)인데, 선지자 다니엘이 '그 이레의 절반'을 '한 때와 두 때와 반 때'(단7:25, 12:7)[15]로 표현하였다.

---

15) 단7:25, 그가 장차 말로 지극히 높으신 자를 대적하며 또 지극히 높으신 자의 성도를 괴롭게 할 것이며 그가 또 때와 법을 변개코자 할 것이며 성도는 그의 손에 붙인바 되어 *한 때와 두 때와 반 때*를 지내리라; 단12:7, 내가 들은즉 그 세마포 옷을 입고 강물 위에 있는 자가 그 좌우 손을 들어 하늘을 향하여 영생하시는 자를 가리켜 맹세하여 가로되 반드시 *한때 두 때 반*

또한 사도가 '한 때와 두 때와 반 때'의 동의어인 '마흔두 달'과 '일천이백 육십일'을 종말적 이스라엘 구원과 연계하여 사용하였다(11:2,3). 이때는 선지자 다니엘이 언급한 '그'(단9:27) 곧 종말적 적그리스도의 통치 기간이며, 이스라엘 이 '개국 이래로 그때까지 없던 환난'(단12:1)을 경험할 때이다.

2) 사도가 12장에서 다니엘서의 '한때와 두 때와 반 때'를 차용(借用)하므로, 이 때가 선지자 다니엘이 예언한 한 이레의 후반임을 암시한다. 또한 예수님도 종말적 적그리스도의 출현 곧 '선지자 다니엘의 말한바 멸망의 가증한 것이 거룩한 곳에 선'(마24:15) 사건을 중심으로 종말론적 '환난'(마24:9)과 '큰 환난'(마24:21)을 구분하셨다. 즉 한 이레의 전반과 후반의 분기점은 종말적 적그리스도의 출현과 관 련이 있으며, 한 이레 동안 있게 될 환난은 재림의 시점에 가까울수록 강렬할 것이 다. 특히 '큰 환난'은 두 짐승과 짐승의 표에 대한 예언과 연관된 마흔두 달의 기간이다(13장).

셋째, 둘째 단락(B)의 넷째 소단락(4. 6:9-11. 신약교회의 탄원)이 종말론적 환난에 관 한 표지이면, 셋째 소단락(3. 6:1-8. 종말론적 환난 전에 있을 징조와 경고)은 종말론적 환 난 이전 계시이다. 즉 네 말들로 인한 종말론적 현상들은 신약시대의 보편적 재난 들로서 악한 영들은 많은 적그리스도와 거짓 선지자들을 선동하여 수많은 영혼을 미혹하고 인명을 살상할 것이며, 하나님의 창조를 파괴하는 악행을 일삼을 것이다. 이러한 종말적 현상들은 사탄의 멸망 때가 가까울수록 가중되어 나타날 것이다.

넷째, 둘째 단락(B)의 주제인 십사만 사천은 신약교회의 순교자를 상징하는 표현이 다. 십사만 사천은 어떤 이들의 견해처럼 구원받은 자의 총수가 아니다. 앞서 밝힌 것처럼 사도는 계시록을 교회론적 관점에서 기록하였으므로 십사만 사천을 표현하 는 방식도 구약교회의 사역자들을 지칭하는 용어로 기술하였다.

다섯째, 둘째 단락(B)의 마지막 소단락(1' 11:1-13. 땅의 성전과 두증인)은 대환난 이후 종말적 유대인 구원과 연관된 계시이며, 또한 셋째 단락(B' 11:14-22:5. 종말의 핵심 적 구원계시)은 대환난 이후 진행될 이스라엘 구원사건에 대한 계시이다. 이처럼 선 민 이스라엘은 그리스도의 다시 오심에 대한 중요한 계시적 척도가 되므로 계시록 에서 이스라엘의 민족적 회심에 관한 주제는 반드시 설명되어야 한다.

---

*때*를 지나서 성도의 권세가 다 깨어지기까지니 그렇게 되면 이 모든 일이 다 끝나리라 하더라

2. 하늘성전과 두 증인(4:1-11)

A. 임박한 그리스도의 강림 예고와 신약교회를 향한 교훈(1:1-3:22)
B. 종말의 개략적 · 점진적 구원계시(4:1-11:13)
▶ 1. 하늘성전과 두 증인(4:1-11)
    2. 어린양과 책(5:1-14)
      3. 종말론적 환난 이전에 있을 징조와 경고(6:1-8)
        4. 신약교회 순교자의 탄원(6:9-11)
          5. 하나님의 진노의 큰 날(6:12-17)
            6. 십사만 사천(7:1-8)
          5' 흰옷 입은 큰 무리(7:9-17)
        4' 신약교회의 기도가 채워짐(8:1-6)
      3' 종말론적 환난 때 있을 경고와 심판(8:7-9:21)
    2' 힘센 천사와 작은 책(10:1-11)
  1' 땅의 성전과 두증인(11:1-13)
B' 종말의 핵심적 구원계시(11:14-22:5)
A' 임박한 그리스도의 강림 예고와 신약교회를 향한 교훈(22:6-21)

2.1.

본 단락(1. 4:1-11, 하늘성전과 두 증인)과 대칭 단락(1' 11:1-13, 땅의 성전과 두증인)은 동의적 또는 반의적 관계를 가진다. 또한 이 단락들과 주제 단락(6. 7:1-8, 십사만 사천)은 '두 증인'이라는 개념으로 연계되어 있다. 왜냐하면 계시록의 둘째 단락(B. 4:1-11:13, 종말의 개략적 · 점진적 구원계시)의 주제인 십사만 사천은 신약교회 또는 종말교회의 복음 사역자이기 때문이다. 이러한 교차적 병행구조로부터 알 수 있는 중요한 사실은 두 증인과 십사만 사천의 관계이다. 이것이 교차적 병행구조로 성경을 해석할 때 누릴 수 있는 유익이다.

2.2.

계시록의 둘째 단락(B. 4:1-11:13, 종말의 개략적 · 점진적 구원계시)을 시작하면서 사도가 예수께서 선포하신 하나님 나라가 종말교회에서 어떻게 완성되는가를 설명하려고 한다. 이러한 하나님의 경륜을 설명하기 위하여 사도는 '하늘에 열린 문' (4:1)과 자신이 '성령에 감동'(4:2) 하였다는 점을 언급한다.

아울러 사도가 '하늘에 열린 문' 안으로 들어가 하나님의 보좌로부터 선포된 '이후에 마땅히 될 일'(4:1: 참고, 1:19), 곧 종말에 관한 계시를 들었다고 증거 한다. 여기서 사도가 보고 들은 종말의 계시는 4:1-22:5절에 기록된 환상들이다.

결론적으로, 사도가 묵시문학 형식을 사용하여 둘째 단락(B)의 도입부를 기술한 것은 자신이 종말의 계시를 받았다는 점을 강조하기 위함이다.

2.3.

4장의 주제는 '하늘성전과 두 증인'이다. 보좌에 좌정하신 하나님께서 '이후에 장차 될 일'을 선포하신다. 이것은 그리스도로 말미암아 요한과 그 종들에게 계시하신 '속히 될 일'(1:1)에 대한 집행을 선언하신 것이다. 즉 사도가 하나님의 엄위하신 임재 가운데 종말의 중대한 계시가 선포된 사실을 강조한다.

아울러 계시록에서 하나님의 음성은 반드시 (큰) 지진과 (큰) 우박을 동반하는 그리스도의 재림으로 귀결된다.[16] 4장에서 번개와 뇌성과 함께 설명된 보좌의 음성은 세상 나라를 멸하고 하나님 나라를 완성하는 그리스도의 재림으로 성취될 것이다. 이러한 사실은 재림 현상을 기술한 병행단락(1')에서 확인할 수 있다.

2.4.

4장의 핵심 단어는 '두 증인'이다. 보좌 환상에는 삼위 하나님 외에 이십사 장로와 네 생물이 등장하는데, 필자는 이들을 두 증인으로 해석한다. 필자가 이십사 장로와 네 생물을 두 증인으로 해석한 이유는 이들이 하나님의 구원역사를 수종 드는 종이라는 사실에 기초한다.

사도가 '일곱 별의 비밀'(1:20)을 말하면서 일곱 별은 일곱 교회의 사자로 설명한다. 여기서 교회의 사자가 비밀인 이유는 계시록에서 하나님의 사자는 천사와 교회의 사역자라는 이중적 의미를 갖기 때문이다. 하나님은 천상의 존재인 천사들과 하나님의 종들을 사용하여 교회를 보호하시며 새 예루살렘 성까지 인도하실 것이다. 하나님께서는 구원역사의 배후에서 일하는 영적 존재인 천사를 하나님 경륜을 위하여 종처럼 부리신다.

---

16) 음성과 지진(8:5), 음성과 큰 지진(11:12-13), 음성과 지진과 큰 우박(11:19), 음성과 큰 지진과 큰 우박(16:18)

2.5.

본 단락(1. 4:1-11. 하늘성전과 두 증인)의 구조는 다음과 같이 고안할 수 있다.

> B. 종말의 개략적 · 점진적 구원계시(4:1-11:13)
> ▶ 1. 하늘성전과 두 증인(4:1-11)
>   a. 보좌에 앉으신 하나님(4:2-3)
>   b. 이십사 장로(4:4)
>   c. 보좌의 광경(4:5a)
>   d. 일곱 영(4:5b-5c)
>   c' 보좌 앞의 광경(4:6a): 유리바다
>   b' 네 생물(4:6b-8b)
>   a' 보좌에 앉으신 하나님께 돌려지는 찬송(4:8c-11)
> 1' 땅의 성전과 두증인(11:1-13)

본 단락(1)의 주제 단락(d. 4:5b-5c. 일곱 영)은 하나님의 보좌 앞에 선 '일곱 영'에 대한 설명이다. 사도가 성부와 성자 하나님의 영을 일곱 영으로 호칭하는데(4:5, 5:6). 이러한 사실로 일곱 영이 성령에 대한 종말적 칭호임을 알 수 있다. 또한 사도가 죄와 사망의 권세를 이기신 그리스도의 영을 일곱 영으로 표현한 것은 성령께서 종말의 구원역사를 완성하실 분임을 설명한 것이다. 그러므로 구원역사는 삼위 하나님의 사역이며, 일곱 영으로 말미암아 성취될 것을 명시한 것이다.

2.6.

본 단락(1)의 첫째 단락(a. 4:2-3. 보좌에 앉으신 하나님)에서 사도가 만왕의 왕이신 하나님의 자태를 보석으로 설명하는데, 이것은 하나님의 영광과 위엄을 서술하는 방식이다. 또한 사도가 하나님의 자태를 벽옥과 홍보석으로 묘사하는데, 이것은 하나님의 거룩함과 심판을 상징한다. 반면 마지막 단락(a' 4:8c-11. 보좌에 앉으신 하나님께 돌려지는 찬송)에서 사도가 하나님의 거룩함을 삼중적 찬송(三聖頌. 트리사기온)[17]으로 설명한다(4:8). 거룩하신 하나님은 세상을 초월하신 분으로서 마지막 때 세상을 심판하시고 또 회복하실 것인데, 이 일을 위하여 주 하나님께서 보좌에 좌정하셨다.

---

17) 트리사기온은 동방 정교회와 오리엔트 정교회. 동방 카톨릭교회의 성만찬에서 부르는 성가로 하나님의 거룩함을 세 번 찬송한다.

2.7.

본 단락(1)의 둘째(b. 4:4, 이십사 장로)와 여섯째 단락(b' 4:6b-8b, 네 생물)은 두 증인의 개념으로 연계된다. 둘째 단락(b)에서 이십사 장로는 구약교회의 대표들과 함께 '사도들과 선지자의 터 위'(엡2:20)에서 완성될 신약교회를 상징한다. 즉 보좌 환상은 그리스도 안에서 삼위 하나님과 연합된 우주적 교회의 모습을 설명한 것이다. 보좌 환상에서 등장한 우주적 교회의 대표인 이십사 장로는 삼위 하나님의 왕적 통치에 참여하여 '장차 그리고 속히 될 일'(1:1,19)인 그리스도 강림을 예비할 것이다. 즉 성부 하나님께서 '하늘에 있는 천사도 모르고, 아들도 모르며, 아버지만 아시는'(막13:32) 재림의 때를 결정하시고, 하나님의 종인 천사와 교회로 재림의 일을 준비하신다. 그러므로 그리스도께서는 하나님의 정하신 때에 천사장의 나팔 소리와 함께 하늘군대를 대동하고 강림하실 것이다.

여섯째 단락(b')에서 네 생물은 모든 천사의 대표로서 제사장적 기능을 수행한다. 계시록에서 천사는 천상의 예배에 참여하고, 교회의 기도를 상달하며, 하나님의 계시를 교회에 전달하는 일을 수행한다. 이처럼 천사들은 신약교회 사역자들과 동일한 사역을 하면서 하나님의 구원역사에 증인 역할을 한다.

2.8.

본 단락(1)의 셋째(c. 4:5a, 보좌의 광경)와 다섯째 단락(c' 4:6a, 보좌 앞의 광경: 유리바다)은 하늘성전의 광경에 대한 묘사이다. 셋째 단락(c)에서는 보좌의 광경을 '번개와 음성과 뇌성'(4:5)으로 묘사한다. 이것은 사도가 시내산 언약의 언어로 하나님의 임재를 설명한 것이다. 여기서 주목할 것은 '음성'(4:5; 16:17)인데, 이것은 하나님께서 '이후에 마땅히 될 일' 곧 재림을 선포하셨다는 것을 의미한다.

다섯째 단락(c')에서 '수정 같은 유리바다'(4:6)는 보좌를 둘러있는 무지개와 함께 하늘성전의 평온함을 상징한다. 여기 '수정 같은 유리바다'는 그리스도의 십자가로 승리를 이룩한 우주적인 평화를 상징한다면, '불이 섞인 유리바다'(15:2)는 세상에 대한 하나님의 심판을 상징한다. 또한 그리스도의 십자가로 이루어진 우주적 평화라는 주제는 네 생물과 이십사 장로들의 찬송에도 나타나는데, 이 주제는 1세기 고난 가운데 있는 소아시아 교회뿐만 아니라 장차 환난에 직면할 신약교회에게 주시는 위로와 함께 세상을 이길 수 있는 믿음의 동력이 될 것이다.

3. 어린양과 책(5:1-14)

3.1.
본 단락(2. 5:1-14. 어린양과 책)과 앞선 단락(1. 4:1-11. 하늘성전과 두 증인)에서 사도가 하나님의 보좌와 어린양에 대하여 설명한다. 사도가 앞선 단락(1)에서 하나님의 보좌를 중심으로, 본 단락(2)에서는 보좌 우편에 선 어린양을 중심으로 설명한다. 그런데 두 단락은 하나님의 보좌 중심으로 설명하므로 하나의 단락으로 고안해도 될 것 같지만 사도는 각 단락들을 구분하여 설명한다. 왜냐하면 각 단락은 중요한 계시를 담고 있으며, 둘째 단락(B. 4:1-11:13. 종말의 개략적 · 점진적 구원계시)을 구성하는 독립적 요소이기 때문이다.

3.2.
보좌 우편에 서신 어린양께서 하나님의 오른손으로부터 책을 취하시는데, 사도가 이 책의 특징을 두 가지로 설명한다.

첫째, 이 책은 안팎으로 기록되었다. 어린양께서 취하신 책의 안팎이 계시로 기록되었다는 의미는 책에 기록된 계시의 양이 방대하며 포괄적이다 는 것을 의미한다. 그래서 이 책은 하나님의 전 구원경륜을 담고 있는 책으로 해석할 수 있다.

아울러 구약성경에서 책이 안팎으로 기록되었다는 의미는 '애가와 애곡과 재앙'(겔2:10)에 관한 책을 의미한다. 즉 책이 안팎으로 기록되었다는 것은 종말론적 환난부터 시작될 '애가와 애곡과 재앙'을 기록한 계시의 책이라는 의미이다. 이것은 나팔과 대접 환상에서 보이신 것처럼 종말적 심판과 멸망에 관한 계시를 의미한다. 그런데 이 책이 일곱 인으로 봉함되어 있으므로 일곱 개의 인들이 다 떼어지기 전까지 이 책은 펼쳐지지 않을 것이다.

둘째, 이 책은 일곱 인으로 봉인된 두루마리이다. 선지자 다니엘은 마지막 때까지 자신이 받은 예언, 곧 종말의 이스라엘 구원에 관한 계시를 봉함하도록 명령받았다. 여기서 봉인의 목적은 종말의 때까지 묵시적 주제가 담긴 계시의 비밀을 유지하는 데 있다. 그렇다면 종말이 도래하면 봉인된 계시는 반드시 펼쳐질 것이다.

때가 차매 하나님의 어린양께서 종말의 계시가 봉인된 책을 취하셨다. 이 봉인된 책의 배경은 단12장이며, 이것은 종말의 이스라엘 구원에 관한 내용을 설명한 책이다. 그래서 보좌 우편에 계신 그리스도께서 봉인된 책의 인을 떼시므로 마침내 종말의 계시들이 열리는 것이다.

3.3.

필자는 본 단락(2. 5:1-14, 어린양과 책)의 구조를 다음과 같이 고안하였다.

> B. 종말의 개략적 · 점진적 구원계시(4:1-11:13)
> ▶ 2. 어린양과 책(5:1-14)
>   a. 다윗의 뿌리가 책과 일곱 인을 열기에 합당함(5:1-5)
>   b. 일찍 죽임 당하신 어린양이 높임을 받으심(5:6)
>   a' 어린양이 보좌에 앉으신 하나님에게서 책을 취하심(5:7)
>   b' 높임 받으신 어린양께 돌려지는 찬송(5:8-14)
>   2' 힘센 천사와 작은 책(10:1-11)

본 단락(2)의 첫째(a. 5:1-5, 다윗의 뿌리가 책과 일곱 인을 열기에 합당함)와 셋째 단락(a' 5:7, 어린양이 보좌에 앉으신 하나님에게서 책을 취하심)에서 사도가 일찍 죽임을 당하신 어린양께서 성부 하나님의 오른손에 놓인 책을 취하신 일에 대하여 설명한다. 여기서 사도는 두 가지를 주목하는데, 하나님의 오른손에 있는 책과 어린양이다.

먼저 그리스도께서 하나님의 오른손에서 취하신 두루마리는 하나님의 구원경륜이 기록된 책, 곧 그리스도 강림으로 인한 세상 악의 종결과 교회의 승리, 그리고 도래할 영원한 세계에 대한 설명이다. 또한 어린양께서 이 책을 취하신 것은 성부 하나님으로부터 구원역사를 경영하실 전권(全權)을 위임받으심을 의미한다. 즉 예수께서는 천지의 대권을 가지신 대주재로서 하늘과 땅과 땅 아래와 바다의 모든 권세를 복종시키시며, 자신 뜻대로 역사를 주관하시는 분으로 취임하신 것이다.

본 단락(2)의 둘째(b. 5:6, 일찍 죽임을 당하신 어린양)와 넷째 단락(b' 5:8-14, 어린양에게 돌려지는 찬송)은 그리스도께서 일곱 뿔과 눈을 가지신 분, 곧 세상을 심판하실 권세를 가지신 전지전능하신 왕과 주로 등극하심을 설명한다. 이러한 맥락에서 사도는 두루마리의 봉인을 떼실 유다지파의 사자와 다윗의 뿌리인 그리스도는 모든 피조물의 영광과 찬송을 받으시기에 합당한 분으로 묘사한다.

3.4.
본 단락(2)의 첫째 단락(a. 5:1-5, 다윗의 뿌리가 일곱 인을 떼심)의 구조는 다음과 같이 고안할 수 있다.

    B. 종말의 개략적 · 점진적 구원계시(4:1-11:13)
  ▶ 2. 어린양과 책(5:1-14)
        a. 다윗의 뿌리가 책과 일곱 인을 열기에 합당함(5:1-5)
           ① 일곱 인으로 봉인된 책(5:1)
             ② 힘 있는 천사의 외침(5:2): 누가 책의 인을 떼기에 합당한가
             ②' 사도의 통곡(5:3-4): 합당한 자를 보지 못한 슬픔
           ①' 장로의 설명(5:5): 다윗의 뿌리가 일곱 인을 떼신다
        b. 일찍 죽임당하신 어린양이 높임을 받으심(5:6)
        a' 어린양이 보좌에 앉으신 하나님에게서 책을 취하심(5:7)
        b' 높임 받으신 어린양께 돌려지는 찬송(5:8-14)
      2' 힘센 천사와 작은 책(10:1-11)

첫째 단락(a)의 둘째(② 5:2, 힘 있는 천사의 외침: 누가 책의 인을 떼기에 합당한가)와 셋째 소단락(②' 5:3-4, 사도의 통곡: 합당한 자를 보지 못한 슬픔)은 봉인된 책을 펼칠 합당한

존재에 대한 힘 있는 천사의 물음과 사도의 통곡을 설명한다. 여기서 사도의 통곡은 하나님의 구원경륜을 성취할 어린양의 존재를 깨닫지 못한 애통이며, 하나님 나라가 속히 실현되지 않을 수 있다는 절망감에서 기인한 것이다.

첫째 단락(a)의 처음(① 5:1, 일곱 인으로 봉인된 책)과 마지막 소단락(①' 5:5, 장로의 설명: 다윗의 뿌리가 일곱 인을 떼신다)은 일곱 인으로 봉인된 책과 그것을 펼치실 그리스도에 대한 설명이다. 여기서 사도는 그리스도께서 구약에 예언된 유대지파의 사자요 다윗의 뿌리이신 메시아로서 교회와 함께 악에 대항하여 싸우는 신적 전사임을 암시한다. 또한 사도는 어떤 지상의 존재나 천상의 존재들도 하나님의 구원경륜을 수행할 수 없고, 오직 완전한 지혜와 권능을 가지신 하나님의 어린양만이 하나님의 구원경륜을 완성하실 분이라는 사실을 강조한다. 이것이 첫째 단락(a)의 주제이다.

3.5.

본 단락(2)의 둘째(b, 5:6-7, 일찍 죽임을 당하신 어린양이 책을 취함)와 넷째 단락(b' 5:8-14, 높임 받으신 어린양께 돌려지는 찬송)의 구조는 다음과 같이 고안할 수 있다.

       B. 종말의 개략적 · 점진적 구원계시(4:1-11:13)
  ▶ 2. 어린양과 책(5:1-14)
          a. 다윗의 뿌리가 책과 일곱 인을 열기에 합당함(5:1-5)
          b. 일찍 죽임당하신 어린양이 높임을 받으심(5:6)
              ⓐ 일찍 죽임을 당하신 어린양(5:6b)
              ⓑ 일곱 뿔과 일곱 눈을 가지신 그리스도(5:6c-6e)
          a' 어린양이 보좌에 앉으신 하나님에게서 책을 취하심(5:7)
          b' 높임 받으신 어린양께 돌려지는 찬송(5:8-14)
              ① 네 생물과 이십사 장로의 경배와 찬송(5:8-10)
              ② 많은 천사들의 찬송(5:11-12)
              ②' 만물의 찬송(5:13)
              ①' 네 생물과 이십사 장로의 찬송과 경배(5:14)
       2' 힘센 천사와 작은 책(10:1-11)

둘째 단락(b)에서 사도는 어린양이신 그리스도를 다음과 같이 설명한다.

첫째, 일찍 죽임을 당하신 어린양은 보좌 우편에 계신 심판주이시다. 예수 그리스도께서 천지의 대주재로 취임하신 일은 어린양으로 죽임당하신 사실에 근거한다.

즉 그리스도의 십자가는 신적 사랑(구속)뿐 아니라 신적 공의(심판)의 기초이다. 이러한 관점에서 볼 때 백보좌 심판은 그리스도께서 주관하실 심판이며(20:11), 주 하나님이신 그리스도 왕권의 실행이다(5:9, 11:15).

둘째, 어린양은 보좌와 네 생물 '사이에' 그리고 보좌와 이십사 장로 '사이에'서 계신다. 사도가 작은 분량 안에 '사이에'라는 표현을 반복하여 기술한 뜻이 있다. 사도가 언급한 어린양의 위치를 고려할 때, 어린양은 중보자로서 모든 교회와 피조물을 심판하실 권세자이시다. 이러한 해석은 둘째 단락(b)와 병행관계인 넷째 단락(b´)에서 어린양 그리스도께 돌려지는 찬송으로 입증된다. 즉 어린양 그리스도는 홀로 모든 교회와 피조물들의 찬양과 경배를 받기에 합당하신 분이시다.

셋째, 어린양은 일곱 뿔과 일곱 눈을 가졌다. 사도는 하나님의 구원역사를 주관하실 그리스도를 일곱 뿔을 가진 분으로 묘사한다. 이때 일곱 뿔은 완전한 권세와 능력을 의미하므로 일곱 뿔을 가진 그리스도는 하나님의 전권을 위임받은 전능자임을 또한 어린양은 일곱 눈을 가졌다. 사도는 일곱 눈을 세상에 보냄 받은 하나님의 일곱 영으로 해석하는데, 이것은 부활자의 영이신 성령께서 마지막 때 구원역사를 완성하실 것을 의미한다.

3.6.

넷째 단락(b´ 5:8-14, 책의 인을 떼시는 어린양에게 돌려지는 찬송)의 주제는 처음(① 5:8-10, 네 생물과 이십사 장로의 경배와 찬송)과 마지막 소단락(①´ 5:14, 네 생물과 이십사 장로의 찬송과 경배)에 있는데, 모든 교회와 피조물의 대표인 이십사 장로와 네 생물이 주와 하나님이신 어린양께 예배하는 것이다. 즉 모든 피조물이 높임 받으신 그리스도를 만왕의 왕과 만주의 주로 경배한다.

둘째(② 5:11-12, 많은 천사들의 찬송)와 셋째 소단락(②´ 5:13, 만물의 찬송)에서 많은 천사들과 만물이 네 생물과 이십사 장로와 함께 보좌에 앉으신 그리스도께 경배한다. 여기서 많은 천사들은 구원역사를 완성하실 그리스도를 능력과 부와 지혜와 힘과 존귀와 영광과 찬송을 받으시기에 합당한 분임을 고백한다. 이러한 천사들의 찬송은 그리스도께서 천지의 대권을 가지신 대주재로 취임하신 사건에 기초한다. 즉 그리스도 안에서 하나님의 구원경륜이 이미 성취된 사실에 근거하여 그리스도를 찬양하는 것이다. 또한 만물도 재림으로 말미암아 죄 아래서 탄식하는 자신들의 구속을 대망하며 주 하나님께 찬송과 존귀와 영광과 능력을 세세토록 돌린다.

4. 계시록의 골격과 막간 환상

4.1. 계시록의 골격과 그 역할

사도는 계시록에서 7이란 숫자를 구성(plot)[18]의 대원칙으로 사용한다. 사도는 전체 계시록의 구성과 관련하여 일곱 개의 문학장치를 사용하는데, 이들은 일곱 교회, 일곱 인, 일곱 나팔, 일곱 대접, 일곱 재림 기사, 일곱 막간,[19] 칠 복[20]이다. 필자는 계시록 구성과 일곱 개의 문학 장치의 관계를 다음과 같이 설명한다.

첫째, 계시록 구성은 일곱 개의 문학 장치를 두 그룹으로 구분하여 설명해야 한다. 계시록의 처음(A. 1:1-3:22. 임박한 그리스도의 강림 예고와 신약교회를 향한 권면)과 마지막 단락(A' 22:6-21. 임박한 그리스도의 강림 예고와 신약교회를 향한 권면)은 주로 '이제 있는 일' (11:19)에 관한 내용인데, 여기서 사용된 문학 장치는 일곱 교회와 칠 복이다. 그 외의 문학 장치들은 '이후에 마땅히 될 일' (4:1)인 둘째(B. 4:1-11:13. 종말의 개략적 · 점진적인 구원계시)와 셋째 단락(B' 11:14-22:5. 종말의 핵심적 구원계시)과 연관되며, 계시록의 골격을 형성하는 데 있어서 중요하고도 필수적인 요소이다. 특히 일곱 막간의 역할은 마지막 재림 기사까지 계시의 점진적 전개를 가능케 할 뿐만 아니라 계시록의 핵심 메시지를 포함하고 있다.

둘째, 일반적으로 계시록의 둘째(B)와 셋째 단락(B')의 골격은 일곱 인-나팔-대접 기사로 이해한다. 그런데 이러한 견해는 다음과 같은 문제를 고민하게 한다. 계시록에서 '이후에 마땅히 될 일'은 4:1-22:5절의 내용이다. 그래서 계시록의 골격도 4:1-22:5절의 내용을 포괄해야 한다. 그런데 계시록의 골격을 일곱 인-나팔-대접 환상으로 국한할 경우(6-16장), 이것은 16장 이후 내용과 구조적 또는 해석적 조화를 설명하기 어렵다. 그래서 필자는 계시록의 골격을 일곱 인-나팔-대접으로 국한하지 않는다. 대신 보좌의 음성에서 시작된 하나님의 구원역사는 재림을 목표로 전진하므로 '이후에 마땅히 될 일'인 마지막 재림 단락(19:11-20:10)까지 포괄하여야 한다. 이러한 이유 때문에 필자는 계시록의 골격을 일곱 인-나팔-대접에 일곱 재림 기사를 추가해야 한다고 주장한다. 그래서 계시록의 골격을 바르게

---

18) 여러 부분이나 요소들을 모아서 일정한 전체의 틀을 만듦. 또는 골격, 줄거리이다.
19) 필자는 7막간을 십사만 사천(7:1-8), 흰옷 입은 큰 무리(7:9-17), 힘센 천사와 작은 책(10장), 땅의 성전과 두증인(11:1-13). 큰 음녀의 비밀과 큰 바벨론의 비밀(17장), 큰 성 바벨론 멸망(18장). 큰 음녀의 멸망과 하늘에 큰 무리의 찬송(19:1-10)으로 이해한다.
20) 7복은 전체 계시록을 관통하는 문학 장치이다(계1:3; 14:13; 16:15; 19:9; 20:6; 22:7,14).

이해하기 위해서는 일곱 인-나팔-대접 환상보다 일곱 재림 환상에 더욱 집중해야 한다. 왜냐하면 계시록이 묵시문학 형식을 가진 예언서이며 또 재림을 목표로 전진하는 계시이므로, 계시록의 줄거리는 재림 기사를 중심으로 단락이 형성되었다고 추론할 수 있다.

4.2. 계시록의 막간 환상과 그 역할

막간 환상은 여섯째 인과 나팔 환상 이후, 그리고 일곱째 대접 환상 이후 삽입되었다. 즉 여섯째 인의 환상 이후 '십사만 사천'(7:1-8)과 '흰옷 입은 큰 무리'(7:9-17) 단락이, 여섯째 나팔 환상 이후에 '힘센 천사와 작은 책'(10:1-11)과 '땅의 성전과 두증인'(11:1-13) 단락이 막간으로 삽입되었다. 또한 일곱째 대접 환상 이후 '큰 음녀의 비밀과 큰 바벨론의 비밀'(17장)과 '큰 성 바벨론 멸망'(18장) 그리고 '큰 음녀의 심판과 하늘에 큰 무리의 찬송'(19:1-10) 단락들도 막간으로 삽입되었다. 이러한 막간 환상은 다음과 같은 역할을 한다.

첫째, 계시록의 주요한 골격인 일곱 인-나팔-대접과 일곱 재림 기사가 포함하고 있는 내용보다 계시록의 골격 사이에 기록된 막간 환상의 내용이 중요한 주제를 포함하고 있다. 또한 막간 환상은 계시록의 골격 사이에 위치하여 앞에 나온 어떤 계시를 설명하거나 뒤에 나올 어떤 계시를 예견시켜 준다.

둘째, 막간 환상은 단락의 해석에 있어서 균형자 역할을 한다. 계시록의 둘째 단락(B)의 구조에서 볼 때, 여섯째 인 환상 이후 삽입된 '십사만 사천'은 둘째 단락(B)의 중심이며 주제 단락이다. 또한 십사만 사천 환상은 둘째 단락(B)의 처음(1)과 마지막 단락(1')인 '땅의 성전과 두증인'(11:1-13) 또는 '하늘성전과 두 증인'(4:1-11) 단락과 연계하여 자의적인 상징해석을 방지하는 역할을 한다.

아울러 여섯째 인과 나팔 이후 삽입된 '흰옷 입은 큰 무리'와 '힘센 천사와 작은 책' 막간 환상은 '하나님의 진노의 큰 날'(6:12-17)과 '어린 양과 책'(5:1-14) 단락과 병행 관계에 있다. 또한 이 막간들은 계시록의 둘째 단락(B)에서 계시의 점진적 발전을 설명하는 징검다리 역할을 한다. 더 나아가 '땅의 성전과 두증인' 막간은 '하늘 성전과 두 증인'(4:1-11) 단락과 병행/대칭 관계이며, 계시록의 둘째 단락(B. 4:1-11:13. 종말의 개략적·점진적 구원계시)을 마감하는 역할을 한다. 결론적으로, 막간 환상은 둘째 단락(B)의 '종말의 개략적·점진적 구원계시' 단락을 구성하는 데 있어서 균형자 역할을 한다.

셋째, 막간 환상은 계시록의 줄거리를 확장한 후 재림으로 마감하는 역할을 한다. 4장에서 보좌 환상으로부터 시작된 하나님의 구원역사는 첫 번째 재림 기사인 '하나님의 진노의 큰 날'(6:12-17) 단락에서 마감되어야 할 것 같다. 그런데 사도가 막간 환상들을 추가하여 계시록의 둘째 단락(B)의 줄거리를 확장하는 동시에 또 다른 재림 사건으로 마감하는 줄거리를 구성하였다. 이처럼 사도가 막간 환상을 사용하여 둘째 단락(B)을 확장하고 재구성한 이유가 있다. 그것은 막간 환상을 추가하여 계시록의 징조에 때[21])를 입하는 동시에 재림으로 말미암은 우주적 교회의 완성을 위한 하나님의 전(全) 구원경륜을 설명하기 위함이다.[22])

넷째, 계시록의 셋째 단락(B')의 막간인 '큰 음녀의 비밀과 큰 바벨론의 비밀'과 '큰 성 바벨론 멸망'은 재림 사건인 '마지막 대접 재앙'(16:17-21)과 '재림과 악의 삼위일체 멸망'(19:11-20:10) 사이에 위치하므로 셋째 단락(B')의 구성 요소로서 역할을 한다. 또한 이 환상들은 큰 바벨론 멸망에 대한 추가적인 설명으로서 셋째 단락(B')의 내용을 마지막 재림 사건까지 확장한다. 그뿐 아니라 이 환상들은 하나님의 구원경륜을 설명하는 중요한 메시지를 포함하고 있는데, 여기서 사도는 대환난을 주도한 세력인 큰 바벨론의 정체와 결말에 대하여 설명한다.

---

21) 이 문장의 설명과 연관된 단락은 '신약교회의 기도가 채워짐(8:1-6)'단락이다.
22) 이 문장의 설명과 연관된 단락은 '땅의 성전과 두 증인(11:1-13)'단락이다.

5. 종말론적 환난 이전 있을 징조와 경고(6:1-8)

A. 임박한 그리스도의 강림 예고와 신약교회를 향한 교훈(1:1-3:22)
B. 종말의 개략적·점진적인 구원계시(4:1-11:13)
  1. 하늘성전과 두 증인(4:1-11)
   2. 어린양과 책(5:1-14)
   ▶ 3. 종말론적 환난 이전에 있을 징조와 경고(6:1-8)
     4. 신약교회 순교자의 탄원(6:9-11)
      5. 하나님의 진노의 큰 날(6:12-17)
       6. 십사만 사천(7:1-8)
      5' 흰옷 입은 큰 무리(7:9-17)
     4' 신약교회의 기도가 채워짐(8:1-6)
    3' 종말론적 환난 때 있을 경고와 심판(8:7-9:21)
   2' 힘센 천사와 작은 책(10:1-11)
  1' 땅의 성전과 두증인(11:1-13)
B' 종말의 핵심적 구원계시(11:14-22:5)
A' 임박한 그리스도의 강림 예고와 신약교회를 향한 교훈(22:6-21)

5.1.

6장부터는 계시록의 주요한 골격 역할을 하는 인과 나팔, 대접 환상이 시작된다. 계시록의 주요한 골격은 인과 나팔과 대접 환상으로 구성되며, 이들은 신약교회와 악의 세력에 대한 하나님의 심판을 내포한다. 그러므로 이러한 환상들은 마땅히 재앙적 요소를 지니지만, 그러나 모든 환상이 재앙을 의미하는 것은 아니다. 즉 인은 징조와 경고를, 나팔은 경고와 심판을, 대접은 심판과 멸망을 설명한다.

아울러 인과 나팔과 대접은 각자의 고유한 속성을 가지는 동시에 공유하는 특성이 있다. 왜냐하면 일곱째 인에서 일곱 나팔로, 일곱째 나팔에서 일곱 대접으로 발전하는 폴더 형식을 갖기 때문이다. 여기서 주목해야 할 점은 각각 일곱 개로 구성된 인-나팔-대접 구조가 4+2+1의 형식을 갖는데, 각각의 그룹은 형식만 아니라 해석에서도 서로 연관성을 가져야 한다. 왜냐하면 사도가 하나의 메시지를 전달하기 위하여 각각의 그룹을 한곳에 모았기 때문이다.

5.2.

본 단락(3. 6:1-8, 종말론적 환난 이전에 있을 징조와 경고)은 네 개의 인(印)에 관한 내용이다. 구약에서 인은 계시의 봉함을 의미하지만, 본 단락(3)에서 인을 떼었다는 것은 감추었던 비밀이 열리는 것을 말한다. 즉 6장에서 봉인이 떼어지면, 당시에 활동한 많은 적그리스도의 출현부터 재림에 이르기까지 완전하나 개략적인 구원계시가 점진적으로 펼쳐질 것이다.

아울러 네 개의 인(印)은 구약적 배경을 갖는다. 에스겔 선지자는 본 단락(3)의 환난과 동일한 재앙(전쟁, 기근, 온역, 짐승)을 예언하였다(겔14:12-23). 에스겔 당시 하나님께서 예루살렘을 향하여 재앙을 선포하신 것은 그들의 우상숭배와 연관된 불법과 범죄 때문이다. 당시 이스라엘에서 성행한 우상숭배는 하나님의 진노를 촉발했고, 하나님은 그들의 죄에 대한 심판을 네 가지 유형으로 경고하신다. 그렇다면 하나님이 신약교회에게 네 개 인의 계시를 주신 것은 먼저 신약교회에서 자행되는 우상숭배와 연관되며, 동시에 대환난 이후 짐승과 그의 우상을 경배하는 행위와 연관될 것이다.

5.3.

본 단락(3)의 흰말 탄 자에 대한 해석은 주로 두 범주로 분류된다. 사도가 환상을 상징으로 서술하였기 때문에 신학적인 관점으로 접근하면 흰말 탄 자의 환상은 그리스도 또는 적그리스도로 해석이 가능하다. 그런데 필자는 흰말 탄 자를 적그리스도로 해석하는데, 그 근거는 본 단락(3)의 문맥 때문이다.

성경해석에 있어서 중요한 점은 문맥을 살피는 것이다. 그래서 흰말 탄 자의 환상이 종말의 구원역사에서 어느 시점을 설명하는 계시인가를 아는 것이 중요하다. 6장에서 사도는 신약시대에 있을 사건들을 순차적으로 배열하였는데, 그 순서는 종말론적 환난 전에 있을 징조(네 개의 인)-신약교회의 탄원(다섯째 인)-재림 사건(여섯째 인)이다. 여기서 네 개의 인을 마태복음 24장의 징조들(미혹, 전쟁, 기근, 지진)과 동일시하면, 네 말에 대한 해석은 종말론적 환난 이전에 있을 징조들과 일치한다.[23]

---

23) 마24장에서 4개의 징조는 '재난(해산의 고통)의 시작' 곧 종말론적 환난의 서막을 여는 역할을 한다. 아울러 이 구절의 병행구절인 눅21:7-19은 미혹과 전쟁과 기근과 온역 외에도 큰 지진과 무서운 일과 하늘의 징조들을 추가로 언급한다. 이 구절들에서 언급된 지진은 역병(눅21:11, 청황색 말)의 근원으로 해석할 수 있다.

아울러 본 단락(3)에서 흰말 탄 자가 적그리스도라는 내적 증거는 다음과 같다.

첫째, 흰말 탄 자의 면류관(스테파노스)은 화관이다. 계시록에서 왕관(디아데마)은 그리스도 외에 용과 바다짐승에게 적용된다. 그래서 흰말 탄 자가 면류관을 받았다는 것은 그가 그리스도나 종말적 적그리스도가 아니다. 그는 종말적 적그리스도의 출현 이전 활동할 많은 적그리스도의 상징이며(요일2:18), 종말적 적그리스도의 예표이다. 그래서 그는 신약시대 동안 이기고 또 이기려 하는 자이다.

둘째, 재림주이신 그리스도의 무기는 검 곧 말씀이다. 그리스도는 하나님의 말씀이며, 말씀이신 그리스도께서 만물을 심판하실 것이다. 반면 흰말 탄 자의 무기는 활이다. 구약 배경에서 활은 전쟁과 심판의 도구이다. 그래서 활은 하나님의 병기로 사용되지만(합3:9), 때로 '속이는 활'(호7:16)로 언급되기도 한다. 이처럼 사도가 흰말 탄 자의 무기를 활의 이미지로 설정한 것은 그가 그리스도가 아닌 마지막 때 교회를 미혹하는 자임을 명시하기 위함이다.

결론적으로, 6장의 흰말 탄 자는 종말론적 환난 이전 많은 영혼을 미혹하는 적그리스도를 상징한다.

5.4.

본 단락(3. 6:1-8. 종말론적 환난 이전에 있을 징조와 경고)의 구조는 다음과 같이 고안할 수 있다.

    B. 종말의 개략적 · 점진적 구원계시(4:1-11:13)
▶   3. 종말론적 환난 이전에 있을 징조와 경고(6:1-8)
      a. 첫째 인(6:1-2): 흰말
      b. 둘째-네째 인(6:3-8d)
        ① 둘째 인(6:3-4): 붉은 말
        ② 세째 인(6:5-6): 검은 말
        ③ 네째 인(6:7-8d): 청황색 말
      c. 네 말의 권세(6:8e): 땅 사 분의 일의 권세를 얻음
      b' 둘째-네째 인에 대한 해석(6:8f)
        ① 검 ② 흉년 ③ 사망
      a' 땅의 짐승(6:8g): 첫째 인 해석에 대한 단서
    3' 종말론적 환난 때 있을 경고와 심판(8:7-9:21)

본 단락(3)의 주제 단락(c. 6:8e. 네 말의 권세: 땅 사 분의 일의 권세를 얻음)에서 사도가 종말론적 환난 이전에 활동하는 악한 천사들이 '땅 사 분의 일의 권세를 얻었다' (6:8)고 설명한다. 이것의 의미는 주제 단락(c)을 처음(a. 6:1-2. 첫째 인: 흰말)과 마지막 단락(a' 6:8g. 땅의 짐승: 첫째 인 해석에 대한 단서)과 연계하여 해석하므로 정확히 알 수 있다. 이것이 교차적 병행구조를 해석하는 원리이다.

사도가 처음(a)과 마지막 단락(a')에서 흰말 탄 자를 땅의 짐승과 연계한다. 그리고 종말론적 환난 이전 이들은 땅의 백성 가운데 사 분의 일을 미혹하고 살상할 권세가 있다고 설명한다. 더 나아가 이들의 관계는 대환난 이후 활동할 바다짐승과 땅의 짐승으로 발전할 것이며(13장), 그때는 모든 땅의 백성들을 미혹하고 죽일 권세를 가질 것이다.

5.5.

본 단락(3)의 둘째(b. 6:3-8d. 둘째-넷째 인)와 넷째 단락(b' 6:8f. 둘째-넷째 인에 대한 해석)은 둘째 인부터 넷째 인까지 설명이다. 필자는 앞서 '네 개의 인을 마태복음 24장의 징조들(미혹. 전쟁. 기근. 지진)과 동일시하면. 네 말에 대한 해석은 종말론적 환난 이전에 있을 징조들과 일치한다' 고 설명하였다. 이러한 해석에 근거할 때, 본 단락(3)의 징조들은 악한 천사들에 의하여 발생하는 보편적인 재난들이다. 환언하면, 많은 적그리스도와 땅의 짐승은 땅 사 분의 일의 권세를 받아 영혼들을 미혹하고 전쟁과 흉년과 사망(역병)으로 인류를 살상하므로 종말적 적그리스도의 출현을 위하여 일할 것이다.

아울러 본 단락(3)에서 네 종류의 악한 천사와 네 개의 징조가 언급되는데, 마지막 때에 가장 두려운 징조는 영혼을 실족케 하는 미혹이다(마24:11.24). 왜냐하면 미혹은 마귀가 사람의 전 존재를 파멸시키는 방편이기 때문이다. 반면 그 외의 재앙들은 사탄이 인간을 두렵게 하여 미혹으로 이끄는 수단들이다. 사탄은 이러한 재앙들을 사용하여 거짓 평화를 주장하는 종말적 적그리스도를 출현케 할 것이다.

6. 신약교회의 탄원(6:9-11)

```
A. 임박한 그리스도의 강림 예고와 신약교회를 향한 교훈(1:1-3:22)
B. 종말의 개략적 · 점진적인 구원계시(4:1-11:13)
   1. 하늘성전과 두 증인(4:1-11)
      2. 어린양과 책(5:1-14)
         3. 종말론적 환난 이전에 있을 징조와 경고(6:1-8)
      ▶ 4. 신약교회 순교자의 탄원(6:9-11)
            5. 하나님의 진노의 큰 날(6:12-17)
               6. 십사만 사천(7:1-8)
            5' 흰옷 입은 큰 무리(7:9-17)
         4' 신약교회의 기도가 채워짐(8:1-6)
       3' 종말론적 환난 때 있을 경고와 심판(8:7-9:21)
    2' 힘센 천사와 작은 책(10:1-11)
   1' 땅의 성전과 두증인(11:1-13)
B' 종말의 핵심적 구원계시(11:14-22:5)
A' 임박한 그리스도의 강림 예고와 신약교회를 향한 교훈(22:6-21)
```

6.1.

본 단락(4. 6:9-11, 신약교회 순교자의 탄원)은 네 개의 인 환상(6:1-8)과 여섯째 환상인 재림 기사(6:12-17) 사이에 위치한다. 이러한 순서를 마태복음의 종말장의 순서(ⓐ 재난의 시작-ⓑ 종말론적 환난 때 있을 사건들-ⓒ 종말적 적그리스도의 출현-ⓑ' 대환난 때 있을 사건들-ⓐ' 재림: 재난의 종결)와 비교하면, 본 단락(4)은 종말론적 환난부터 대환난에 이르는 박해의 기간에 해당한다. 그래서 사도가 신약교회 순교자의 남은 수가 채워지는 기간을 '잠시'(6:11), 곧 한 이레로 표현하였다.

6.2.

본 단락(4)은 계시록에서 유일하게 복수를 간청하는 신약교회 순교자의 신원 기도가 등장하는 곳이다. 그래서 사도는 본 단락(4)에서 순교자의 이미지와 희생제물이 드려지는 번제단의 이미지를 연관시킨다. 마치 번제단의 희생제물이 여호와께서 흠향하시는 향기로운 냄새인 것처럼 신약교회 순교자의 기도도 그리스도 예수 안에서 향기로운 냄새로 하나님께 상달되는 것으로 설명한다.

아울러 본 단락(4)은 단락 자체의 의미도 중요하지만, 병행 단락(4' 8:1-6, 신약교회의 기도가 채워짐)을 해석하는 데 중요한 역할을 한다. 병행 단락(4')은 종말론적 환난의 시점(始點)으로 신약교회를 위한 신원이 시작되는 때이다.

6.3.

본 단락(4, 6:9-11, 신약교회 순교자의 탄원)의 구조는 다음과 같이 고안할 수 있다.

> B. 종말의 개략적·점진적 구원계시(4:1-11:13)
> ▶ 4. 신약교회 순교자의 탄원(6:9-11)
>   a. 제단 아래 있는 순교자들(6:9)
>   b. 순교자들의 탄원(6:10)
>   a' 제단 아래 있는 순교자들을 위로함(6:11)
>   4' 신약교회의 기도가 채워짐(8:1-6)

본 단락(4)의 주제 단락(b, 6:10, 순교자들의 탄원)은 악한 세력에 의하여 죽임당한 순교자들이 탄원하는 내용이다. 순교자들은 거룩하고 참되신 대주재를 향하여 억울함을 호소한다(6:10). 여기서 '거룩하고 참되신 대주재'는 보좌에 앉으신 하나님의 손에서 두루마리를 취하신 그리스도를 지칭한다. 이들의 그리스도를 향한 호칭은 신앙고백이며, 이들은 신앙고백대로 그리스도를 증거한 후 순교하였다(14:4, 20:4).

아울러 신약교회 순교자들의 탄원은 인류 역사를 마감하는 재림의 근거가 된다. 그래서 재림은 악의 세력에 의하여 박해받는 그리스도 교회의 억울함을 신원하는 사건이다. 사도가 대주재이신 그리스도를 거룩하고 참된 대주재로 칭한 것도 재림을 통하여 모든 교회의 신원은 반드시 성취되며, 하나님의 공의가 반드시 실현된다는 점을 강조하기 위함이다.

6.4.

본 단락(4)의 처음(a, 6:9, 제단 아래 있는 순교자들)과 마지막 단락(a' 6:11, 제단 아래 있는 순교자들을 위로함)은 순교자들의 탄원과 그들을 향한 주님의 위로가 짝을 이룬다. 첫째 단락(a)에서 사도가 번제단과 죽임당한 영혼들의 이미지를 연계하면서 하나님의 제단 아래서 신원하는 영혼들을 하나님의 말씀과 저희의 가진 증거로 인하여 순교한 자들로 설명한다(6:9; 1:2,9, 20:4).

셋째 단락(a')에서 주님은 자신들의 억울함에 대한 신원을 요청하는 순교자들에게 흰 두루마기를 주시며, 저희 동무 종들과 형제들이 그들처럼 죽임을 받아 그 수가 차기까지 잠시 동안 쉬라고 하신다(6:11). 이것은 종말론적 환난 이후 많은 순교자가 배출되어 하나님이 정하신 순교자의 수가 채워질 것을 의미한다. 그러므로 죽임을 당한 영혼들은 형제 순교자의 남은 수가 채워질 때까지 잠시 동안 인내해야 한다. 그리할지라도 이 기간에도 신약교회 순교자의 탄원은 많은 향과 함께 하나님의 보좌로 올라갈 것이며(8:14; 15:7), 그들의 억울함은 하나님의 진노의 심판으로 인하여 속히 또 반드시 신원을 받을 것이다.

6.5.

본 단락(4)의 처음(a)과 마지막 단락(a')에서 사도는 제단 아래서 신원을 요청하는 순교자를 두 가지 방식으로 위로 한다.

첫째, 첫째 단락(a)에서 사도가 순교자들을 '하나님의 말씀과 저희가 가진 증거를 인하여 죽임당한 영혼들'(6:9)로 표현한다. 이 구절에서 흥미로운 점은 사도가 순교자를 '영혼(프쉬케)'으로 묘사한 것인데, 이 단어는 보통 전인격을 지칭하는 단어인 동시에 육적 죽음 이후 존속하는 생명력을 지칭하는데 사용된다(8:9; 눅9:24, 행20:10). 즉 사도는 영혼들을 부활한 상태에 이른 것처럼 표현하였다.

둘째, 마지막 단락(a')에서 사도는 신약교회의 순교자들이 대주재(大主宰)로부터 흰 옷을 받은 사실을 기술한다. 여기서 흰옷은 어린양의 혼인잔치에서 입을 예복을 의미한다(19:14). 즉 순교자들은 어린양의 혼인잔치에 참여할 신부와 하늘군대로서 신분을 보장받았고, 또한 계시록의 복에 참여한 자들이 되었다(19:9).

결론적으로, 본 단락(4)이 재림 이전 상황임에도 불구하고 주님은 순교자들을 어린양의 혼인잔치에 참여할 자들로 인정하신 것이다. 그래서 처음(a)과 마지막 단락(a')에서 사도는 신약교회의 순교자들이 그리스도의 영광에 참여할 일을 서로 다른 표현으로 기술하였다.

7. 하나님의 진노의 큰 날(6:12-17) / 흰옷 입은 큰 무리(7:9-17)

A. 임박한 그리스도의 강림 예고와 신약교회를 향한 교훈(1:1-3:22)
B. 종말의 개략적 · 점진적인 구원계시(4:1-11:13)
  1. 하늘성전과 두 증인(4:1-11)
   2. 어린양과 책(5:1-14)
    3. 종말론적 환난 이전에 있을 징조와 경고(6:1-8)
     4. 신약교회 순교자의 탄원(6:9-11)
   ▶ 5. 하나님의 진노의 큰 날(6:12-17)
      6. 십사만 사천(7:1-8)
     5' 흰옷 입은 큰 무리(7:9-17)
    4' 신약교회의 기도가 채워짐(8:1-6)
   3' 종말론적 환난 때 있을 경고와 심판(8:7-9:21)
  2' 힘센 천사와 작은 책(10:1-11)
 1' 땅의 성전과 두증인(11:1-13)
B' 종말의 핵심적 구원계시(11:14-22:5)
A' 임박한 그리스도의 강림 예고와 신약교회를 향한 교훈(22:6-21)

7.1.

본 단락(5. 6:12-17. 하나님의 진노의 큰 날)은 계시록에서 첫 번째 등장하는 재림 환상이다. 이 환상은 앞선 단락(4. 6:9-11. 신약교회의 탄원)에서 신약교회 순교자들의 신원을 요청하는 탄원에 대한 하나님의 응답이다.

필자가 고안한 계시록의 둘째 단락(B. 4:1-11:13. 종말의 개략적 · 점진적인 구원계시)의 구조에 의하면, 본 단락(5)과 병행인 일곱째 단락(5')은 둘째 단락(B)을 구성하는 요소로서 재림 기사이다. 이러한 경우 두 단락 중간에 있는 '십사만 사천'은 둘째 단락(B)의 주제임이 선명하게 드러난다. 즉 사도는 둘째 단락(B)의 주제를 선명히 드러내기 위하여 '십사만 사천'을 중심한 앞뒤로 재림 기사를 배치하였다.

혹자는 '십사만 사천'을 '흰옷 입은 큰 무리'(7:9-17)와 동일시하여 이들을 구원받은 모든 성도로 해석한다. 그리하여 7장 전체를 '하나님의 진노의 큰 날'(6:12-17)과 병행구조를 만들면, 둘째 단락(B)의 주제는 그리스도의 강림으로 인한 신약교회의 구원으로 귀결된다. 그러나 이러한 구조는 계시록의 주제인 신약교회가 그리스도와 함께 왕노릇 한다는 교회론적 관점과 어울리지 않는다. 또한 둘째 단락 (B)의 처음(1. 4:1-11, 하늘성전과 보좌 앞에 선 두 증인)과 마지막 단락(1' 11:1-13, 땅의 성전과 두 증인)의 주제인 두증인과 잘 부합하지도 않는다.

아울러 계시록의 둘째(B. 4:1-11:13, 종말의 개략적 · 점진적 구원계시)와 셋째 단락 (B' 11:14-22:5, 종말의 핵심적 구원계시)은 계시록의 주제 단락인 처음(A. 1:1-3:22, 임박한 그리스도의 강림 예고와 신약교회를 향한 교훈)과 마지막 단락(A' 22:6-21, 임박한 그리스도의 강림 예고와 신약교회를 향한 교훈)을 설명하기 위한 배경으로 사용되었으므로 둘째(B)와 셋째 단락(B')은 교회론적 관점, 곧 이기는 자의 관점에서 해석해야 한다.

7.2.

본 단락(5)은 '하나님의 진노의 큰 날'인 재림에 관한 설명이며, 본 단락(5)의 병행단락인 일곱째 단락(5')도 재림 사건의 배경이 되는 어린양의 혼인잔치에 대한 설명이다. 그러므로 흰옷 입은 큰 무리는 '하나님의 말씀(계명)과 예수의 증거'(20:4)로 큰 환난을 이기고 어린양의 혼인잔치에 참여한 자들이다. 즉 이들은 자신의 신앙의 대상에 대한 믿음을 큰 환난을 통하여 입증한 자들이다. 이처럼 사도는 환상을 통하여 종말교회가 로마제국과 유대교에 의하여 박해받는 당시 교회보다 더욱 극심한 환난에서 승리한 후 하나님의 보좌 앞에 선다는 사실을 깨달았다. 그래서 당시 교회들도 믿음으로 자신들이 직면한 박해 상황을 이기고 하늘 영광에 참여할 것을 권면한다. 이것이 주님께서 사도에게 소아시아 교회에게 서신을 보내라고 명령하신 이유이다.

7.3.

본 단락(5. 6:12-17, 하나님의 진노의 큰 날)의 구조는 다음과 같이 고안할 수 있다.

>   B. 종말의 개략적 · 점진적 구원계시(4:1-11:13)
> ▶ 5. 하나님의 진노의 큰 날(6:12-17)
>   a. 재림 때 현상(6:12-14)
>   ⓐ 큰 지진(6:12b)
>   ⓑ 천체의 변화(6:12c-14a)
>   ⓐ' 지진으로 인한 지각 변동(6:14b)

        b. 세상 사람들의 두려움(6:15-17)
    5' 흰옷 입은 큰 무리(7:9-17)

본 단락(5)의 첫째 단락(a. 6:12-14. 재림 때 현상)에서 사도는 재림의 현상을 천체의
변화, 큰 지진과 지각 변동으로 설명한다(16:18,20). 신구약 성경에서 지진과 천체의
변화는 여호와의 날을 설명하는 전형적인 표현이다.[24] 그런데 계시록에서 재림의
징조로서 천체의 변화는 오직 여기서만 나타난다(6:12). 반면 지진은 계시록에서 일
곱 번 언급되며 모두 재림과 연관되어 사용되었다.

7.4.
본 단락(5)의 병행단락인 일곱째 단락(5' 7:9-17. 흰옷 입은 큰 무리)의 구조는 다음과
같이 고안할 수 있다.

    B. 종말의 개략적 · 점진적 구원계시(4:1-11:13)
  ▶ 5. 하나님의 진노의 큰 날(6:12-17)
    5' 흰옷 입은 큰 무리(7:9-17)
      a. 흰옷 입은 큰 무리의 찬송(7:9-10)
        b. 모든 천사의 경배(7:11-12)
      a' 흰옷 입은 큰 무리에 대한 장로의 설명(7:13-17)

일곱째 단락(5')의 주제는 '모든 천사의 경배'(7:11,12)이다. 일곱째 단락(5')의
교차적 병행구조에 의하면, 사도의 관심은 '흰옷 입은 큰 무리'보다도 '모든
천사의 경배'에 있는 듯하다.
필자는 사도가 천사들의 경배를 강조한 이유를 다음과 같이 추론하였다. 일곱째 단
락(5')이 재림 상황임을 고려하면, 모든 천사의 경배는 하나님 나라를 완성하신 전
지전능하신 하나님께 감사와 찬송, 영광과 존귀를 드리는 것이다. 천사들은 하나님
의 영광, 곧 하나님 나라의 완성을 위하여 사역하며 종말에 하나님 나라가 어떻게
완성되는지 지켜보았다(벧전1:12). 그리고 종말론적 환난 이후 하나님께서 지혜와 능
력과 힘으로 '각 나라와 족속과 백성과 방언'(7:9; 10:11, 11:9) 가운데서 언약 백

---

24) 하늘이 사라짐(사34:4; 마24:29; 벧후3:10; 계6:12), 해와 달이 어두워짐(사13:10, 34:4; 겔
    32:7; 욜2:10,31, 3:15-16; 막13:24; 행2:17-21; 계6:12), 별들이 떨어짐(막13:25; 계6:12).

성을 구원하셔서 우주적 교회의 완성을 이루신 사실을 목도한 후 두 번의 '아멘'(7:12)과 함께 하나님을 경배한다.

7.5.

일곱째 단락(5')의 첫째 소단락(a. 7:9-10. 흰옷 입은 큰 무리의 찬송)에서 사도는 '각 나라와 족속과 백성과 방언' 가운데서 큰 환난을 통과한 셀 수 없는 흰옷 입은 무리가 손에 종려가지를 들고 보좌와 어린양 앞에서 찬송하는 광경을 기술한다. 그리고 셋째 소단락(a' 7:13-17 흰옷 입은 큰 무리에 대한 장로의 설명)에서 사도는 장로를 통하여 큰 환난에서 승리한 흰옷 입은 무리들이 종국에 하나님 보좌 앞에 나아가 위로받을 것을 설명한다.

이처럼 종말교회는 창세 이후 없었던 큰 환난을 통과할 것이다. 큰 환난은 하나님께서 그날을 감하지 않으면 모든 육체가 구원을 얻지 못할 두려운 날이 될 것인데(마24:21,22), 셀 수 없는 흰옷 입은 큰 무리가 극심한 환난을 이기고 마침내 주님 앞에 서서 새노래를 부른다. 이들은 자신들의 찬송처럼 보좌에 앉으신 하나님과 어린양의 보호하심으로 인하여 종말론적 환난 이후 구원받은 자들이다. 그래서 영원한 하나님 나라에 들어간 후 손에 종려가지를 들고서 주 하나님의 승리와 자신들이 받았던 구원의 은혜를 찬송한다.

8. 십사만 사천(7:1-8)

A. 임박한 그리스도의 강림 예고와 신약교회를 향한 교훈(1:1-3:22)
B. 종말의 개략적 · 점진적인 구원계시(4:1-11:13)
  1. 하늘성전과 두 증인(4:1-11)
    2. 어린양과 책(5:1-14)
      3. 종말론적 환난 이전에 있을 징조와 경고(6:1-8)
        4. 신약교회 순교자의 탄원(6:9-11)
          5. 하나님의 진노의 큰 날(6:12-17)
            ▶ 6. 십사만 사천(7:1-8)
          5' 흰옷 입은 큰 무리(7:9-17)
        4' 신약교회의 기도가 채워짐(8:1-6)
      3' 종말론적 환난 때 있을 경고와 심판(8:7-9:21)
    2' 힘센 천사와 작은 책(10:1-11)
  1' 땅의 성전과 두증인(11:1-13)
B' 종말의 핵심적 구원계시(11:14-22:5)
A' 임박한 그리스도의 강림 예고와 신약교회를 향한 교훈(22:6-21)

8.1.

본 단락(6)은 계시록의 둘째 단락(B. 4:1-11:13. 종말의 개략적 · 점진적인 구원계시)의 주제 단락이다. 본 단락(6. 7:1-8. 십사만 사천)의 주제는 하나님의 인을 맞은 '십사만 사천'이다. 계시록에서 십사만 사천이 문자적으로 언급된 것은 두 곳인데(7,14장), 이들은 동일한 존재이지만 계시록에서 서로 다른 역할을 갖는다. 즉 전자는 십사만 사천의 정체성에 관한 것이며, 후자는 십사만 사천의 종국에 대한 것이다.

4장의 보좌 음성은 재림을 목표하므로 신약교회의 복음 사역자의 활동도 재림까지 계속 진행되어야 한다. 그래서 사도는 십사만 사천을 마지막 단락(1' 11:1-13. 땅의 성전과 두증인)의 '요한'과 '두증인'의 사역과 연계한다. 환언하면, 십사만 사천은 신약교회 또는 종말교회의 복음 사역자로 활동하다가 순교한 후 하나님의 보좌 앞에 설 것이다.

8.2.

본 단락(6)의 논란은 십사만 사천을 구원받은 신자로 해석할 것인가, 혹은 신약시대에서 복음 사역에 참여한 교회로 해석할 것인가 하는 것이다. 혹자는 십사만 사천을 12×12×1000의 형태로 분해하고, 십사만 사천을 구원받은 자의 총수라고 주장하는데, 이것은 신학적 선입견에 근거한 해석이다.

필자가 계시록의 둘째 단락(B)을 교차적 병행구조로 고안한 목적은 선명하고 정확한 주제를 제시하기 위함이다. 그런데 십사만 사천을 구원론적 관점으로 해석하면 성경을 교차적 병행구조로 보려는 의도에 어긋난다. 즉 십사만 사천을 구원받은 자로 해석하여 셀 수 없는 흰옷 입은 무리와 동일시하면 교차적 병행구조의 특성을 약화시킬 뿐만 아니라, 계시록의 전체 흐름인 신약교회, 곧 이기는 자라는 주제와 불협화음을 이루게 된다(2,3장). 그러므로 필자는 십사만 사천을 신약시대, 특히 대환난 동안 그리스도 왕권을 실현한 교회로 해석한다.

8.3.

계시록의 둘째 단락(B)은 신약시대 전체를 관통하는 구원계시이다. 사도가 둘째 단락(B)에서 묵시문학 형식인 '장차 일어날 사건들의 구체적인 순서를 예견'하는 방식으로 종말의 구원계시를 개략적·점진적으로 설명하였다.

계시록의 둘째 단락(B)의 문맥은 '하늘성전과 두 증인'(4:1-11)으로 시작하여 '땅의 성전과 두증인'(11:1-13)로 마감한다. 이러한 점을 고려할 때 십사만 사천은 신약교회의 복음 사역자로 해석할 수 있다. 또한 본 단락(6)은 재림의 단락들(5. 6:12-17, 하나님의 진노의 큰 날; 5' 7:9-17, 흰옷 입은 큰 무리) 사이에 위치한다. 이러한 구조로부터 십사만 사천은 종말교회에서 활동할 복음 사역자로도 해석할 수 있다.

결론적으로, 계시록의 둘째 단락(B)을 교차적 병행구조로 고안한 결과 십사만 사천은 위의 설명처럼 두 개의 해석이 가능하다. 그러므로 십사만 사천에 대한 해석은 그것이 쓰인 문맥을 살피는 것이 중요하다. 그럴지라도 계시록의 강조가 '이후에 마땅히 될 일'(4:1)인 대환난에 관한 계시이므로 십사만 사천은 우선적으로 종말교회에서 활동할 복음 사역자로 해석할 수 있다.

8.4.

본 단락(6. 7:1-8. 십사만 사천)의 구조는 다음과 같이 고안할 수 있다.

▶ 6. 십사만 사천(7:1-8)
　　a. 네 천사가 땅의 사방 바람을 불지 못하도록 붙잡음(7:1)
　　b. 십사만 사천(7:2-8)
　　　① 하나님 종들의 이마에 인칠 것을 선포(7:2-3)
　　　　② 하나님의 인 맞은 자들의 총수(7:4)
　　　①' 하나님의 인 맞은 종들(7:5-8)

본 단락(6)의 첫째 단락(a. 7:1. 네 천사가 땅의 사방 바람을 불지 못하도록 붙잡음)은 십사만 사천의 배경에 대한 설명이며, 이 내용은 '여섯째 나팔 환상'(9:13-21)에서 다시 언급된다. 또한 둘째 단락(b. 7:2-8. 십사만 사천)에서 네 천사가 땅의 네 바람을 붙잡아 바람이 땅과 바다와 각종 나무에 불지 못하도록 하는데(7:1), 이것은 십사만 사천이 인침을 받을 때까지 네 천사가 유브라데 전쟁의 발발을 저지한다는 것을 의미한다(9:14). 그러므로 하나님의 인을 가진 천사가 하나님 종들의 이마에 인치는 일을 마감하면 종말교회에서 활동할 십사만 사천은 선별되고, 유브라데 전쟁의 발발과 함께 대환난에 진입하게 될 것이다.

8.5.
둘째 단락(b)의 처음(① 7:2-3. 하나님 종들의 이마에 인칠 것을 선포)과 마지막 소단락(①' 7:5-8. 하나님의 인 맞은 종들)에서 하나님의 인을 가진 천사가 하나님의 종들에게 인칠 것을 선포한 후 열두지파에서 각각 일만 이천을 인친다.
첫째 소단락(①)에서 네 천사가 유브라데 전쟁의 발발을 억제하는 동안 하나님의 인을 가진 천사들은 십사만 사천을 선별하여 인을 쳐야 한다(7:1,3). 그래서 십사만 사천은 하나님의 말씀과 저희의 가진 증거로 인하여 죽임을 당한 영혼들의 동무들과 형제들의 일원이 되며(6:9,11), 이들이 순교자의 수를 채움으로 재림 사건의 촉매 역할을 하게 될 것이다. 그 결과 십사만 사천은 어린양의 신부로 초청받아 어린양과 함께 시온산에 설 것이다(14:1).
아울러 첫째 소단락(①)에서 천사가 하나님 종들의 이마에 인을 친다는 것은 종말교회의 복음 사역자를 선별한다는 것이다(7:3). 이러한 점에서 볼 때, 첫째 소단락(①)의 인침은 14장의 십사만 사천이 이마에 인 맞는 것과 다르다. 전자의 경우 십사만 사천의 인침은 사명과 특권의 의미가 우선하지만, 후자의 경우처럼 십사만 사천의 이마에 어린양의 이름과 아버지의 이름이 기록된 것은 소유와 보호의 의미이다.

8.6.
둘째 단락(b)의 둘째 소단락(② 7:4, 하나님의 인 맞은 자들의 총수)에서 사도가 십사만 사천을 언급할 때, '이스라엘 각 지파에서 하나님의 인을 맞은 자의 수를 계수하니 일만 이천'(7:4)이라고 설명한다. 여기서 사도가 144,000을 12×12,000 의 형태로 표현하는데, 이러한 수의 조합은 다음과 같은 의미를 가진다.

첫째, 구약성경에서 '일만 이천'의 용례는 이스라엘에서 선별된 용사들을 지칭하는 수이다. 구약의 이스라엘에서 일만 이천은 구약교회가 직면한 환난 시기에 특별한 사명을 수행할 자를 의미하며(민31:4-5, 삿21:10, 삼하17:1), 그래서 이스라엘 가운데 가장 믿음이 있고 용맹한 자들로 선발된 구약교회의 대표들이다. 마찬가지로 대환난 때 종말적 적그리스도 세력과 행해질 영적 전쟁을 위하여 종말교회에서 믿음과 충성심을 갖춘 증인들이 그리스도의 군사로 선별될 것인데, 이 증인의 수가 십사만 사천이다. 즉 계시록에서 십사만 사천은 신약교회 또는 종말교회 가운데서 순교적으로 사역할 교회에 대한 상징적 표현이다.

둘째, 이스라엘은 13지파 또는 14지파로 구성되어 있고, 이것이 구약교회의 총화이다. 그런데 사도가 7장에서 이스라엘의 12지파만을 열거하므로 이 지파들을 총체적 이스라엘인 구약교회로 해석하는 것은 불가능하다. 또한 사도가 계시록에서 강조하는 내용이 '이후에 마땅히 될 일'인 종말적 사건임을 고려할 때, 7장에서 이스라엘 자손의 각 지파를 혈통적 이스라엘로 해석할 타당한 이유가 없다.

필자는 이스라엘의 12지파를 완전한 종말교회의 상징으로 해석한다. 사도가 구약교회 가운데 12지파만을 언급한 것은 종말교회 가운데 구원역사에 부름을 받지 못할 교회들이 있다는 점을 명시하려는 의도 때문이다. 예를 들면, 구약교회의 일원인 단지파와 에브라임지파가 우상숭배를 도입하고 환난 때 교회의 사명을 회피한 사건을 근거로 사도가 이들을 거룩한 교회의 목록에서 배제 시켰다(삿8,12,18장: 시78편). 마찬가지로 신약교회 가운데 하나님의 언약을 저버린 배도한 교회도 완성될 거룩한 교회의 목록에서 배제될 것이다. 사도는 신약교회에게 이 점을 경고하기 위하여 구약교회의 목록에서 12지파만을 선별하여 기술하였다.

9. 신약교회의 기도가 채워짐(8:1-6)

```
A. 임박한 그리스도의 강림 예고와 신약교회를 향한 교훈(1:1-3:22)
B. 종말의 개략적·점진적인 구원계시(4:1-11:13)
   1. 하늘성전과 두 증인(4:1-11)
     2. 어린양과 책(5:1-14)
       3. 종말론적 환난 이전에 있을 징조와 경고(6:1-8)
         4. 신약교회 순교자의 탄원(6:9-11)
           5. 하나님의 진노의 큰 날(6:12-17)
             6. 십사만 사천(7:1-8)
           5' 흰옷 입은 큰 무리(7:9-17)
         ▶ 4' 신약교회의 기도가 채워짐(8:1-6)
       3' 종말론적 환난 때 있을 경고와 심판(8:7-9:21)
     2' 힘센 천사와 작은 책(10:1-11)
   1' 땅의 성전과 두증인(11:1-13)
B' 종말의 핵심적 구원계시(11:14-22:5)
A' 임박한 그리스도의 강림 예고와 신약교회를 향한 교훈(22:6-21)
```

9.1.

본 단락(4' 8:1-6, 신약교회의 기도가 채워짐)은 작은 분량의 내용이지만, 이것이 내포한 의미는 매우 중요하다. 독자들이 본 단락(4')에 대한 필자의 해석에 동의 할 수 있다면, 계시록의 징조들마다 종말의 때를 설정할 수 있을 것이다.

미래주의 해석은 다니엘서의 '한 때와 두 때와 반 때'(단7:25, 12:7; 계12:14)를 환난 또는 큰 환난으로 해석하지만, 이때를 계시록의 어느 사건과 연관시켜서 해석 할 것인가에 대한 분명한 견해를 제시하지 못한다. 또한 계시록에서 한 이레의 시점(始點)도 정확하게 제시하지 못한다. 하지만 필자는 본 단락(4')을 다니엘서의 한 이레의 시작, 곧 종말론적 환난의 시점(始點)으로 해석한다.

9.2.

"~ 하늘이 반 시 동안쯤 고요하더니"(8:1)

계시록에는 '하늘'이라는 단어가 52회 쓰인다. 그런데 이 단어가 시간과 관계되어 사용된 곳은 여기뿐이다. 또한 계시록에서 시간에 대한 모든 표현은 땅의 시간을 지시하는데, 여기는 하늘 시간으로서 반 시간을 지칭한다. 이러한 사실로부터 필자는 위 구절이 가진 계시적 의미를 다음과 같이 해석한다.

첫째, '하늘의 반 시간'은 하나님의 시간에 대한 비유적인 표현이며, 그래서 사람이 계산할 수 없는 시간이다. 마치 재림의 시간을 예측할 수 없는 것처럼 하늘의 반 시간도 예측할 수 없다.

둘째, (땅의) 반 시간의 고요함은 이스라엘이 예루살렘 성전에서 상번제를 드릴 때 분향하는 시간, 곧 하늘의 하나님께 기도를 드리는 시간이다.[25] 마찬가지로 본 단락(4')의 하늘의 반 시간의 고요함도 박해받는 신약교회의 신원의 기도가 하나님께 상달되는 시간으로 해석할 수 있다.

셋째, 하늘의 반 시간은 신약교회의 신원의 기도가 채워지는 기간인 동시에 신약교회를 향한 하나님의 기다림의 시간이다. 주님은 교회와 함께 구속역사를 이루길 원하시므로 재림에 대한 신약교회의 갈구(渴求)가 채워지는 시점까지 기다리실 것이다. 그리하여 하나님 나라의 완성을 위한 교회의 기도가 채워지면, 일곱 나팔이 불릴 것이며 종말의 징조들이 확연히 나타날 것이다.

9.3.

본 단락(4' 8:1-6, 신약교회의 기도가 채워짐)의 구조는 아래와 같이 고안할 수 있다.

    B. 종말의 개략적 · 점진적 구원계시(4:1-11:13)
      4. 신약교회의 탄원(6:9-11)
  ▶ 4' 신약교회의 기도가 채워짐(8:1-6)
        a. 일곱 천사가 일곱 나팔을 받음(8:1-2)
          b. 천사가 금향로에 많은 향과 함께 성도들의 기도를 받음(8:3)
            c. 향연과 함께 성도의 기도가 하나님께 드려짐(8:4)
          b' 천사가 제단 위의 불을 향로에 담아 땅에 쏟음(8:5)
        a' 일곱 천사가 일곱 나팔 불기를 예비함(8:6)

---

25) 시141:2, 나의 기도가 주의 앞에 분향함과 같이 되며 나의 손드는 것이 저녁 제사 같이 되게 하소서

본 단락(4')의 주제 단락(c. 8:4, 향연과 함께 성도의 기도가 하나님께 드려짐)에서 사도가 이스라엘의 성전 제사에 비유하여 하늘성전 예배를 설명한다. 이스라엘 성전 제사에서 제사장이 상번제를 드린 후 번제단의 불을 향로에 담아 금단에서 향을 피운 것처럼 하늘 예배에서도 '또 다른 천사'가 많은 향을 받아서 보좌 앞 금단에 드린다. 이것은 이스라엘의 성전 제사에서 번제물을 불로 태우거나 유향을 소제물과 함께 태우는 것처럼 하나님께 향기로운 제사로 드리는 것이다. 이때 제물과 향이 예표하는 것은 그리스도이다.

아울러 주제 단락(c)에서 '또 다른 천사'에 의하여 금향로의 향연과 함께 성도의 기도가 하나님의 보좌로 상달된다. 이것은 신약교회의 기도가 보좌 앞 금단에서 많은 향과 함께 향기로운 냄새로 하나님께 드려지는 것이다. 환언하면, 그리스도의 죽음은 하나님께 드려진 대속제물로서 향기로운 제물이며(엡5:2), 그래서 죄인들이 그리스도의 의를 힘입어 하나님을 가까이 할 수 있고, 또한 하나님께 드리는 성도의 기도도 그리스도의 공효를 힘입어 아름다운 향기가 되어 하나님께 상달된다.

9.4.

본 단락(4')의 주제 단락(c)에서 사도는 금단의 분향을, 또한 처음(a. 8:1-2, 일곱 천사가 일곱 나팔을 받음)과 마지막 단락(a' 8:6, 일곱 천사가 일곱 나팔 불기를 예비함)에서는 일곱 나팔을 설명한다. 사도가 주제 단락(c)에서 신약교회를 위한 신원의 기도가 상달됨을 설명하고, 처음(a)과 마지막 단락(a')에서는 하나님께서 일곱 나팔을 준비하시는 일을 서술한다. 즉 전자는 일곱 나팔이 준비되는 조건을 설명하고, 후자는 일곱 나팔이 준비되는 과정 곧 종말론적 환난이 준비되는 상황을 설명한다.

첫째 단락(a)에서 일곱 인이 떼어지기 전 '하늘이 반시 동안쯤 고요'하다(8:1). 이때 신약교회가 악의 세력에 의하여 환난을 당하고, 교회는 하나님께 악에 대한 공의의 심판을 요청한다. 그래서 마지막 단락(a')에서는 하나님께서 교회의 간청대로 하늘의 반 시간 동안 일곱 나팔을 예비하신다. 즉 일곱째 인이 떼어지는 시점에 일곱 나팔은 준비가 완료되고, 이때 종말론적 환난 곧 '(종말적) 재난의 시작'(마 24:8)이 시작된다. 이것은 하나님의 말씀과 어린양의 증거로 인하여 환난을 겪은 신약교회가 하나님의 보좌를 향하여 부르짖은 결과이다. 또한 일곱 나팔은 재림을 상기시키는 전조(前兆)로써 교회를 각성시킬 징조이지만, 세상에서는 하나님의 심판을 두려워하는 계기가 될 것이다.

9.5.

본 단락(4')의 둘째(b. 8:3. 천사가 금향로에 많은 향과 함께 성도들의 기도를 받음)와 넷째 단락(b' 8:5. 천사가 제단 위의 불을 향로에 담아 땅에 쏟음)은 하늘성전 예배에서 행해지는 분향의 절차를 비유적으로 설명한다. 이 단락들은 일곱 천사가 나팔을 예비하는 상황에 대한 또 다른 설명이다. 이 단락들의 연관성은 제단에 대한 언급뿐 아니라 금향로에 불과 향을 담는 점에서 알 수 있다.

둘째 단락(b)에서 사도는 순교자를 비롯한 모든 고통 받는 성도의 탄원 기도가 하나님께 드려짐을 설명한다. 반면 병행단락(b')에서는 교회의 신원 기도가 하나님의 심판을 촉발하는 상황을 설명한다. 즉 천사가 번제단의 불을 금향로에 담아 땅 위에 쏟는데, 이러한 천사의 행위는 하나님의 심판에 대한 상징적 표현이다(겔 10:2-7). 이러한 관계에서 볼 때, 하나님의 심판은 교회의 신원함에 대한 응답이다. 아울러 둘째 단락(b)에서 '또 다른 천사'가 금향로를 가지고 많은 향을 받는다. 이러한 천사의 모습은 금대접에 기도를 담는 이십사 장로의 사역과 동일하다(5:8). 즉 천사들과 이십사 장로는 하나님을 경배하는 일, 하나님의 계시를 교회에게 전달하는 일, 교회의 기도를 하나님께 상달하는 일에 있어서 제사장적 역할을 감당하는 하나님의 종들이며, 이것이 '별의 비밀'이다(1:20).

넷째 단락(b')의 '음성'은 종말론적 환난을 알리는 하나님의 선포이다. 이것은 향연과 함께 드려진 성도의 기도가 하나님께 상달된 결과이다. 그래서 종말론적 환난의 징조인 지진이 발생한 것이며, 이때부터 다니엘의 예언처럼 한 이레가 시작된다(단9:25). 필자는 이 지진을 재림할 때 있을 '큰 지진'(11:13. 16:18)에 대한 전조(前兆)로 해석한다.

10. 종말론적 환난 때 있을 경고와 심판(8:7-9:21)

A. 임박한 그리스도의 강림 예고와 신약교회를 향한 교훈(1:1-3:22)
B. 종말의 개략적·점진적인 구원계시(4:1-11:13)
 1. 하늘성전과 두 증인(4:1-11)
  2. 어린양과 책(5:1-14)
   3. 종말론적 환난 이전에 있을 징조와 경고(6:1-8)
    4. 신약교회 순교자의 탄원(6:9-11)
     5. 하나님의 진노의 큰 날(6:12-17)
      6. 십사만 사천(7:1-8)
     5' 흰옷 입은 큰 무리(7:9-17)
    4' 신약교회의 기도가 채워짐(8:1-6)
   ▶ 3' 종말론적 환난 때 있을 경고와 심판(8:7-9:21)
  2' 힘센 천사와 작은 책(10:1-11)
 1' 땅의 성전과 두증인(11:1-13)
B' 종말의 핵심적 구원계시(11:14-22:5)
A' 임박한 그리스도의 강림 예고와 신약교회를 향한 교훈(22:6-21)

10.1.

본 단락(3' 8:7-9:21, 종말론적 환난 때 있을 경고와 심판)을 해석하기 이전, 필자는 인과 나팔의 상관관계를 다시 설명하려고 한다. 먼저 인은 인봉된 구원계시에 관한 것이며 신약교회를 향한 경고적 성격을 갖는다. 그리고 나팔은 구약에서 다양한 용도로 사용되지만, 계시록 문맥에서는 경고와 심판의 성격을 갖는다(암3:6; 습1:16).
사도는 이러한 나팔의 특성을 이용하여 종말론적 환난에 펼쳐질 하나님의 구원경륜이 어떻게 전개될 것인가를 기술한다. 그래서 필자도 본 단락(3')에 나타난 상징을 해석하기보다 그것이 내포하고 있는 계시적 의미를 찾으려고 한다.

10.2.

본 단락(3')은 종말시대의 교회의 영적 각성을 위한 경고와 심판에 대하여 설명한다. 본 단락(3')에서 사도는 네 개의 나팔 환상을 모두 1/3 심판으로 설명하는데,

이 심판으로 인하여 교회의 상황이 황폐해질 것을 경고한다. 그럴지라도 나팔 환상에서는 환난을 사용하여 교회를 경성케 하며 영혼을 구원하려는 하나님의 사랑이 강조되어야 한다(9:5,6). 그러므로 종말시대의 교회도 마지막 계시의 말씀으로 이 세대를 분별하고 악한 영의 미혹에 대항하여 영적 각성을 이루어야 할 것이다.

반면 무저갱의 임금과 악의 세력들은 종말시대의 교회의 부흥과 불신자들의 회심을 방해하려고 모든 영역에서 혼란을 일으킬 것이다. 이러한 상황은 교회 안에서 영적 무관심과 영적 타락을 심화시킬 것이다. 더 나아가 사탄은 이러한 상황을 이용하여 세상을 혼돈케 하고 사람들의 삶의 안정과 평화를 제거하려고 할 것이다. 그래서 큰 강 유브라데를 중심으로 전쟁을 도발할 것이다(9:14,16).

10.3.

필자는 셋째 단락(3. 6:1-8. 종말론적 환난 이전 있을 징조와 경고)을 설명하면서 '각각 일곱 개로 구성된 인과 나팔과 대접의 구조가 4+2+1의 형태를 보이는데, 각각의 그룹은 형식만 아니라 해석에서도 서로 연관성'을 갖는다고 설명했다. 필자는 이 원리를 적용하여 본 단락(3')의 다섯째(② 9:1-11. 다섯째 나팔: 첫째 화)와 여섯째 나팔(②' 9:13-21. 여섯째 나팔: 둘째 화)을 연관을 지어 해석하려고 한다.

앞서 설명한 대로 다섯째 인(4. 6:9-11. 신약교회의 탄원)과 여섯째 인(5. 6:12-17. 하나님의 진노의 큰 날)은 순교자의 수가 채워져야 신원의 때가 도래한다는 내용이다. 그러므로 이 단락들에 대한 해석은 필자의 견해와 잘 일치한다. 그렇다면 다섯째(②)와 여섯째 나팔(②')을 해석할 때도 동일한 원리가 적용되어야 한다. 만약 사도가 고안한 문학적 장치를 적용하지 않으면, 이 환상들은 임의적으로 해석될 수 있다. 그래서 이러한 과오를 범하지 않으려면, 이 단락들은 사도의 의도를 따라서 해석되어야 한다. 필자의 견해를 뒷받침하듯이 다섯째(②)와 여섯째 나팔(②')의 황충과 마병대의 모습이 서로 흡사한데, 이것은 두 나팔이 긴밀한 관계를 지닌 하나의 계시라는 사실을 암시한다.

104.

본 단락(3' 8:7-9:21. 종말론적 환난 때 있을 경고와 심판)의 구조는 다음과 같이 고안할 수 있다.

B. 종말의 개략적 · 점진적 구원계시(4:1-11:13)
　3. 종말론적 환난 이전에 있을 징조와 경고(6:1-8)
▶ 3' 종말론적 환난 때 있을 경고와 심판(8:7-9:21)
　　a. 네 개의 나팔(8:7-12): 종말론적 환난 때 있을 경고
　　b. 두 개의 나팔(8:13-9:21): 종말론적 환난 때 있을 심판
　　　① 세 개의 화를 예고(8:13)
　　　② 다섯째 나팔(9:1-11): 첫째 화
　　　①' 두 개의 화를 예고(9:12)
　　　②' 여섯째 나팔(9:13-21): 둘째 화

본 단락(3')의 첫째 단락(a. 8:7-12. 네 개의 나팔: 종말론적 환난 때 있을 경고)에서 네 개의 나팔은 자연계와 연관된 재난으로서 경고적 성격을, 둘째 단락(b. 8:13-9:21. 두 개의 나팔: 종말론적 환난 때 있을 심판)의 두 개의 나팔은 주로 사람과 연관된 재난으로서 징계적 성격을 갖는다.

둘째 단락(b)의 첫째(① 8:13. 세 개의 화를 예고)와 셋째 소단락(①' 9:12. 두 개의 화를 예고)에서 사도가 '화(禍)'에 대하여 설명한다. 첫째 소단락(①)에서 사도가 세 개의 화를 예고하는데, 이것은 세 천사가 불 세 개의 나팔 곧 다섯째 나팔부터 일곱째 나팔까지를 지칭한 것이다(8:13). 또한 세 개의 화에 대한 예고가 다섯째 나팔에 앞서 언급된 것은 큰 불행이 다섯째 나팔부터 시작된다는 것이다.

반면 사도는 셋째 소단락(①')에서 두 개의 화를 예고한다. 앞선 설명처럼 두 개의 화는 여섯째와 일곱째 나팔을 지칭한다. 여기서 '화(禍. 우아이)'는 환난 앞에서 고통하며 울부짖는 감탄사인데, 그래서 화(禍)는 하나님을 대적하는 사람들에게 임할 하나님의 진노를 의미한다.

10.5.
본 단락(3')의 둘째 단락(b. 8:13-9:21. 두 개의 나팔: 종말론적 환난 때 있을 심판)의 구조는 다음과 같이 고안할 수 있다.

B. 종말의 개략적 · 점진적 구원계시(4:1-11:13)
　3. 종말론적 환난 이전에 있을 징조와 경고(6:1-8)
▶ 3' 종말론적 환난 때 있을 경고와 심판(8:7-9:21)
　　a. 네 개의 나팔(8:7-12): 종말론적 환난 때 있을 경고

b. 두 개의 나팔(8:13-9:21): 종말론적 환난 때 있을 심판
　② 다섯째 나팔(9:1-11): 첫째 화
　　ⓐ 무저갱의 열쇠를 받은 천사(9:1-2)
　　　ⓑ 황충의 출처와 권세(9:3)
　　　　ⓒ 황충의 사역(9:4-6)
　　　ⓑ' 황충의 모양과 권세(9:7-10)
　　ⓐ' 무저갱의 사자(9:11)
　② ' 여섯째 나팔(9:13-21): 둘째 화

둘째 단락(b)의 둘째 소단락(② 9:1-11, 다섯째 나팔: 첫째 화)에서는 다섯째 나팔과 함께 사탄의 출옥으로 말미암은 종말적 심판이 시작될 것을 설명한다. 다섯째 나팔이 외형적으로 종말시대의 교회에게 큰 시련을 예고하는 환난처럼 보이지만, 첫째 화는 하나님께서 악한 천사를 사용하여 하나님의 백성을 각성시키는 방편이다. 그래서 사도는 다섯째 나팔에서 화(禍)와 밀접한 관계가 있는 '재앙(플레케)'을 사용하지 않는다. 대신 사도는 둘째 화(禍)인 여섯째 나팔부터 이 단어를 사용하는데, 이것은 종말적 적그리스도의 출현과 관계가 있다. 즉 여섯째 나팔인 유브라데 전쟁으로 인하여 종말적 적그리스도가 출현하고, 이후부터 대환난에 진입한다. 그러므로 여섯째 나팔은 박해와 환난을 동반한 '재앙(플레케)'이 시작되는 시점이다.

10.6.

둘째 단락(b)의 둘째 소단락(② 9:1-11, 다섯째 나팔: 첫째 화)의 주제는 '황충의 사역'이다. 여기서 황충의 역할은 이마에 인 맞지 않은 신자들을 다섯 달 동안 괴롭게 하는 것이다(9:4). 그러므로 인 맞지 않은 사람들의 다섯 달 동안 괴로움은 하나님이 정하신 교회갱신을 위한 연단의 기간이다. 이 기간에 영적으로 잠자는 교회들은 죽음과 같은 시련을 통하여 정화되고 어린양의 신부들로 준비될 것이다. 이처럼 하나님은 황충 심판으로 말미암아 종말시대의 교회를 향한·교회를 위한 영적 각성을 일으키실 것이다.

그러나 악한 영들은 종말시대의 교회를 다섯 달 동안 극렬히 괴롭힐 것이며, 신자들에게 현실적 고통을 증가시키므로 세상의 문제들에 집착하도록 미혹할 것이다. 그래서 하나님께 돌이키지 못하도록 역사할 것이나 이것이 사탄의 미련함이다. 왜냐하면 기독교는 부활 신앙에 기초하므로, 환난은 교회로 하여금 문제들을 극복할

믿음을 더욱 갈망하도록 만들기 때문이다.

결론적으로, 종말시대의 교회의 대각성 운동으로 말미암아 '요한'의 사명인 '많은 백성과 나라와 방언과 임금에게 다시 예언하라'(10:11)는 열방선교를 향한 계획이 완성될 것이다. 이것이 열방교회의 마지막 영적 부흥이며, 이러한 영적 부흥은 신약교회의 또 다른 사명인 이스라엘 선교를 촉진 시킬 것이다.

10.7.

둘째 단락(b)의 둘째 소단락(②)의 첫째 항목(ⓐ 9:1-2, 무저갱의 열쇠를 받은 천사)에서 무저갱의 임금인 사탄이 출현한다. 사탄의 출현은 하늘의 계명성이 땅에 떨어지는 모습과 방불하고(사14:12; 계12:7-8), 성전의 가득한 향연 가운데 계시는 하나님의 임재를 모방하듯이 무저갱에서 피어오르는 연기와 함께 등장한다(9:2). 사탄의 출옥과 함께 무저갱의 연기가 올라와 해와 공기가 어두워지는데, 이것은 사탄과 악한 천사들의 출옥으로 인하여 일시적으로 악의 세력들이 강성해짐을 의미한다.

둘째 소단락(②)의 처음 항목(ⓐ)에서 사도는 사탄을 무저갱을 관장하는 존재라고 밝히고, 마지막 항목(ⓐ' 9:11, 무저갱의 사자)에서는 그의 정체를 황충의 왕이며 무저갱의 사자(천사)로서 아바돈과 아볼루온으로 설명한다. 이 이름들은 사탄을 지칭하는 헬라어와 히브리어의 표현으로서 파괴자라는 의미가 있다. 그러므로 파괴자인 사탄의 하수인들은 인 맞지 않은 자들에게 처절한 고통을 가하여 괴롭게 할 것이다.

10.8.

둘째 소단락(②)의 둘째(ⓑ 9:3, 황충의 출처와 권세)와 넷째 항목(ⓑ' 9:7-10, 황충의 모양과 권세)은 황충의 출처와 모양과 권세에 대한 설명이다.

둘째 항목(ⓑ)에서 사도는 황충의 기원에 대하여 설명한다. 사도는 황충을 무저갱에서 올라오는 타락한 천사로 설명한다(욜1,2장). 사도가 이 환상에서 황충의 이미지를 선택한 이유는 황충은 하나님께서 배교한 백성들에게 또 다른 재앙을 보내지 않도록 경고하는 용도로 사용되었다는 사실과 관계가 있다(신28:38-42). 환언하면, 사도가 재림을 목전에 둔 상황에서 종말시대의 교회의 영적으로 잠자는 자들을 향한 마지막 경고의 메시지를 전달한다는 의미로 황충의 이미지를 사용한 것이다.

넷째 항목(ⓑ')에서 사도는 황충의 모양에 대한 특징들을 다음과 같이 설명한다.

첫째, 황충의 얼굴이 사람과 같다(9:7). 이것은 보좌 앞 셋째 생물이 사람과 같은 얼굴을 가진 존재인 것처럼 황충도 타락한 천사로서 인격체라는 의미이다(4:7).

둘째, 황충은 유브라데 전쟁을 위하여 무저갱에서 풀려난 사탄의 군대이다(9:7,9). 사도는 황충의 이미지를 하나님의 심판의 도구인 바벨론의 기병에서 차용하므로 인맞지 않은 사람들이 받을 다섯 달의 괴로움은 극심할 것을 암시한다(욜2:4,5).

아울러 둘째(ⓑ)와 넷째 항목(ⓑ')에서 사도는 황충의 권세에 대하여 설명한다. 하나님께서 황충에게 '전갈과 같은 꼬리와 쏘는 살(전갈의 권세와 같은 권세)'을 허락하신다. 이것은 종말에 활동할 거짓 선지자의 강력한 공격을 의미한다.26) 이처럼 황충 심판은 하나님께서 대환난 이전에 영적으로 경성치 않은 자들을 깨우시고자 허락하실 환난이다. 그러므로 종말시대의 교회는 황충의 강력한 공격을 직면할 때, 하나님께로 돌이키는 지혜가 있어야 할 것이다.

10.9.

본 단락(3')의 둘째 단락(b)의 넷째 소단락(②' 9:13-21. 여섯째 나팔: 둘째 화)인 여섯째 나팔은 유브라데 전쟁에 관한 계시이다.

먼저 유브라데 전쟁은 이스라엘을 중심한 종교 전쟁이다. 둘째 화인 다섯째 나팔에서 사탄이 그의 하수인들과 함께 무저갱에서 출옥한 목적은 유브라데 전쟁을 촉발하므로 세상을 혼란케 하는 데 있다. 여기서 큰 강 유브라데 지역은 하나님께서 아브라함에게 약속하신 땅의 경계임을 고려할 때(창15:18), 유브라데 전쟁은 이스라엘과 연관된 전쟁일 뿐 아니라 종교 전쟁임을 암시한다. 그래서 유브라데 전쟁과 함께 이스라엘을 둘러싼 중동 문제가 세계적인 관심사가 될 것이고, 이러한 난제를 해결하기 위하여 세기의 지도자인 종말적 적그리스도가 등장할 것이다. '그'(단 7:25)는 중동평화를 위한 해결책으로 이스라엘에게 성전 재건을 약속할 것이다. 그러나 종말적 적그리스도는 '이레의 절반'(단9:27)이 되는 시점에서 이스라엘과 맺은 약속을 파기하고 유일신 신앙을 가진 유대인들을 대대적으로 탄압할 것이다. 이것이 다니엘서가 예언한 한 이레의 전반에서 전개될 종말적 사건이다(단9:27).

유브라데 전쟁이 종교 전쟁이라는 또 다른 근거는 그 군대가 '이만만'이라는 데 있다(9:16). 일반적으로 이만만을 이억의 군대로 해석한다. 그러나 사도가 계시록에서 숫자들(144,000, 666, 7머리 10뿔 등)을 상징적으로 사용한 것처럼 필자도 이만만을

---

26) 사9:15. 머리는 곧 장로와 존귀한 자요 꼬리는 거짓말을 가르치는 선지자라

상징으로 해석한다. 또한 혹자가 십사만 사천을 $12 \times 12 \times 10^3$ 로 표현한 것처럼 필자는 이만만을 $2 \times 10^4 \times 10^4$ 로 조합하여 이 숫자들을 증인의 수(2), 땅의 수(4), 완전수(10)로 해석한다. 그리할 때 이만만은 이스라엘을 중심으로 한 회교권 증인들의 완전한 집합체로 해석할 수 있다. 즉 이만만은 큰 강 유브라데를 중심으로 한 회교권 국가 중 자신의 신앙고백을 따라 종교 전쟁에 참여할 군대들로 해석할 수 있다. 그러므로 이만만은 실제 문자적인 이억의 군대가 아니다. 이들은 열강의 지원을 받는 회교국가의 군대로서 이스라엘과 종교 전쟁을 위하여 발흥한 군사들을 상징적으로 표현한 것이다.

10.10.
본 단락(3')의 둘째 단락(b)의 넷째 소단락(②' 9:13-21. 여섯째 나팔: 둘째 화)인 여섯째 나팔의 구조는 다음과 같이 고안할 수 있다.

> B. 종말의 개략적 · 점진적 구원계시(4:1-11:13)
>> 3. 종말론적 환난 이전에 있을 징조와 경고(6:1-8)
> ▶ 3' 종말론적 환난 때 있을 경고와 심판(8:7-9:21)
>> a. 네 개의 나팔(8:7-12): 종말론적 환난 때 있을 경고
>> b. 두 개의 나팔(8:13-9:21): 종말론적 환난 때 있을 심판
>>> ② 다섯째 나팔(9:1-11): 첫째 화
>>> ②' 여섯째 나팔(9:13-21): 둘째 화
>>>> ⓐ 네 천사(9:13-15): 사람 삼 분의 일을 죽이기로 예비된 자들
>>>> ⓑ 이만만의 마병대와 그 모습(9:16-17)
>>>> ⓒ 마병대의 사역(9:18)
>>>> ⓑ' 말들의 모습(9:19)
>>>> ⓐ' 남은 사람들(9:20-21): 끝까지 죄를 회개치 않음

앞서 언급한 대로 다섯째(②)와 여섯째 나팔(②')은 서로 연관된 하나의 계시이다. 다섯째 나팔은 유브라데 전쟁 이전 시작되어 종말시대의 교회의 영적 대각성을 일으키는 사건이다. 반면 여섯째 나팔(②')의 유브라데 전쟁은 종말시대의 교회의 영적 대각성으로 말미암아 시작된 선교 운동을 중심으로 한 영적 · 물리적 충돌이다. 그 결과 여섯째 나팔에서 교회의 선교 운동을 저지하려는 악한 영들에 의하여 미혹되어 참전한 군대의 1/3이 죽임을 당할 것이다.

10.11.

둘째 단락(b)의 넷째 소단락(②')의 주제는 '마병대의 사역'에 관한 설명이다. 주제 항목(ⓒ 9:18, 마병대의 사역)의 요지는 마병대의 입에서 나오는 불과 연기와 유황의 세 재앙으로 인하여 사람 1/3이 죽임을 당하는 내용이다. 즉 마병대의 공격은 지극히 사탄적이라는 것이다.

사도는 넷째 소단락(②')인 여섯째 나팔부터 '플레케(재앙)'라는 원어를 사용하는데, 주제 항목(ⓒ 9:4-6, 황충의 사역)과 마지막 항목(ⓐ' 9:20-21, 남은 사람들: 끝까지 죄를 회개치 않음)에서 사용한다. 주제 항목(ⓒ)의 재앙은 말의 입에서 나오는 '불과 연기와 유황'(9:18)으로 인한 끔찍한 재난을 의미하고, 마지막 항목(ⓐ')인 재앙은 유브라데 전쟁을 지칭한다(9:20). 이 둘은 동일한 재앙을 설명하는 서로 다른 표현이다.

10.12.

둘째 단락(b)의 넷째 소단락(②')의 처음 항목(ⓐ 9:13-15, 네 천사: 사람 삼 분의 일을 죽이기로 예비된 자들)은 유브라데 전쟁의 발발을, 마지막 항목(ⓐ' 9:20-21, 남은 사람들: 끝까지 죄를 회개치 않음)은 유브라데 전쟁의 결과를 설명한다.

첫째 항목(ⓐ)에서 하나님 앞 금단의 네 뿔에서 발현한 음성이 큰 강 유브라데에 결박된 네 천사를 풀어줄 것을 명령한다. 여기 네 천사는 하나님 종들의 이마에 인 칠 때까지 땅의 네 바람이 불지 못하도록 제어 당했던 천사들이다(7:1,3). 앞서 설명한 대로 다섯째 나팔에서 이마에 인 맞지 않은 자들의 영적 대각성으로 말미암아 하나님 종들의 이마에 인치는 사건이 마감되고, 그 결과 여섯째 나팔에서 큰 강 유브라데에 결박된 천사들이 풀려날 것이다. 이들은 특정한 시점(그 연월 일 시)에 발발할 유브라데 전쟁을 통하여 사람 1/3을 죽이기로 준비된 자들이다. 네 천사가 이 전쟁을 주도하는 목적은 종말시대의 교회의 영적 부흥을 방해하려는 것이다.

앞서 말한 종말시대의 교회의 영적 부흥은 선교 부흥으로 이어질 것이고, 특별히 재림의 전조인 이스라엘 선교 완성을 향할 것이다. 이때 사탄은 이스라엘의 영적 회심을 방해하고자 큰 강 유브라데 주변 국가들을 규합하여 큰 전쟁을 일으킬 것이다. 그 결과 큰 강 유브라데를 중심으로 한 이스라엘과 그 주변 국가들의 전쟁으로 인하여 참전한 군사들 가운데 1/3의 사상자가 발생할 것이다.

다섯째 항목(ⓐ')에서 사도는 유브라데 전쟁의 결과나 참혹상을 언급하지 않고, 대신 이 재앙에 죽지 않는 사람들의 상태를 설명한다(9:20,21). 이 재앙에 죽지 않은 생존자들, 특히 유대인 생존자들은 결코 하나님께 돌이키지 않는다. 대신 종말의 유대인들은 성전 재건을 위하여 하나님 대신 세계대전 이후 평화의 사도로 가장할 종말적 적그리스도(9:19, 머리)와 연합할 것이다. 이것이 하나님께서 가증이 여기시는 우상숭배이다(13:14,15).

10.13.

둘째 단락(b)의 넷째 소단락(②')의 둘째 항목(ⓑ 9:16-17, 이만만의 마병대와 그 모습)은 유브라데 전쟁을 수행할 마병대의 모습을, 넷째 항목(ⓑ' 9:19, 말들의 모습)에서는 유브라데 전쟁의 배후가 되는 세력들을 묘사한다.

둘째 항목(ⓑ)에서 언급한 마병대의 모습은 황충의 모습과 동일하다. 또한 마병대의 흉갑의 빛깔(불빛과 자주빛과 유황빛)은 마병대가 무저갱에서 올라온 악한 천사의 지배 아래 있다고 생각하게 한다. 그럴지라도 그들은 이스라엘의 영적 각성을 위하여 사용된 하나님 심판의 도구일 뿐이다.

넷째 항목(ⓑ')의 말들은 악한 천사들이고, 그들의 힘은 그것의 입과 꼬리에 있다. 여기서 꼬리를 거짓 선지자로 해석하면(사9:15), '꼬리가 뱀 같다'(19:19)는 표현은 사악한 거짓 선지자에 대한 표현으로 미혹하는 자를 의미한다. 또한 '꼬리에 머리가 있다'(19:19)는 것은 거짓 선지자의 머리인 종말적 적그리스도를 의미한다. 종말적 적그리스도는 거짓 선지자에게 권세를 주어 백성들을 미혹하고 상해할 것이다. 환언하면, 황충은 인 맞지 않은 사람들에게 박해와 환난을 가할 것이고, 그들의 꼬리인 거짓 선지자는 미혹으로 배도를 시도할 것이다(9:10). 더 나아가 뱀 같은 꼬리에 있는 머리는 이만만의 군사들을 전장으로 이끌 것이다(19:19). 그 결과 악한 영들에 의하여 미혹된 이만만의 군사들이 유브라데 전쟁에서 불빛과 자주빛과 유황빛 흉갑을 입고 말을 탄 자로 출현한다. 이것이 "(이것으로) 해하더라(아디케오)"는 의미인데(9:19), 이 단어의 원어적 의미는 '(상)해하다(9:4, 11:5)'와 함께 '불의(악)를 행한다'는 뜻이다. 즉 종말적 적그리스도와 거짓 선지자들이 사람들을 미혹하여 하나님의 선민인 이스라엘을 대적하고 살상할 것이며, 이러한 행위는 하나님의 구원경륜을 훼방하는 것이며, 하나님 앞에서 불의를 행하는 일이 될 것이다.

11. 힘센 천사와 작은 책(10:1-11)

A. 임박한 그리스도의 강림 예고와 신약교회를 향한 교훈(1:1-3:22)
B. 종말의 개략적 · 점진적인 구원계시(4:1-11:13)
  1. 하늘성전과 두 증인(4:1-11)
    2. 어린양과 책(5:1-14)
      3. 종말론적 환난 이전에 있을 징조와 경고(6:1-8)
        4. 신약교회 순교자의 탄원(6:9-11)
          5. 하나님의 진노의 큰 날(6:12-17)
            6. 십사만 사천(7:1-8)
          5' 흰옷 입은 큰 무리(7:9-17)
        4' 신약교회의 기도가 채워짐(8:1-6)
      3' 종말론적 환난 때 있을 경고와 심판(8:7-9:21)
▶ 2' 힘센 천사와 작은 책(10:1-11)
  1' 땅의 성전과 두증인(11:1-13)
B' 종말의 핵심적 구원계시(11:14-22:5)
A' 임박한 그리스도의 강림 예고와 신약교회를 향한 교훈(22:6-21)

11.1.

계시록의 서두에서 사도가 그리스도 계시의 전달 과정을 그림 언어로 기술했다면 (1:1), 본 단락(2' 10:1-11, 힘센 천사와 작은 책)에서는 그리스도께서 힘센 천사를 보내어 종말론적 환난 이후 활동할 '그 종들'(1:1)인 '요한'에게 예수 그리스도의 계시를 통보하는 사건이다. 그래서 필자는 본 단락(2')의 '요한'을 종말론적 환난 이후 '반드시 속히 될 일'(1:1)을 증거할 요한의 공동체로 해석한다. 그러므로 '요한'은 종말론적 환난 이후 작은 책의 내용을 선포할 종말시대의 교회이며, 종말론적 환난 이후 활동할 '십사만 사천'의 또 다른 표현이다.

11.2.

사도는 5장에서 '어린양과 책'을, 10장에서는 '힘센 천사와 작은 책'을 병행하여 설명한다. 먼저 어린양이 취한 책과 힘센 천사가 가진 작은 책은 모두 하나님의 구원경륜이 기록된 책이다. 그러나 어린양이 취한 '책(비블리온)'은 하나님의 전(全) 구원경륜이 기록된 책, 즉 예수의 초림부터 재림까지 있을 모든 종말의 구원계시가 기술된 책이다. 이 책은 대주재이신 어린양 그리스도께서 일곱 개의 봉인을 떼시기까지 완전히 펼쳐질 수 없는 책이다.

반면 힘센 천사의 손에 '펴 놓인'(10:2) 책은 '작은 책(비블라리디온)'이다. 이것은 일곱 인이 떼어진 후 펼쳐진 책이며, 동시에 책의 안팎으로 기록된 '애가와 애곡과 재앙'(겔2:10)의 내용만 남겨진 작은 두루마리이다. 그래서 이 책에는 종말론적 환난 이후 전개될 구원계시, 즉 어떻게 하나님 나라가 세워지고, 세상 나라가 멸망하는가 하는 내용이 주로 기록되어 있다.

아울러 책과 작은 책이 동일하지 않은 것처럼 어린양이신 그리스도와 힘센 천사도 서로 다른 존재이다. 계시록의 서두에서 밝힌 것처럼 그리스도께서 천사를 보내어 요한과 그 종들에게 계시를 전달했다는 사실로부터 힘센 천사는 그리스도일 수 없다. 사도가 언급한 힘센 천사는 하나님의 구원역사에서 중요한 임무를 수행하는 높은 지위를 가진 천사이다. 그래서 힘센 천사는 큰 영광과 능력과 위엄을 가진 그리스도의 전령으로 해석할 수 있다.

11.3.

필자는 본 단락(2' 10:1-11, 힘센 천사와 작은 책)의 구조를 다음과 같이 고안하였다.

   B. 종말의 개략적·점진적 구원계시(4:1-11:13)
     2. 어린양과 책(5:1-14)
   ▶ 2' 힘센 천사와 작은 책(10:1-11)
       a. 힘센 천사와 작은 책(10:1-3)
       b. 일곱 우뢰(10:4-7)[27]
         ① 일곱 우뢰가 발한 것을 인봉할 것(10:4)
         ② 천사의 맹세(10:5-6): 지체하지 아니하리라
         ①' 일곱째 나팔이 불릴 때 하나님의 비밀이 이루어질 것(10:7)
       a' 요한과 작은 책(10:8-11)

본 단락(2')에서 사도가 종말론적 환난 이후 진행될 구원계시를 설명한다. 종말론

---

27) 우뢰는 우리 말 우레를 한자어로 인식한 잘못된 표기이므로 이 책에서는 우레로 정정한다.

적 환난 이후 교회를 향한 박해는 증가할 것이며, 순교자의 신원은 더욱 강렬해질 것이며(6:10), 또한 하나님의 구원경륜도 신속히 집행될 것이다. 그래서 힘센 천사가 세세토록 살아계신 하나님을 향하여 지체하지 않고 일곱 우레의 계시를 실행하겠다고 맹세한 것이다(10:6).

본 단락(2')의 주제 단락(b. 10:4-7, 일곱 우레)은 일곱 우레에 관한 내용이다. 그리고 주제 단락(b)의 둘째 소단락(② 10:5-6, 천사의 맹세: 지체하지 아니하리라)에서 펼쳐진 작은 책을 가진 힘센 천사가 하늘을 향하여 오른손을 들고 일곱 우레를 지체하지 않고 실행할 것을 맹세한다. 이처럼 그리스도의 전령인 힘센 천사가 창조주를 가리켜 일곱 우레의 실행을 맹세하므로 이 맹세는 '반드시 속히'(1:1) 이루어질 것이다. 즉 힘센 천사가 맹세한 '지체하지 아니한다'(10:6)는 것은 다니엘을 통하여 예언된 종말은 이미 이르렀고, 그래서 아무도 그것을 저지할 수 없다는 의미이다.

11.4.

주제 단락(b)의 첫째(① 10:4, 일곱 우레가 발한 것을 인봉할 것)와 마지막 소단락(①' 10:7, 일곱째 나팔이 불릴 때 하나님의 비밀이 이루어질 것)은 일곱 우레와 일곱째 나팔로서 서로 병행을 이룬다. 하나님께서 일곱 우레로 말씀하신 내용은 일곱째 나팔이 불릴 때 있게 될 사건들, 곧 대환난 이후 전개될 일곱 대접 재앙에 관한 계시이다. 대접 재앙에서 하나님의 비밀은 하나님의 종인 선지자들이 선포한 복음과 같이 이루어질 것이며, 이것은 역사의 마지막 때 있게 될 하나님 나라의 완성을 의미한다. 이처럼 하나님의 구원역사가 완성되기 위해서 재림 때 세상 나라는 반드시 멸망해야 한다. 이것이 주제 단락(b)에서 일곱 우레로 계시하신 내용이다.

여기서 주의할 점은 첫째 소단락(①)의 '일곱 우레가 발한 것을 인봉하고 기록하지 말라'(10:4)는 구절에 대한 해석이다. 혹자는 하나님이 일곱 우레에 대한 계시를 인봉하라고 하셨으므로 교회는 하나님의 정하신 뜻대로 일곱 우레를 해석하지 않아야 한다고 말한다. 그러나 본 단락(2')의 시점이 재림 직전인 종말적 환난 상황임을 고려할 때, 하나님께서는 세상 나라의 멸망으로 말미암은 그리스도 나라의 완성과 관련된 계시를 감추실 이유가 없다. 다만 '일곱 우레가 발한 것을 인봉하고 기록하지 말라'(10:4)는 의미는 다니엘서의 '인봉'(단12:9)처럼 일곱 대접 재앙으로 말미암은 멸망의 시점이 아직 도래하지 않아서, 또는 우주적 교회가 완성될 때까지 일곱 대접 재앙이 유보되는 것으로 이해하는 것이 바람직하다.

11.5.

본 단락(2′)의 처음(a. 10:1-3. 힘센 천사와 작은 책)과 마지막 단락(a′ 10:11. 요한과 작은 책)의 구조는 다음과 같이 고안할 수 있다.

> B. 종말의 개략적 · 점진적 구원계시(4:1-11:13)
>   2. 어린양과 책(5:1-14)
> ▶ 2′ 힘센 천사와 작은 책(10:1-11)
>   a. 힘센 천사와 작은 책(10:1-3)
>   ① 하늘로부터 내려오는 힘센 천사의 출현(10:1a)
>   ② 힘센 천사의 모습(10:1b-3a): 손에 작은 책을 가짐
>   ①′ 힘센 천사가 일곱 우레를 발함(10:3b-3c)
>   a′ 요한과 작은 책(10:8-11)
>   ① 하늘로부터 들린 음성(10:8): 작은 책을 가지라
>   ② 요한이 작은 책을 갖다 먹음(10:9-10)
>   ①′ 하늘의 음성이 요한에게 작은 책을 예언하라고 말씀하심(10:11)

본 단락(2′)의 처음(a)과 마지막 단락(a′)은 작은 책이라는 주제로 연결된다. 또한 힘센 천사와 '요한'도 종말론적 환난 이후 구원계시를 전달하는 하나님의 종이라는 점에서 두 단락을 연결하는 고리 역할을 한다.

처음(a)과 마지막 단락(a′)을 연결하는 또 다른 연결고리는 작은 책에 기록된 심판에 관한 것이다. 첫째 단락(a)은 하늘에서 내려온 힘센 천사가 일곱 우레를 발하는 방식으로, 마지막 단락(a′)은 '요한'이 작은 책에 기록된 복음을 '많은 백성과 나라와 방언과 임금에게 다시 예언'(10:11) 하는 방식으로 세상의 심판을 선포한다. 이것은 신약교회가 모든 민족에게 선포했던 계시이지만 임박한 재림을 앞둔 시점에서 종말시대의 교회가 다시 예언해야 할 복음이다.

11.6.

본 단락(2′)의 첫째 단락(a. 10:1-3. 힘센 천사와 작은 책)의 표제는 '힘센 천사와 작은 책'이다.

첫째 단락(a)의 처음(① 10:1a. 하늘로부터 내려오는 힘센 천사의 출현)과 마지막 소단락(①′ 10:3b-3c. 힘센 천사가 일곱 우레를 발함)은 일곱 우레와 함께 힘센 천사의 출현을

설명한다. 또한 첫째 단락(a)의 주제 소단락(② 10:1b-3a, 힘센 천사의 모습: 손에 작은 책을 가짐)은 힘센 천사가 펼쳐진 작은 책을 손에 들고 있는 모습을 설명한다. 즉 첫째 단락(a)에서는 힘센 천사로 말미암아 작은 책의 메시지가 신약교회에게 계시 되었다는 사실을 두 번에 걸쳐 설명한다.

여기서 주목할 점은 다음과 같다: 힘센 천사가 하나님의 구원역사에서 중요한 임무를 수행하는 천사인 것과 작은 책의 메시지를 두 번에 걸쳐 설명한다는 사실은 그가 신약교회에게 전달하는 계시가 그만큼 중요하다는 것을 의미한다. 이러한 맥락에서 추론할 때, 힘센 천사가 가진 작은 책은 종말론적 환난 이후 전개될 열방과 이스라엘 선교와 관계가 있을 것이다.

11.7.

본 단락(2')의 마지막 단락(a' 10:8-11, 요한과 작은 책)의 표제는 '요한과 작은 책'이다. 마지막 단락(a')은 '요한'의 열방을 향한 선교적 사명에 대한 설명이다. 아울러 마지막 단락(a')의 처음(① 10:8, 하늘로부터 들린 음성)과 마지막 소단락(①' 10:11, 하늘의 음성이 요한에게 작은 책을 예언하라고 말씀하심)에서 '요한'을 향한 신적 소명이 설명되었다면, 주제 소단락(② 10:9-10, 요한이 작은 책을 먹음)에서는 '요한'의 소명을 위한 순종에 대한 설명이다. 환언하면, 앞선 소단락들에서 하늘의 음성이 '요한'에게 천사의 손에 펼쳐진 작은 책을 취하여 다시 예언하라는 명령이 신적 소명으로 전달되었다면, 주제 소단락(②)에서는 '요한'이 힘센 천사로부터 작은 책을 취하여 먹은 것은 신적 소명을 위한 순종을 의미한다.

여기서 '요한'이 작은 책을 먹었다는 의미는 '요한'에게 종말의 계시가 위탁되었다는 것이며, '요한' 자신도 종말의 계시를 다시 예언하는 것이 자신의 사명임을 인지하였다는 의미이다.

그런데 '요한'의 사명은 입에서 달지만, 배에서는 쓰게 될 것이다. 필자는 종말론적 환난 가운데 사역하는 '요한'의 사명을 다음과 같이 설명하고자 한다.

첫째, '요한'은 '많은 백성과 나라와 방언과 임금'을 향하여 종말론적 환난 이후 구원계시를 선포한다.

둘째, '요한'은 이스라엘 남은 자를 향한 선교를 완성해야 한다. 황충 사건으로 시발된 종말시대의 교회의 영적 부흥은 열방 가운데 커다란 영적 부흥을 일으킬 것이며, '요한'이 척량한 유대인 남은 자를 신약교회에 편입시켜야 한다(11:1).

그러나 여섯째 나팔 심판에서 보았듯이 배도의 때에 땅의 백성들과 이스라엘은 극심한 고통에도 불구하고 복음의 증거를 받아들이지 않는다(9:20,21). 이것은 종말론적 환난 이후 '요한'의 사역이 고통스러울 것을 예고한 것이다.

12. 땅의 성전과 두 증인(11:1-13)

```
A. 임박한 그리스도의 강림 예고와 신약교회를 향한 교훈(1:1-3:22)
B. 종말의 개략적 · 점진적인 구원계시(4:1-11:13)
  1. 하늘성전과 두 증인(4:1-11)
   2. 어린양과 책(5:1-14)
    3. 종말론적 환난 이전에 있을 징조와 경고(6:1-8)
     4. 신약교회 순교자의 탄원(6:9-11)
      5. 하나님의 진노의 큰 날(6:12-17)
       6. 십사만 사천(7:1-8)
      5' 흰옷 입은 큰 무리(7:9-17)
     4' 신약교회의 기도가 채워짐(8:1-6)
    3' 종말론적 환난 때 있을 경고와 심판(8:7-9:21)
   2' 힘센 천사와 작은 책(10:1-11)
 ▶ 1' 땅의 성전과 두증인(11:1-13)
B' 종말의 핵심적 구원계시(11:14-22:5)
A' 임박한 그리스도의 강림 예고와 신약교회를 향한 교훈(22:6-21)
```

12.1.

본 단락(1' 11:1-13, 땅의 성전과 두증인)은 단락을 형성하는 구조로써 사용된 첫 번째 재림 기사이다. 사도는 둘째(B. 4:1-11:13, 종말의 개략적 · 점진적인 구원계시)와 셋째 단락(B' 11:14-22:5, 종말의 핵심적 구원계시)을 묵시문학 형식으로 기술하면서 이 단락들 안에 일곱 재림 기사를 삽입하였다. 이러한 재림 기사들은 사도가 계시록의 줄거리를 새 하늘과 새 땅까지 확장하려는 문학 장치이며, 일곱 인-나팔-대접과 함께 계시록의 주요한 골격 역할을 한다.

12.2.

앞서 언급한 대로 4장(하늘성전과 두 증인)과 5장(어린양과 책)은 보좌와 관계된 설명이고, 10장(힘센 천사와 작은 책)과 11장(땅의 성전과 두증인)은 신약교회의 선교에 관한 내용이다. 그래서 두 장을 하나의 단락으로 합칠 수 있을 것 같다. 그러나 각 장의 독특한 주제로 인하여 이들을 개별 단락으로 구분하는 것이 바람직하다. 이러한 예는 '요한'의 소명과 사역에서 볼 수 있는데, 10장은 '요한'의 열방선교 사역에 관한 내용이지만(10:8-11), 11장은 '요한'의 유대인 선교사역이다(11:1-2). 즉 '요한'은 종말론적 환난 이후 열방과 이스라엘을 향한 선교사역을 수행할 것이며, '요한'에 의하여 척량된 유대인들은 대환난 이후 회심하게 될 것이다.

12.3.

본 단락(1' 11:1-13. 땅의 성전과 두증인)은 대환난 이후 이스라엘 선교를 위하여 활동할 '두증인'에 대한 계시이다. 필자가 본 단락(1')을 이스라엘 선교와 연관 지어 해석하는 근거는 히브리 병행구조와 묵시문학 형식 때문이다. 즉 본 단락(1')의 병행 단락(1. 4:1-11. 하늘성전과 두 증인)에서 보좌의 음성으로 인하여 종말의 구원역사가 선포되었다면, 본 단락(1')에서는 재림의 전조인 이스라엘의 선교완성과 함께 구원역사가 종결되어야 한다.

이러한 해석은 본 단락(1')의 '마흔두 달'(11:2)과 '일천이백육십일'(11:3)로 인하여 가능하다. 선지자 다니엘은 개국 이래로 경험하지 못한 '한때 두 때 반 때'(단7:25, 12:7)의 큰 환난을 지낼 것과 '그때 네 백성 중 무릇 책에 기록된 모든 자가 구원을 얻을 것이라'(단12:1)는 종말적 이스라엘의 구원을 예언하였다. 그런데 사도가 본 단락(1')에서 다니엘이 사용했던 '한때 두 때 반 때'의 동의어인 '마흔두 달(일천이백육십일)'을 사용하므로 본 단락(1')에서 종말적 이스라엘의 구원이 완성될 것을 명시하였다.

12.4.

본 단락(1')은 단12장과 함께 대환난 때 있을 종말적 이스라엘의 구원에 대한 여러 암시가 있는데, 이러한 암시들은 두증인의 사역 대상이 종말적 이스라엘 교회라는 것을 의미한다.

본 단락(1')의 서두에서 사도는 유대인들에게 익숙한 구약 용어들을 집약적으로 사용한다(11:1-4).28) 계시록이 많은 구약 배경과 개념들을 사용하지만, 사도가 본 단락

---

28) 11장 서두에서 사용된 7개의 구약 용어는 '하나님의 성전, 제단, 성전 밖 마당, 거룩한 성, 굵은 베옷, 두 감람나무, 두 촛대'이다. 사도가 7개의 구약 용어를 선택할 때, 그것은 단순히 7개의 실체가 아닌 구약의 배경과 관련된 '완전함'을 시사하는 것이다.

(1')의 서두에서 구약의 용어들을 집약적으로 사용한 의도가 있다. 이것은 사도가 종말의 징조에 대한 약속의 성취로서 종말적 이스라엘 구원을 설명하려는 것이다. 본 단락(1')에서 사도가 성전과 거룩한 성, 그리고 제단과 성전 밖 마당을 대조한다(11:1,2). 먼저 사도가 성전과 제단을 함께 언급한 것으로 보아 마지막 때 제3성전 건립을 추정할 수 있다.[29] 여기서 제3성전은 정통 유대주의자에 의하여 설립될 종말의 유대인 신전이며, 거기서 경배하는 자들은 메시아의 오심과 다윗 왕국의 회복을 고대하는 유대인들이다. 이들은 영적으로 미혹 당한 것이나 하나님의 언약을 저버린 것은 아니다. 그래서 하나님의 긍휼이 이들을 회복할 것이며, 주님께서는 '요한'으로 하여금 이들을 척량 하도록 하신 것이다.

12.5.

종말의 징조와 관련하여 예민한 주제 중 하나는 '소위 제3성전' 곧 종말에 예루살렘에 세워질 성전이다. 이 주제는 본 단락(1') 외에도 살후2장, 마24장 그리고 포로기 이후 선지서 등과 연관된다.

성전은 하나님의 임재의 처소이다. 그래서 솔로몬 성전을 봉헌할 때, 하나님의 영광 구름이 성전 안에 가득하여 제사장들은 그곳에 들어갈 수 없었다(왕상8:11, 대하5:13,14). 반면 스룹바벨 성전은 솔로몬 성전의 규모와 비교하여 보잘 것 없고(학2:3; 슥4:10), 완공된 스룹바벨 성전에는 영광 구름이 충만히 임했다는 기록이 없다. 솔로몬 성전 봉헌 당시 하나님의 영광 구름이 가득해서 제사장들이 들어가지 못했던 사실과 비교할 때, 하나님의 임재의 상징인 영광 구름이 없는 스룹바벨 성전은 성전일 수 없다. 그런데 포로에서 귀환한 유대인들은 이곳에서 수백 년 동안 제사의식을 거행하였다. 이러한 이스라엘의 삶의 배경에는 학개 선지자의 계시, 곧 '이 전의 나중 영광이 이전 영광보다 크리라'(학2:9)는 만군의 하나님의 약속을 믿음으로 수납했기 때문일 것이다.

하나님의 구원역사는 점진적으로 발전하며, 그래서 신약시대에서 계시된 하나님의 영광은 구약계시의 영광보다 크다고 할 수 있다. 이러한 계시적 속성을 학개 선지자의 예언과 연계시키면, 예수께서 헤롯 성전에 하나님 및 하나님의 아들로 임하실

---

29) 서철원, 교의신학 7: 종말론, (쿰란, 2018), pp. 227, 230, 261: 힙폴리토스는 그리스도가 그의 몸을 성전으로 세우신 것처럼 적그리스도가 3년 반 동안 통치할 때 예루살렘에 성전을 세운다고 단언한다.

때 나타난 영광은 스룹바벨 성전의 영광보다 크다고 할 수 있다(요2:19). 그러므로 스룹바벨 성전은 예수의 하나님이심을 드러낼 도구로 건축되었고, 이스라엘은 포로기 이후 오랜 세월 동안 장차 그 성전에 임재하실 하나님을 대망하며 제사 의식을 거행한 것이다. 그러므로 예수께서 메시아로 등극하신 사건은 '내가 영광으로 이전에 충만케 하리라'(학2:7)는 학개 선지자의 예언에 대한 성취이다.

사도는 계시록에서 악의 삼위일체의 특징을 삼위 하나님의 존재와 사역을 모방하는 것으로 표현한다. 그래서 종말적 적그리스도도 그리스도를 모방하여 평화의 사도와 구원자로 출현할 것이다. 주님께서는 이것을 '선지자 다니엘이 말한바 멸망의 가증한 것이 거룩한 곳에 설'(마24:15) 것으로 예언하셨다. 이처럼 종말적 적그리스도는 이스라엘을 미혹하여 '소위 제3성전'을 짓게 할 것이며, 그곳에서 자신을 자칭 하나님으로 참칭(僭稱)할 것이다. 즉 종말적 적그리스도가 이스라엘을 미혹하여 건립할 유대인 신전은 자신을 자칭 하나님으로 참칭하기 위한 도구일 뿐이다. 그러므로 필자는 이 세대에 예루살렘에 세워질 건축물을 제3성전으로 칭하는 것은 합당하지 않고, 오히려 종말적 유대인 신전이라고 명명하는 것이 옳다고 생각한다. 아울러 필자는 성전신학에 기초하여 제3성전을 해석하는 것은 신학적 오해라고 생각한다. 성전신학의 설명대로 그리스도는 성령 안에서 친히 교회와 함께하시므로 성전의 의미를 완성하셨다(행17:24, 고전6:19). 그래서 신약시대에서 지상의 성전은 더 이상 필요하지 않다. 더욱이 지상의 보이는 성전을 건축하려는 정통 유대주의자들의 시도는 하나님의 구원경륜을 허무는 일이다. 그러므로 예수께서 하나님의 아들이시며 성전의 주인으로 오셨다는 사실을 부인한 정통 유대주의자들이 지상의 성전을 건축하자고 주장할 뿐이다.
결론적으로, 장차 정통 유대주의자들이 건축할 종말적 유대인 신전은 하나님께서 자신의 처소로서 건축을 명령하신 성전이 아니다. 이것은 예수 그리스도를 하나님의 아들로 인정하지 않은, 그래서 '너희가 이 성전을 헐라 내가 사흘 동안에 일으키리라'(요2:19) 선포하신 계시적 사건을 이해하지 못한 정통 유대주의자들이 자신들의 욕망을 위하여 세울 신전일 뿐이다. 그들은 유대인 중심의 메시아 왕국을 건설하려는 자신들의 소원을 따라 종말적 유대인 신전을 건축하겠지만, 종말적 적그리스도는 이러한 유대인들의 탐욕을 이용하여 유대인 신전 건축을 돕고 중동지역의 분쟁을 해결하므로 세계 평화를 주창하는 종말의 구원자로 등장할 것이다.

12.6.

본 단락(1')에서 하나님께서는 범죄한 이스라엘의 영적 회복을 위하여 두증인을 세우시고, 그들에게 굵은 베옷을 입고 회개를 외치게 하신다. 그래서 대환난은 하나님께서 택하신 종말의 유대인들을 구원하시는 시간이며, 우주적 교회의 완성을 이루시는 기간이다.

하나님께서는 이러한 구원계획을 첫째 단락(1, 4:1-11, 하늘성전과 두 증인)의 이십사 장로로 구성된 천상교회를 통하여 미리 계시하셨다. 사도도 앞선 단락(2' 10:1-11, 힘센 천사와 작은 책)에서 열방교회의 구원에 관하여 기술하였고, 본 단락(1')에서는 재림 직전 두증인의 사역으로 말미암은 종말적 이스라엘 구원을 설명한다. 그리하여 이십사 장로로 상징되는 우주적 교회가 완성될 것이다.

결론적으로, 하나님께서는 이스라엘 민족적 회심을 위하여 사역할 두증인을 예비하실 것이다. 이들은 '요한' 또는 '해 입은 여자'로 상징되는 열방교회에 의하여 전도와 양육 받을 종말의 유대인 교회 또는 유대인 교회의 복음 사역자들이다.

12.7.

앞서 필자는 두증인 사역을 종말적 이스라엘 구원을 위한 사역으로 해석하였다. 이러한 주장의 근거는 사도가 언급한 '그 남은 자들(호이 로이포이)' (11:13) 이다. 사도가 계시록에서 이스라엘의 남은 자와 관련하여 이 단어(로이포스)를 두 번 사용하는데,[30] 이 단어들은 모두 대환난 배경에서 사용되었다. 또한 이 단어는 바울 사도가 로마서에서 이스라엘의 남은 자 구원을 설명할 때 사용한 헬라어와 동일한 어원을 갖는다(9:27, 11:5,7).[31] 즉 사도가 대환난 배경인 본 단락(1')에서 바울이 사용한 용어를 인용하여 유대인 남은 자의 구원을 설명한다(11:13). 이것은 본 단락(1')에서 바울의 계시, 곧 이방인의 충만한 수가 채워진 후 온 이스라엘이 구원을 얻는다는 사실을 설명하려는 의도이다(롬11:1,25-27).

---

30) 계11:13, 남은 자들(로이포이)이 두려워서 영광을 하나님께 돌리더라
　　계12:17, 용이 여자에게 분노하여 그 여자의 남은 자손(로이포스) 곧 하나님의 계명을 지키며 예수의 증거를 가진 자들로 더불어 싸우려고 바다 모래 위에 섰더라
31) 롬9:27, 이스라엘의 뭇 자손의 수가 비록 바다 모래 같을지라도 남은 자(레임마)만 구원을 얻으리라
　　롬11:5, 이제도 은혜로 택하심을 따라 남은 자(레임마)가 있느니라
　　롬11:7, 오직 택하심을 입은 자가 얻었고 그 남은 자들(로이포스)은 완악하여졌느니라

G. E. 래드는 종말적 이스라엘의 구원에 대하여 다음과 같이 설명한다.

첫째, 하나님께서는 이스라엘을 신적 목적을 위하여 구별하셨고, 이스라엘은 그 사명을 수행할 거룩한 백성으로 남아 있다(롬11:11,12).

둘째, 민족으로서 이스라엘의 구원은 신약교회와 동일하게 그리스도를 믿음으로, 즉 신약교회와 세우신 새 언약을 통해서 이루어진다(롬10:11-13).

셋째, 문자적인 이스라엘은 영적 이스라엘에 아직 포함되지 않았다(literal Israel is yet to be included in spiritual Israel). 그래서 문자적인 이스라엘도 마땅히 참 감람나무에 다시 접붙임을 받아 새 이스라엘에 편입되어야 할 것이다. 이것은 장차 온 이스라엘, 곧 살아있는 유대인들의 대다수가 구원을 얻을 날이 온다는 것을 의미한다(마23:39).

12.8.

본 단락(1' 11:1-13, 땅의 성전과 두증인)은 다음과 같은 교차적 병행구조로 고안할 수 있다.

  B. 종말의 개략적 · 점진적 구원계시(4:1-11:13)
    1. 하늘성전과 두 증인(4:1-11)
  ▶ 1' 땅의 성전과 두증인(11:1-13)
      a. 요한의 사명(11:1): 성전 안 경배자를 척량
        b. 거룩한 성이 마흔두 달 동안 짓밟힘(11:2)
          c. 두증인(11:3-6): 성전 안 경배자를 위한 사역자
        b' 큰 성의 참상(11:7-10)
      a' 요한이 척량한 이스라엘 남은 자의 회심(11:11-13)

본 단락(1')의 처음(a. 11:1, 요한의 사명: 성전 안 경배자를 척량)과 마지막 단락(a' 11:11-13, 요한이 척량한 이스라엘 남은 자의 회심)은 '요한'이 성전과 제단에서 척량한 경배자에 대한 설명이다. 첫째 단락(a)에서 '요한'이 종말론적 환난 동안 성전과 제단에서 경배하는 자들을 척량하므로 종말적 유대인 구원 사역은 본격적으로 시작될 것이다. 그 결과 마지막 단락(a')에서 대대적인 유대인의 회심이 일어나며, 마침내 종말적 유대인 구원은 완성될 것이다. 이것은 두증인이 성전과 제단의 경배자를 위하여 예언 사역을 수행한 결과이다(11:3-6).

여기서 두증인은 '요한'이 척량한 자 가운데 종말적 유대인 교회의 모체가 될 자들이다. 이들은 바울 사도처럼 동족의 구원에 대한 큰 근심과 마음에 그치지 않는 고통을 가지고 순교적 자세로 유대인 구원 사역을 수행할 것이다(롬9:2). 이때 미혹의 영의 역사로 메시아를 거부했던 많은 유대인이 두증인의 사역으로 말미암아 예수를 주와 하나님으로 영접하고 종말교회에 합류하게 될 것이다. 그리하여 바울 사도가 예언한 것처럼 하나님의 은사와 부르심은 취소할 수 없고(롬11:29), 그래서 하나님의 은혜의 선택을 따라 남은 자가 있다는 예언이 성취될 것이다(롬11:5).

본 단락(1')의 둘째(b. 11:2, 거룩한 성이 마흔두 달 동안 짓밟힘)와 넷째 단락(b' 11:7-10, 거룩한 성의 참상)에서 사도가 대환난 이후 예루살렘의 참상을 기술한다. 종말론적 환난 이후 유대인들은 두 짐승의 간계에 속아서 예루살렘을 적그리스도 정부의 근거지로 허용할 것이다. 그래서 두 짐승은 예루살렘의 거주자들을 미혹하여 두증인을 대적케 하고 유대인의 회심을 방해할 것이다. 이것이 넷째 단락(b')의 두증인과 무저갱에서 올라온 짐승을 중심으로 한 영적·물리적 충돌이며, 이것은 인류 마지막 전쟁인 아마겟돈 전쟁의 시발점이 될 것이다.

12.9.
본 단락(1')의 주제 단락(c. 11:3-6, 두증인: 성전 안 경배자를 위한 사역자)은 다음과 같은 교차적 병행구조로 고안할 수 있다.

    B. 종말의 개략적·점진적 구원계시(4:1-11:13)
        1. 하늘성전과 두 증인(4:1-11)
  ▶ 1' 땅의 성전과 두증인(11:1-13)
          a. 요한의 사명(11:1): 성전 안 경배자를 척량
          c. 두증인(11:3-6): 성전 안 경배자를 위한 사역자
            ① 두증인의 사명(11:3)
              ② 두증인의 신분(11:4)
            ①' 두증인의 사역(11:5-6)
          a' 요한이 척량한 이스라엘 남은 자의 회심(11:11-13)

본 단락(1')의 주제 소단락(② 11:4, 두증인의 신분)에서 사도는 '두증인의 신분'을 설명한다. 이들은 '이 땅의 주 앞에 섰는 두 감람나무와 두 촛대'(11:4)이다. 이들은 '속히 될 일인 그리스도의 계시'(1:1)를 선포할 종말의 유대인 교회를 상징

한다.

본 단락(1')의 처음(① 11:3. 두증인의 사명)과 마지막 소단락(①' 11:5-6. 두증인의 사역)에서 사도는 두증인의 사명과 사역을 연계하여 설명한다. 두증인의 사명은 대환난 이후 이스라엘에게 회개를 촉구하는 것이며, 이 일을 위하여 두증인은 일곱 영의 절대적인 보호 아래서 사역할 것이다. 이때 사탄의 세력은 총력을 다하여 두증인을 대적하겠지만 두증인은 일천이백육십일 동안 모세와 엘리야의 권세와 능력을 부여받아 사역할 것이다. 즉 이들은 일곱 영의 권세와 능력으로 복음 선포(입의 불)와 이적 사역으로 대적들을 이길 것이다. 그 결과 이스라엘의 대대적인 회심이 일어날 것이며, '속히 오리라'(22:7,12,20)고 약속하신 그리스도 강림이 이루어질 것이다.

12.10.

본 단락(1')의 처음(a. 11:1. 요한의 사명: 성전 안 경배자를 척량)과 마지막 단락(a' 11:11-13. 두 증인으로 인한 남은 자들의 회심)의 구조는 다음과 같이 고안할 수 있다.

> B. 종말의 개략적 · 점진적 구원계시(4:1-11:13)
>   1. 하늘성전과 두 증인(4:1-11)
> ▶ 1' 땅의 성전과 두증인(11:1-13)
>   a. 요한의 사명(11:1): 성전 안 경배자를 척량
>   a' 요한이 척량한 이스라엘 남은 자의 회심(11:11-13)
>   ① 두증인의 부활과 승천(11:11-12)
>   ② 재림(11:13a-13c)
>   ①' 그 남은 자의 회심(11:13d)

첫째 단락(a)에서 '요한'이 종말론적 환난 동안 이스라엘 선교사역을 시작하고, 마지막 단락(a')에서 두증인이 대환난 이후 이스라엘 선교사역을 마감한다.

마지막 단락(a')의 주제 소단락(② 11:13a-13c. 재림)에서 사도가 재림 사건을 개략적으로 설명한다. 여기서 큰 지진으로 인한 성 십분의 일의 무너짐과 사람 칠천의 죽음은 재림에 대한 상징적 표현이다. 반면 재림의 구체적 상황은 일곱째 대접 재앙에서 설명되며, 그때는 큰 우박 재앙과 함께 있을 큰 지진으로 큰 성 예루살렘이 세 갈래로 갈라질 것이다(16:17-21).

마지막 단락(a')의 첫째 소단락(① 11:11-12. 두증인의 부활과 승천)과 마지막 소단락

(①' 11:13d. 남은 자의 회심)은 인과관계를 갖는다. 즉 두증인의 부활과 승천으로 말미암아 유대인 남은 자들이 회심한다는 것이다.

마지막 단락(a')의 첫째 소단락(①)에서 사도가 두증인의 부활과 승천을 설명한다. 유대인들은 하늘의 큰 음성으로 말미암은 두증인의 부활과 승천을 보면서 엘리야의 사역과 승천을 연상할 것이다. 또한 예수의 부활을 경험하고 메시아임을 확신했던 사도들처럼 유대인들도 두증인이 하나님으로부터 보냄을 받은 선지자임을 깨닫게 될 것이다. 더 나아가 유대인들은 그들이 전한 '속히 될 일인 그리스도의 계시'(1:1)가 진리임을 확신하게 될 것이다. 그 결과 마지막 소단락(①')에서 빗장처럼 잠겨있던 유대인들의 마음에 진리의 빛이 비치고, 마침내 유대인들이 예수를 주와 하나님으로 고백하는 민족적 회심이 완성될 것이다.

12.11.

본 단락(1')의 둘째(b. 11:2. 거룩한 성이 마흔두 달 동안 짓밟힘)와 넷째 단락(b' 11:7-10. 거룩한 성의 참상)의 구조는 다음과 같이 고안할 수 있다.

> B. 종말의 개략적 · 점진적 구원계시(4:1-11:13)
>> 1. 하늘성전과 두 증인(4:1-11)
> ▶ 1' 땅의 성전과 두증인(11:1-13)
>> b. 거룩한 성이 마흔두 달 동안 짓밟힘(11:2)
>>> ① 성전 밖 마당은 척량하지 말 것(11:2a)
>>> ② 이방인에게 넘겨줌(11:2b)
>>> ①' 거룩한 성이 마흔두 달 동안 짓밟힘(11:2c)
>> b' 거룩한 성의 참상(11:7-10)
>>> ① 두 증인의 순교(11:7)
>>> ② 두증인의 시체가 길에 방치됨(11:8a)
>>> ③ 예루살렘 성의 상황(11:8b)
>>> ②' 땅에 거하는 자들이 두증인의 장사를 방해함(11:9)
>>> ①' 땅에 거하는 자들이 두증인의 죽음을 기뻐함(11:10)

본 단락(1')의 둘째(b.)와 넷째 단락(b')은 적그리스도 정부에 의하여 마흔두 달 동안 짓밟힐 예루살렘 성의 참상을 설명한 단락이다.

둘째 단락(b)의 처음(① 11:2a. 성전 밖 마당은 척량하지 말 것)과 마지막 소단락

(①′ 11:2c, 거룩한 성이 마흔두 달 동안 짓밟힘)은 적그리스도 정부에 의하여 성전 밖 마당과 거룩한 성이 짓밟힐 것을 설명하고, 주제 소단락(② 11:2b, 이방인에게 넘겨줌)은 거룩한 성과 성전 마당이 짓밟히는 이유를 설명한다.

이사야서는 '내 마당만 밟는 자'(사1:12)를 하나님을 만홀히 여기는, 그래서 하나님께 가증이 여김을 당하는 자로 설명한다. 그런데 이사야서의 '마당'의 개념을 종말적 유대인 신전과 연계하면, '성전 밖 마당'(11:2)으로 비유되는 유대인들은 성전 제사를 재개하여 하나님을 만홀히 여기며 하나님의 구원경륜을 멸시한 자가 된다. 그래서 하나님께서 예루살렘을 적그리스도 정부에게 넘겨주시며, 그 결과 거룩한 성은 하나님의 징계를 받아 마흔두 달 동안 참혹한 참상을 경험할 것이다.

12.12.

넷째 단락(b′)의 주제 소단락(③ 11:8b, 예루살렘 성의 상황)은 큰 성 예루살렘의 참혹한 상황에 관한 내용이다. 사도가 예루살렘을 하나님의 심판을 초래할 정도로 타락하였다는 점에서 소돔과 비슷하고, 하나님의 백성을 박해한다는 점에서 애굽과 닮았다고 예언한다. 즉 사도가 대환난 이후 예루살렘을 사탄의 하수인인 종말적 적그리스도에 의하여 완전히 장악될 것을 예언한 것이다.

넷째 단락(b′)의 첫째 소단락(① 11:7, 두증인의 순교)은 두증인과 무저갱의 짐승 사이에서 촉발될 전쟁에 관한 설명이다. 이 전쟁은 인류 역사의 마지막 전쟁이며, 재림 직전 발발할 아마겟돈 전쟁(곡과 마곡 전쟁)과 일치한다(16:14, 20:8). 이 전쟁의 결과 대환난 이후 활동할 많은 유대인 사역자들이 순교하게 될 것이다. 그런데도 마지막 소단락(①′ 11:10, 땅에 거하는 자들이 두증인의 죽음을 기뻐함)에서는 예루살렘의 거주자들이 자신들의 죄악을 지적하고 회개를 촉구하는 복음을 괴로운 것으로 생각하고, 유대인 사역자의 죽음을 즐거워하고 기뻐한다. 이것이 거룩한 성 예루살렘이 이방인에 의해 짓밟힘 당한 정황이다.

넷째 단락(b′)의 둘째 소단락(② 11:8a, 두증인의 시체가 길에 방치됨)에서 사도가 '큰 성길'(11:8)을 언급하므로 예루살렘에서 발생한 두증인과 적그리스도 정부의 충돌을 예언한다. 반면 넷째 소단락(②′ 11:9, 땅에 거하는 자들이 두증인의 장사를 방해함)에서는 '백성과 족속과 방언과 나라'(11:9)를 언급하므로 열방에 흩어진 유대인 디아스포라를 위한 두증인의 사역과 죽음을 예언한다. 이러한 사실로부터 재림 직전에 있을 종말적 유대인 선교는 전 세계에서 동시다발적으로 진행됨을 알 수 있다.

12.13.

넷째 단락(b')의 첫째 소단락(① 11:7, 두증인의 순교)에서 무저갱으로부터 올라온 짐승이 두증인을 살해하는데, 필자는 '무저갱으로부터 올라온 짐승'(11:7)의 기원과 정체를 다음과 같이 해석한다.

계시록에서 무저갱과 짐승이 함께 등장한 곳은 '무저갱의 사자'(9:11), '무저갱에서 올라온 짐승'(11:7), '전에 있다가 시방은 없으나 장차 무저갱으로부터 올라와 멸망으로 들어갈 자'(17:8), '일천 년 동안 결박하여 무저갱에 던져진 용'(20:2,3) 등이다. 위에서 열거한 네 번의 표현들은 모두 사탄을 지칭하는 표현이다. 예를 들면, 짐승이 무저갱에서 올라온 사건은 천년동안 무저갱에 갇힌 용이 주님의 허락 아래 잠시 풀려난 사건과 동일하다(11:7; 9:1,2, 20:1-3,7). 무저갱에서 출옥한 짐승은 자신의 대리자인 종말적 적그리스도를 세기의 권력자로 추대하기 위하여 유브라데 전쟁을 촉발할 것이다(9:13-19). 더 나아가 사탄은 두 짐승을 선동하여 인류 마지막 전쟁인 아마겟돈 전쟁을 도발할 것이다(16:12-16, 20:8).

아울러 무저갱으로부터 출옥하여 두증인을 순교케 한 짐승의 활동은 아마겟돈 전쟁과 동일한 시기에 발생한 사건이다. 이때 사탄은 내부적으로 자신의 하수인인 두 짐승을 동원하여 두증인의 사역을 저지할 영적 전쟁을 수행할 것이며, 다른 한편으로 온 천하 임금들을 미혹하여 하나님의 교회를 말살하려는 물리적 전쟁을 시도할 것이다(16:14). 그러나 주님의 강림으로 인하여 그들은 멸망할 것인데(20:9), 이것이 아마겟돈 전쟁(곡과 마곡 전쟁)이다.

12.14.

앞서 필자는 넷째 단락(b')의 둘째 소단락(② 11:8a, 두증인의 시체가 길에 방치됨)에서 '큰 성'(11:8)을 예루살렘으로 해석하였다. 구약에서 예루살렘이 '큰 성'으로 두 번 언급되지만,[32] 계시록에서는 이 단어가 일곱 번 사용된다.[33] 이처럼 계시록에서 이 단어가 자주 사용된 것은 주목할 만하다.

---

32) 렘22:8; 시48:2.

33) '큰 성'이 바벨론과 연결되어 배도한 성 예루살렘을 지칭한 경우는 일곱 번이다(11:8, 16:19, 18:10,16,18,19,21: 주-11:8, 16:19, 18:16,18,19은 큰 성으로 표기되어 있으나 큰 성 바벨론을 의미한다)

성경에서 예루살렘을 '큰 성'으로 표현한 것은 하나님의 처소로서 높고 광대하다는 의미이다. 그런데 계시록에서 사도가 이 단어를 배도한 예루살렘에 사용한다. 이처럼 사도가 예루살렘을 '큰 성 바벨론'으로 표현한 것은 종말적 적그리스도가 자신을 자칭 하나님으로 참칭(僭稱)하고, 자신의 권좌를 예루살렘에 안치하면서 메시아의 통치를 모방하기 때문이다. 마치 악의 세력인 용과 바다짐승과 땅의 짐승이 삼위일체 하나님을 모방한 것처럼 '큰 성 바벨론'은 '큰 성' 예루살렘을 모방한 것이다.

아울러 사도는 계시록에서 '거룩한 성'(11:2, 21:2,10, 22:19)을 네 번 언급하는데, 여기 '거룩한 성'은 대환난 때 배도할 예루살렘을 지칭한다. 주님은 감람산 강화에서 '멸망의 가증한 것'(마24:15)을 예고하실 때 예루살렘의 배도를 예언하셨다.[34] 성경의 예언대로 예루살렘은 대환난 이후 적그리스도 정부에 의하여 실제로 점령당하는 일이 발생할 것이다.[35] 그리고 종말적 적그리스도는 예루살렘에 세워질 유대인 신전에서 자신을 자칭 하나님으로 참칭(僭稱)할 것이며(살후2:4), 예루살렘을 적그리스도 정부의 종교적·정치적 거점으로 정하고 유대인들을 박해할 것이다. 이것이 대환난 때 유대인들이 겪어야 할 '큰 환난'(마24:21; 단12:1)이며, 이때가 재림 직전 일곱째 머리인 적그리스도 정부가 통치하는 마흔두 달의 기간이다.

결론적으로, 예루살렘은 포로기 이후 거룩한 성으로 일컬어졌지만, 신약시대에서 메시아를 거부하므로 거룩한 성의 지위를 상실하였다. 또한 대환난 때 예루살렘은 배도한 '큰 성 바벨론'으로 전락할 것이다. 그럴지라도 하나님께서는 재림 사건을 통하여 배도한 예루살렘을 새 예루살렘으로 회복하시고, 그곳의 보좌에 앉으셔서 다윗에게 약속하신 영원한 나라를 통치하실 것이다.

---

34) 마24:15. 너희가 선지자의 말한바 멸망의 가증한 것이 거룩한 곳에 선 것을 보거든
35) 단7:25, 12:7; 마24:15; 살후2:3-4; 계13:5.

G. 셋째 단락(11:14-22:5)

1. 셋째 단락을 들어가면서

1.1.
셋째 단락(B' 11:14-22:5, 종말의 핵심적 구원계시)에서 사도가 많은 분량을 할애하여 대환난 이후 전개될 하나님의 구원경륜을 기술하였다. 이것은 계시록이 대환난 이후 종말교회에게 임할 계시를 설명한 예언서이다 는 사실을 명시한 것이다. 그래서 필자는 계시록의 셋째 단락(B' 11:14-22:5, 종말의 핵심적 구원계시)을 미래주의 관점으로 해석해야 한다고 주장한다.

1.2.
둘째 단락(B. 4:1-11:13, 종말의 개략적·점진적인 구원계시)이 '종말의 개략적·점진적 구원계시'에 대한 설명이라면, 셋째 단락(B')은 일곱째 나팔 이후 전개될 '종말의 핵심적 구원계시'이다. 그래서 셋째 단락(B')은 '세상 나라가 주와 그 그리스도의 나라로'(11:15) 설립되는 과정을 설명한다.
아울러 사도가 셋째 단락(B')에서 장차 이스라엘이 직면할 '개국 이래 없던 환난'(단12:1; 마24:21)과 종말적 이스라엘의 구원에 대하여 설명한다. 즉 사도가 둘째 단락(B)의 마지막 소단락(1' 11:1-13, 땅의 성전과 두증인)에서 종말적 이스라엘의 구원에 대한 계시를 개략적으로 기술하고, 곧바로 셋째 단락(B')에서는 이스라엘을 중심한 대환난 이후 계시를 자세히 설명한다. 이처럼 사도가 셋째 단락(B')에서 이스라엘을 강조한 것은 종말적 이스라엘의 회심이 그리스도 강림에 대한 징조가 되기 때문이다.

1.3.
필자가 셋째 단락(B')을 대환난 이후 구원계시로 해석하는 이유는 다음과 같다.
첫째, 다니엘서에서 '한때 두 때 반 때'는 이스라엘이 개국 이래로 경험하지 못한 큰 환난을 설명하는 용어로 사용되었다. 그런데 사도가 셋째 단락(B')에서 다니엘서의 '한때 두 때 반 때'(12:14; 단7:25, 12:7)와 함께 '마흔두 달'(13:5;

11:2)과 '일천이백육십일'(12:6; 11:3)을 집중적으로 사용한다. 그러므로 셋째 단락(B')은 장차 이스라엘이 직면할 큰 환난의 계시로 해석하는 것이 옳다.

둘째, 셋째 단락(B')은 주로 그리스도께서 강림하실 때 있을 종말적 이스라엘의 구원에 관한 설명이다. 그래서 셋째 단락(B')에는 '거룩한 성'(11:2, 21:10, 22:19), '유브라데'(16:12; 9:14), '아마겟돈'(16:16), 곡과 마곡(20:8) 같은 이스라엘과 연관된 용어들이 집약적으로 사용되었다. 특히 곡과 마곡 전쟁은 인류 역사의 마지막 전쟁인 아마겟돈 전쟁과 동일하며, 선지자 에스겔은 이 전쟁을 종말적 이스라엘의 구원과 관련하여 예언하였다(겔38:2, 39:11).

결론적으로, 셋째 단락(B')이 묵시문학 형식과 관계가 있다는 사실 외에도 셋째 단락(B')의 배경과 내용들은 이스라엘이 직면할 큰 환난과 종말적 이스라엘의 구원에 관한 내용임이 명백하다.

1.4.

필자는 계시록의 셋째 단락(B')을 두 개의 소단락으로 구분한다. 필자가 셋째 단락(B')을 두 개의 소단락으로 구분한 근거는 이들이 모두 일곱째 나팔로 시작되기 때문이다(11:15, 15:1). 즉 계시록의 셋째 단락(B')의 둘째 소단락(2. 15:1-22:5, 대환난 이후 개략적 구원사건)의 '마지막 재앙'(15:1)은 첫째 소단락(1. 11:14-14:20, 대환난 이후 개략적 구원계시)의 일곱째 나팔의 다른 표현이다. 이처럼 첫째(1)와 둘째 소단락(2)은 동일한 계시이지만, 전자는 '대환난 이후 개략적 구원계시'이고 후자는 '대환난 이후 개략적 구원사건'이라는 차이가 있다.

아울러 필자가 각 소단락의 주제를 위와 같이 표제한 근거는 둘째 천사의 설명 때문이다. 첫째 소단락(1)에서 둘째 천사가 큰 바벨론 멸망에 대한 계시를 선포하는데(14:8), 둘째 소단락(2)에서는 사도가 그 결과를 구체적 사건으로 기술한다(18장). 또한 첫째 소단락(1)이 '세상 나라가 주와 그리스도의 나라가 되어 그리스도께서 세세토록 왕노릇'(11:15) 한다는 계시의 설명이라면, 둘째 소단락(2)은 주와 그리스도 나라의 실현으로서 종말교회의 승리와 악의 세력의 멸망을 자세히 설명하였다.

1.5.

셋째 단락(B')의 첫째 소단락(1. 11:14-14:20, 대환난 이후 개략적 구원계시)에서 주목할 내용은 다음과 같다.

첫째, 해 입은 여자의 정체이다(12:5). '요한'이 종말론적 환난부터 재림까지 활동할 열방교회이면, 해 입은 여자는 대환난 이후 활동할 열방교회이다. '요한'과 해 입은 여자는 모두 신약교회이지만, 이들에게 위임된 사역 대상과 시기가 서로 다르다. 그래서 사도는 종말론적 환난 이후 활동할 신약교회를 서로 다른 상징으로 표현하였다.

둘째, 보좌 앞으로 올라간 남자아이의 정체이다(12:5). 두증인과 보좌 앞으로 올라간 남자아이는 종말적 이스라엘 선교를 위한 유대인 교회의 사역자이다. 사도는 두 증인과 보좌 앞으로 올려간 아이를 다른 상징으로 표현하였지만, 이들은 열방교회에 의하여 탄생할 유대인 교회의 사역자들로서 '그 여자의 남은 자손'(12:17; 11:13)을 위하여 일천이백육십일 동안 사역할 것이다.

셋째, 사도가 사용한 '한때 두 때 반 때'(12:14)의 시기와 역할이다.

사도가 선지자 다니엘이 사용한 '한때 두 때 반 때'를 차용(借用)한다. 앞서 〈계시록과 다니엘서의 관계〉를 생각하면서, 필자는 계시록과 다니엘서를 연계시키는 근거로 선지자가 사용했던 '한때 두 때 반 때'(단7:25, 12:7)를 예로 들었다. 이 구절은 선지자가 종말적 이스라엘의 구원을 설명하면서 오직 두 번 사용했던 표현이며, 하나님의 구원역사의 시간표에서 '한 이레의 절반'(단9:27)에 해당한다.

그런데 사도가 그의 예언서에서 선지자 다니엘의 독특한 표현인 '한때 두 때 반 때'(12:14)를 차용한다.36) 사도가 그의 예언서에서 '한때 두 때 반 때'를 차용한 것은 해 입은 여자가 광야에서 양육되는 사건과 다니엘이 예언한 종말적 유대인 구원이 긴밀한 관계가 있다는 점을 명시하기 위함이다(단12장).

넷째, 대환난 이후 전개될 종말교회와 악의 세력의 영적·물리적 전쟁이다. 사도는 두증인과 두 짐승의 활동을 대환난을 지시하는 일천이백육십일과 마흔두 달이라는 동일한 기간으로 제한한다. 이 기간에 두증인은 유대인 선교를 위하여 사역하는 반면, 두 짐승은 유대인의 회심을 방해하고 종말적 이스라엘 구원의 완성을 훼방하려고 할 것이다. 그래서 대환난 이후 두 세력 사이에 있을 강력한 영적·물리적 충돌을 예상할 수 있다.

---

36) 12:14, 그 여자가 큰 독수리의 두 날개를 받아 광야 자기 곳으로 날아가 거기서 한 때와 두 때와 반 때를 양육 받으매

1.6.

셋째 단락(B')의 둘째 소단락(2. 15:1-22:5, 대환난 이후 개략적 구원사건)에서 주목할 내용은 다음과 같다.

첫째, 둘째 소단락(2)은 첫째 소단락(1)에서 예고한 '대환난 이후 개략적 구원계시'가 역사 안에서 어떻게 성취되는가를 설명한다. 필자는 이러한 내용을 '재림과 악의 삼위일체 멸망' 단락(19:11-20:10)을 중심으로 교차적 병행구조로 고안하여 설명하였다.[37] 부연하면, 그리스도 강림으로 말미암아 세상 나라의 상징인 큰 (성) 바벨론의 멸망(15:1-19:10)과 그리스도 나라의 완성(20:11-22:5)을 병행구조로 설명하였다. 그리할 때 재림의 틀 안에서 20장의 천년기를 해석하므로 계시록의 큰 난제인 천년왕국 논쟁을 해결할 수 있다.

둘째, 필자는 천년왕국 가설을 폐하고, 천년기를 하나님 나라로 해석하였다.

1) 전천년은 재림 이후 도래할 천년왕국이라는 거대한 주제를 20장에서 설명하려고 한다. 그러나 20장에는 천년왕국이라는 큰 주제를 담을만한 구조적 간격을 찾을 수 없다. 또한 전천년이 천년왕국의 근거로 제시한 '새 하늘과 새 땅'(사 65:17, 66:22; 21:1)은 새 예루살렘과 함께 언급되므로 그들이 주장하는 '소위 천년왕국'은 완성된 그리스도 왕국으로 설명되어야 한다.

2) 복음서의 저자들이 '이미와 아직'으로 해석한 하나님 나라의 이중성을 사도는 이미 계시록에서 '천년과 또 다른 천년'으로 설명하였다. 필자는 20장의 '천년'을 부정과거시제와 미래시제인 '왕노릇'(20:4,6)과 연관시켜서 두 종류의 천년기로 설명한다. 즉 부정과거시제의 왕노릇과 함께 사용된 '천년'은 신약교회에서 실행된 그리스도의 통치로, 그러나 미래시제의 왕노릇과 함께 사용된 '천년'은 새 예루살렘 성에서 행해질 그리스도의 왕적 통치에 참여하는 것으로 설명하였다. 그리하면 20장의 두 개의 '천년과 왕노릇' 가운데 전자는 '이미의 하나님 나라' 통치를(20:4), 후자는 '아직의 하나님 나라' 통치를 의미한다(20:6).

---

37) 2. 대환난 이후 개략적 구원사건(15:1-22:5)
　　　a. 마지막 재앙과 큰 (성) 바벨론의 멸망(15:1-19:10)
　　　　b. 재림과 악의 삼위일체 멸망(19:11-20:10)
　　　a' 백보좌 심판과 그리스도 나라 완성(20:11-22:5)

2. 대환난 이후 개략적 구원계시(11:14-14:20)

A. 임박한 그리스도의 강림 예고와 신약교회를 향한 교훈(1:1-3:22)
B. 종말의 개략적 · 점진적인 구원계시(4:1-11:13)
B' 종말의 핵심적 구원계시(11:14-22:5)
▶ 1. 대환난 이후 개략적 구원계시(11:14-14:20)
  a. 셋째 화를 예고(11:14)
  b. 주 하나님께서 세세토록 왕노릇 하심(11:15-18)
  a' 셋째 화의 실행을 예고(11:19)
  b' 하나님의 심판(12:1-14:20): 상 받을 자들과 멸망당할 자들
  2. 대환난 이후 개략적 구원사건(15:1-22:5)
A' 임박한 그리스도의 강림 예고와 신약교회를 향한 교훈(22:6-21)

2.1.

초기 묵시문학 형식은 다니엘서의 형식과 동일하다. 초기 묵시문학은 '종말의 구원계시-이스라엘의 종말론적 환난-종말적 이스라엘의 구원' 형식을 갖는다. 그런데 사도가 계시록에서 종말적 이스라엘의 구원을 대환난 이후 구원계시와 구원사건으로 세분화하였다. 이러한 사실은 후기 묵시문학 문헌이 초기 묵시 문헌보다 복잡한 형식을 가진다는 점에서 추론할 수 있다. 즉 사도는 초기 묵시문학 형식을 발전시켜 대환난 이후 하나님의 구원계시를 강조하는 구조를 고안하였다. 그리하여 대환난의 배후 세력의 정체를 자세히 설명할 뿐 아니라 대환난 이후 하나님의 구원역사가 어떻게 전개될지 개략적으로 설명하였다.

결론적으로, 사도는 대환난 이후 구원계시를 두 번 반복하여 기술하므로 그 내용을 강조하였다. 그래서 종말교회가 큰 바벨론의 박해와 미혹에 대하여 경성 하도록 하였다.

2.2.

본 단락(1. 11:14-14:20, 대환난 이후 개략적 구원계시)에서는 대환난 이후 '세상 나라가 우리 주와 그 그리스도의 나라가 되어 그가 세세토록 왕노릇'(11:15) 하시는 과정

을 개략적으로 계시하였다. 사도는 본 단락(1)에서 주와 그리스도 나라가 설립되는 과정을 대환난과 재림 상황으로 설명하는데, 이것은 상 받을 자와 멸망 당할 자에 대한 심판으로 실현된다.

2.3.
본 단락(1)의 첫째(a, 11:14, 셋째 화를 예고)와 셋째 단락(a' 11:19, 셋째 화의 실행을 예고)은 다음과 같은 병행구조로 고안할 수 있다.

> B' 종말의 핵심적 구원계시(11:14-22:5)
> ▶ 1. 대환난 이후 개략적 구원계시(11:14-14:20)
>   a. 셋째 화를 예고(11:14)
>   a' 셋째 화의 실행을 예고(11:19)
> 2. 대환난 이후 개략적 구원사건(15:1-22:5)

본 단락(1)의 첫째(a)와 셋째 단락(a')에서 사도는 셋째 화를 언급한다. 사도가 첫째 단락(a)에서 셋째 화를 예고하고(11:14), 셋째 단락(a')에서는 셋째 화의 실행을 예고한다(11:19). 여기서 셋째 화는 공중을 날아가는 독수리가 외쳤던 화(禍) 가운데 마지막 화(禍)로서 일곱째 나팔을 지칭한다(8:13). 일곱째 나팔에는 일곱 대접 재앙이 포함되어 있으며, 이것은 인류 역사를 마감하는 하나님의 진노가 가득한 마지막 재앙이다(15:1). 그래서 일곱째 나팔은 역사를 종식하는 재림 사건으로 귀결된다.
셋째 단락(a')에서 셋째 화의 실행 예고에는 재림을 암시하는 표현들이 있다.
첫째, 하나님의 언약궤가 있는 하늘성전이 열린다(11:19). 사도가 하늘 성전의 열림과 성전의 언약궤를 언급한 것은 하나님께서 재림에 대한 약속을 이루실 때가 임박함을 명시한 것이다. 이것은 '하늘의 문이 열리고 이후에 마땅히 될 일을 보이신'(4:1) 것이나 '하늘에 증거 장막의 성전이 열리고 일곱 천사에게 일곱 금대접을 주신'(15:5) 것과 동일한 의미이다. 특히 하늘의 증거 장막의 성전이 열리는 때는 재림 직전 있을 일곱 대접 재앙의 실행과 연관된 상황이다.
둘째, 사도가 셋째 화의 실행을 예고하면서 번개와 뇌성, 음성과 지진과 큰 우박을 교대적 병행구조로 배열하였다. 계시록에서 지진과 우박 같은 표현들은 재림에 대한 예고적 의미가 있다(11:19). 그래서 셋째 단락(a')에서는 재림을 일곱째 대접 재앙처럼 큰 지진과 큰 우박으로 표현하지 않는다(16:18,21).

2.4.

둘째 단락(b. 11:15-18, 주 하나님께서 세세토록 왕노릇 하심)의 구조는 다음과 같이 고안할 수 있다.

> B' 종말의 핵심적 구원계시(11:14-22:5)
> ▶ 1. 대환난 이후 개략적 구원계시(11:14-14:20)
>   b. 주 하나님께서 세세토록 왕노릇 하심(11:15-18)
>   ① 하늘의 큰 음성들(11:15): 주께서 세세토록 왕노릇 하실 것
>   ② 이십사 장로들의 경배와 찬송(11:16-18)
>   b' 하나님의 심판(12:1-14:20): 상 받을 자와 멸망당할 자
>   2. 대환난 이후 개략적 구원사건(15:1-22:5)

둘째 단락(b)은 하늘의 큰 음성과 이십사 장로들의 경배와 찬송으로 구성되어 있다. 둘째 단락(b)의 첫째 소단락(① 11:15, 하늘의 큰 음성들: 주께서 세세토록 왕노릇 하실 것)에서 하늘의 큰 음성들이 일곱째 나팔 이후 세상 나라가 멸망하고 하나님 나라가 완성될 것을 설명한다. 이처럼 하늘의 큰 음성들이 그리스도의 미래적·궁극적 통치를 선포한다. 이것은 재림 이후 영원한 하나님 나라에서 그리스도께서 세세토록 왕노릇 하실 것을 의미한다. 반면 둘째 소단락(② 11:16-18, 이십사 장로들의 경배와 찬송)에서 이십사 장로는 그리스도의 현재적 통치를 찬송한다. 즉 보좌에 좌정하신 그리스도는 지금도 교회와 함께 세상을 다스리고 계시다. 그래서 이십사 장로들은 그리스도의 통치를 부정과거시제로 찬송하며, 그리스도를 하나님의 삼중호칭인 '장차 오실 자'(11:17; 16:5)로 설명하지 않는다.

넷째 단락(b' 12:1-14:20, 하나님의 심판: 상 받을 자와 멸망당할 자)은 이십사 장로들의 찬송처럼 그리스도의 현재적 통치가 하나님의 심판으로 실현됨을 설명한다. 이것에 대한 자세한 설명은 다음 내용에 기술하였다.

3. 하나님의 심판(12:1-14:20)

A. 임박한 그리스도의 강림 예고와 신약교회를 향한 교훈(1:1-3:22)
B. 종말의 개략적 · 점진적인 구원계시(4:1-11:13)
B' 종말의 핵심적 구원계시(11:14-22:5)
  1. 대환난 이후 개략적 구원계시(11:14-14:20)
    a. 셋째 화를 예고(11:14)
    b. 주 하나님께서 세세토록 왕노릇 하심(11:15-18)
    a' 셋째 화의 실행을 예고(11:19)
  ▶ b' 하나님의 심판(12:1-14:20): 상 받을 자와 멸망당할 자
    ① 해 입은 여자와 용(12:1-17): 상 받을 자와 멸망당할 자
     ② 두 짐승(13:1-18): 멸망당할 자
      ③ 십사만 사천(14:1-5): 상 받을 자
     ②' 세 천사, 큰 바벨론 멸망을 예고(14:6-13): 멸망당할 자
    ①' 곡식추수와 포도추수(14:14-20): 상 받을 자와 멸망당할 자
  2. 대환난 이후 개략적 구원사건(15:1-22:5)
A' 임박한 그리스도의 강림 예고와 신약교회를 향한 교훈(22:6-21)

3.1.

본 단락(b' 12:1-14:20, 하나님의 심판: 상 받을 자와 멸망당할 자)에서 사도가 나팔과 대접 환상 사이에 상당한 분량을 지닌 '대환난 이후 개략적 구원계시'를 설명한다. 그래서 '일곱째 나팔'(11:15)에서 '마지막 재앙'(15:1)인 일곱 대접 재앙으로 연결되는 자연스러운 계시록의 흐름을 방해하는 것처럼 보인다. 사도가 수신자들이 계시록의 흐름을 이해하는데 있어서 큰 장애가 될 줄 알면서도 본 단락(b')을 반복 구조처럼 고안한 이유가 있다. 그것은 사도가 동일한 내용을 반복하므로 대환난 이후 하나님의 구원계시를 강조한 것이다. 또한 수신자들에게 대환난 이후 종말교회와 악의 세력의 실상과 그것의 결말을 일목요연하게 설명하고자 하였다. 더 나아가 사도가 대환난 가운데서 종말교회가 구비해야 할 신앙의 자세를 제시하는데, 이것은 세상 가운데 존재하지만 현실 상황을 넘어선 믿음이어야 한다는 점을 교훈한다.

3.2.

본 단락(b´)에서 사도가 대환난 이후 종말교회를 박해할 모든 악의 실체들을 등장시킨다. 이들은 용 또는 옛뱀(사탄), 바다짐승(종말적 적그리스도), 땅의 짐승(거짓 선지자), 그리고 큰 바벨론이다. 이들의 특징은 하나님의 계획과 사역을 모방하여 사람들에게 자신들을 참 신과 참 구원자인 것처럼 믿도록 미혹하는 것이다. 그 결과 포도 추수에서 볼 수 있듯이 대환난 이후 활동할 악의 세력들의 미혹으로 말미암아 많은 영혼들이 멸망에 떨어질 것이다.

본 단락(b´)에서 사도가 심판의 대상과 이유에 대하여 설명하고, 그것에 근거하여 하나님의 공의로운 심판이 실행될 것을 예고한다. 즉 하나님을 경외하는 자들에게는 상을, 세상(땅)을 망하게 할 자들은 하나님의 진노로 인하여 멸망 당할 것이다. 예를 들면, 대환난 동안 박해를 무릅쓰고 사명을 감당한 해 입은 여자(12:14,16)와 십사만 사천(14:1-5) 그리고 곡식(14:14-16)은 상을 받겠지만, 하나님을 대적하고 교회를 박해한 용(12:15,17)과 두 짐승(13장)과 큰 바벨론(14:8-11) 그리고 배도한 교회인 포도(14:17-20)는 멸망 당할 것이다. 이때 하나님의 진노는 배도한 큰 바벨론 또는 큰 음녀에게 집중될 것이다.

3.3.

본 단락(b´)의 처음(① 12:1-17, 해 입은 여자와 용: 상 받을 자와 멸망당할 자)과 마지막 단락(①´ 14:14-20, 곡식 추수와 포도추수: 상 받을 자와 멸망당할 자)에서는 사도가 창조부터 재림까지 선과 악의 충돌을 설명하는 것처럼 기술하였다. 그래서 모든 교회와 악의 세력들은 하나님의 심판을 받고 상과 멸망으로 귀결될 운명이라는 점을 암시하였다. 또한 본 단락(b´)의 둘째(② 13:1-8, 두 짐승: 멸망당할 자)와 넷째 단락(②´ 14:6-13, 세 천사, 큰 바벨론의 멸망을 예고: 멸망당할 자)에서는 사탄의 핵심 세력인 두 짐승과 두 짐승, 그리고 그들에 의하여 설립될 큰 바벨론의 멸망에 대하여 설명하였다.

본 단락(b´)의 주제 단락(③ 14:1-5, 십사만 사천)은 대환난 이후 선교적 사명을 감당할 십사만 사천에 대한 설명이다. 이들은 큰 박해 가운데서 하나님과 그리스도를 향한 믿음의 순결을 지키며 죽기까지 충성한 자들이다. 그래서 어린양의 혼인잔치에 참여하며, 하늘성전에서 새노래를 부를 것이다.

4. 해 입은 여자와 용(12:1-17)

A. 임박한 그리스도의 강림 예고와 신약교회를 향한 교훈(1:1-3:22)
B. 종말의 개략적 · 점진적인 구원계시(4:1-11:13)
B' 종말의 핵심적 구원계시(11:14-22:5)
  1. 대환난 이후 개략적 구원계시(11:14-14:20)
    a. 셋째 화를 예고(11:14)
    b. 주 하나님께서 세세토록 왕노릇 하심(11:15-18)
    a' 셋째 화를 실행(11:19)
    b' 하나님의 심판(12:1-14:20): 상 받을 자들과 멸망당할 자들
  ▶ ① 해 입은 여자와 용(12:1-17): 상 받을 자와 멸망당할 자
    ⓐ 해 입은 여자와 용(12:1-5)
     ⓑ 여자가 광야로 도망함(12:6)
      ⓒ 큰 용과 그 사자들의 추방(12:7-9)
       ⓓ 하늘의 큰 음성(12:10-12): 어린양의 피와 증거의 말로 이김
      ⓒ' 땅으로 추방된 용의 활동(12:13)
     ⓑ' 여자가 광야에서 양육 받음(12:14-16)
    ⓐ' 해 입은 여자의 남은 자손과 용(12:17)
  ② 두 짐승(13:1-18): 멸망당할 자
  ③ 십사만 사천(14:1-5): 상 받을 자
  ②' 세 천사, 큰 바벨론 멸망을 예고(14:6-13): 멸망당할 자
  ①' 곡식추수와 포도추수(14:14-20): 상 받을 자와 멸망당할 자
  2. 대환난 이후 개략적 구원사건(15:1-22:5)
A' 임박한 그리스도의 강림 예고와 신약교회를 향한 교훈(22:6-21)

4.1.

계시록은 사도 당시 교회에게 권면을 목적으로 기록한 계시의 책이다. 그러나 사도가 대환난 이후 전개될 구원계시를 배경으로 하여 당시 교회들을 권면하므로 계시록의 둘째(B. 4:1-11:13, 종말의 개략적 · 점진적인 구원계시)와 셋째 단락(B' 11:14-22:5, 종말의 핵심적 구원계시)은 미래주의 해석을 해야 한다.

그런데 사도가 종말의 계시적 사건들을 기록하면서 과거에 있었던 구원역사를 재조명한 곳이 있다. 먼저 어린양이신 그리스도께서 하나님의 구원경륜이 기록된 책을

취하신 사건이다(5장). 이것은 승천하신 그리스도께서 하나님 보좌 우편에 취임하신 사건에 대한 상징적 표현으로서 이미 구원역사에서 성취된 사건이다. 또한 하나님의 구원역사에서 옛 뱀인 사탄의 하늘로부터 추방(12:8,9)과 십자가 결박(12:13; 20:1-3)도 명백한 과거 사건이다. 그럴지라도 이러한 내용들은 구원역사의 어떤 사건을 설명하든지 항상 언급할 수 있는 근원적 내용들이다. 그래서 사도가 대환난 이후 종말교회를 박해하는 악의 세력에 대하여 설명하면서 악의 근원인 큰 붉은 용의 반역과 박해 사건을 함께 언급한다.

4.2.

본 단락(① 12:1-17, 해 입은 여자와 용)을 포괄하는 계시록의 셋째 단락(B')이 대환난 이후 구원 계시임에도 불구하고, 사도가 본 단락(①)에서 과거의 사건을 언급한다. 이러한 사도의 의도는 사탄과 연관된 일련의 사건들이 하나님의 구원역사에서 중요할 뿐 아니라 종말교회 또는 대환난 이후 사건들과 긴밀한 연관이 있기 때문이다. 아울러 사도가 본 단락(①)에서 사탄의 추방을 기술한 것은 태초부터 하나님의 백성을 박해했던 옛 뱀이 마지막 때까지 교회를 박해하는 원흉이라는 점을 설명하기 위함이다. 즉 사도는 본 단락(①)에서 태초에 관한 내용을, 대칭 단락(①' 14:1-20, 곡식추수와 포도추수)에서는 최후 심판에 관한 내용을 병행구조로 기술하므로 멸망당할 자인 사탄의 죄악을 설명한다. 그리고 '재림, 하나님의 심판'(19:19-20:10) 단락에서 사탄의 멸망을 설명한다. 또한 하늘로부터 추방된 사탄으로 인하여 '땅과 바다에 거하는 자는 화가 있다'(12:12)라는 예언이 대칭 단락(①')에서 성취되는데, 사도는 히브리 병행구조를 사용하여 땅과 바다에 거하는 자에게 미칠 화가 영혼의 멸망이라고 설명한다.

4.3.

본 단락(①)의 주제 단락(ⓓ 12:10-12, 하늘의 큰 음성: 어린양의 피와 증거의 말로 이김)의 구조는 다음과 같이 고안할 수 있다.

　　B' 종말의 핵심적 구원계시(11:14-22:5)
　　　1. 대환난 이후 개략적 구원계시(11:14-14:20)
　　　　b. 주 하나님께서 세세토록 왕노릇 하심(11:15-18)

b' 하나님의 심판(12:1-14:20): 상 받을 자와 멸망당할 자
▶ ① 해 입은 여자와 용(12:1-17): 상 받을 자와 멸망당할 자
ⓐ 해 입은 여자와 용(12:1-5)
ⓓ 하늘의 큰 음성(12:10-12): 어린양의 피와 증거의 말로 이김
㉮ 하나님의 능력과 권세가 나라와 구원을 이룸(12:10b)
㉯ 하나님 앞에서 참소하던 자가 땅으로 쫓겨남(12:10c-10d)
㉮' 자기 생명을 아끼지 아니한 증거로서 사탄을 이김(12:11a-11b)
㉯' 땅과 바다에 거하는 자는 화 있음(12:12)
ⓐ' 해 입은 여자의 남은 자손과 용(12:17)
①' 곡식 추수와 포도 추수(14:14-20): 상 받을 자와 멸망당할 자

본 단락(①)의 주제 단락(ⓓ)에서 하늘의 큰 음성이 신약교회의 승리를 선포한다. 주제 단락(ⓓ)의 첫째 항목(㉮ 12:10b, 하나님의 능력과 권세가 나라와 구원을 이룸)에서 하나님의 권능이 사탄에 대하여 승리하므로 마침내 하나님 나라와 구원이 완성될 것을 설명한다. 그리고 셋째 항목(㉮' 12:11a-11b, 자기 생명을 아끼지 아니한 증거로서 사탄을 이김)에서는 성령의 능력이 증인들에게 십자가 복음을 증거 하도록 역사하므로 사탄을 이겼다고 설명한다. 그 결과 복음의 증인들은 '충성되고 참된 증인'(3:14)이신 그리스도를 본받아 순종과 순교로서 십자가의 도가 영원한 진리임을 입증하였다.

주제 단락(ⓓ)의 둘째(㉯ 12:10c-10d, 하나님 앞에서 참소하던 자가 땅으로 쫓겨남)와 넷째 항목(㉯' 12:12, 땅과 바다에 거하는 자들은 화 있음)은 사탄의 추방에 대한 설명이다. 둘째 항목(㉯)에서는 하나님 앞에서 밤낮으로 교회를 참소하던 사탄이 공중으로 쫓겨났다. 그 결과 넷째 항목(㉯' 12:12, 땅과 바다에 거하는 자들은 화 있음)에서는 하늘과 그 가운데 거하는 자들은 즐거워하는 반면, 땅과 바다에 거하는 자들은 화가 있을 것을 경고한다. 이것은 하늘에서 쫓겨난 사탄이 공중권세 잡은 자로 활동하면서 자신의 때가 얼마 남지 않은 줄 알고 땅과 바다에 거하는 자들을 박해할 것이기 때문이다. 그리할지라도 신약교회는 그리스도를 본받아 증인의 사명을 감당하고, 주와 그리스도 나라의 완성을 위한 순교적 헌신을 다 해야 할 것이다.

4.4.
본 단락(①)의 처음(ⓐ 12:1-5, 해 입은 여자와 용)과 마지막 단락(ⓐ' 12:17, 해 입은 여자의 남은 자손과 용)의 구조는 다음과 같이 고안할 수 있다.

▶ ① 해 입은 여자와 용(12:1-17): 상 받을 자와 멸망당할 자
   ⓐ 해 입은 여자와 용(12:1-5)
     ❶ 해 입은 여자(12:1-2)
      ❷ 큰 붉은 용(12:3-4a)
     ❶' 해 입은 여자의 해산(12:4b-5)
   ⓐ' 해 입은 여자의 남은 자손과 용(12:17)
 ①' 곡식 추수와 포 도추수(14:14-20): 상 받을 자와 멸망당할 자

본 단락(①)의 처음 단락(ⓐ)에서 사도가 해 입은 여자와 큰 붉은 용의 전쟁을 기술하며, 마지막 단락(ⓐ')에서는 대환난 이후 용 또는 두 짐승과 남자아이에 의하여 출생할 '그 여자의 남은 자손들'(12:17) 사이에 있을 전쟁을 예고한다. 또한 처음(ⓐ)과 마지막 단락(ⓐ')의 관계에서 볼 때, 해 입은 여자가 복음의 증인인 '아들'(12:5)을 낳았듯이 대환난 이후 사역할 남자아이도 '그 여자의 남은 자손'의 출산에 성공할 것이다(12:17). 이것은 앞서 언급한 '그 남은 자'(11:13)의 회심에서 추론할 수 있다.

요약하면, 사도가 처음(ⓐ)과 마지막 단락(ⓐ')에서 설명한 두 세력의 충돌은 종말의 유대인 교회를 중심한 영적·물리적 충돌이며, 유대인 교회의 헌신은 마침내 종말의 이스라엘의 회심을 가능하게 할 것이다.

4.5.

첫째 단락(ⓐ)의 주제 소단락(❷ 12:3-4a, 큰 붉은 용)은 큰 붉은 용에 관한 설명이다. 사도는 큰 붉은 용의 정체를 옛 뱀, 마귀, 사탄이며, '온 천하를 꾀는 자'(12:9)와 하늘의 별 삼 분의 일을 끌어다가 땅에 던지는 자로 설명한다(12:4). 이것은 사도가 큰 붉은 용의 기원을 창조 기사에서 등장했던 타락한 천사로 알리려는 의도 때문이다.

아울러 사도가 큰 붉은 용의 역할을 '일곱 머리'(12:3)로 설명한다. 옛 뱀이 에덴부터 활동하였듯이 사탄도 세상 역사의 시작부터 활동한다는 사실을 일곱 머리로 표현하였다. 즉 일곱 머리는 구바벨론부터 시작하여 마지막 때에 등장할 적그리스도 나라인 큰 바벨론까지를 의미한다.

4.6.

첫째 단락(ⓐ)의 처음(❶ 12:1-2, 해 입은 여자)과 마지막 소단락(❶' 12:4b-5, 해 입은 여자의 해산)은 해 입은 여자와 그 여자의 해산에 관한 설명이다. 여기서 논점은 해 입은 여자의 실체는 무엇이며, 여자가 해산할 아들인 '장차 철장으로 만국을 다스릴 남자아이'(12:5)는 누구인가 하는 것이다. 필자는 이 질문에 대하여 다음과 같은 가능성을 제시한다.

첫째, 혹자는 이스라엘 왕의 대관식에서 사용되었던 시2편과 연계하여,[38] 또는 철장 권세로 세상을 심판하실 재림 주와 연계하여 아들을 그리스도로 해석한다. 그런데 본 단락(① 12:1-17, 해 입은 여자와 용)의 배경이 '일천이백육십일'(12:6; 11:3) 또는 '한때 두 때 반 때'(12:14)로 설명되는 대환난 때임을 고려할 때, 남자아이를 그리스도로 해석하는 것은 불가하다.

둘째, 열두 별의 면류관을 가진 해 입은 여자를 종말교회로, 남자아이를 종말의 유대인 교회로 해석할 수 있다. 사도는 해 입은 여자가 아들을 해산할 때 '애써 부르짖었다'(12:2)는 표현을 헬라어 '겐나오'(고전4:15, 해산하다) 또는 '아포퀴에오'(약1:18, 해산하다) 대신 '바사니조(괴로워하다)'를 사용한다. 그런데 바사니조 또는 동일한 어원에 속한 단어들은 신약성경 다른 곳에서 해산에 사용된 경우가 없고, 대신 고통과 연관되어 사용되었다. 또한 선지자 이사야도 남자아이의 해산을 바벨론 포로에서 귀환한 구약교회인 이스라엘의 재탄생으로 해석한다(사66:7,8).[39] 이러한 해석에 근거하여 필자는 해 입은 여자가 출산한 아들, 또는 장차 철장 권세로 만국을 다스릴 남자아이는 종말의 유대인 교회의 출생으로 해석한다.

결론적으로, 해 입은 여자가 매우 괴로워하며 출산한다는 의미는 열방교회가 종말적 유대인 교회를 재건하는 일을 심히 감당하기 어렵다는 사실을 설명한 것이다.

4.7.

첫째 단락(ⓐ)의 셋째 소단락(❶')에서 사도는 남자아이가 보좌 앞으로 올려간(하르파조, 끌어 올리다) 사건을 두증인이 하늘로 올라간(아나바이노, 들리다) 사건과 서로 다른 헬라어로 기술한다. 필자는 이러한 사도의 의도를 두 가지로 추론한다.

---

38) 시2:2,9, 아들 … 철장으로 그들을 깨뜨릴 것이며
39) 사66:7,8, 시온은 구로하기 전에 생산하며 고통을 당하기 전에 남자를 낳았으니, 이러한 일을 들은 자가 누구이며 이러한 일을 본 자가 누구이뇨 나라가 어찌 하루에 생기겠으며 민족이 어찌 순식간에 나겠느냐 그러나 시온은 구로하는 즉시에 그 자민을 순산하였도다:

첫째, 두증인과 남자아이는 동일한 실체이고, 이들이 하늘로 올라간 일은 동일한 시기에 발생한 유사한 사건이다.

둘째, 두증인과 남자아이가 동일한 실체이고 동일한 시기에 발생한 사건이지만, 원어들의 의미를 고려하면 이들이 하늘로 올라간 것은 다른 의미로 해석된다. 즉 두증인은 순교한 것이고(11:13), 남자아이는 순교적 박해를 통과한 후 휴거한 것이다(12:5). 그러므로 종말의 유대인 교회의 사역자들은 모두 순교하는 것이 아니다.

아울러 사도가 셋째 소단락(❶)에서 해 입은 여자가 낳은 아이를 '아들과 (철장으로 만국을 다스릴) 남자'로 설명하는데, 필자는 그 이유를 다음과 같이 추론한다.

첫째, '아들과 남자'는 증인의 의미이다. 사도는 해 입은 여자가 낳은 아들을 남성형 명사로 표기하는데, 아들은 '(두)증인'과 성(gender)이 동일하다. 마치 이스라엘이 태생적으로 하나님을 향한 증인의 삶을 살아야 하는 것처럼(출19:5-6) 유대인 교회도 주님의 재림을 예비하는 통로로서 증인의 사명을 수행해야 한다.

둘째, 아들은 상속자 또는 언약 백성의 개념을 수반한다. 이것은 하나님께서 이스라엘과 체결한 언약이 유효하며, 그래서 하나님의 사랑은 그들의 범죄에도 불구하고 하나님의 의를 이루시기까지 계속될 것이다. 그 결과 종말의 유대인 교회도 장차 어린양의 혼인잔치에 참여할 것이다.

셋째, 해 입은 여자가 낳은 남자는 아이인 상태에서 하나님의 보좌 앞으로 올려간다. 이것은 종말의 유대인 교회가 출생 후 얼마 되지 않아 휴거에 참여할 것을 설명한 것이다. 사도는 이 기간을 두증인의 사역 기간인 일천이백육십일(11:3, 12:6), 또는 두 짐승의 사역 기간인 마흔두 달로 설명한다(11:2, 13:5).

넷째, '(철장으로 만국을 다스릴) 남자'는 대환난 이후 그리스도 왕권을 가지고 세상을 통치할 종말의 유대인 교회이며, 이들은 휴거 후 그리스도께서 강림하실 때 하늘군대의 일원으로 참여하여 심판을 수행할 것이다(19:14).

결론적으로, 아들과 남자는 대환난 이후 활동할 종말의 유대인 교회를 서로 다른 언어로 표현한 것이다.

4.8.

본 단락(①)의 셋째 단락(ⓒ 12:7-9, 큰 용과 그 사자들의 추방)과 다섯째 단락(ⓒ' 12:13, 땅으로 추방된 용의 활동)의 구조는 다음과 같이 고안할 수 있다.

▶ ① 해 입은 여자와 용(12:1-17): 상 받을 자와 멸망당할 자
   ⓒ 큰 용과 그 사자들의 추방(12:7-9)
      ❶ 용과 그 사자들이 하늘에서 있을 곳을 얻지 못함(12:7-8)
         ❷ 큰 용의 정체(12:9a-9d)
      ❶' 용과 그 사자들이 땅으로 내어 쫓김(12:9e-9f)
   ⓒ' 땅으로 추방된 용의 활동(12:13)
① ' 곡식 추수와 포도 추수(14:14-20): 상 받을 자와 멸망당할 자

셋째(ⓒ)와 다섯째 단락(ⓒ')에서 사도는 사탄의 몰락 과정을 기술한다. 셋째 단락 (ⓒ)에서 사도는 큰 용과 그 사자들이 하늘에서 추방되는 과정을, 다섯째 단락(ⓒ') 에서는 큰 용이 다시 땅으로 내어 쫓기는 상황을 설명한다.

셋째 단락(ⓒ)의 주제는 큰 붉은 용의 정체이다. 사도는 주제 소단락(❷ 12:9a-9d, 큰 용의 정체)에서 온 세상을 미혹하는 원흉에 대하여 설명한다. 용은 에덴동산에서 아 담을 미혹했던 옛 뱀이며, 세상을 미혹하기 위하여 하나님의 교회를 집요하고 일관 되게 박해했던 마귀이며, 또한 미혹당한 자에 대한 소유권을 주장하려고 참소하는 사탄이다. 이처럼 사탄은 세상 왕이 되려는 목적을 위하여 유황불 못에 던져지는 순간까지 교회와 투쟁할 것이다.

셋째 단락(ⓒ)의 첫째 소단락(❶ 12:7-8, 용과 그 사자들이 하늘에서 있을 곳을 얻지 못함)의 하늘전쟁은 과거에 있었던 사탄과 그 사자들이 하늘에서 쫓겨난 원초적인 사건이며 (엡2:2), 셋째 소단락(❶ 12:9e-9f, 용과 그 사자들이 내어 쫓김)에서는 사탄과 그 사자들 이 '땅(계, 세상)'으로 쫓겨난 사건이다. 이들은 세상으로 쫓겨난 후 '세상 임 금'(고후4:4) 또는 '공중권세 잡은 자'(엡2:2)로 활동할 것이다.

반면 다섯째 단락(ⓒ')은 사탄이 십자가 사건으로 말미암아 땅으로 내어 쫓기는 사 건을 설명한다. 성경에서 말하는 사탄의 멸망과정을 고려할 때(하늘→공중→땅→불 못), 사탄이 '땅(계)으로 쫓겨났다'(12:13)는 것은 '무저갱(아부소스)'에 갇힌 것과 동일한 사건으로 해석할 수 있다(9:1). 더 나아가 사탄은 여호와의 날에 그리스도의 심판으로 말미암아 영원한 불 못에 던져져 멸망할 것이다(20:10).

결론적으로, 사도는 수사학적 기교를 사용하여 사탄이 하늘전쟁 때부터 재림까지 '숙명적으로' 패배할 것을 의도적으로 기술하였다.

4.9.

본 단락(①)의 둘째(ⓑ 12:6, 여자가 광야로 도망함)와 여섯째 단락(ⓑ' 12:14-16, 여자가 광야에서 양육 받음)의 구조는 다음과 같이 고안할 수 있다.

▶ ① 해 입은 여자와 용(12:1-17): 상 받을 자와 멸망당할 자
　　ⓑ 여자가 광야로 도망함(12:6)
　　ⓑ' 여자가 광야에서 양육 받음(12:14-16)
　　　❶ 여자가 용을 피하여 광야에서 양육 받음(12:14)
　　　　❷ 용이 여자를 공격함(12:15)
　　　❶' 땅이 여자를 보호(12:16)
　①' 곡식 추수와 포도 추수(14:14-20): 상 받을 자와 멸망당할 자

본 단락(①)의 둘째(ⓑ)와 여섯째 단락(ⓑ')이 병행구조임을 입증하는 중요한 단서가 있는데, 그것은 '일천이백육십일'(12:6)과 '한때 두 때 반 때'(12:14; 단7:25, 12:7)이다. 앞서 설명한 것처럼 '한때 두 때 반 때'는 선지자 다니엘이 그의 예언서에서 두 번 사용한 어구로서 '개국 이래 그때까지 없었던 환난'(단12:1)과 연계되어 큰 환난을 지칭하는 용어이다. 이때 종말의 이스라엘은 적그리스도 정부에 의하여 마흔두 달 동안 큰 환난을 겪을 것이다.

둘째 단락(ⓑ)에서 하나님께서는 대환난의 박해 가운데 있는 종말교회를 광야로 인도하신다(12:14). 성경에서 광야는 시험과 시련을 상징하지만, 계시록에서 광야는 대환난 이후 박해받는 교회를 위하여 예비하신 양육과 보호의 장소이다.

여섯째 단락(ⓑ')의 주제 소단락(❷ 12:15, 용이 여자를 공격함)은 사탄이 종말교회를 박해하는 내용이다. 사탄이 종말교회를 박해하는 방법은 물을 강같이 토하여 여자를 물로 떠내려 보내는 것이다(12:15). 이것은 사탄이 교회를 거짓과 미혹의 홍수로 유혹하고 종말적 이스라엘 선교에 집중하지 못하도록 역사할 것을 의미한다. 그러나 해 입은 여자는 하나님이 예비하신 곳에서 보호받으며(12:16), 종말적 이스라엘 구원을 위하여 사역할 것인다. 사도는 이것을 '양육'(12:14)이라는 단어로 표현한다.

5. 두 짐승(13:1-18)

A. 임박한 그리스도의 강림 예고와 신약교회를 향한 교훈(1:1-3:22)
B. 종말의 개략적 · 점진적인 구원계시(4:1-11:13)
B' 종말의 핵심적 구원계시(11:14-22:5)
   1. 대환난 이후 개략적 구원계시(11:14-14:20)
      a. 셋째 화를 예고(11:14)
      b. 주 하나님께서 세세토록 왕노릇 하심(11:15-18)
      a' 셋째 화의 실행을 예고(11:19)
      b' 하나님의 심판(12:1-14:20): 상 받을 자들과 멸망당할 자들
        ① 해 입은 여자와 용(12:1-17): 상 받을 자와 멸망당할 자
    ▶ ② 두 짐승(13:1-18): 멸망당할 자
          ⓐ 바다에서 올라온 짐승(13:1-8)
           ⓑ 경고(13:9-10)
          ⓐ' 땅에서 올라온 짐승(13:11-18)
        ③ 십사만 사천(14:1-5): 상 받을 자
        ②' 세 천사, 큰 바벨론 멸망을 예고(14:6-13): 멸망당할 자
        ①' 곡식추수와 포도추수(14:14-20): 상 받을 자와 멸망당할 자
   2. 대환난 이후 개략적 구원사건(15:1-22:5)
A' 임박한 그리스도의 강림 예고와 신약교회를 향한 교훈(22:6-21)

5.1.

계시록에는 짐승들에 대한 여러 표현이 사용된다. 이들은 큰 붉은 용(옛 뱀, 마귀, 사탄, 무저갱에서 올라온 짐승)과 바다짐승(붉은 짐승[40]), 땅의 짐승(거짓 선지자)이다. 이러한 악의 존재들이 짐승이라는 공통의 호칭을 가진 것은 이들이 서로 긴밀히 연관되었다는 것을 암시한다. 예를 들면, 종말적 적그리스도와 거짓 선지자는 사탄의 하수인으로서 용에게 직접 · 간접으로 권력을 수여받고 사탄숭배를 주도 한다. 또한 이들은 사탄과 함께 거짓 삼위일체를 구성하여 전능하신 하나님의 큰 날에 있게 될 전쟁에 참여할 것이다(19:19).

---

40) 한글개역성경은 붉은 빛 짐승이지만 원문에서는 붉은 짐승이다. 그래서 필자는 붉은 짐승으로 표기할 것이다.

5.2.

사도는 계시록에서 용과 바다짐승의 공통점을 일곱 머리와 열 뿔 가진 짐승으로 설명한다. 반면 이들의 다른 점은 용은 일곱 머리에 일곱 면류관을, 바다짐승은 열 뿔에 열 면류관을 가진 것이다. 이것은 용의 특징이 일곱 머리에 있지만, 바다짐승의 특징은 열 뿔에 있다는 사실을 강조한 것이다. 사도가 이들의 특징 가운데 면류관을 강조한 것은 두 짐승이 교회를 박해한 일과 관련이 있기 때문이다. 즉 용과 짐승은 존재와 사역에서 연합적이나 역할은 분리되어 있다는 사실을 보여준다.

사탄은 시날 땅의 니므롯 제국(諸國)부터 로마제국(帝國)까지, 그리고 대환난 이후 설립될 큰 바벨론으로 말미암아 세상을 지배할 것이다. 이것이 큰 붉은 용의 일곱 머리에 일곱 개 면류관이 있다는 의미이다. 그러나 사탄은 십자가 사건에서 패배하여 무저갱에 갇혔고, 그래서 하나님의 허락하심으로 무저갱에서 풀릴 때까지 세상 역사에 직접 개입할 수 없다. 그래서 사탄은 바다짐승을 대리자로 세워서 세상 역사에 개입하고, 또 종말론적 환난 이후 신약교회를 박해할 것이다. 이것이 바다짐승의 열 뿔에 열 개의 면류관이 있다는 의미이다.

5.3.

본 단락(② 13:1-18, 두 짐승)의 구조는 다음과 같이 고안할 수 있다.

```
B' 종말의 핵심적 구원계시(11:14-22:5)
    1. 대환난 이후 개략적 구원계시(11:14-14:20)
      b. 주 하나님께서 세세토록 왕노릇 하심(11:15-18)
      b' 하나님의 심판(12:1-14:20): 상 받을 자와 멸망당할 자
   ▶ ② 두 짐승(13:1-18): 멸망당할 자
         ⓐ 바다에서 올라온 짐승(13:1-8)
            ⓑ 경고(13:9-10)
         ⓐ' 땅에서 올라온 짐승(13:11-18)
      ②' 세 천사, 큰 바벨론 멸망을 예고(14:6-13): 멸망당할 자
```

본 단락(②)에서 사도가 이방인에 의하여 거룩한 성 예루살렘이 마흔두 달 동안 짓밟힘 당할 상황을 기술한다(11:2, 13:5). 마흔두 달은 주님의 예언대로 이방인의 때가 차기까지 예루살렘이 이방인에 의하여 밟히는 기간이다(눅21:24). 이때 두증인은

일곱 영의 능력을 힘입어 예수 그리스도의 계시, 곧 작은 책의 예언을 전할 것이다 (1:1; 10:10,11). 그 결과 유대인들은 평화조약을 체결할 종말적 적그리스도가 거짓 메시아임을 깨닫게 될 것이며, 예수를 메시아와 주 하나님으로 영접할 것이다.

5.4.
본 단락(②)의 주제 단락(ⓑ 13:9-10, 경고)은 대환난 이후 적그리스도 정부의 박해에 직면할 종말교회를 향한 예언적 경고이다. 사도는 두 짐승이 지배하는 세상이 도래할 때, 종말교회가 어떻게 믿음을 지켜야 할 것인가를 교훈한다.

아울러 사도는 대칭 단락(②' 14:6-13, 세 천사, 큰 바벨론 멸망을 예고)에서 주제 단락 (ⓑ)의 경고, 곧 대환난의 박해 가운데 있는 종말교회를 향한 경고를 다시 설명한다. 대칭 단락(②')에서는 사도가 큰 바벨론이 멸망 당할 때까지 성도의 인내를 강조하는데, 이것은 하나님의 계명과 예수에 대한 믿음을 지키는 것이다(14:12). 또한 사도는 이것을 '환난 가운데 예수 안에서 나라를 위한 참음'(1:9)으로 설명한다.

5.5.
본 단락(②)의 첫째 단락(ⓐ 13:1-8, 바다에서 올라온 짐승)의 구조는 다음과 같이 고안할 수 있다.

> ▶ ② 두 짐승(13:1-18): 멸망당할 자
>   ⓐ 바다에서 올라온 짐승(13:1-8)
>   ❶ 바다짐승의 기원(13:1)
>   ❷ 바다짐승의 사역을 암시(13:2a)
>   ❶' 바다짐승의 권세 기원(13:2b-4)
>   ❷' 바다짐승의 사역(13:5-8)
>   ⓐ' 땅에서 올라온 짐승(13:11-18)
>   ②' 세 천사, 큰 바벨론 멸망을 예고(14:6-13): 멸망당할 자

첫째 단락(ⓐ)은 바다짐승의 기원과 사역에 대한 설명이다. 또한 첫째 단락(ⓐ)에서는 적그리스도 나라의 설립부터 재림 직전까지 내용을 설명한다(13:2,8).

첫째 단락(ⓐ)의 첫째(❶ 13:1, 바다짐승의 기원)와 셋째 소단락(❶' 13:2b-4, 바다짐승의 권세 기원)은 바다짐승의 기원과 권세의 기원에 대한 설명이다. 첫째 소단락(❶)은 용

이 바다의 모래 위에 서서 마지막 날의 전쟁을 위하여 자신의 하수인인 바다짐승을 불러내는 배경으로부터 시작된다(12:17). 이때 바다에서 올라온 짐승인 종말적 적그리스도는 단7장의 넷째 짐승으로부터 출현할 작은뿔이며(단7:8), 동시대의 다른 짐승들과 열 왕을 통합한 강력한 존재로 묘사된다(단7:23,24). 이것이 '누가 이 짐승과 같으며, 누가 이 짐승과 더불어 싸우리요'(13:4)의 의미이다.

아울러 바다짐승은 용으로부터 보좌와 큰 권능을 양도받아서 적그리스도 나라를 세울 것이다. 이것이 '그의 머리 하나가 죽게 되었다가 나았다'(13:3)는 의미로서 일곱째 머리인 마지막 제국(諸國)은 존재적으로 로마제국(帝國)을 계승한 나라이다. 사도는 이러한 종말적 사건으로 말미암아 온 세상이 '기이히 여겨(17:8, 이상히 여겨)' 짐승을 따르며(13:3) 용과 짐승을 경배할 것을 예언한다(13:4).

5.6.
본 단락(②)의 셋째 소단락(❶' 13:2b-4, 바다짐승의 권세 기원)의 구조는 다음과 같이 고안할 수 있다.

> ▶ ② 두 짐승(13:1-18): 멸망당할 자
>   ⓐ 바다에서 올라온 짐승(13:1-8)
>   ❶ 바다짐승의 기원(13:1)
>   ❶' 바다짐승의 권세 기원(13:2b-4)
>   ㉮ 용이 바다짐승에게 능력과 보좌와 큰 권능을 위임함(13:2b)
>   ㉯ 용의 머리 하나가 회복되자 온 땅이 짐승을 따름(13:3)
>   ㉮' 용을 경배(13:4a)
>   ㉯' 짐승을 경배(13:4b-4d)
>   ⓐ' 땅에서 올라온 짐승(13:11-18)
>   ②' 세 천사, 큰 바벨론 멸망을 예고(14:6-13): 멸망당할 자

첫째 소단락(❶)에서 바다짐승의 모습은 큰 붉은 용의 모습과 유사하다. 하지만 사도가 바다짐승의 일곱 머리보다 열 뿔과 열 개의 면류관을 강조한다. 이것은 13장의 배경이 종말적 적그리스도가 통치하는 시대임을 명시한 것이다.

셋째 소단락(❶')에서 사도가 첫째 소단락(❶)의 내용을 보충 설명한다. 사도는 셋째 소단락(❶')의 첫째(㉮ 13:2b, 용이 바다짐승에게 보좌와 큰 권능을 위임함)와 셋째 항목(㉮' 13:4a, 용을 경배)에서 바다짐승에게 보좌와 큰 권능을 위임한 용에 대한 숭배를,

둘째(㉯ 13:3, 용의 머리 하나가 회복되자 온 땅이 짐승을 따름)와 넷째 항목(㉯' 13:4b-4d, 짐승을 경배)에서 사탄의 도움으로 옛 로마제국을 재건하고 승계한 바다짐승의 숭배를 기술한다. 이것은 대환난 이후 온 세상이 사탄과 종말적 적그리스도를 추종할 것을 명시한 것이다(13:8). 그런데 마지막 때 종말적 적그리스도로 등장할 세기적인 인물을 추종하는 것은 그에게 권세와 능력을 위임한 사탄을 경배하는 행위이다(13:4). 이러한 세태는 단순히 정치적·사회적 현상이 아니라 세상의 배후에서 역사하는 영적인 세력을 추종하는 행위이다.

5.7.
본 단락(②)의 둘째(❷ 13:2a, 바다짐승의 사역을 암시)와 넷째 소단락(❷' 13:5-8, 바다짐승의 사역)의 구조는 다음과 같이 고안할 수 있다.

▶ ② 두 짐승(13:1-18): 멸망당할 자
　　ⓐ 바다에서 올라온 짐승(13:1-8)
　　　❷ 바다짐승의 사역을 암시(13:2a)
　　　❷' 바다짐승의 사역(13:5-8)
　　　　㉮ 짐승이 참람한 일을 행함(13:5a)
　　　　㉯ 짐승이 마흔두 달 권세를 허락받음(13:5b)
　　　　㉮' 짐승이 행한 참람한 일들(13:6)
　　　　㉯' 짐승이 성도들을 다스리는 권세를 가짐(13:7-8)
　　ⓐ' 땅에서 올라온 짐승(13:11-18)
　②' 세 천사, 큰 바벨론 멸망을 예고(14:6-13): 멸망당할 자

사도가 둘째 소단락(❷ 13:2a, 바다짐승의 사역을 암시)에서 바다짐승의 사역에 대한 암시를, 넷째 소단락(❷')에서는 바다짐승의 사역을 구체적으로 설명한다.

둘째 소단락(❷)에서 사도는 바다짐승의 모습을 단7장의 언어로 기술한다. 바다짐승은 종말에 출현할 사자와 곰과 표범으로 상징되는 세 국가를 통합한 넷째 짐승으로부터 출현할 것이며(단7:7,8), 넷째 짐승의 구성원인 열 왕을 복속시킬 작은뿔이다.

넷째 소단락(❷')에서 사도가 종말적 적그리스도의 사역을 두 가지로 설명한다.

첫째, 종말적 적그리스도는 하나님을 향한 신성모독적인 훼방을 자행할 것이다. 첫째(㉮ 13:5a, 짐승이 참람한 일을 행함)와 셋째 항목(㉮' 13:6, 짐승이 행한 참람한 일들)에서 종말적 적그리스도가 행한 신성모독적인 일들은 하나님의 이름과 하늘에 거하는 자

들을 참람한 말로 훼방하는 것이다.

둘째, 종말적 적그리스도는 마지막 제국(諸國)의 왕으로 등장하여 온 세상이 마흔두 달 동안 사탄을 숭배하도록 통치할 것이다. 마치 구바벨론의 니므롯이 모든 민족을 통합하여 하나님을 대적한 것처럼 구바벨론의 계승자인 종말적 적그리스도도 온 세상으로 하여금 사탄숭배를 강요할 것이다. 그래서 사도가 적그리스도 나라를 '큰 바벨론'(14:8, 18:2)으로 호칭한 것이다.

둘째(㉣ 13:5b, 짐승이 마흔두 달 권세를 허락받음)와 넷째 항목(㉣' 13:7-8, 짐승이 성도들을 다스리는 권세를 가짐)에서 사도가 마흔두 달 동안 일할 권세를 부여받은 종말적 적그리스도가 하나님의 백성들과 싸워서 이길 것을 설명한다. 그 결과 땅에 거하는 자들 곧 어린양의 생명책에 이름이 기록되지 못한 자들은 모두 그를 경배하며 사탄을 숭배하게 될 것이다(13:4,8).

5.8.

본 단락(②)의 셋째 단락(ⓐ' 13:11-18, 땅에서 올라온 짐승)의 구조는 다음과 같이 고안할 수 있다.

▶ ② 두 짐승(13:1-18): 멸망당할 자
　　ⓐ 바다에서 올라온 짐승(13:1-8)
　　ⓐ' 땅에서 올라온 짐승(13:11-18)
　　　❶ 땅에서 올라온 짐승의 기원과 권세의 기원(13:11)
　　　❷ 땅에서 올라온 짐승의 사역(13:12-18)
　　　　㉮ 바다짐승을 경배하게 함(13:12-15)
　　　　㉯ 짐승표를 받게 함(13:16-18)
　　②' 세 천사, 큰 바벨론 멸망을 예고(14:6-13): 멸망당할 자

사도가 셋째 단락(ⓐ')에서 땅에서 올라온 짐승의 기원과 사역에 관하여 기술한다. 첫째 소단락(❶ 13:11, 땅에서 올라온 짐승의 기원과 권세의 기원)에서는 땅에서 올라온 짐승이 새끼 양처럼 두 뿔이 있고 용처럼 말한다. 이 짐승은 거짓 선지자 세력으로서 세계종교통합에 앞장설 것이며, 세상을 미혹하여 종말적 적그리스도를 신적인 존재로 섬기도록 할 것이다. 또한 땅의 짐승은 땅의 왕들과 함께 세계 경제를 장악할 것이며, 짐승의 표를 받지 않으면 매매를 금지하는 방식으로 종말교회를 탄압할 것

이다(13:17). 이처럼 종교를 중심한 정치와 경제를 총괄하는 권력을 가지고 만국을 지배하려는 것이 적그리스도 정부의 목표이다.

5.9.
셋째 단락(@')의 둘째 소단락(❷ 13:12-18, 땅에서 올라온 짐승의 사역)에서 사도는 땅에서 올라온 짐승의 사역을 설명한다. 사도가 둘째 소단락(❷)에서 짐승의 사역을 두 측면으로 설명하는데, 바다짐승의 경배와 짐승의 표를 받게 하는 일이다.
둘째 소단락(❷)의 첫째 항목(㉮ 13:12-15, 바다짐승을 경배하게 함)에서 사도가 땅의 짐승과 두증인의 사역을 전쟁으로 기술하고, 두 세력 사이의 전쟁 상황과 전쟁의 목적을 설명한다. 땅의 짐승은 종말적 적그리스도를 거짓 메시아로 숭배하여 사탄을 숭배하도록 세상을 미혹하지만, 반면 두증인은 유대인의 회심을 위하여 사역한다. 그래서 두 세력 사이에 필연적으로 전쟁이 발생할 것인데, 이 전쟁의 목적은 사탄 숭배와 연관되어 있다.

5.10.
본 단락(②)의 둘째 항목(㉯ 13:16-18, 짐승표를 받게 함)의 구조는 다음과 같이 고안할 수 있다.

▶ ② 두 짐승(13:1-18): 멸망당할 자
　　@ 바다에서 올라온 짐승(13:1-8)
　　@' 땅에서 올라온 짐승(13:11-18)
　　　❶ 땅에서 올라온 짐승의 기원과 권세의 기원(13:11)
　　　❷ 땅에서 올라온 짐승의 사역(13:12-18)
　　　　㉮ 바다짐승을 경배하게 함(13:12-15)
　　　　㉯ 짐승표를 받게 함(13:16-18)
　　　　　㉠ 짐승표(13:16-17): 이 표를 가진 자만 매매함
　　　　　　㉡ 여기 지혜가 있다(13:18a)
　　　　　㉠' 짐승표의 비밀(13:18b-18d)
　　②' 세 천사, 큰 바벨론 멸망을 예고(14:6-13): 멸망당할 자

둘째 소단락(❷)의 둘째 항목(㉯)은 땅에서 올라온 짐승이 표를 받게 하는 일에 대한 설명이다.

둘째 항목(㉯)의 주제 소항목(㉡ 13:18a. 여기 지혜가 있다)에서 사도가 지혜에 대하여 설명한다. 둘째 항목(㉯)에서 '지혜(소피아)'는 짐승의 표와 연관된 내용임을 알 수 있다. 둘째 항목(㉯)에서 사도가 짐승표의 비밀을 해석하기 위하여 하나님의 지혜가 필요함을 강조하는데, 이때 지혜는 상징을 해석하여 하나님의 구원경륜을 깨닫는 '총명(누스)'이다. 또한 단12:10절[41]에서 언급된 지혜의 의미를 고려하면, 지혜는 하나님이 자기 백성에게 주실 세상 마지막 날에 대한 지식임을 알 수 있다. 즉 다니엘처럼 하나님의 지혜와 총명을 가진 자가 짐승표의 비밀, 곧 '짐승의 이름과 그 이름의 수'(13:17)에 대한 비밀을 해석할 것이다.

5.11.

둘째 항목(㉯)의 처음(㉠ 13:16-17. 짐승표: 이 표를 가진 자만 매매함)과 마지막 소항목(㉠' 13:18b-18d. 짐승 표의 비밀)의 구조는 다음과 같이 고안할 수 있다.

> ㉯ 짐승표를 받게 함(13:16-18)
> > ㉠ 짐승표(13:16-17): 이 표를 가진 자만 매매함
> > > ㊀ 16, 모든 자로 짐승표를 받게 함
> > > ㊁ 17a, 짐승표를 가지지 못한 자는 매매를 못함
> > > ㊀' 17b, 짐승표는 짐승의 이름(칭호) 혹은 이름(칭호)의 수
> > ㉡ 여기 지혜가 있다(13:18a)
> > ㉠'짐승표의 비밀(13:18b-18d)
> > > ㊁ 18b, 총명 있는 자는 그 짐승의 (칭호) 수를 세어보라.
> > > ㊂ 18c, 진실로 그 수는 사람의 (칭호) 수이다;
> > > ㊁' 18d, 그리고 그것의 수는 육백육십 륙이다.

둘째 항목(㉯)의 처음(㉠)과 마지막 소항목(㉠')은 짐승의 표에 대한 설명이다.

둘째 항목(㉯)의 첫째 소항목(㉠ 13:16-17. 짐승표: 이 표를 가진 자만 매매함)에서 사도가 땅의 짐승이 모든 사람의 오른손과 이마에 짐승표를 받게 할 것을 설명한다(13:16). 앞서 설명한 '이마에 하나님의 인을 치는 일'(7:3)은 대환난 이후 사역할 사명자를 선별하는 일이지만, 사람의 오른손과 이마에 짐승의 표를 받는 것은 사탄의 소유됨을 인친 것이며 짐승을 경배하는 존재가 된다는 것을 의미한다.

---

41) 단12:10. 많은 사람이 연단을 받아 스스로 정결케 하며 희게 할 것이나 악한 자는 아무도 깨닫지 못하되 오직 지혜 있는 자는 깨달으리라

아울러 사도가 첫째 소항목(㉠)에서 짐승표를 받지 않은 자는 매매를 금지당한다고 설명한다(13:17). 둘째 짐승이 땅에 거하는 자들에게 짐승의 표를 받게 하는 것은 종말적 적그리스도에 대한 충성을 확인하기 위한 전체주의적 통치 방식이다. 그래서 적그리스도 정부의 통치에 동참하지 않는 신자가 짐승의 표를 받지 않으면 매매를 금하는 방식으로 박해를 당할 것이다(13:17a). 이러한 전체주의적 통치 방식은 매매와 같은 생존권을 악용하여 신자들의 배도를 조장하고 신자의 영혼을 멸망케 하는 수단임을 깨달아야 한다.

5.12.

둘째 항목(㉯)의 셋째 소항목(㉠' 13:18b-18d. 짐승 표의 비밀)에서 사도는 짐승표에 대한 비밀을 설명한다. 먼저 사도는 지혜 있는 자가 짐승표의 비밀을 알 수 있음을 암시하고, 총명 있는 자가 짐승의 수를 셀 것을 권면한다.

한글개역성경은 짐승의 표를 '짐승의 이름이나 그 이름의 수' (13:17)로 번역하였다. 그래서 지금까지 많은 학자는 헬라어 '(짐승의) 오노마'를 이름으로 이해하고, 여러 사람의 이름을 게마트리아[42] 방식으로 산술 하였다. 그러나 필자는 '오노마'의 다른 의미인 '칭호'[43]에 주목하고, 이 단어의 의미를 살려서 둘째 항목(㉯)을 다음과 같이 번역하였다(13:18).

그 짐승의 (칭호) 수는 사람의 (칭호) 수이며, 그것의 수의 합은 육백육십육이다

즉 셋째 소항목(㉠')에서 사도가 종말적 적그리스도를 설명하면서 그 사람의 칭호의 수의 합이 666이라고 설명하였다.

이러한 해석에 적합한 사례를 제시한 문헌이 있다. 혹자는 종교개혁자들이 적그리스도로 지목했고, 현금 세계종교 통합을 주창하므로 오직 그리스도로 말미암은 구원의 도리를 파괴하는 로마 카톨릭교회의 수장의 칭호에 대하여 다음과 같이 설명

---

42) 그랜트 오즈번, 요한계시록 (부흥과 개혁사, 2002), pp. 655, 657-658: '게마트리아'는 고대에서 알파벳 문자들을 숫자로 표현하는 관습을 말한다. 처음 아홉 개의 문자는 1-9를 표시하고, 다음 아홉 개의 문자는 10-90단위의 숫자를 표시한다. 그러므로 알파벳 문사의 모든 이름과 단어들은 수로 나타낼 수 있다. 예를들면 예수의 이름을 게마트리아 방식으로 합하면 888이 된다. 여기서 888은 짐승의 수인 666에 대한 삼중적 대응으로서 짐승은 예수의 절대적인 완전성에 비하여 '불완전하고, 불완전하고, 불완전하다'는 의미를 뜻한다.
43) 국어사전에 의하면, 칭호는 "어떠한 뜻으로 일컫는 이름"의 의미이다.

한다.[44)]

2세기 교부였던 이레니우스는 짐승의 이름을 라틴사람(주-로마교회의 공식
언어인 라틴어를 사용하는 사람)이라고 선언했다. (중략)
교황의 대관식 때에는 그의 머리 위에 삼중으로 된 금관이 씌워졌다.
그 금관에는 '비카리우스 필리 데이(VICARIUS FILII DEI)'라는 글자가
있다. 그 의미는 '하나님의 아들의 대리자(Vicar the son of God)'라는
뜻이다. 교황의 공식 명칭인 이 글자의 수치상의 가치는 다음과 같다.

여기서 '비카리우스 필리 데이(VICARIUS FILII DEI)'는 하늘과 땅과 지하의
주권자라는 의미이며, 그것의 라틴어 자모음 글자들이 갖는 숫자의 값은 666
이다.
위 사실을 고려할 때 종말적 적그리스도는 교황체제에 속하여 자신을 하나님과 동
등하게 여기며, 하나님의 영광을 훼손하는 참람된 말들을 쏟아내고, 마지막 날에
자신을 자칭 하나님이라고 참칭(僭稱)하는 체제의 사람들 가운데서 출현할 것으로
추정할 수 있다. 이것은 종교개혁자들과 개혁교회의 견해이기도 하다.
아울러 짐승표는 중세시대의 면죄부처럼 적그리스도 정부의 주도하에 시행될 신분
제도와 관련될 것이고, 대환난 이후 세상은 자신들의 신분에 따라 통제된 삶을 살
게 될 것이다. 이러한 신분 제도와 관련된 시행 세칙 가운데 하나가 매매와 관련될
것이다.

---

44) 유석근, 밝혀진 적그리스도의 정체 (예루살렘, 2009), pp. 214-224: 유석근은 로마 카톨릭교회
교황의 칭호인 '비키리우스(VICARIUS FILII DEI, 하나님의 아들의 대리자)' 외에 라틴어 '둑스
클에리(DUXCLERI, 성직자 최고 우두머리)' '루도비쿠스(LUDOVICUS, 로마왕국 최고 대리자)'
들도 숫자상 가치가 666이라고 주장한다.

6. 십사만 사천(14:1-5)

A. 임박한 그리스도의 강림 예고와 신약교회를 향한 교훈(1:1-3:22)
B. 종말의 개략적 · 점진적인 구원계시(4:1-11:13)
B' 종말의 핵심적 구원계시(11:14-22:5)
  1. 대환난 이후 개략적 구원계시(11:14-14:20)
    a. 셋째 화를 예고(11:14)
    b. 주 하나님께서 세세토록 왕노릇 하심(11:15-18)
    a' 셋째 화를 실행(11:19)
    b' 하나님의 심판(12:1-14:20): 상 받을 자들과 멸망당할 자들
      ① 해 입은 여자와 용(12:1-17): 상 받을 자와 멸망당할 자
      ② 두 짐승(13:1-18): 멸망당할 자
▶   ③ 십사만 사천(14:1-5): 상 받을 자
        ⓐ 십사만 사천의 신분(14:1)
          ⓑ 하늘에서 들리는 소리(14:2)
          ⓑ' 새노래(14:3)
        ⓐ' 십사만사천의 신분 또는 자격조건(14:4-5)
      ②' 세 천사, 큰 바벨론 멸망을 예고(14:6-13): 멸망당할 자
      ①' 곡식 추수와 포도 추수(14:14-20): 상 받을 자와 멸망당할 자
  2. 대환난 이후 개략적 구원사건(15:1-22:5)
A' 임박한 그리스도의 강림 예고와 신약교회를 향한 교훈(22:6-21)

6.1.

본 단락(③ 14:1-5, 십사만 사천)에서 사도는 어린양과 함께 시온산에 선 십사만 사천에 대하여 설명한다. 사도는 계시록에서 십사만 사천에 대하여 두 번 기술한다. 첫 번째 환상은 여섯째 인(6:12-17)과 일곱째 인 환상(8:1-5) 사이 막간에서 십사만 사천의 정체성에 대하여 설명하고(7:1-8), 두 번째 환상은 십사만 사천의 최종 상태를 설명한다(14:1-5). 십사만 사천은 신약교회의 사역자이며, 대환난 이후 해 입은 여자로서 증인의 사명을 완수한 후 어린양의 혼인잔치에 참여하여 네 생물과 이십사 장로들처럼 하나님의 보좌 앞에 서서 새노래를 부를 것이다(14:3, 5:8-10).

6.2.

본 단락(③ 14:1-5, 십사만 사천)은 다음과 같은 교차적 병행구조로 고안할 수 있다.

B' 종말의 핵심적 구원계시(11:14-22:5)
   1. 대환난 이후 개략적 구원계시(11:14-14:20)
      b. 주 하나님께서 세세토록 왕노릇 하심(11:15-18)
      b' 하나님의 심판(12:1-14:20): 상 받을 자와 멸망당할 자
       ① 해 입은 여자와 용(12:1-17): 상 받을 자와 멸망당할 자
    ▶ ③ 십사만 사천(14:1-5): 상 받을 자
        ⓐ 십사만 사천의 신분(14:1)
         ⓑ 하늘에서 들리는 소리(14:2)
         ⓑ' 새노래(14:3)
        ⓐ' 십사만사천의 신분 또는 자격조건(14:4-5)
       ①' 곡식 추수와 포도 추수(14:14-20): 상 받을 자와 멸망당할 자

본 단락(③)의 셋째 단락(ⓑ' 14:3, 새노래)은 십사만 사천이 부르는 새노래에 대한 내용이다. 십사만 사천이 부르는 새노래는 대환난 이후 극심한 박해 가운데 경험한 하나님의 은혜에 대한 찬송이며, 자신들의 증언에 대한 간증일 것이다(15:3,4). 또한 피조물과 죄인인 자신들을 하나님의 구원사역에 사용하시고, 어린양의 혼인잔치의 영광에 참여케 하신 일에 대한 감사의 찬송일 것이다.

본 단락(③)의 둘째 단락(ⓑ 14:2, 하늘에서 들리는 소리)에서 하늘에서 나는 많은 물소리와 큰 뇌성 같은 소리는 어린양의 혼인잔치에 참여한 신부들이 부르는 새노래이며(14:2), 각 족속과 방언과 백성과 나라 가운데 셀 수 없는 흰옷 입은 큰 무리의 찬송(7:9,10)과 어린양의 혼인잔치 도래를 노래하는 허다한 무리들의 찬송이다(19:6).

6.3.

본 단락(③)의 처음(ⓐ 14:1, 십사만 사천의 신분)과 마지막 단락(ⓐ' 14:4-5, 십사만 사천의 신분 또는 자격조건)은 다음과 같은 교차적 병행구조로 고안할 수 있다.

    ① 해 입은 여자와 용(12:1-17): 상 받을 자와 멸망당할 자
  ▶ ③ 십사만 사천(14:1-5): 상 받을 자
    ⓐ 십사만 사천의 신분(14:1)
    ⓐ' 십사만사천의 신분 또는 자격조건(14:4-5)

❶ 여자로 더불어 더럽히지 아니한 정절이 있는 자(14:4a-4b)
　❷ 어린양이 인도하는 대로 따라가는 자(14:4c)
　❷' 사람 가운데서 구속을 받아 처음 익은 열매(14:4d)
❶' 흠이 없고 그 입에 거짓말이 없는 자(14:5)
①' 곡식 추수와 포도 추수(14:14-20): 상 받을 자와 멸망당할 자

처음(ⓐ)과 마지막 단락(ⓐ')은 십사만 사천의 신분에 관한 설명이다. 두 단락은 십사만 사천을 설명하는 그 이마에 어린양의 이름과 그 아버지의 이름을 쓴 것이 있는 자와 사람 가운데 구속받아 처음 익은 열매로 하나님과 어린 양에게 속한 자들로 서로 연계된다(14:1,4).

첫째 단락(ⓐ)에서 사도는 십사만 사천의 특징을 하나님의 인을 받은 자로 표현한다. 이들은 창세 전 그리스도 안에서 예정하신 하나님의 구원경륜을 따라 택함을 받은 성도들 가운데 순교한 자로 어린양과 함께 시온산에 설 것이다(14:1; 엡1:4,5).

마지막 단락(ⓐ')에서 사도는 십사만 사천의 신분 또는 자격조건에 대하여 설명한다. 처음(❶ 14:4a-4b, 여자로 더불어 더럽히지 아니한 정절이 있는 자)과 마지막 소단락(❶' 14:5, 흠이 없고 그 입에 거짓말이 없는 자)은 주제 단락으로서 십사만 사천의 거룩과 순결에 대하여 설명한다. 또한 둘째(❷ 14:4c, 어린양이 인도하는 대로 따라가는 자)와 셋째 소단락(❷' 14:4d, 사람 가운데서 구속을 받아 처음 익은 열매)에서는 주제 단락을 부연하는 단락으로서 십사만 사천의 믿음과 충성에 대하여 설명한다. 이러한 상관관계로부터 나타난 십사만 사천의 특징은 다음과 같다.

첫째, 거룩함과 순결이다. 처음(❶)과 마지막 소단락(❶')에서 그리스도의 신부인 종말교회에게 요구되는 덕목은 음녀로 더불어 믿음을 더럽히지 않는 정절을 지키는 것이다(14:4). 그러기 위해서 큰 박해와 미혹이 범람할 때도 그 입에 거짓말이 없는, 그래서 하나님을 향한 정절을 지키는 자가 되어야 한다(14:5).

둘째, 믿음과 충성이다. 둘째(❷)와 셋째 소단락(❷')에서 사도는 이 덕목을 어린양이 인도하는 대로 따라가는 자로 설명하며(14:4), 그 결과 사람 가운데서 구속을 받아 처음 익은 열매가 된다고 설명한다(14:4). 그리스도 예수께서 죽은 자 가운데서 다시 살아 잠자는 자들의 첫 열매가 되셨다면(고전15:20), 십사만 사천은 그리스도께서 강림하실 때 성도들 가운데 첫 열매로 부활할 것이며, 모든 신자의 추수에 대한 보증이 된다.

7. 세 천사(14:6-13)

A. 임박한 그리스도의 강림 예고와 신약교회를 향한 교훈(1:1-3:22)
B. 종말의 개략적·점진적인 구원계시(4:1-11:13)
B' 종말의 핵심적 구원계시(11:14-22:5)
  1. 대환난 이후 개략적 구원계시(11:14-14:20)
    a. 셋째 화를 예고(11:14)
    b. 주 하나님께서 세세토록 왕노릇 하심(11:15-18)
    a' 셋째 화를 실행(11:19)
    b' 하나님의 심판(12:1-14:20): 상 받을 자들과 멸망당할 자들
      ① 해 입은 여자와 용(12:1-17): 상 받을 자와 멸망당할 자
      ② 두 짐승(13:1-18): 멸망당할 자
      ③ 십사만 사천(14:1-5): 상 받을 자
    ▶ ②' 세 천사, 큰 바벨론 멸망을 예고(14:6-13): 멸망당할 자
      ⓐ 첫째 천사(14:6-7): 하나님만 경배하고 영광을 돌리라
        ⓑ 둘째 천사(14:8): 만국을 배도케 한 큰 바벨론 멸망을 예고
      ⓐ' 셋째 천사와 하늘의 음성(14:9-13): 하나님의 계명과 예수 믿음을 지키라
      ①' 곡식추수와 포도추수(14:14-20): 상 받을 자와 멸망당할 자
  2. 대환난 이후 개략적 구원사건(15:1-22:5)
A' 임박한 그리스도의 강림 예고와 신약교회를 향한 교훈(22:6-21)

7.1.

본 단락(②' 14:6-13. 세 천사, 큰 바벨론의 멸망을 예고)은 외형적으로 세 천사에 대한 설명처럼 보이지만 실제는 큰 바벨론 멸망에 대한 예고이다. 본 단락(②')의 주제어인 '큰 바벨론 멸망 예고'와 병행 단락(②)의 주제어인 '두 짐승'을 연계하면 대환난 이후 활동할 악의 세력의 정체가 드러난다. 즉 큰 바벨론은 두 짐승의 주도하에 설립될 적그리스도 나라이며, 대환난 때 수많은 성도를 순교케 할 주체이다. 그러나 교회 역사에서 순교자의 피가 교회의 씨였던 것처럼 역사의 마지막 시기에도 예수의 고난에 참여한 순교자의 피는 사탄을 정복하는 승리의 씨가 될 것이다.

7.2.

본 단락(②' 14:6-13, 세 천사, 큰 바벨론의 멸망을 예고)의 구조는 다음과 같이 고안할 수 있다.

> B' 종말의 핵심적 구원계시(11:14-22:5)
>> 1. 대환난 이후 개략적 구원계시(11:14-14:20)
>>> b. 주 하나님께서 세세토록 왕노릇 하심(11:15-18)
>>> b' 하나님의 심판(12:1-14:20): 상 받을 자와 멸망당할 자
>>>> ② 두 짐승(13:1-18): 멸망당할 자
>>> ▶ ②' 세 천사, 큰 바벨론 멸망을 예고(14:6-13): 멸망당할 자
>>>> ⓐ 첫째 천사(14:6-7): 하나님만 경배하고 영광을 돌리라
>>>>> ⓑ 둘째 천사(14:8): 만국을 배도케 한 큰 바벨론 멸망을 예고
>>>> ⓐ' 셋째 천사와 하늘의 음성(14:9-13): 하나님의 계명과 예수 믿음을 지키라

본 단락(②')의 주제 단락(ⓑ 14:8, 둘째 천사: 만국을 배도케 한 큰 바벨론 멸망을 예고)에서 둘째 천사가 큰 바벨론 멸망을 선포한다. 둘째 천사가 설명한 큰 바벨론 멸망의 죄목은 음행의 진노의 포도주로 만국을 멸망하게 한 것이다. 그래서 큰 바벨론도 하나님의 맹렬한 진노의 포도주를 마시게 될 것이다. 이것이 둘째 천사가 선포한 큰 바벨론 멸망에 대한 이유이다.

계시록에서 큰 바벨론과 큰 성 바벨론은 상호 호환적 개념으로 사용한다. 그래서 한글개역성경에서도 주제 단락(ⓑ)의 큰 바벨론을 큰 성 바벨론으로 번역한 것 같다(14:8). 그러나 재림 때 적그리스도 정부인 큰 바벨론의 멸망으로 인하여 큰 바벨론의 수도인 큰 성 바벨론이 붕괴한다는 점에서 둘의 실체는 다르다.

7.3.

본 단락(②')의 첫째(ⓐ 14:6-7, 첫째 천사: 하나님만 경배하고 영광을 돌리라)와 셋째 단락(ⓐ' 14:9-13, 셋째 천사와 하늘의 음성: 하나님의 계명과 예수 믿음을 지키라)에서 사도는 종말교회가 대환난 이후 상황에서 하나님을 경외하므로 믿음을 지키라고 촉구한다. 주제 단락(ⓑ)에서 대환난의 주체인 큰 바벨론은 반드시 멸망하므로 성도들이 믿음의 삶으로 진리를 확증하고 하나님께 영광을 돌리는 일이 가능하다.

첫째 단락(ⓐ)에서 첫째 천사가 전한 메시지는 다음과 같이 해석할 수 있다.

첫째, 대환난의 시작을 선포한다. 첫째 천사는 땅에 거하는 자들 곧 여러 나라와 족속과 방언과 백성에게 전할 영원한 복음을 가졌다(14:6). 사도가 위와 같이 첫째 천사를 설명한 의도는 첫째 천사와 10장의 '요한'을 연계하여 설명하기 위함이다. 즉 사도는 '요한'에게 사용한 동일한 단어(복음)와 어구(나라와 족속과 방언과 백성)를 첫째 천사에게서 반복하므로 두 사건의 연관성을 명시한다. 그러므로 첫째 천사가 등장한 시점은 '요한'의 사역이 마감하는 시점인 동시에 대환난이 시작되는 때로 추론할 수 있다. 이러한 사실은 셋째 단락(ⓐ')에서 짐승과 그 우상에게 경배하고 이마나 손에 표를 받게 한다는 표현에서도 알 수 있다(14:9,11).

둘째, 하나님께서 심판하실 시간이 이르렀다고 경고한다(14:7). 사도가 언급한 심판은 계시록에서 14회 사용되는데,[45] 사도는 주로 이 단어를 대환난 또는 재림과 백보좌 심판과 관련하여 사용한다. 이것은 심판이 그리스도 왕권의 실행과 관계된다는 것을 의미한다. 또한 계시록에서 시간은 종종 심판의 때를 지칭하는데,[46] 이 단어가 심판의 확실성 또는 임박성과 연계되면 재림까지 시간이 얼마 남지 않았다고 추정할 수 있다.

셋째, 하나님을 두려워하며 그에게 영광을 돌리라고 경고한다(14:7). 이것은 두증인의 사역의 결과 종말의 유대인 남은 자가 회심한 내용과 동일하다(11:13).[47] 즉 재림 직전을 암시한 것이다. 그러므로 임박한 재림을 목전에 둔 상황에서 종말교회는 하나님의 심판을 두려워하여 순교적인 삶으로 하나님께 영광 돌릴 것을 권면한 것이다.

7.4.

본 단락(②')의 셋째 단락(ⓐ' 14:9-13, 셋째 천사와 하늘의 음성: 하나님의 계명과 예수 믿음을 지키라)의 구조는 다음과 같이 고안할 수 있다.

  ② 두 짐승(13:1-18): 멸망당할 자
▶ ②' 세 천사, 큰 바벨론 멸망을 예고(14:6-13): 멸망당할 자
     ⓐ 첫째 천사(14:6-7): 하나님만 경배하고 영광을 돌리라

---

45) 심판은 동사형(크리노)으로 7번(6:10, 11:18, 16:5, 18:8, 19:11, 20:12, 20:13), 명사형으로도 7번(14:7, 16:7, 18:10, 19:2(크리시스): 17:1, 18:20, 20:4(크리마)) 사용되었다.
46) 14:7,15, 18:10,17,19
47) 11:13, 그 시에 큰 지진이 나서 성 십분의 일이 무너지고 지진에 죽은 사람이 칠천이라 그 남은 자들이 두려워하여 영광을 하늘의 하나님께 돌리더라

@' 셋째 천사와 하늘의 음성(14:9-13): 하나님의 계명과 예수 믿음을 지키라
 ❶ 셋째 천사의 증언(14:9-11): 짐승을 경배하면 영원한 고난을 받음
  ❷ 성도의 인내(14:12)
 ❶' 하늘의 증언(14:13): 주 안에서 죽은 자는 영원한 쉼을 얻음

셋째 단락(@')의 주제 소단락(❷ 14:12, 성도의 인내)에서 사도는 성도의 인내에 대하여 설명한다. 장차 적그리스도 정부가 통치를 시작하면, 종말교회는 극렬한 박해 상황 가운데 처하게 될 것이다. 그럴지라도 종말교회는 하나님께서 짐승 정부의 활동 기한을 42달로 제한하신 종말의 계시를 알고 있으므로 하나님의 계명과 예수에 대한 믿음을 굳게 붙들어야 한다. 사도는 이 믿음만이 환난의 상황을 인내하고 승리할 수 있는 원천임을 강조한다. 이것이 주제 소단락(❷)의 요지이다.

7.5.

셋째 단락(@')의 처음(❶ 14:9-11, 셋째 천사의 증언: 짐승을 경배하면 영원한 고난을 받음)과 마지막 소단락(❶' 14:13, 하늘의 증언: 주 안에서 죽은 자는 영원한 쉼을 얻음)은 영원한 안식과 영원한 고난이라는 주제로 대칭을 이룬다.

첫째 소단락(❶)에서는 교회가 적그리스도 정부의 주도하에 시행될 '잠간'(17:10; 17:12, 일시 동안)의 박해 동안 짐승과 그의 우상에게 경배하고 이마나 손에 표를 받으면(14:9), 하나님의 진노의 포도주를 마실 것을 예고한다(14:10). 여기서 하나님의 진노의 포도주를 마신다는 것은 유황불 못 가운데서 태워지는 고통으로 인하여 밤낮 쉼을 얻지 못하는 것이다(14:11).

이것은 그리스도께서 배교한 교회를 불 못에 던져서 악의 삼위일체와 함께 세세토록 괴로움을 당하게 할 형벌이다(20:10). 그러므로 신약교회가 악의 세력에 굴복하여 사탄을 숭배하면 악의 삼위일체와 동일한 운명에 처하게 될 것이다.

셋째 단락(@')의 마지막 소단락(❶' 14:13, 하늘의 증언: 주 안에서 죽은 자는 영원한 쉼을 얻음)에서 사도가 하늘의 증언에 대하여 설명한다. 하늘의 증언은 신적 선언이며, 그래서 신약교회의 순교자들에게 영원한 안식을 주시는 것은 하나님의 불변한 약속이다. 제단 아래서 신원을 탄원한 영혼에게 한시적인 쉼이 허락되었다면(6:11), 마지막 소단락(❶')의 영원한 안식은 순교자들에게 허락하신 언약의 성취이다. 그래서 영원한 안식은 배도한 교회가 밤낮 쉼을 얻지 못하는 영원한 형벌과 대조된다.

8. 곡식 추수와 포도 추수(14:14-20)

A. 임박한 그리스도의 강림 예고와 신약교회를 향한 교훈(1:1-3:22)
B. 종말의 개략적 · 점진적인 구원계시(4:1-11:13)
B' 종말의 핵심적 구원계시(11:14-22:5)
  1. 대환난 이후 개략적 구원계시(11:14-14:20)
    a. 셋째 화를 예고(11:14)
    b. 주 하나님께서 세세토록 왕노릇 하심(11:15-18)
    a' 셋째 화를 실행(11:19)
    b' 하나님의 심판(12:1-14:20): 상 받을 자들과 멸망당할 자들
      ① 해 입은 여자와 용(12:1-17): 상 받을 자와 멸망당할 자
      ② 두 짐승(13:1-18): 멸망당할 자
      ③ 십사만 사천(14:1-5): 상 받을 자
      ②' 세 천사, 큰 바벨론 멸망을 예고(14:6-13): 멸망당할 자
    ▶ ①' 곡식 추수와 포도 추수(14:14-20): 상 받을 자와 멸망당할 자
        ⓐ 곡식 추수(14:14-16)
        ⓑ 포도 추수(14:17-20)
  2. 대환난 이후 개략적 구원사건(15:1-22:5)
A' 임박한 그리스도의 강림 예고와 신약교회를 향한 교훈(22:6-21)

8.1.

본 단락(①' 14:14-20, 곡식 추수와 포도 추수)은 계시록의 네 번째 재림 기사이며, 본 단락(①')을 포괄하는 '대환난 이후 개략적 구원계시' 단락(11:14-14:20)을 마감하는 틀로써 사용된 재림 기사이다.

본 단락(①')에서 사도가 추수 이미지로 재림의 상황을 설명한다. 특별히 사도가 이한 낫을 일곱 번 사용하므로 완전한 심판의 상황을 개략적으로 설명하였다. 그래서 본 단락(①')은 재림에 관한 개략적 구원계시이고, 재림에 대한 최종적인 설명은 '마지막 대접 재앙' 단락(16:17-21) 또는 '재림과 악의 삼위일체 멸망' 단락(19:11-20:10)에 기술되었다.

8.2.

본 단락(①' 14:14-20, 곡식 추수와 포도 추수)의 일천육백 스타디온에 대한 두 가지 해석이 있다.

첫째, 상징적 해석이다. 일천육백 스타디온을 $4^2 \times 10^2$ 또는 40^2로 분해한 후 온 세상에 대한 완전한 하나님 심판, 또는 땅에 대한 신적 심판을 상징하는 것으로 해석한다. 이러한 해석에 의하면, 땅의 포도 추수는 불신자의 멸망을, 곡식 추수는 충성된 성도의 구원으로 해석할 수 있다.

둘째, 문자적 해석이다. 일천육백 스타디온(약 300km)을 북쪽 수리아의 국경에서 남쪽의 애굽 국경까지 팔레스타인 전체 길이로 해석하면, 땅의 포도 추수는 이스라엘 전체 나라를 피로 덮은 심판으로 해석한다. 이것은 본 단락(①')의 땅의 포도 추수를 배도한 이스라엘에 대한 심판으로 해석한 것이다.

아울러 위 해석을 대환난 이후 이스라엘 상황과 연계하면 다음과 같은 해석이 가능하다.

첫째, 본 단락(①')은 대환난 이후 있을 '하나님의 심판'(12:1-14:20)에 내포된 단락이다. 또한 히브리 병행구조의 특성상 본 단락(①')과 대칭 단락(① 12:1-7, 해 입은 여자와 용)의 연관성을 우선 고려하여 해석해야 한다. 그리할 때 곡식은 대환난 때 활동할 해 입은 여자, 그리고 해 입은 여자의 사역으로 인하여 회심한 남자아이와 여자의 남은 자손들을 상징한다. 반면 땅의 포도송이는 악의 세력인 짐승들과 그들을 추종하는 땅의 사람들로 해석할 수 있다.

둘째, 필자는 본 단락(①')의 곡식과 포도 추수에서 '(그) 성'(14:20)이라는 표현을 주목한다. 여기서 '(그) 성'은 예루살렘 성을 지칭하므로(11:8) 성 밖의 포도즙 틀에 밟혀서 일천육백 스타디온에 퍼진 피, 곧 온 이스라엘을 적신 피는 배도한 유대인에 대한 심판으로 해석할 수 있다. 이러한 이스라엘의 큰 배도는 이스라엘 남은 자를 상수리나무의 그루터기로 비유한 이사야 예언의 종말적 성취이다(사6:13).

8.3.

본 단락(①')의 첫째 단락(ⓐ 14:14-16, 곡식 추수)의 구조는 다음과 같이 고안할 수 있다.

B' 종말의 핵심적 구원계시(11:14-22:5)
  1. 대환난 이후 개략적 구원계시(11:14-14:20)

b. 주 하나님께서 세세토록 왕노릇 하심(11:15-18)
　　　b' 하나님의 심판(12:1-14:20): 상 받을 자와 멸망당할 자
　　　　① 해 입은 여자와 용(12:1-17): 상 받을 자와 멸망당할 자
　　▶ ①' 곡식 추수와 포도 추수(14:14-20): 상 받을 자와 멸망당할 자
　　　　　ⓐ 곡식 추수(14:14-16)
　　　　　　❶ 인자의 모습(14:14)
　　　　　　　❷ 다른 천사의 외침(14:15): 땅의 곡식을 거두라
　　　　　　❶' 인자의 곡식 추수(14:16)
　　　　　ⓑ 포도 추수(14:17-20)

첫째 단락(ⓐ)의 주제는 땅의 곡식이 익어서 추수할 때가 왔다는 다른 천사의 외침
이다(14:15). 첫째 단락(ⓐ)의 구조에 의하면 사도는 천사의 외침을 인자의 추수보다
강조하는데, 이것은 천사가 성전으로부터 나왔다는 사실 때문이다. 여기서 성전은
4장에서 하나님의 보좌가 있는 곳, 곧 재림을 선포하신 하나님의 통치가 발현하는
곳이다. 이러한 관점에서 보면, 주제 소단락(❷ 14:15. 다른 천사의 외침: 땅의 곡식을 거
두라)에서 다른 천사의 외침은 재림에 관한 하나님의 경륜, 곧 이스라엘 회복의 때
와 기한에 대한 하나님의 결정을 전달한 것이다(행1:7,8).
앞서 공중을 나는 첫째 천사가 '그의 심판하실 시간이 이르렀다'(14:7)고 예고했
는데, 첫째 단락(ⓐ)에서 금 면류관을 쓴 인자 같은 이가 이한 낫을 휘둘러 곡식 추
수를 수행하므로 심판을 완성하신다.

8.4.
본 단락(①')의 둘째 단락(ⓑ 14:17-20. 포도 추수)의 구조는 다음과 같이 고안할 수
있다.

　　　① 해 입은 여자와 용(12:1-17): 상 받을 자와 멸망당할 자
　　▶ ①' 곡식 추수와 포도 추수(14:14-20): 상 받을 자와 멸망당할 자
　　　　ⓐ 곡식 추수(14:14-16)
　　　　ⓑ 포도 추수(14:17-20)
　　　　　❶ 하늘성전에서 나오는 이한 낫을 가진 천사(14:17)
　　　　　　❷ 불을 다스리는 천사의 외침(14:18): 땅의 포도송이를 거두라
　　　　　❶' 이한 낫을 가진 천사의 포도 추수(14:19)

둘째 단락(ⓑ)의 주제 소단락(❷ 14:18, 불을 다스리는 천사의 외침: 땅의 포도를 거두라)은 제단으로부터 출현한 불을 다스리는 천사의 외침에 관한 내용이다. 즉 천사의 외침은 포도 추수 때가 되었으니 땅의 포도송이를 거두라는 것이다.

다섯째 인에서는 순교자가 제단에서 드려진 희생제물로 비유되며(6:9), 제단 아래 흘린 순교자의 피는 신원의 기도가 되어 하나님께 부르짖는 탄원이 되었다(욥16:18; 시9:12). 이러한 순교자의 신원은 순교자의 수가 채워질 때까지 하나님께 계속 상달된다(6:11). 그 결과 천사들이 순교자의 신원 기도와 함께 향로에 불을 가득 채워 땅에 쏟는데, 이것은 교회를 박해한 자들에 대한 하나님의 심판을 의미한다(8:3).

위 해석을 주제 소단락(❷)과 연계하면, 땅의 포도송이 추수를 알리는 불을 다스리는 천사의 외침의 내용과 향로에 불을 담아 땅에 쏟는 사건은 동일한 내용에 대한 다른 설명임을 알 수 있다. 즉 다섯째 인과 땅의 포도송이 추수 환상은 재림과 연관된 일련의 계시이며, 이때 땅의 포도송이는 하나님의 심판의 대상이라는 사실을 알 수 있다. 결론적으로, 둘째 단락(ⓑ)에서 신약교회 순교자들의 신원은 마침내 완성될 것을 계시한 것이다.

8.5.

둘째 단락(ⓑ)의 처음(❶ 14:17, 하늘성전에서 나오는 이 한 낮을 가진 천사)과 마지막 소단락 (❶' 14:19, 이 한 낮을 가진 천사의 포도 추수)은 이한 낮을 가진 천사와 포도 추수에 관한 내용이다.

성경에서 포도나무는 하나님 백성 또는 이스라엘을 상징한다. 반면 하나님의 진노 포도즙 틀에 던져진 땅의 포도송이는 배도한 교회 또는 배도한 이스라엘을 상징한다. 그러므로 마지막 소단락(❶')에서 땅의 포도가 '(그) 성' 밖에서 하나님의 진노의 큰 포도주 틀에서 밟혀 피가 튀는 참상은 배도한 이스라엘을 향한 하나님의 심판을 설명한 것이다(14:19, 19:13,15; 사63:3).

마지막 소단락(❶')에서 하나님의 진노를 초래할 이스라엘의 죄목은 '소위 제3성전' 재건과 관계될 것이다. 이스라엘이 큰 음녀에게 미혹되어 종말적 적그리스도를 평화의 사자로 공인하고, 그의 지지를 받아서 '소위 제3성전'을 재건하므로 우상숭배를 자행하였다. 그래서 땅의 포도송이인 배도한 이스라엘은 하나님의 심판을 받을 것인데, 그 심판의 참상과 규모가 얼마나 참혹하고 거대한지 짐작할 수 있게 한다. 즉 포도즙 틀에서 나온 피의 양은 말의 굴레 높이로 이스라엘의 영토인 일천육백 스타디온까지 넓게 퍼질 것이다.

8.6.
본 단락(①′)에서 '익었다'는 표현을 할 때, 사도는 서로 다른 원어를 사용한다. 먼저 천사가 곡식이 '익었다(크세라이노)' 고 말할 때 사용된 헬라어는 말랐거나 피폐하다는 의미로서 곡식이 정상적으로 익은 것이 아닌 메마른 상태를 의미한다. 이것은 대환난을 통과한 교회들이 극심한 박해와 환난으로 인하여 피폐해진 상태를 표현한 것이다. 반면 땅의 포도가 '익었다(아크마조)'할 때 사용된 헬라어는 무르익거나 전성기에 이른 상태를 의미하는데, 이것은 배도한 교회가 적그리스도 정부의 통치 아래서 모든 특권을 누리며 번성케 될 것을 의미한다.
앞선 '익었다'는 표현처럼 사도는 '거두다'는 표현도 곡식과 포도 추수에서 다른 원어를 사용한다. 곡식의 경우 헬라어 '데리조(수확하다. 거둬들이다)'를, 땅의 포도송이의 경우 헬라어 '트루가오(모으다. 거둬들이다)'를 사용한다. 이것은 사도가 추수라는 동일한 과정 가운데 구원과 멸망이라는 심판의 상반된 결과를 설명하려는 의도 때문이다.

9. 대환난 이후 개략적 구원사건(15:1-22:5)

```
A. 임박한 그리스도의 강림 예고와 신약교회를 향한 교훈(1:1-3:22)
B. 종말의 개략적 · 점진적인 구원계시(4:1-11:13)
B' 종말의 핵심적 구원계시(11:14-22:5)
   1. 대환난 이후 개략적 구원계시(11:14-14:20)
▶ 2. 대환난 이후 개략적 구원사건(15:1-22:5)
      a. 마지막 재앙과 큰 (성) 바벨론의 멸망(15:1-19:10)
         b. 재림과 악의 삼위일체 멸망(19:11-20:10)
      a' 백보좌 심판과 그리스도 나라 완성(20:11-22:5)
A' 임박한 그리스도의 강림 예고와 신약교회를 향한 교훈(22:6-21)
```

9.1.

필자는 계시록의 셋째 단락(B')을 대환난 이후 전개될 하나님의 구원역사를 설명하는 묵시적으로 계시하였다. 사도는 당시 교회에게 '임박한 그리스도의 강림 예고와 신약교회를 향한 교훈'을 위하여 셋째 단락(B')을 기술하였다. 그래서 계시록은 과거주의 해석뿐만 아니라 미래주의 해석을 해야 한다. 즉 처음(A. 1:1-3:22, 임박한 그리스도의 강림 예고와 신약교회를 향한 교훈)과 마지막 단락(A' 22:6-21, 임박한 그리스도의 강림 예고와 신약교회를 향한 교훈)은 과거주의 해석을, 둘째(B. 4:1-11:13, 종말의 개략적 · 점진적인 구원계시)와 셋째 단락(B' 11:14-22:5, 종말의 핵심적 구원계시)은 미래주의 해석을 해야 한다.

아울러 앞선 단락(1. 11:14-14:20, 대환난 이후 개략적 구원계시)이 일곱째 나팔부터 재림까지 전개될 대환난 이후 구원계시를 개략적으로 설명한다면, 본 단락(2. 15:1-22:5, 대환난 이후 개략적 구원사건)은 일곱째 나팔의 실현으로서 일곱 대접 이후 구원사건을 개략적으로 설명한다.

9.2.

본 단락(2. 15:1-22:5, 대환난 이후 개략적 구원사건)의 구조는 다음과 같이 고안할 수 있다.

B' 종말의 핵심적 구원계시(11:14-22:5)
  1. 대환난 이후 개략적 구원계시(11:14-14:20)
▶ 2. 대환난 이후 개략적 구원사건(15:1-22:5)
    a. 마지막 재앙과 큰 (성) 바벨론의 멸망(15:1-19:10)
      b. 재림과 악의 삼위일체 멸망(19:11-20:10)
    a' 백보좌 심판과 그리스도 나라 완성(20:11-22:5)

본 단락(2)의 주제 단락(b. 19:11-20:10. 재림과 악의 삼위일체 멸망)은 재림 사건과 그 결과에 대한 설명이다. 그리스도께서 강림하실 때. 모든 악의 세력들은 '단번에' 심판받고 멸망할 것이다. 전천년이 주장한 것처럼 사탄(용)의 멸망은 재림 이후 또는 '소위 천년왕국' 이후 전개될 사건이 아니다.

본 단락(2)의 처음(a. 15:1-19:10. 마지막 재앙과 큰 (성) 바벨론의 멸망)과 마지막 단락(a' 20:11-22:5. 백보좌 심판과 그리스도 나라 완성)에서 세상 나라인 큰 (성) 바벨론의 멸망과 그리스도 나라의 완성은 서로 대칭적 관계를 갖는다. 또한 처음 단락(a)의 마지막 재앙과 마지막 단락(a')의 백보좌 심판은 연속적 관계를 갖는다.

아울러 사도가 마지막 단락(a')에서 새 하늘과 새 땅이 도래한 후 거룩한 성 예루살렘이 하늘로부터 내려오는 장엄한 광경을 기술한다. 여기서 거룩한 성 예루살렘은 그리스도의 신부와 어린양의 아내이며(21:2.9). 하나님께서 그의 백성들과 함께 거하실 하나님의 장막이며(21:12.14). 또한 완성된 우주적 교회이다(21:3). 그러므로 주와 하나님이신 그리스도는 새 예루살렘 성의 보좌에서 통치하실 것이다(21:3. 22:1).

결론적으로. 본 단락(2)에서 그리스도의 강림으로 말미암아 '세상 나라가 우리 주와 그 그리스도의 나라가 되어 그가 세세토록 왕노릇 하신다'(11:15)는 구원계시가 완성되었다.

10. 마지막 재앙과 큰 (성) 바벨론의 멸망(15:1-19:10)

A. 임박한 그리스도의 강림 예고와 신약교회를 향한 교훈(1:1-3:22)
B. 종말의 개략적 · 점진적인 구원계시(4:1-11:13)
B' 종말의 핵심적 구원계시(11:14-22:5)
  1. 대환난 이후 개략적 구원계시(11:14-14:20)
  2. 대환난 이후 개략적 구원사건(15:1-22:5)
▶ a. 마지막 재앙과 큰 (성) 바벨론의 멸망(15:1-19:10)
    ① 마지막 재앙 예고와 이긴 자들의 찬송(15:1-8)
    ② 일곱 대접 재앙 실행과 세상 나라 멸망(16:1-21)
    ③ 큰 음녀의 비밀과 큰 바벨론의 비밀(17:1-18)
    ②' 큰 성 바벨론의 멸망(18:1-24)
    ①' 큰 음녀의 심판과 하늘의 큰 무리의 찬송(19:1-10)
  b. 재림과 악의 삼위일체 멸망(19:11-20:10)
  a' 백보좌 심판과 그리스도 나라 완성(20:11-22:5)
A' 임박한 그리스도의 강림 예고와 신약교회를 향한 교훈(22:6-21)

10.1.

앞서 필자가 묵시문학의 특징을 설명하면서 묵시문학은 장차 닥쳐올 종말적 사건들을 이해하고, 역사의 마지막 때까지 전개되는 구체적인 순서를 가진 줄거리가 있어야 한다고 언급한 적이 있다. 즉 묵시문학 형식은 종말의 구원역사-이스라엘의 종말론적 환난-종말적 이스라엘 구원의 줄거리를 갖추어야 한다.

아울러 필자는 계시록의 골격을 이루는 '일련의 그림들'로서 일곱 인-나팔-대접과 일곱 재림 환상을 조화롭게 해석하는 것이 계시록을 해석하는 열쇠라고 언급한 적이 있다. 또한 계시록의 묵시문학 형식을 이해하면, 각각의 재림 기사들이 자신의 위치에서 자신의 역할을 하고 있음을 알 수 있고, 그래서 일곱 재림 환상에 대한 논쟁도 해결할 수 있다. 더 나아가 계시록의 재림 단락과 '왕노릇'(20:4,6)의 시제를 바르게 이해하면 천년왕국 논쟁도 종결할 수 있다.

10.2.

본 단락(a. 15:1-19:10. 마지막 재앙과 큰 (성) 바벨론의 멸망)은 다음과 같은 교차적 병행 구조로 고안할 수 있다.

       B' 종말의 핵심적 구원계시(11:14-22:5)
         2. 대환난 이후 개략적 구원사건(15:1-22:5)
         ▶ a. 마지막 재앙과 큰 (성) 바벨론의 멸망(15:1-19:10)
           ① 마지막 재앙 예고와 이긴 자들의 찬송(15:1-8)
            ② 일곱 대접 재앙 실행과 세상 나라 멸망(16:1-21)
             ③ 큰 음녀의 비밀과 큰 바벨론의 비밀(17:1-18)
           ②' 큰 성 바벨론의 멸망(18:1-24)
          ①' 큰 음녀의 심판과 하늘의 큰 무리의 찬송(19:1-10)
        a' 백보좌 심판과 그리스도 나라 완성(20:11-22:5)

본 단락(a)의 주제 단락(③ 17:1-18. 큰 음녀의 비밀과 큰 바벨론의 비밀)에서 사도가 붉은 짐승을 탄 큰 음녀를 설명한다. 여기서 붉은 짐승은 바다에서 올라온 짐승, 또 큰 음녀는 땅에서 올라온 짐승에 대한 다른 호칭이다. 그러므로 붉은 짐승을 탄 큰 음녀는 13장의 두 짐승의 연합체이며, 적그리스도 정부를 의미한다. 즉 사도는 13장에서 적그리스도 정부의 사역을, 17장에서는 적그리스도 정부의 비밀을 설명한다.

본 단락(a)의 처음(① 15:1-8. 마지막 재앙 예고와 이긴 자들의 찬송)과 마지막 단락 (①' 19:1-10. 큰 음녀의 심판과 하늘의 큰 무리의 찬송)에서 사도가 '마지막 재앙 예고' 와 '큰 음녀의 심판'을, 그리고 '이긴 자들의 찬송'과 '하늘의 큰 무리의 찬송'을 병행하여 설명한다. 또한 첫째(①)와 둘째 단락(②)의 '마지막 재앙 예고' 와 '일곱 대접 재앙 실행' 이라는 일련의 계시가 넷째(②')와 다섯째 단락(①')에서 '큰 음녀의 심판' 과 '큰 성 바벨론의 멸망' 으로 완성된다.

아울러 사도는 둘째(② 16:1-21. 일곱 대접 재앙 실행과 세상 나라 멸망)와 넷째 단락 (②' 18:1-24. 큰 성 바벨론의 멸망)에서 일곱 대접 재앙으로 말미암은 '세상 나라 멸망' 과 '큰 성 바벨론의 멸망' 을 서로 병행하여 설명한다.

결론적으로, 본 단락(a)의 구조에서 알 수 있듯이, 재림할 때 있을 하나님의 진노는 그리스도 안에서 베푸신 하나님의 은혜를 멸시한 큰 음녀 곧 배도한 교회에게 집중됨을 알 수 있다.

11. 마지막 재앙 예고와 이긴 자들의 찬송(15:1-8)

A. 임박한 그리스도의 강림 예고와 신약교회를 향한 교훈(1:1-3:22)
B. 종말의 개략적·점진적인 구원계시(4:1-11:13)
B' 종말의 핵심적 구원계시(11:14-22:5)
  1. 대환난 이후 개략적 구원계시(11:14-14:20)
  2. 대환난 이후 개략적 구원사건(15:1-22:5)
    a. 마지막 재앙과 큰 (성) 바벨론의 멸망(15:1-19:10)
    ▶ ① 마지막 재앙 예고와 이긴 자들의 찬송(15:1-8)
        ⓐ 마지막 재앙을 가진 일곱 천사들(15:1)
          ⓑ 이긴 자들(15:2-4)
        ⓐ' 일곱 대접 재앙을 가진 일곱 천사들(15:5-8)
      ② 일곱 대접 재앙 실행과 세상 나라 멸망(16:1-21)
      ③ 큰 음녀의 비밀과 큰 바벨론의 비밀(17:1-18)
      ②' 큰 성 바벨론의 멸망(18:1-24)
      ①' 큰 음녀의 심판과 하늘의 큰 무리의 찬송(19:1-10)
    b. 재림과 악의 삼위일체 멸망(19:11-20:10)
    a' 백보좌 심판과 그리스도 나라 완성(20:11-22:5)
A' 임박한 그리스도의 강림 예고와 신약교회를 향한 교훈(22:6-21)

11.1.

본 단락(① 15:1-8, 마지막 재앙 예고와 이긴 자들의 찬송)은 일곱 대접 환상(16장)의 서막으로서 일곱 나팔 환상의 서막(8:1-6)과 점진적 관계를 형성한다. 즉 후자가 종말론적 환난의 시작점이라면, 전자는 대환난의 시작점이다. 그러므로 본 단락(①) 이후 재림을 향한 하나님의 구원역사는 거침없이 전진할 것이다.

필자는 본 단락(①)이 구원역사에서 어떤 의미를 갖는지 살피고자 한다. 본 단락(①)에서 마지막 재앙을 이기고 벗어난 자들이 불이 섞인 유리바다 위에 서서 하나님의 종 모세의 노래와 어린양의 노래를 부른다는 점을 고려할 때, 여기 이긴 자들은 어린양의 혼인잔치에 참여한 자들이다. 그러므로 본 단락(①)은 구원역사에서 여섯째 대접 재앙(아마겟돈 전쟁) 이후 상황을 기술한 것이며, 이러한 사실은 본 단락(①)의 이긴 자들이 병행 단락(①' 19:1-10, 큰 음녀의 심판과 하늘 큰 무리의 찬송)의 큰 음녀의

심판과 어린양의 혼인날 도래를 찬송하는 하늘의 허다한 무리와 동일한 존재라는
사실로도 알 수 있다.

11.2.

본 단락(①)에서 사도가 마지막 재앙에 대하여 예고한다. 마지막 재앙은 공중에 날
아가는 독수리가 예고한 '세 개의 화'(8:13) 가운데 마지막 화이며(11:14), 다음
단락(② 16:1-21, 일곱 대접 재앙 실행과 세상 나라 멸망)에서 실행될 일곱 대접 재앙이다.
또한 마지막 재앙에서 그리스도 강림이 이루어질 것이며, 그래서 세상 나라는 멸망
하고 주와 그리스도 나라가 완성되어 주께서 세세토록 왕노릇 하실 것이다(11:15).

11.3.

본 단락(① 15:1-8, 마지막 재앙 예고와 이긴 자들의 찬송)은 다음과 같은 교차적 병행구조
로 고안할 수 있다.

> B' 종말의 핵심적 구원계시(11:14-22:5)
>   2. 대환난 이후 개략적 구원사건(15:1-22:5)
>   a. 마지막 재앙과 큰 (성) 바벨론의 멸망(15:1-19:10)
> ▶   ① 마지막 재앙 예고와 이긴 자들의 찬송(15:1-8)
>   ⓐ 마지막 재앙을 가진 일곱 천사들(15:1)
>   ⓑ 이긴 자들(15:2-4)
>   ⓐ' 일곱 대접 재앙을 가진 일곱 천사들(15:5-8)
>   ①' 큰 음녀의 심판과 하늘의 큰 무리의 찬송(19:1-10)
>   a' 백보좌 심판과 그리스도 나라 완성(20:11-22:5)

본 단락(①)의 주제 단락(ⓑ 15:2-4, 이긴 자들)은 유리바다 위에 선 자들과 그들의 찬
송에 관한 설명이다. 유리바다 위에 선 자들은 대환난 때 적그리스도 정부의 박해
를 이기고 승리한 자들이다. 이러한 사실은 '짐승과 그 우상과 그 이름의 수를 이
기고 벗어난 자들'(15:2)이라는 설명에서 알 수 있다. 여기서 짐승숭배를 이기고
그들의 박해를 벗어난 자들은 십사만 사천(14:1-5, 7:1-8)의 사역으로 인하여 어린
양에 대한 믿음을 지킨 자들이다. 그래서 이들은 '불이 섞인 유리바다 위에(에
피)' 섰는데, 이것은 주께서 강림하실 때 불 못에 던져질 악의 세력들과 분리됨을
의미한다. 또한 이들은 하늘 성소의 보좌 앞에 있는 하늘의 허다한 무리로서 하나

님의 거문고를 가지고 새노래를 부른다(19:1).

11.4.

본 단락(①)의 **첫째**(ⓐ 15:1, 마지막 재앙을 가진 일곱 천사들)와 **셋째** 단락(ⓐ' 15:5-8, 일곱 대접 재앙을 가진 일곱 천사들)의 구조는 다음과 같이 고안할 수 있다.

> ▶ ① 마지막 재앙 예고와 이긴 자들의 찬송(15:1-8)
>   ⓐ 마지막 재앙을 가진 일곱 천사들(15:1)
>   ⓐ' 일곱 대접 재앙을 가진 일곱 천사들(15:5-8)
>   ㉮ 하늘의 증거 장막 성전이 열림(15:5b)
>   ㉯ 일곱 천사가 일곱 금 대접을 받음(15:6-7)
>   ㉮' 일곱 재앙이 마치기까지 성전에 들어갈 자가 없음(15:8)
>   ①' 큰 음녀의 심판과 하늘의 큰 무리의 찬송(19:1-10)

첫째 단락(ⓐ)에서 일곱 천사가 네 생물 중 하나에게서 받은 일곱 금대접은 하나님의 진노를 가득 담은 마지막 재앙이다. 이 일곱 대접 재앙의 실행은 재림으로 귀결되며, 이것으로 하나님의 진노는 마감할 것이다. 그 결과 하나님의 비밀이 그 종 선지자들에게 전하신 복음과 같이 이루어질 것이다(10:7).

아울러 일곱 대접 재앙은 크고 이상한(놀라운) 다른 이적(표적)인데(15:1), 이것은 하나님이 행하실 크고 기이한(놀라운) 일인 재림으로 인하여 그리스도 나라가 완성되는 일을 의미한다(15:3). 그러므로 대환난 이후 땅에 거하는 자들, 곧 종말론적 환난 때 하나님의 경고에도 불구하고 회개치 않은 자들은 하나님의 진노를 받을 것이다(9:20). 왜냐하면 이들은 회개의 기회를 상실한 채 거짓 선지자에 의하여 미혹되어 짐승의 표를 받고 짐승의 우상을 경배할 자들이기 때문이다(16:2,9).

11.5.

셋째 단락(ⓐ' 15:5-8, 일곱 대접 재앙을 가진 일곱 천사들)의 표제는 **첫째** 단락(ⓐ)의 표제(마지막 재앙을 가진 일곱 천사들)와 같고, 또한 **셋째** 단락(ⓐ')의 주제 항목(㉯ 15:6-7, 일곱 천사가 금 대접 일곱을 받음)의 표제와 동일하다. 이러한 구조적 특징에서 예견할 수 있듯이 사도는 본 단락(①)에서 하나님의 진노 심판이 임박함을 강조한다. 또한 이것은 '마지막 재앙'이라는 표현에서도 알 수 있다.

셋째 단락(ⓐ')의 첫째 항목(㉮ 15:5b, 하늘의 증거 장막 성전이 열림)은 하늘의 증거 장막 성전이 열리는 환상이다. 이 환상은 앞서 예고한 하나님의 성전이 열리고 성전 안에 언약궤가 보인 것과 동일한 계시이다(11:19). 이처럼 사도가 두 번에 걸쳐서 성전 열림과 언약궤를 언급한 것은 하나님께서 언약에 근거하여 심판하실 것을 강조한 것이다.

셋째 단락(ⓐ')의 마지막 항목(㉮' 15:8, 일곱 재앙이 마치기까지 성전에 들어갈 자가 없음)에서 사도가 하늘의 증거 장막 성전이 열렸음에도 불구하고 성전 안에 연기가 가득하여서 아무도 그곳에 들어갈 수 없다고 설명한다. 이것은 그리스도의 강림으로 하나님의 심판이 마치기까지 아무도 그 성전에 들어갈 수 없다는 것이다. 하나님의 심장과 같은 지성소가 열렸음에도 일곱 대접 재앙이 마칠 때까지 세상의 관영한 죄악으로 인하여 아무도 하나님의 영광 앞에 나아갈 수 없다. 이것은 하나님의 사랑을 저버린 세상을 향한 하나님의 진노가 얼마나 강렬한가를 표현한 것이다.

여기서 성전에 가득 찬 연기는 하나님의 장엄한 영광스러운 임재의 상징인 동시에 언약을 파기한 세상에 대한 하나님의 진노를 상징한다. 이것은 대환난 이후 세상은 더 이상 하나님의 계명과 어린양의 증거에 대한 증언을 청종하지 않을 것이며, 또한 하나님께로 돌이키지도 않을 것을 의미한다. 그래서 하나님의 마지막 재앙, 곧 제단 아래서 신원하는 순교자들의 기도 응답으로서 하나님의 진노의 일곱 대접 재앙이 실행될 것이다(6:9-11, 16:6).

12. 일곱 대접 재앙과 세상 나라 멸망(16:1-21)

```
A. 임박한 그리스도의 강림 예고와 신약교회를 향한 교훈(1:1-3:22)
B. 종말의 개략적 · 점진적인 구원계시(4:1-11:13)
B' 종말의 핵심적 구원계시(11:14-22:5)
  1. 대환난 이후 개략적 구원계시(11:14-14:20)
  2. 대환난 이후 개략적 구원사건(15:1-22:5)
    a. 마지막 재앙과 큰 (성) 바벨론의 멸망(15:1-19:10)
      ① 마지막 재앙 예고와 이긴 자들의 찬송(15:1-8)
    ▶ ② 일곱 대접 재앙 실행과 세상 나라 멸망(16:1-21)
        ⓐ 성전에서 들린 큰 음성(16:1)
        ⓑ 일곱 대접 재앙의 실행(16:2-21)
      ③ 큰 음녀의 비밀과 큰 바벨론의 비밀(17:1-18)
      ②' 큰 성 바벨론의 멸망(18:1-24)
      ①' 큰 음녀의 심판과 하늘의 큰 무리의 찬송(19:1-10)
    b. 재림과 악의 삼위일체 멸망(19:11-20:10)
    a' 백보좌 심판과 그리스도 나라 완성(20:11-22:5)
A' 임박한 그리스도의 강림 예고와 신약교회를 향한 교훈(22:6-21)
```

12.1.

본 단락(② 16:1-21, 일곱 대접 재앙 실행과 세상 나라 멸망)은 대접 환상에 관한 설명이다. 대접 환상의 특징은 인과 나팔 환상과 달리 여섯째 대접 환상 이후 막간이 없다. 이처럼 여섯째와 일곱째 대접 환상 사이에 막간이 없다는 것은 종말교회들을 위한 모든 구원계시는 이미 주어졌고, 이제 마지막 심판이 집행될 것을 의미한다. 반면 대접 환상에는 일곱째 대접 이후 세 개의 막간[48]이 삽입되어 있는데, 이들은 다섯째 대접 환상부터 일곱째 대접 환상까지 내용에 대한 부연 설명이다.

필자는 인과 나팔 환상을 해석한 원리대로 대접 환상을 해석하려고 한다. 왜냐하면 사도가 일곱 대접 재앙에서 세상의 완전한 파멸을 4+2+1 형태의 점층적 표현으로

---

[48] 세 개의 막간은 큰 음녀의 비밀과 큰 바벨론 비밀(17장), 큰 성 바벨론 멸망(18장), 큰 음녀의 심판과 하늘에 큰 무리의 찬송(19:1-10)이다. 이들은 일곱째 대접 환상(16:17-21)과 재림과 악의 삼위일체 멸망(19:11-20:10) 곧 재림 사건들 사이에 있는 막간들이다.

설명하였기 때문이다. 즉 세상의 파멸은 자연계에 대한 심판(❶ 16:2-9, 네 개의 대접 재앙)과 짐승 나라에 대한 심판(❷ 16:10-16, 두 개의 대접 재앙), 그리고 온 세상에 대한 심판(❶' 16:17-21, 마지막 대접 재앙)으로 확대된다.

12.2.
본 단락(② 16:1-21, 일곱 대접 재앙 실행과 세상 나라 멸망)의 구조는 다음과 같이 고안할 수 있다.

> B' 종말의 핵심적 구원계시(11:14-22:5)
>   2. 대환난 이후 개략적 구원사건(15:1-22:5)
>   a. 마지막 재앙과 큰 (성) 바벨론의 멸망(15:1-19:10)
>   ▶ ② 일곱 대접 재앙 실행과 세상 나라 멸망(16:1-21)
>   ⓐ 성전에서 들린 큰 음성(16:1)
>   ⓑ 일곱 대접 재앙의 실행(16:2-21)
>   ❶ 네 개의 대접 재앙(16:2-9)
>   ❷ 두 개의 대접 재앙(16:10-16)
>   ❶' 마지막 대접 재앙(16:17-21): 대접을 공기 가운데 쏟음
>   ②' 큰 성 바벨론의 멸망(18:1-24)
>   a' 백보좌 심판과 그리스도 나라 완성(20:11-22:5)

본 단락(②)의 첫째 단락(ⓐ 16:1, 성전에서 들린 큰 음성)에서 성전으로부터 들리는 큰 음성이 일곱 대접을 가진 천사들에게 하나님의 진노의 일곱 대접을 땅에 쏟으라고 명령한다. 그리고 둘째 단락(ⓑ 16:2-21, 일곱 대접 재앙의 실행)에서 일곱 대접 재앙을 가진 천사들이 하나님의 구원역사를 완성하기 위하여 일곱 대접을 땅에 쏟는다.
앞서 설명한 것처럼 일곱 대접 재앙은 점층적인 형태로 구성되었다. 즉 자연계에 대한 심판, 악의 세력에 대한 심판 그리고 온 우주에 대한 심판의 순서이다. 그런데도 필자가 둘째 단락(ⓑ)의 소단락들을 교차적 병행구조 형태로 고안한 이유는 세상에 임할 마지막 재앙이 짐승 나라와 그것의 배후에서 활동하는 악한 영들 때문임을 강조하기 위함이다. 즉 마지막 대접 재앙은 악의 세력들에 의하여 오염된 세상 나라를 멸망시키고 하나님이 창조하신 세상을 회복하기 위한 과정이다.

12.3.

둘째 단락(ⓑ)의 첫째 소단락(❶ 16:2-9, 네 개의 대접 재앙)의 구조는 다음과 같이 고안할 수 있다.

▶ ② 일곱 대접 재앙 실행과 세상 나라 멸망(16:1-21)
    ⓐ 성전에서 들린 큰 음성(16:1)
    ⓑ 일곱 대접 재앙의 실행(16:2-21)
        ❶ 네 개의 대접 재앙(16:2-9)
          ㉮ 세 개의 대접 재앙(16:2-4): 자연계에 대한 심판
           ㉯ 하나님 심판의 정당성(16:5-7)
          ㉮' 넷째 대접 재앙(16:8-9): 천체에 대한 심판
        ❶' 마지막 대접 재앙(16:17-21): 대접을 공기 가운데 쏟음
    ②' 큰 성 바벨론의 멸망(18:1-24)

첫째 소단락(❶)의 주제 항목(㉯ 16:5-7, 하나님의 심판 정당성)은 하나님 심판의 정당성에 대한 설명이다. 주제 항목(㉯)에서 사도가 하나님의 심판을 땅의 백성들이 성도들과 선지자들의 피를 흘린 일에 대한 신원으로 설명한다(16:6, 18:24). 또한 물을 차지한 천사와 제단도 증인들로 등장하여 전능하신 주 하나님의 심판을 참되고 의롭다고 증언한다. 그러므로 대접 재앙으로 인하여 세상 나라의 상징인 큰 바벨론은 완전히 파멸되고(16:19, 18:2), 주 하나님과 그리스도 나라가 완성된다.

첫째 소단락(❶)의 처음(㉮ 16:2-4, 세 개의 대접 재앙: 자연계에 대한 심판)과 마지막 항목(㉮' 16:8-9, 넷째 대접 재앙: 천체에 대한 심판)은 자연계와 천체에 대한 심판으로 대조되며, 이 재앙들은 짐승의 표를 받고 짐승의 우상에게 경배하는 땅의 백성들에게 미칠 것이다(16:2). 이때 땅의 백성들에게는 더 이상 회심의 기회가 주어지지 않을 것이며, 오히려 그들은 종말교회가 창조주와 심판주로 증언한 주 예수 그리스도의 이름을 훼방할 것이다. 그러나 이때도 성도들은 주리거나 목마르지 아니하고, 해의 뜨거운 기운에 상하지 않고 보호받을 것이다(7:16).

12.4.

둘째 단락(ⓑ)의 셋째 소단락(❶' 16:17-21, 마지막 대접 재앙: 대접을 공기 가운데 쏟음)의 구조는 다음과 같이 고안할 수 있다.

▶ ② 일곱 대접 재앙 실행과 세상 나라 멸망(16:1-21)

ⓐ 성전에서 들린 큰 음성(16:1)
ⓑ 일곱 대접 재앙의 실행(16:2-21)
❶ 네 개의 대접 재앙(16:2-9)
❶' 마지막 대접 재앙(16:17-21): 대접을 공기 가운데 쏟음
㉮ 일곱째 대접이 공중에 부어짐(16:17a)
㉯ 보좌로부터 들려온 큰 음성(16:17b-17c)
㉮' 일곱째 대접이 공중에 부어진 결과(16:18-21)
㉠ 재림 현상인 큰 지진(16:18)
㉡ 큰 바벨론 심판(16:19-20)
㉠' 재림 현상인 큰 우박(16:21)
②' 큰 성 바벨론의 멸망(18:1-24)

셋째 소단락(❶')의 처음(㉮ 16:17a, 일곱째 대접이 공중에 부어짐)과 마지막 항목(㉮' 16:18-21, 일곱째 대접이 공중에 부어진 결과)은 일곱째 대접 재앙에 대한 설명이다. 이들은 일곱 대접 재앙의 시작과 결과로 서로 연계된다.

셋째 소단락(❶')의 첫째 항목(㉮)에서 사용된 '공기(아에르)'는 엡2:2절에서 '공중'으로 번역된 단어이며, 9장에서 무저갱의 사자(천사)가 출옥한 상황을 설명할 때 사용된 단어이다(9:2). 이러한 점을 고려할 때, 일곱째 대접 재앙을 공중에 쏟은 것은 공중권세 잡은 자인 '이 세상 신'(고후4:4)과 땅을 망하게 하는 자들을 심판하신 것이다. 부연하면, 세상을 지배했던 악한 영의 임금인 사탄(아바돈, 아볼루온)은 그리스도의 십자가 사건으로 말미암아 무저갱에 결박되었다. 그러나 사탄은 종말론적 환난 이후 무저갱으로부터 출옥하여 '온 천하 임금들'(16:14)을 미혹하고 아마겟돈 전쟁을 촉발할 것이다. 그래서 하나님께서는 일곱째 대접 재앙으로 말미암아 이 세상 신과 그의 추종 세력들, 심지어 악의 세력으로 오염된 세상을 심판하실 것이다.

셋째 소단락(❶')의 셋째 항목(㉮' 16:18-21, 일곱째 대접이 공중에 부어진 결과)은 일곱째 대접 재앙이 공중에 부어진 결과에 대한 설명인데, 셋째 항목(㉮)은 큰 바벨론 심판을 중심으로 재림 현상을 설명하는 교차적 병행구조로 배열할 수 있다.

셋째 항목(㉮')의 주제 소항목(㉡ 16:19-20, 큰 바벨론 심판)에서 사도는 재림으로 인한 세상의 멸망을 설명하는데, 사도가 이것을 큰 바벨론 심판으로 설명한다. 또한 첫째(㉠ 16:18, 재림 현상인 큰 지진)와 셋째 소항목(㉠' 16:21, 재림 현상인 큰 우박)에서는 세상을 멸망케 한 직접적 원인인 큰 지진과 큰 우박 현상을 설명한다. 이처럼 일곱

째 대접 재앙은 큰 지진과 한 달란트(약 45kg)의 큰 우박으로 특징되는 심판이다. 아울러 에스겔서에서 곡과 마곡의 멸망에 대한 예언이 유황 불과 우박으로 기인한 다는 사실을 고려할 때(겔38:22), 일곱째 대접의 큰 우박은 에스겔서의 예언이 성취 되는 현상임을 알 수 있다(20:8,9). 더욱이 큰 지진과 큰 우박 심판으로 큰 바벨론 과 큰 성 바벨론이 파괴되고(16:19, 18:2; 18:10,17,19,21), 만국의 성들 곧 모든 문명 세계의 파멸이 일어날 것이며(11:13, 16:19), 첫 창조의 모든 섬들과 산들이 사라지 게 될 것이다(6:14, 16:20). 이러한 현상은 재림 때 나타날 세상의 최종적 상황을 묘 사한 것으로서 일곱째 대접 재앙에서 인류 역사는 종결될 것이다.

12.5.

셋째 소단락(❶')의 주제 항목(㉯ 16:17b-17c, 보좌로부터 들려온 큰 음성)에서 일곱째 대접 재앙이 공중에 부어진 직후 성전의 보좌로부터 '되었다(게고넨)' (16:17)라는 큰 음성이 선포되었다. 필자는 '되었다(게고넨)'는 의미를 다음과 같이 해석한다.

첫째, 계시록에서 헬라어 '게고넨'은 재림(16:17, 되었다)과 새 예루살렘 성(21:6, 이루었다)을 설명하는 문맥에서 두 번 사용되었다. 이것은 사도가 그리스도 강림과 새 예루살렘 성의 출현을 동시적 또는 연속적 사건으로 설명한 것이다. 이러한 해 석에 의하면, 유대주의 신학의 메시아 왕국 또는 전천년의 '천년왕국 가설'에 대 한 주장은 그 근거를 상실하게 될 것이다.

둘째, 사도가 그의 복음서에서 예수의 십자가 사건이 메시아의 죽음에 대한 구약 예언의 성취임을 설명하면서 '게고넨(되었다)'의 파생어인 '에게네토'(요19:36, 이루다)를 사용한다.[49] 이처럼 사도가 예수의 십자가와 재림 사건에서 동일한 원어 를 두 번 사용한 것은 이 구원사건들로 말미암아 하나님의 구원역사가 완성됨을 명 시하려는 의도로 추론할 수 있다.

12.6.

앞선 단락(8:7-9:21, 종말론적 환난 때 있을 경고와 심판)에서 다섯째와 여섯째 나팔을 연 계하여 해석한 것처럼 다섯째와 여섯째 대접도 서로 연계하여 해석해야 한다.

필자는 이 사실을 설명하기 위하여 둘째 단락(ⓑ)의 둘째 소단락(❷ 16:10-16, 두 개

---

49) '되었다(게고넨)'로 사용된 원어는 21:6에서 '이루었다'로 번역되면서, 예수님의 가상칠언 중 마 지막 말씀인 '다 이루었다(요19:30, 테텔레스타이)'와 유사한 느낌을 주지만 원어는 다르다.

의 대접 재앙)의 구조를 다음과 같이 고안하였다.

▶ ② 일곱 대접 재앙 실행과 세상 나라 멸망(16:1-21)
　　ⓐ 성전에서 들린 큰 음성(16:1)
　　ⓑ 일곱 대접 재앙의 실행(16:2-21)
　　　❶ 네 개의 대접 재앙(16:2-9)
　　　❷ 두 개의 대접 재앙(16:10-16)
　　　　㉮ 다섯째 대접 재앙(16:10-11): 대접을 짐승의 보좌에 쏟음
　　　　㉯ 여섯째 대접 재앙(16:12-16): 아마겟돈 전쟁
　　　❶' 마지막 대접 재앙(16:17-21): 대접을 공기 가운데 쏟음
　　②' 큰 성 바벨론의 멸망(18:1-24)

둘째 소단락(❷)은 재림 직전에 발생할 아마겟돈 전쟁에 대한 설명이다. 필자는 첫째 항목(㉮ 16:10-11, 다섯째 대접 재앙: 대접을 짐승의 보좌에 쏟음)을 아마겟돈 전쟁의 원인으로, 둘째 항목(㉯ 16:12-16, 여섯째 대접 재앙: 아마겟돈 전쟁)을 아마겟돈 전쟁의 과정으로 설명한다.

첫째 항목(㉮)인 다섯째 대접 재앙에서는 하나님께서 짐승 나라를 심판하시므로 그 나라가 영적 어두움과 육체적 고통을 당하는데, 이것은 하나님께서 짐승 나라를 멸망시키기 위한 예비적인 조치이다. 즉 인류 역사의 마지막 전쟁인 아마겟돈 전쟁은 하나님께서 짐승의 보좌가 있는 큰 성 바벨론에 다섯째 대접 재앙을 집행하시므로 발발할 것이다. 그리고 둘째 항목(㉯)의 여섯째 대접 재앙이 집행되면, 큰 바벨론은 온 천하 임금들, 곧 겔38-39장에서 예언된 나라들[50]을 중심으로 종말의 유대인 교회의 박멸을 위한 전쟁을 시도할 것이다(16:14, 20:9).

그런데 사도가 다섯째와 여섯째 대접 재앙에서 아마겟돈 전쟁이 발발한 원인과 과정을 언급하고(16:10-14,16), 아마겟돈 전쟁의 참상과 결과에 대하여 침묵한다. 오히려 사도가 아마겟돈 전쟁의 결과를 곡과 마곡 전쟁에서 상세히 설명하는데, 이것은 사도가 아마겟돈 전쟁과 곡과 마곡 전쟁, 그리고 그리스도 강림을 동일한 또는 연속적 사건으로 설명하려는 의도이다.

---

50) 이광복, 이 시대 징조로 본 재림 징조 (흰돌, 2013), pp. 114-122: 겔38-39장은 곡과 마곡의 전쟁을 언급하는데, 거기에 예언된 나라들은 로스와 메섹(러시아), 바사(이란), 구스(이디오피아), 붓(리비아), 고멜(동유럽의 친러국가), 도갈마 족속(남부 러시아와 터어키 지역) 이다. 사도는 이들을 '땅의 사방 백성'(20:8)으로 표현하는데, 이것은 이 나라들이 이스라엘을 사방에서 포위한 형세를 갖기 때문이다. 또한 사도는 열 왕과 곡과 마곡의 연합국을 천하 임금들로 표현하였다.

12.7.

둘째 소단락(❷)의 둘째 항목(㉯ 16:12-16, 여섯째 대접 재앙)의 구조는 다음과 같이 고안할 수 있다.

▶ ② 일곱 대접 재앙 실행과 세상 나라 멸망(16:1-21)
    ⓐ 성전에서 들린 큰 음성(16:1)
    ⓑ 일곱 대접 재앙의 실행(16:2-21)
      ❶ 네 개의 대접 재앙(16:2-9)
      ❷ 두 개의 대접 재앙(16:10-16)
        ㉮ 다섯째 대접 재앙(16:10-11): 대접을 짐승의 보좌에 쏟음
        ㉯ 여섯째 대접 재앙(16:12-16): 아마겟돈 전쟁
          ㉠ 동방 왕들의 출현(16:12)
          ㉡ 아마겟돈 전쟁 발발(16:13-14)
          ㉠' 임박한 재림에 대한 경고(16:15)
          ㉡' 아마겟돈 전쟁 발발(16:16)
      ❶' 마지막 대접 재앙(16:17-21): 대접을 공기 가운데 쏟음
    ②' 큰 성 바벨론의 멸망(18:1-24)

둘째 항목(㉯)에서 사도가 아마겟돈 전쟁의 과정에 대하여 자세히 설명한다. 둘째 항목(㉯)의 둘째(㉡ 6:13-14, 아마겟돈 전쟁 발발)와 넷째 소항목(㉡' 16:16, 아마겟돈 전쟁 발발)은 세 짐승의 입에서 나오는 더러운 영들이 아마겟돈 전쟁을 촉발하는 과정을 설명한다. 여기서 세 더러운 영은 악의 삼위일체의 영들로서 세상을 미혹하기 위하여 출현한다. 이들은 이적으로 온 천하 임금들을 미혹하여 아마겟돈에 집결시킨 후 하나님의 큰 날에 있을 '(그) 전쟁(톤 플레몬)'(16:14)을 촉발시킬 것이다.

여기서 '(그) 전쟁'은 과거에 선지자들이 예언한 '그날에' 있을 인류 최후의 전쟁을 지칭하며(겔38-39장; 슥12-14장; 욜2:11, 3:2), 두증인과 무저갱에서 올라온 짐승의 전쟁인 동시에 그리스도께서 하늘군대를 대동하신 전쟁이기도 하다. 즉 아마겟돈 전쟁은 두 짐승이 두증인과의 전쟁에서 패배한 후 무저갱에서 올라온 짐승의 도움으로 온 천하를 미혹하여 두증인과 종말의 유대인 교회를 박멸하려는 전쟁이다. 이것이 짐승 나라가 어두워졌다는 의미이다(16:10).

둘째 항목(㉯)의 첫째(㉠ 16:12, 동방 왕들의 출현)와 셋째 소항목(㉠' 16:15, 임박한 재림에 대한 경고)의 연관성은 동방 왕들의 출현과 임박한 재림에 대한 경고이다. 첫째 소항

목(㉠)에서 사도는 여섯째 대접 재앙을 동방의 왕들이 큰 강 유브라데를 지나서 이스라엘을 침공할 수 있도록 정치적·자연적 환경을 조성하는 것으로 설명한다. 그리고 셋째 소항목(㉠')에서는 임박한 재림을 아마겟돈 전쟁과 연계시킨다. 이것은 종말의 유대인 교회를 박멸하려는 아마겟돈 전쟁이 재림의 전조 현상임을 의미한다.

12.8.

둘째 소단락(❷)의 여섯째 대접 재앙(㉯ 16:12-16. 여섯째 대접 재앙: 아마겟돈 전쟁)에서 언급된 아마겟돈 전쟁의 특징은 다음과 같이 설명할 수 있다.

첫째, 아마겟돈 전쟁은 '동방의 왕들'(16:12)과 '온 천하 임금들'(16:14)이 주축이 되어 도발한 전쟁이다. 사도가 아마겟돈 전쟁을 곡과 마곡의 전쟁과 연계시킨 사실로부터 아마겟돈 전쟁에 참전하는 '동방의 왕들'(20:8)은 에스겔 선지자가 예언했던 곡과 그 연합국들이며, 이들은 이스라엘을 둘러싼 적성 국가들을 총칭한 것이다. 또한 '온 천하 임금들'(16:14)은 동방의 왕들을 포함한 큰 바벨론을 추종하는 모든 나라들로 추론할 수 있다.

둘째, 아마겟돈 전쟁은 종말에 이스라엘을 중심으로 발발할 전쟁이다. 사도는 계시록에서 이스라엘을 중심으로 종말에 있을 두 번의 전쟁을 기술한다. 하나는 유브라데 전쟁이며, 다른 하나는 아마겟돈 전쟁(곡과 마곡 전쟁)이다. 전자는 여섯째 나팔 환상에서 계시하신 이만만의 마병대가 유브라데에 집결한 전쟁이며(9:13-21), 필자는 이것을 대환난 직전에 있을 이스라엘과 아랍 국가들의 종교 전쟁으로 해석하였다. 반면 후자는 재림 직전에 큰 바벨론 세력이 종말의 유대인 교회를 멸절하려고 도발한 전쟁이다. 앞서 설명한 것처럼 온 천하 임금을 큰 바벨론을 추종하는 세력으로 규정하면, 아마겟돈 전쟁은 유대인의 예비처인 '사랑하시는 성과 성도들의 진'(20:9)에서 주님의 강림을 기다리며 탄원하는 종말의 유대인 교회를 박멸하기 위한 전쟁이라고 할 수 있다. 이처럼 절체절명의 순간에 주님은 우주적 교회의 완성을 위하여 강림하실 것이며, 그리스도의 피로 구속하신 언약 백성들을 눈동자처럼 보호하실 것이다.

13. 큰 음녀의 비밀과 기원(17:1-7a, 15-18)

A. 임박한 그리스도의 강림 예고와 신약교회를 향한 교훈(1:1-3:22)

B. 종말의 개략적 · 점진적인 구원계시(4:1-11:13)

B' 종말의 핵심적 구원계시(11:14-22:5)

　1. 대환난 이후 개략적 구원계시(11:14-14:20)

　2. 대환난 이후 개략적 구원사건(15:1-22:5)

　　a. 마지막 재앙과 큰 (성) 바벨론의 멸망(15:1-19:10)

　　　① 마지막 재앙 예고와 이긴 자들의 찬송(15:1-8)

　　　② 일곱 대접 재앙 실행과 세상 나라 멸망(16:1-21)

　▶　③ 큰 음녀의 비밀과 큰 바벨론의 비밀(17:1-18)

　　　　ⓐ 큰 음녀의 비밀(17:1-7a)

　　　　　ⓑ 큰 바벨론의 비밀(17:7b-14)

　　　　ⓐ' 큰 음녀의 기원(17:15-18)

　　　② ' 큰 성 바벨론의 멸망(18:1-24)

　　　① ' 큰 음녀의 심판과 하늘의 큰 무리의 찬송(19:1-10)

　　b. 재림과 악의 삼위일체 멸망(19:11-20:10)

　　a' 백보좌 심판과 그리스도 나라 완성(20:11-22:5)

A' 임박한 그리스도의 강림 예고와 신약교회를 향한 교훈(22:6-21)

13.1.

17장은 큰 바벨론에 대한 설명이고, 18장은 큰 성 바벨론에 대한 설명이다. 이들은 서로 연관된 주제여서 한 단락으로 구성할 수 있을 것 같다. 그럴지라도 17장은 붉은 짐승을 탄 큰 음녀인 큰 바벨론의 비밀과 심판의 근거를 제시하고, 18장에서는 큰 바벨론의 멸망을 큰 성 바벨론의 파멸로 설명한다.

13.2.

17장은 '큰 음녀의 비밀과 큰 바벨론의 비밀'에 대한 설명이다. 사도가 한 단락 안에 두 주제를 기술하므로 큰 음녀와 큰 바벨론은 긴밀히 연계된다는 사실을 암시한다. 즉 큰 음녀가 붉은 짐승을 탔는데, 이들의 연합을 큰 바벨론으로 설명한 것

이다(17:3,5). 이것이 대환난 이후 등장할 적그리스도 나라 또는 용의 일곱째 머리
인 마지막 제국(諸國)이다(17:11).

13.3.

구약에서 바벨론은 하나님과 구약교회를 대적했던 근원적 세력을 상징한다. 그런데
사도가 붉은 짐승을 탄 큰 음녀를 큰 바벨론으로 지칭하는데, 이것은 종말에 하나
님 나라를 대적하는 거대한 정치와 종교 연합체가 등장할 것을 예고한 것이다. 즉
큰 붉은 용의 첫째 머리인 구바벨론이 사탄 왕국의 근원인 것처럼 일곱째 머리인
큰 바벨론도 인류 역사상 가장 극렬하게 교회를 박해하는 사탄 왕국이 될 것이다.
그래서 사도는 적그리스도 나라를 큰 바벨론으로 호칭한 것이다.

성경은 오직 '하나님의 아들 예수 그리스도를 믿음으로 구원 얻는다'(행4:12)고
가르치고, 또한 바울 사도도 이 진리 외에 '다른 복음을 전하면 저주를 받는다'
(갈1:9)고 말한다. 그런데 큰 음녀는 '모든 종교는 각자 구원에 이르는 도(道)를 가
진다'고 주장하며, 또한 큰 바벨론의 권세를 이용하여 자신의 주장을 인정하지 않
는 자를 정치적·종교적으로 핍박할 것을 주장한다. 이것이 큰 바벨론의 정체이다.

13.4.

본 단락(③ 17:1-18. 큰 음녀의 비밀과 큰 바벨론의 비밀)의 구조는 다음과 같은 교차적
병행구조로 고안할 수 있다.

> B' 종말의 핵심적 구원계시(11:14-22:5)
>   2. 대환난 이후 개략적 구원사건(15:1-22:5)
>   a. 마지막 재앙과 큰 (성) 바벨론의 멸망(15:1-19:10)
>   ① 마지막 재앙 예고와 이긴 자들의 찬송(15:1-8)
>   ▶ ③ 큰 음녀의 비밀과 큰 바벨론의 비밀(17:1-18)
>   ⓐ 큰 음녀의 비밀(17:1-7a)
>   ⓑ 큰 바벨론의 비밀(17:7b-14)
>   ⓐ' 큰 음녀의 기원(17:15-18)
>   ①' 큰 음녀의 심판과 하늘의 큰 무리의 찬송(19:1-10)
>   a' 백보좌 심판과 그리스도 나라 완성(20:11-22:5)

본 단락(③)의 처음(ⓐ 17:1-7a. 큰 음녀의 비밀)과 마지막 단락(ⓐ' 17:15-18. 큰 음녀의

기원)은 큰 음녀에 대한 설명으로 연계된다. 사도는 두 단락에서 큰 음녀와 음녀에 대하여 자세히 설명하는데, 이것은 큰 바벨론을 출현케 할 큰 음녀의 기원과 비밀을 신약교회에게 주지시키는 일이 중요하기 때문이다. 즉 사도는 큰 음녀의 정체를 모든 교회에게 알리므로 신약교회가 큰 음녀의 미혹에 속지 않도록 하려고 한다. 아울러 필자는 본 단락(③)을 교차적 병행구조를 고안하여 음녀와 큰 음녀의 관계를 설명한다. 여기서 사도가 음녀에게 없는 '많은 (물)'이라는 수식어를 큰 음녀에게 사용하는데(17:1), 이것은 음녀의 배도가 점층적으로 심화하여 큰 음녀의 배교 상황에 이를 것을 암시한 것이다. 그 결과 큰 음녀는 땅의 음녀들과 가증한 것들을 미혹하고 그들의 어미가 될 것이다(17:5).

13.5.

본 단락(③)의 마지막 단락(ⓐ' 17:15-18, 큰 음녀의 기원)은 다음과 같은 교차적 병행구조로 고안할 수 있다.

> ① 마지막 재앙 예고와 이긴 자들의 찬송(15:1-8)
> ▶ ③ 큰 음녀의 비밀과 큰 바벨론의 비밀(17:1-18)
>   ⓐ 큰 음녀의 비밀(17:1-7a)
>   ⓐ' 큰 음녀의 기원(17:15-18)
>   ❶ 음녀의 신분(17:15)
>   ❷ 음녀의 멸망(17:16-17)
>   ❶' 음녀의 신분(17:18)
> ①' 큰 음녀의 심판과 하늘의 큰 무리의 찬송(19:1-10)

본 단락(③)의 첫째 단락(ⓐ 17:1-7a, 큰 음녀의 비밀)에서는 큰 음녀가 붉은 짐승과 연합한 상태를 큰 바벨론으로 설명한다(17:3,5). 큰 바벨론은 배도한 예루살렘을 종교적·정치적 거점으로 삼고 세계를 통치할 때, 큰 성 예루살렘은 큰 성 바벨론으로 전락하게 된다. 그래서 '큰 바벨론'(17:5; 원어: 14:8, 16:19, 18:2)은 '큰 성 바벨론'(18:10,21; 큰 성: 18:18,19)과 유기적 관계가 있지만 서로 다른 실체이다.
본 단락(③)의 셋째 단락(ⓐ' 17:15-18, 큰 음녀의 기원)은 큰 음녀의 기원에 대한 설명이다. 큰 음녀는 음녀의 지배층의 배도가 최절정에 이르렀을 때 실체를 지칭한다. 셋째 단락(ⓐ')의 처음(❶ 17:15, 음녀의 신분)과 마지막 소단락(❶' 17:18, 음녀의 신분)은 '음녀의 신분'으로 연계된다. 전자는 음녀가 물 위에 앉은 모습 곧 '백성과 무리와 열국과 방언들'(17:15)을 지배하는 배도한 교회로, 후자는 음녀를 '땅의 임금들을 다스리는 큰 성'(17:18)으로 설명한다. 즉 음녀가 정치와 종교 연합체라는 사실을 강조하여 설명한 것이다.

셋째 단락(ⓐ')의 주제 소단락(❷ 17:16-17. 음녀의 멸망)에서는 열 뿔이 한뜻으로 자신들의 왕권을 짐승에게 양도한다(17:17). 여기서 사도가 언급한 짐승은 선지자 다니엘이 예언했던 넷째 짐승으로서 마침내 그가 역사에 출현한 것이다(단7:7,19). 그러므로 열 뿔이 짐승에게 자신들의 나라를 양도하는 것은 종말적 적그리스도를 왕으로 옹립하는 과정을 설명한 것이다. 이때 종말적 적그리스도를 왕으로 추대하려는 짐승과 열 뿔에 의하여 음녀가 참혹하게 살육당할 것이다(17:16).

13.6.

본 단락(③)의 첫째 단락(ⓐ 17:1-7a. 큰 음녀의 비밀)은 다음과 같은 교차적 병행구조로 고안할 수 있다.

　① 마지막 재앙 예고와 이긴 자들의 찬송(15:1-8)
▶ ③ 큰 음녀의 비밀과 큰 바벨론의 비밀(17:1-18)
　　ⓐ 큰 음녀의 비밀(17:1-7a)
　　　❶ 많은 물 위에 앉은 큰 음녀의 심판을 예고(17:1)
　　　　❷ 큰 음녀의 죄악: 땅의 백성들과 음행함(17:2)
　　　　　❸ 큰 음녀의 비밀(17:3-5)
　　　　❷' 큰 음녀의 죄악(17:6a): 성도와 예수 증인의 피에 취함
　　　❶' 사도가 큰 음녀를 보고 크게 기이히 여김(17:6b-7a)
　　ⓐ' 큰 음녀의 기원(17:15-18)
　① ' 큰 음녀의 심판과 하늘의 큰 무리의 찬송(19:1-10)

첫째 단락(ⓐ)의 처음(❶ 17:1. 많은 물 위에 앉은 큰 음녀의 심판을 예고)과 마지막 소단락(❶' 17:6b-7a. 사도가 큰 음녀를 보고 크게 기이히 여김)에서 사도는 큰 음녀에 대하여 다음과 같이 설명한다.

첫째, 큰 음녀가 많은 물 위에 앉았다(17:1). 사도가 물을 '백성과 무리와 열국과 방언들'(17:15)로 해석하므로, 큰 음녀가 많은 물 위에 앉았다는 것은 큰 음녀가 비진리로 온 세상을 미혹하여 세계적인 반기독교 종교 연합체가 되었다는 것을 의미한다.

둘째, 사도의 놀람과 당혹함에서 알 수 있듯이 큰 음녀는 자신을 끝까지 그리스도 교회처럼 위장하고 그리스도 교회를 미혹하므로 배도를 시도할 것이다. 큰 음녀는 대환난 때까지 신약교회에게 정체를 드러내지 않을 것이며, 그래서 음녀조차도 큰 음녀의 정체를 알지 못하고 미혹 당한 것이다.

첫째 단락(ⓐ)의 둘째(❷ 17:2, 큰 음녀의 죄악: 땅의 백성들과 음행함)와 넷째 소단락 (❷' 17:6a, 큰 음녀의 죄악: 성도와 예수 증인의 피에 취함)에서 사도는 '붉은 (색)' 이미지인 포도주와 피를 병행하여 큰 음녀의 죄악을 설명한다. 둘째 소단락(❷)에서는 큰 음녀가 음행의 포도주로 땅의 왕들과 백성들을 미혹하고 배도케 한다(17:2). 이것은 큰 음녀가 대환난 이후 만국을 미혹케 하는 거짓 선지자임을 명시한 것이다. 또한 넷째 소단락(❷')에서는 큰 음녀가 성도와 증인들을 박해하여 피에 취한 모습으로 묘사되었다(17:6a; 13:7). 큰 음녀는 유일하신 하나님과 유일하신 구세주 그리스도를 고백하는 교회를 도무지 용납할 수 없다. 그래서 큰 바벨론의 세력을 이용하여 참된 그리스도 교회를 박해할 것이다.

13.7.
본 단락(③)의 주제 소단락(❸ 17:3-5, 큰 음녀의 비밀)은 다음과 같은 교차적 병행구조로 고안할 수 있다.

① 마지막 재앙 예고와 이긴 자들의 찬송(15:1-8)
▶ ③ 큰 음녀의 비밀과 큰 바벨론의 비밀(17:1-18)
   ⓐ 큰 음녀의 비밀(17:1-7a)
     ❶ 많은 물 위에 앉은 큰 음녀의 심판을 예고(17:1)
     ❸ 큰 음녀의 비밀(17:3-5)
        ⊖ 붉은 짐승을 탄 큰 음녀(17:3c-3e)
          ⊜ 큰 음녀의 모습과 사역(17:4)
        ⊖' 붉은 짐승을 탄 큰 음녀의 정체(17:5)
     ❶' 사도가 큰 음녀를 보고 크게 기이히 여김(17:6b-7a)
   ⓐ' 큰 음녀의 기원(17:15-18)
① ' 큰 음녀의 심판과 하늘의 큰 무리의 찬송(19:1-10)

주제 소단락(❸)은 '큰 음녀의 비밀' 에 대한 설명이다. 사도가 주제 소단락(❸)에서 큰 음녀를 설명할 때, 마치 일곱 머리와 열 뿔 짐승의 연합체를 설명하는 것처럼 기술하였다. 이것은 사도가 큰 음녀를 큰 바벨론과 결코 분리하여 설명할 수 없는 완전한 연합체라는 사실을 강조한 것이다.

주제 소단락(❸)의 첫째(㊀ 17:3c-3e, 붉은 짐승을 탄 큰 음녀)와 셋째 항목(㊀' 17:5, 붉은 짐승을 탄 큰 음녀의 정체)에서 사도는 붉은 짐승과 연합한 큰 음녀를 설명한다. 사도가 이들의 연합을 설명할 때 첫째 항목(㊀)에서는 짐승을 중심으로, 셋째 항목(㊀')에서는 큰 음녀를 중심으로 설명한다. 즉 첫째 항목(㊀)에서는 큰 음녀를 하나님을 대적하는 많은 참람된 칭호를 가진 붉은 짐승과 연합한 존재로, 셋째 항목(㊀')에서는 '땅의 음녀들과 가증한 것들의 어미'(17:5)인 큰 음녀를 큰 바벨론의 구성원으로 설명하였다.

13.8.

주제 소단락(❸)의 주제 항목(㊀ 17:4, 큰 음녀의 모습과 사역)에서 사도는 큰 음녀의 비밀 가운데 큰 음녀의 모습과 사역을 다음과 같이 설명하였다.

첫째, 큰 음녀는 가증한 것과 음행의 더러운 것들이 가득한 금잔을 손에 가졌다. 큰 음녀의 음행의 더러운 것들은 그리스도 교회를 미혹하고 배도케 할 비진리를 의미한다(17:4). 또한 큰 음녀의 가증한 것은 구약성경에서 종종 우상들과 관계되는 것으로 교회의 거룩함을 훼손하며 종교혼합주의를 조장하는 것을 의미한다(17:4; 렘 13:27, 32:35, 44:22; 겔5:9, 6:9). 그러므로 큰 음녀가 땅에 거하는 자들을 포도주에 취하게 하였다는 의미는 금잔에 담긴 가증한 것과 음행의 더러운 것들로 교회를 미혹하고 배도하게 하였다는 의미이다(17:2). 그 결과 큰 음녀는 하나님의 진노로 인하여 악의 삼위일체의 일원으로 불 못에 던져질 것이다(19:20).

둘째, 큰 음녀는 붉은 짐승으로부터 경제적 권한을 위임받아 땅의 왕들을 미혹할 것이다. 또한 세상의 왕들로 하여금 만국 가운데 사탄숭배를 거부하는 교회를 탄압하게 할 것이다. 이처럼 큰 음녀는 사탄 종교를 추종하는 대가로 부귀영화를 누리며, 자신의 영달(榮達)을 위하여 사탄을 숭배하도록 조장할 것이다. 이것이 큰 음녀가 자줏빛과 붉은빛 옷을 입고, 금과 보석과 진주로 꾸미고, 손에 금잔을 가졌다는 의미이다

14. 큰 바벨론의 비밀(17:7b-14)

A. 임박한 그리스도의 강림 예고와 신약교회를 향한 교훈(1:1-3:22)
B. 종말의 개략적 · 점진적인 구원계시(4:1-11:13)
B' 종말의 핵심적 구원계시(11:14-22:5)
  1. 대환난 이후 개략적 구원계시(11:14-14:20)
  2. 대환난 이후 개략적 구원사건(15:1-22:5)
    a. 마지막 재앙과 큰 (성) 바벨론의 멸망(15:1-19:10)
      ① 마지막 재앙 예고와 이긴 자들의 찬송(15:1-8)
      ② 일곱 대접 재앙 실행과 세상 나라 멸망(16:1-21)
    ▶ ③ 큰 음녀의 비밀과 큰 바벨론의 비밀(17:1-18)
        ⓐ 큰 음녀(17:1-7a)
        ⓑ 큰 바벨론의 비밀(17:7b-14)
          ❶ 여자가 앉은 일곱 머리와 열 뿔 짐승의 비밀(17:7b-8)
          ❷ 지혜를 가진 마음(17:9a)
          ❶' 여자가 앉은 일곱 머리와 열 뿔 짐승의 해석(17:9b-13)
          ❷' 지혜의 의미(17:14)
        ⓐ' 큰 음녀의 기원(17:15-18)
      ②' 큰 성 바벨론의 멸망(18:1-24)
      ①' 큰 음녀의 심판과 하늘의 큰 무리의 찬송(19:1-10)
    b. 재림과 악의 삼위일체 멸망(19:11-20:10)
    a' 백보좌 심판과 그리스도 나라 완성(20:11-22:5)
A' 임박한 그리스도의 강림 예고와 신약교회를 향한 교훈(22:6-21)

14.1.

다니엘서 7장은 종말론적 환난 이후 발흥할 전쟁에 대한 예언이다. 여기서 선지자 다니엘이 사용하는 '짐승'이라는 단어는 종말론적 환난 이후 등장할 나라들을 상징한다(단7:3,17). 또한 넷째 짐승에게서 열 뿔과 다른 작은뿔이 출현하는데, 작은 뿔은 '가장 으뜸 되고 강력한 그러나 짧은 기간' 세상을 통치할 독재자로서 종말적 적그리스도를 가리킨다(단7:20).

아울러 계시록에서 '짐승'이라는 단어가 30회 이상 사용되는데, 이 단어는 종말적 적그리스도를 상징하는 대표적인 단어이다. 이러한 사실은 악의 삼위일체가 함께 출현하는 장면에서 짐승이 종말적 적그리스도에게 적용된다는 사실에서 알 수 있다(16:13).

14.2.
계시록에서 짐승의 비밀을 해석하려면 다음의 내용을 미리 숙지할 필요가 있다.

첫째, 계시록에 등장하는 큰 붉은 용과 바다에서 나온 짐승의 모습에 대한 이해가 필요하다.

큰 붉은 용과 바다에서 나온 짐승은 사탄과 사탄의 하수인이므로 이들의 상징인 일곱 머리와 열 뿔도 사탄과 연계하여 해석해야 한다. 즉 일곱 머리와 열 뿔은 인류 역사에서 활동하는 사탄 세력의 정체와 통치를 상징적으로 표현한 것이다. 또한 큰 붉은 용은 일곱 머리에 일곱 면류관을 가졌지만, 바다에서 나온 짐승은 열 뿔에 열 개의 면류관을 가졌다. 이 면류관들은 큰 붉은 용과 바다짐승이 활동했던 시대에서 그들이 하나님 나라에 대하여 외형적으로 승리한 것을 상징한다. 즉 큰 붉은 용은 구바벨론부터 큰 바벨론까지 계속되는 인류 역사에서 직간접으로 활동하고 외형적인 승리를 쟁취한 것처럼 보인다. 이것이 사탄이 일곱 머리에 일곱 면류관을 가졌다는 의미이다(12:3).

반면 사탄은 예수 그리스도의 십자가 사건부터 종말론적 환난 때까지 무저갱에 감금되어 활동할 수 없으므로(9:1, 20:1,2), 이 기간에 적그리스도에게 자신의 권세와 능력을 위임한다. 그래서 적그리스도는 사도 당시부터 활동을 시작하였고(요일 2:18,22, 4:3), 종말론적 환난 이후 종말적 적그리스도로 등장하여 열 뿔과 함께 왕처럼 군림하여 열 개의 면류관을 쟁취할 것이다(17:13).

결론적으로, 사탄은 일곱 머리와 열 뿔로 상징되는 세상 나라들을 사용하여 인류 역사에서 하나님의 교회를 박해 할 것이다. 그래서 종말교회도 마땅히 환난을 피할 수 없다(마24:20).

둘째, 열 뿔에 열 개의 면류관을 가진 붉은 짐승은 대환난 이후 등장할 종말적 적그리스도를 설명한 것이다. 여기서 붉은 짐승은 사탄과 방불한 사탄적 존재를 상징적으로 표현한 것이다. 또한 붉은 짐승은 대환난 이후 자신의 멸망이 속히 임할 줄 알고 그리스도 교회를 향한 극도의 분노를 표출하는 존재처럼 묘사되었다. 즉 사도가 대환난 이후 활동할 종말적 적그리스도를 사탄적 특성을 가장 잘 내포한 붉은 짐승으로 설명한 것이다. 이처럼 사도는 '붉은'이라는 단어를 대환난과 관련하여 자주 사용하는데, 예를 들면 큰 붉은 용(12:3), 붉은 짐승(17:3), 붉은 옷(17:4) 등이다.

셋째, 개역한글성경에서 여덟째 왕으로 번역된 단어는 원문에서 여덟째이다(17:11). 여덟째는 인류 역사에서 여섯 머리와 열 뿔 이후 등장할 일곱째 머리이며, 마지막 제국(諸國)인 적그리스도 나라이다. 왜냐하면 하나님의 구원역사에서 일곱째로 등장할 열 뿔은 열 왕의 시대에서 나라를 이루지 못하기 때문이다(17:12).

14.3.

본 단락(③)의 주제 단락(ⓑ 17:7b-14. 큰 바벨론의 비밀)은 다음과 같은 교대적 병행구조로 고안할 수 있다.

    B' 종말의 핵심적 구원계시(11:14-22:5)
      2. 대환난 이후 개략적 구원사건(15:1-22:5)
        a. 마지막 재앙과 큰 (성) 바벨론의 멸망(15:1-19:10)
          ① 마지막 재앙 예고와 이긴 자들의 찬송(15:1-8)
     ▶ ③ 큰 음녀의 비밀과 큰 바벨론의 비밀(17:1-18)
          ⓐ 큰 음녀의 비밀(17:1-7a)
          ⓑ 큰 바벨론의 비밀(17:7b-14)
            ❶ 여자가 앉은 일곱 머리와 열 뿔 짐승의 비밀(17:7b-8)
            ❷ 지혜를 가진 마음(17:9a)
            ❶' 여자가 앉은 일곱 머리와 열 뿔 짐승의 해석(17:9b-13)
            ❷' 지혜의 의미(17:14)
         ⓐ' 큰 음녀의 기원(17:15-18)
        ①' 큰 음녀의 심판과 하늘의 큰 무리의 찬송(19:1-10)
       a' 백보좌 심판과 그리스도 나라 완성(20:11-22:5)

본 단락(③)의 주제 단락(ⓑ 17:7b-14. 큰 바벨론의 비밀)은 여자가 앉은 일곱 머리와 열 뿔 가진 짐승, 곧 큰 바벨론의 비밀에 대한 설명이다. 여기서 일곱 머리는 여자가 앉은 일곱 산으로 하나님의 구원역사를 대적하는 일곱 나라들이다(17:9). 일곱 나라의 머리는 시날 평지에서 니므롯이 건국한 구바벨론인데, 사탄은 구바벨론을 사용하여 여러 민족을 통합하고 제국(諸國)을 지배하였다. 그 후 니므롯의 나라는 인류 역사에서 구바벨론-앗수르-바벨론-메대·바사-헬라-로마-(열 발가락-열 뿔)-큰 바벨론 형태로 계승 발전한다(17장; 단2.7장).

성경 역사에서 구바벨론을 제외한 다른 제국(帝國)은 이스라엘을 중심으로 한 근동의 패권을 차지하였지만, 구바벨론은 시날 평지에서 노아의 모든 후손을 통합하고 통치하므로 실제로 온 인류를 통치한 것이다. 마찬가지로 장차 열 뿔의 지지를 받은 작은 뿔이 일곱째 왕으로 추대되고 큰 음녀와 연합하여 큰 바벨론을 완성한 후 온 세상을 통치할 것이다. 그리하여 큰 바벨론이 여덟째로서 일곱 중에 속한 자라는 예언이 성취될 것이다(17:11).

결론적으로, 구바벨론과 큰 바벨론은 하나님을 대적할 뿐 아니라 온 인류를 통치한다는 점에서 서로 일치한다. 그래서 구바벨론은 종말적 적그리스도 나라인 큰 바벨론의 예표이다. 즉 하나님을 대적하는 반역의 정신이 구바벨론에서 큰 바벨론까지 계승된 후 큰 바벨론에게서 절정에 이를 것이다.

14.4.

본 단락(③)의 주제 단락(ⓑ)의 둘째(❷ 17:9a, 지혜를 가진 마음)와 넷째 소단락(❷' 17:14, 지혜의 의미)은 지혜에 관한 내용이다. 사도는 계시록에서 지혜를 네 번 사용한다.[51]

계시록에서 지혜의 용례는 먼저 하나님의 구원역사를 집행하시는 그리스도와 관련하여 사용되었다(5:12, 7:12; 17:9). 그리스도의 지혜는 성부의 뜻에 순종하여 비하(卑下)의 길을 선택하신 것으로 추측된다(빌2:6-8).[52] 또 다른 지혜에 대한 용례는 그리스도께서 신약교회에게 종말의 상징을 해석하도록 부여하신 능력과 연관하여 사용되었다(13:18). 즉 지혜는 '일곱 별의 비밀'(1:20), '짐승(비밀)[53]'(13:18)과 '큰 음녀의 비밀[54]'(17:7), 그리고 '큰 바벨론의 비밀'(17:5.7)을 해석하는 능력이다.

---

51) 계시록에서 '지혜'는 5:12, 7:12, 13:18, 17:9에서 사용되었다.
52) 빌2:6-8, 그는 하나님의 본체시나 하나님과 동등됨을 취할 것으로 여기지 아니하시고, 오히려 자기를 비어 종의 형체를 가져 사람들과 같이 되었고, 사람의 모양으로 나타나셨으매 자기를 낮추시고 죽기까지 복종하였으니 곧 십자가의 죽으심이라.
53) 13:18절에는 비밀이라는 단어가 없다. 그러나 지혜가 짐승과 함께 사용하여서 짐승의 비밀이라고 추론한 것이다.
54) 17:7절의 원문은 '내가 여자의 비밀과 그의 탄 바 일곱 머리와 열 뿔 가진 짐승의 비밀을 네게 이르리라'이다

주제 단락(ⓑ)의 둘째 소단락(❷)을 직역하면, 이것이 지혜를 가진 마음이다 이다 (17:9). 여기 지혜를 가진 마음을 넷째 소단락(❷´)과 연계하면, 이것은 어린양이신 그리스도께서 만주의 주와 만왕의 왕이시므로 사탄의 세력을 이기신다는 사실을 아는 것이다(17:14). 부연하면, 지혜는 하나님의 구원경륜을 깨달은 터 위에서 그리스도가 만왕의 왕이며 만주의 주로서 사탄의 세력을 능히 이기신다는 사실을 아는 것이다. 또한 그리스도께서는 교회의 머리로서 큰 음녀의 공격에 대하여 몸 된 교회를 보양(保養)하시는 분이다 는 사실을 아는 것이다(17:14). 더 나아가 지혜는 그리스도께서 재림주와 심판주로서 마지막 날에 모든 정사와 권세와 능력을 멸하시는 분이시며(고전15:24), 그래서 그리스도와 함께 큰 환난을 이기는 자에게 상을 주신다는 사실을 아는 것이다(20:4,6). 그러므로 대환난 이후 적그리스도 정부의 박해가 상상을 초월할지라도 복음에 근거하여 참된 지혜를 얻은 교회는 순교적 믿음과 인내로서 마땅히 모든 고난을 이길 수 있어야 한다.

14.5.
본 단락(③)의 주제 단락(ⓑ)의 첫째(❶ 17:7b-8, 여자가 앉은 일곱 머리와 열 뿔 가진 짐승의 비밀)의 구조는 다음과 같이 고안할 수 있다.

    ① 마지막 재앙 예고와 이긴 자들의 찬송(15:1-8)
▶ ③ 큰 음녀의 비밀과 큰 바벨론의 비밀(17:1-18)
      ⓐ 큰 음녀의 비밀(17:1-7a)
      ⓑ 큰 바벨론의 비밀(17:7b-14)
        ❶ 여자가 앉은 일곱 머리와 열 뿔 짐승의 비밀(17:7b-8): 일곱째 머리의 출처 배경
          ㉠ 전에 있었다가 시방 없고 장차 무저갱에서 올라올 짐승(17:8a-8c)
            ⓛ 땅에 거하는 자들이 기이히 여김(17:8d)
          ㉠´ 전에 있었다가 시방 없고 장차 나올 짐승(17:8e)
        ❶´ 여자가 앉은 일곱 머리와 열 뿔 짐승의 해석(17:9b-13): 여덟째의 출처 배경
      ⓐ´ 큰 음녀의 기원(17:15-18)
    ①´ 큰 음녀의 심판과 하늘의 큰 무리의 찬송(19:1-10)

주제 단락(ⓑ)의 첫째(❶ 17:7b-8, 여자가 앉은 일곱 머리와 열 뿔 가진 짐승의 비밀)와 셋째 소단락(❶´ 17:9b-13, 여자가 앉은 일곱 머리와 열 뿔 가진 짐승의 해석)에서 사도가 여자가 앉은 일곱 머리와 열 뿔 짐승의 비밀을 설명한다.

먼저 첫째 소단락(❶)에서 사도가 여자가 앉은 일곱 머리와 열 뿔 짐승을 일곱 머리로 설명한다. 즉 일곱째 머리의 출처를 일곱 머리로 설명한 것이다. 이것은 종말적 적그리스도가 통치하는 큰 바벨론이 악의 나라의 총화(總和)임을 암시한다.

첫째 소단락(❶)의 처음(㉠ 17:8a-8c, 전에 있었다가 시방 없고 장차 무저갱에서 올라올 짐승)과 마지막 소항목(㉠' 17:8e, 전에 있었다가 시방 없고 장차 나올 짐승)에서 사도가 큰 바벨론을 두 개의 구절로 설명한다. 즉 '전에 있었다가 시방 없어진 짐승'과 '장차 무저갱으로부터 올라와 멸망으로 들어갈 자'이다(17:8).

여기서 장차 무저갱으로부터 올라와 멸망으로 들어갈 자는 본래 사탄에 대한 설명이다(9:1,2, 11:7). 그런데 사도가 위 구절을 일곱째 머리에게 적용하므로 종말적 적그리스도가 통치하는 큰 바벨론의 존재가 사탄과 일치함을 설명한다. 이것은 사탄이 종말적 적그리스도를 그의 대리자로 사용하여 역사의 배후에서 자신의 나라를 통치한다는 의미이다. 그 결과 사탄은 드디어 일곱 머리에 일곱 개의 면류관을 갖게 되었다.

첫째 소단락(❶)의 주제 소항목(㉡ 17:8d, 땅에 거하는 자들이 기이히 여김)에서 사도가 창세 이후로 생명책에 이름이 기록되지 못한 자들이 장차 무저갱으로부터 올라올 짐승을 보고 기이히 여긴다고 설명한다(17:8). 여기서 '기이히 여긴다(다우마조)'의 헬라어 유래는 '다우마이(놀라다)' 또는 '다우마(놀람, 기적)'이다. 이러한 사실로부터 땅에 거하는 자들이 열광하는 이유를 다음과 같이 추론할 수 있다.

첫째, 인류 역사에서 이루어질 수 없는 기적 같은 사건이 발생한 사실 때문이다. 이것은 큰 붉은 용의 머리 가운데 하나가 부활한 것이다. 전에 있었으나 시방은 없는 나라인 구바벨론 제국(諸國)의 부활체인 큰 바벨론 제국(諸國)의 등장에 땅의 백성들이 놀라는 것이다(17:8,11).

둘째, 땅의 백성들이 열광하는 또 다른 이유는 두증인의 '죽음을 즐거워하고 기뻐하여 서로 예물을 보낸'(11:10) 것처럼 큰 바벨론이 그리스도 교회를 박해하는 일에 열광한다. 이것이 대환난의 상황 가운데 땅의 백성들, 곧 생명책에 이름이 기록되지 못한 자들이 교회를 향한 열심이다.

14.6.

본 단락(③)의 주제 단락(ⓑ)의 셋째 소단락(❶' 17:9b-13, 여자가 앉은 일곱 머리와 열 뿔 짐승에 대한 해석)의 구조는 다음과 같이 고안할 수 있다.

① 마지막 재앙 예고와 이긴 자들의 찬송(15:1-8)
▶ ③ 큰 음녀의 비밀과 큰 바벨론의 비밀(17:1-18)
ⓐ 큰 음녀의 비밀(17:1-7a)
ⓑ 큰 바벨론의 비밀(17:7b-14)
❶ 여자가 앉은 일곱 머리와 열 뿔 짐승의 비밀(17:7b-8): 일곱째 머리의 출처 배경
❶' 여자가 앉은 일곱 머리와 열 뿔 짐승의 해석(17:9b-13): 여덟째의 출처 배경
㉮ 일곱 머리에 대한 해석(17:9b-10): 일곱째 머리의 출처 배경
㉯ 여덟째(17:11)
㉮' 열 뿔에 대한 해석(17:12-13): 일곱째 머리의 출처 배경
ⓐ' 큰 음녀의 기원(17:15-18)
①' 큰 음녀의 심판과 하늘의 큰 무리의 찬송(19:1-10)

셋째 소단락(❶')에서 사도는 여자가 앉은 일곱 머리와 열 뿔 짐승을 '여덟째'와 연계하여 일곱째 짐승의 비밀을 설명한다(17:11).

셋째 소단락(❶')의 첫째 항목(㉮ 17:9b-10, 일곱 머리에 대한 해석: 일곱째 머리의 출처 배경)에서 사도가 일곱째 머리의 출처 배경을 설명한다. 사도가 일곱 머리를 일곱 산 또는 일곱 나라로 해석한다. 사도는 당시 여섯째 머리인 로마제국을 기준으로 다섯 제국은 망하고, 하나는 있고, 아직 '다른 이'는 역사의 무대에 등장하지 않았다고 설명한다(17:10). 여기 첫째 항목(㉮)은 일곱 머리에 대한 설명이므로 이 항목(㉮)의 '다른 이'는 인류 역사의 마지막 제국(諸國)인 큰 바벨론에 대한 설명이다. 즉 이것은 여섯 머리와 열 뿔 시대 이후 등장할 여덟째 나라로서 역사에서 잠깐 존속할 것이다.

셋째 소단락(❶')의 셋째 항목(㉮' 17:12-13, 열 뿔에 대한 해석: 일곱째 머리의 출처 배경)에서 사도가 일곱째 머리의 출처 배경을 열 뿔(열 왕)로 설명한다(17:12). 열 뿔은 일곱째 머리의 출현 직전 역사에 등장하지만, 나라를 얻지 못한 채 짐승과 더불어 일시 동안 왕 같은 권세를 받은 정치집단이다(17:12). 그래서 열 뿔은 한 마음으로 자신들의 나라를 짐승에게 이양하여 정치·종교 연합체인 신정국가를 건설하려고 한다(17:13). 이러한 열 뿔의 절대적 충성은 장차 어린양과 싸우는 아마겟돈 전쟁으로 귀결될 것이다.

14.7.

셋째 소단락(❶´)의 둘째 항목(㉯ 17:11, 여덟째)에서 여덟째는 여섯 머리와 열 뿔 이후 출현한다. 하나님께서 인류 역사를 일곱 머리와 열 뿔로 한정하셨으니, 그 외 다른 나라는 존재할 수 없다. 그래서 하나님의 구원역사에서 마지막 제국인 큰 바벨론은 열 왕의 시대 이후에 등장하므로 여덟째가 되며, 종말적 적그리스도는 일곱째 제국(諸國)의 왕이 된다. 그래서 큰 바벨론이 여덟째이면서 일곱 중에 속한 자가 되는 것이다(17:11).

필자는 여덟째 나라의 존재적 의미를 두 가지 측면에서 생각하고자 한다.

첫째, 여덟째는 구바벨론의 정신을 계승 발전시킨 정치 세력이다. 앞선 여섯 제국 가운데 여덟째와 가장 유사한 특성을 가진 나라는 구바벨론이다. 그래서 장차 큰 바벨론은 구바벨론의 정신과 사역을 모방하여 하나님을 대적하는 방식으로 온 인류를 미혹하고 통치할 것이다. 즉 큰 바벨론은 신구약 역사에서 실존했던 사탄적 국가들의 총화로서 사탄의 특성과 욕망을 최대한 실현하고자 하는 종말적 악의 화신이다(13:5-7; 단7:25).

아울러 사도가 인류 역사에서 여덟째로 등장할 나라를 큰 바벨론으로 칭한다(17:5, 14:8, 18:2). 이것은 사도가 큰 바벨론을 앞선 바벨론들과 함께 연계하려는 의도 때문이다. 즉 온 인류를 미혹하고 바벨탑을 쌓게 하여 하나님의 심판을 초래케 한 니므롯 제국과 하나님의 성전을 파괴하고 선민 이스라엘을 언약의 땅에서 흩어버린 바벨론 제국처럼 여덟째인 큰 바벨론도 철저히 종말의 그리스도 교회를 파괴할 것을 명시한 것이다.

둘째, 여덟째와 연관된 또 다른 나라는 로마인데, 로마는 존재적인 면에서 큰 바벨론과 연관이 있다. 로마는 철의 나라(단2:33,40)-열 발가락(단2:33,41)-넷째 짐승의 열 뿔(17:12; 단7:7,20)-작은 뿔(단7:8,20)의 여덟째(17:11; 다른이, 17:10)로 계승 발전할 것이다. 또한 로마는 바벨론처럼 하나님의 성전을 파괴하였고, 이스라엘 백성들을 무참히 살해하였으며, 선민들을 언약의 땅에서 흩음으로 하나님 나라의 멸망을 시도하였다. 마찬가지로 여덟째인 큰 바벨론도 예루살렘에 종말적 신전을 건축하고 그곳에서 하나님의 영광을 훼손하며(살후2:4), 짐승을 경배하지 않는 교회를 박멸할 것이다(13:15). 또한 성도들을 미혹하고 박해하므로 종말교회가 하나님 언약의 완성에 이르지 못하도록 방해할 것이다.

15. 큰 성 바벨론 멸망(18:1-24)

A. 임박한 그리스도의 강림 예고와 신약교회를 향한 교훈(1:1-3:22)
B. 종말의 개략적 · 점진적인 구원계시(4:1-11:13)
B' 종말의 핵심적 구원계시(11:14-22:5)
  1. 대환난 이후 개략적 구원계시(11:14-14:20)
  2. 대환난 이후 개략적 구원사건(15:1-22:5)
    a. 마지막 재앙과 큰 (성) 바벨론의 멸망(15:1-19:10)
      ① 마지막 재앙 예고와 이긴 자들의 찬송(15:1-8)
      ② 일곱 대접 재앙 실행과 세상 나라 멸망(16:1-21)
      ③ 큰 음녀의 비밀과 큰 바벨론의 비밀(17:1-18)
    ▶ ②' 큰 성 바벨론의 멸망(18:1-24)
        ⓐ 큰 권세를 가진 천사의 외침(18:1-3): 큰 바벨론 멸망과 그 이유
          ⓑ 하늘의 음성(18:4-8): 큰 바벨론 심판과 하나님 백성을 향한 경고
            ⓒ 만국의 미혹됨(18:9-19)
          ⓑ' 하나님의 신원하심(18:20): 큰 바벨론 심판
        ⓐ' 힘센 천사의 행동(18:21-24): 큰 성 바벨론 멸망과 그 이유
      ①' 큰 음녀의 심판과 하늘의 큰 무리의 찬송(19:1-10)
    b. 재림과 악의 삼위일체 멸망(19:11-20:10)
    a' 백보좌 심판과 그리스도 나라 완성(20:11-22:5)
A' 임박한 그리스도의 강림 예고와 신약교회를 향한 교훈(22:6-21)

15.1.

앞서 설명한 대로 계시록에서 큰 바벨론과 큰 성 바벨론은 상호 호환적인 개념이다. 그러나 큰 바벨론 멸망의 구체적인 현상으로서 큰 성 바벨론이 붕괴한다는 점에 있어서 이들의 실체는 다르다.

필자는 본 단락(②' 18:1-24. 큰 성 바벨론 멸망)에서 이 사실을 입증하고자 본 단락(②')의 주제를 '큰 성 바벨론의 멸망' 으로 표제하고, 다음과 같은 교차적 병행 구조로 고안하였다.

  B' 종말의 핵심적 구원계시(11:14-22:5)

2. 대환난 이후 개략적 구원사건(15:1-22:5)
    a. 마지막 재앙과 큰 (성) 바벨론의 멸망(15:1-19:10)
        ② 일곱 대접 재앙 실행과 세상 나라 멸망(16:1-21)
    ▶ ②' 큰 성 바벨론의 멸망(18:1-24)
        ⓐ 큰 권세를 가진 천사의 외침(18:1-3): 큰 바벨론 멸망과 그 이유
            ⓑ 하늘의 음성(18:4-8): 큰 바벨론 심판과 하나님 백성을 향한 경고
                ⓒ 만국의 미혹됨(18:9-19)
            ⓑ' 하나님의 신원하심(18:20): 큰 바벨론 심판
        ⓐ' 힘센 천사의 행동(18:21-24): 큰 성 바벨론 멸망과 그 이유
    a' 백보좌 심판과 그리스도 나라 완성(20:11-22:5)

본 단락(②')의 주제는 셋째 단락(ⓒ 18:9-19, 만국의 미혹됨)의 '만국의 미혹됨'이다. 큰 바벨론은 정통 유대주의자들을 미혹하여 '소위 제3성전'을 건축하므로 만국을 그리스도 중심인 하나님의 구원경륜에서 이탈하도록 할 것이다. 또한 큰 바벨론이 온 세상을 통치할 때, 많은 유대인이 큰 바벨론의 미혹에 빠져 사탄숭배에 참여하게 될 것이다. 그래서 일곱째 대접 재앙에서 큰 바벨론이 멸망할 때 큰 성 바벨론도 세 갈래로 무너질 것이다(16:19; 11:13). 여기서 큰 성 바벨론은 배도한 예루살렘을 지칭하며(11:8), 이것은 큰 바벨론의 정치와 종교의 중심 거점이 될 것이다.

15.2.

본 단락(②')의 처음(ⓐ 18:1-3, 다른 천사의 외침: 큰 바벨론 멸망과 그 이유)과 마지막 단락(ⓐ' 18:21-24, 힘센 천사의 행동: 큰 성 바벨론 멸망과 그 이유)의 주제는 외형적으로 하늘에서 내려온 '큰 권세를 가진 천사의 외침'과 '힘센 천사의 행동'처럼 보인다. 그러나 처음(ⓐ)과 마지막 단락(ⓐ')의 주제는 큰 바벨론 멸망과 큰 성 바벨론 멸망에 대한 설명이다. 큰 바벨론은 만국을 미혹하여 하나님을 거역케 만든 정치와 종교 연합체이다. 그래서 큰 바벨론은 만국을 행음케 한 죄로 인하여 멸망하고 (18:3), 큰 성 바벨론은 성도의 피가 뿌려진 죄로 파멸될 것이다(18:24). 이처럼 둘의 유기적 관계 때문에 큰 바벨론 멸망을 큰 성 바벨론 멸망과 동일한 사건처럼 취급한다. 이러한 큰 바벨론 멸망은 둘째 천사가 선포한 종말의 구원계시의 성취로서 큰 바벨론이 무너진다는 예언이 역사에서 실현된 것이다(18:2; 14:8).
아울러 처음(ⓐ)과 마지막 단락(ⓐ')에서 천사로 인하여 만국을 미혹한 주체가 큰

바벨론임이 밝혀진다. 처음 단락(ⓐ)에서 천사가 큰 바벨론이 만국을 미혹한 방편을 '그녀의 음행의 진노의 포도주(the maddening wine of adulteries)' (18:3)로, 마지막 단락(ⓐ')에서는 '복술(파르마큐오, 마법)' (18:23)로 설명한다. 이처럼 사도가 큰 음녀의 음행의 (진노의) 포도주를 복술로 표현한 의도는 마력(魔力)이 아니면 만국의 우상숭배는 도저히 불가능하다는 점을 설명한 것이다. 즉 종말에 있을 대배도와 같은 현상은 단순한 시대적 풍조가 아니라 종말교회를 파괴하려는 악한 영의 세력 때문이다. 또한 사도가 큰 바벨론의 (음행의) 진노의 포도주를 언급한 것은 하나님의 독생자로 말미암아 영혼을 구원하시는 하나님을 향한 사탄의 미움과 분노를 설명하기 위함이다.

15.3.

본 단락(②')의 첫째 단락(ⓐ 18:1-3, 큰 권세를 가진 천사의 외침: 큰 바벨론 멸망과 그 이유)은 다음과 같이 고안할 수 있다.

> ② 일곱 대접 재앙 실행과 세상 나라 멸망(16:1-21)
> ▶ ②' 큰 성 바벨론의 멸망(18:1-24)
>   ⓐ 큰 권세를 가진 천사의 외침(18:1-3): 큰 바벨론 멸망과 그 이유
>   ❶ 큰 권세를 가진 천사가 하늘에서 내려옴(18:1)
>   ❷ 큰 바벨론 멸망을 선포(18:2-3)
>   ㉠ 큰 바벨론의 멸망(18:2b-2c)
>   ㉡ 큰 바벨론의 정체(18:2d)
>   ㉠' 큰 바벨론 멸망의 이유(18:3): 큰 바벨론과 만국이 행음함
>   ⓐ' 힘센 천사의 행동(18:21-24): 큰 성 바벨론 멸망과 그 이유

첫째 단락(ⓐ)의 주제는 둘째 소항목(㉡ 18:2d, 큰 바벨론의 정체)에 명시되는데, 그것은 만국을 멸망케 할 '큰 바벨론의 정체'에 관한 것이다. 큰 바벨론의 정체는 사탄이 종말적 적그리스도를 대리 통치자로 세워서 통치하는 나라이며, 그래서 큰 성 바벨론은 각종 귀신과 더러운 영들이 모이는 처소가 된다(18:2). 또한 큰 성 바벨론에는 짐승의 보좌가 설치될 것이며 또 사탄숭배가 성행할 것이다. 그 결과 짐승의 보좌에 다섯째 대접 재앙이 부어지며(16:10), 큰 바벨론도 일곱째 대접 재앙에 의하여 파멸될 것이다(16:19).

둘째 소단락(❷)의 처음(㉠ 18:2b-2c, 큰 바벨론의 멸망)과 마지막 소항목(㉠' 18:3, 큰 바벨론 멸망의 이유: 큰 바벨론과 만국이 행음함)에서 사도가 큰 바벨론 멸망을 땅의 왕들과 상고들과 음행하여 만국을 무너뜨린 죄악으로 설명한다. 이것은 땅의 왕들과 상고들이 큰 바벨론의 정치적 · 경제적 미혹으로 인하여 그녀의 마수에 장악되었다는 것을 의미한다. 그러나 이때는 두증인의 승천 또는 남자아이의 휴거가 마감된 시점이므로 그리스도께서 강림하셔서 큰 바벨론과 함께 만국을 심판하실 것이다(18:3). 여기서 '만국'(18:3,23)은 큰 바벨론의 통치에 동조하고 두증인의 죽음을 기뻐한 장본인들이다(11:9,10).

15.4.

본 단락(②')의 다섯째 단락(ⓐ' 18:21-24, 힘센 천사의 행동: 큰 성 바벨론 멸망과 그 이유)의 구조는 다음과 같이 고안할 수 있다.

> ② 일곱 대접 재앙 실행과 세상 나라 멸망(16:1-21)
> ▶ ②' 큰 성 바벨론의 멸망(18:1-24)
>   ⓐ 큰 권세를 가진 천사의 외침(18:1-3): 큰 바벨론 멸망과 그 이유
>   ⓐ' 힘센 천사의 행동(18:21-24): 큰 성 바벨론 멸망과 그 이유
>   ❶ 큰 성 바벨론의 멸망을 선포(18:21)
>   ❷ 큰 성 바벨론의 황량함(18:22-23b)
>   ❶' 큰 성 바벨론의 죄악(18:23c-24)

처음(❶ 18:21, 큰 성 바벨론 멸망을 선포)과 마지막 소단락(❶' 18:23c-24, 큰 성 바벨론의 죄악)에서는 큰 성 바벨론의 죄악과 그로 인한 큰 성 바벨론의 멸망을 설명한다.
처음 소단락(❶)에서 사도는 힘센 천사가 큰 돌을 바다에 던지는 행위 계시로 큰 성 바벨론 멸망을 설명한 후 마지막 소단락(❶)에서는 큰 성 바벨론 멸망의 이유를 다음과 같은 죄악으로 설명한다(18:2,23,24).
첫째, 큰 바벨론이 예루살렘에 거주하는 유대인과 만국을 미혹하여 배도케 하였다. 마지막 소단락(❶)에서 '(땅의) 왕족들'은 '(땅의) 존귀한 자들'로 번역이 가능한데, 구약에서 존귀한 자는 주로 하나님의 백성을 지칭한다(시16:3). 그런데 '존귀한 자'가 '땅'(18:23)과 연계하여 배도한 유대인으로 해석할 수 있다. 또한 '너의 상고들은 땅의 존귀한 자들'(18:23)이라는 의미는 배도한 유대인을 큰 바

벨론과 무역하는 자로 설명한다. 이것은 유대인들이 큰 바벨론과 평화조약을 체결하는 것에 대한 상징적 표현이다. 그 결과 만국이 미혹에 빠져서 짐승숭배에 참여하게 될 것이다.

둘째, 큰 바벨론이 종말의 이스라엘 교회를 박해한다. 큰 바벨론은 '요한' 또는 '해 입은 여자'에 의하여 설립된 종말의 이스라엘 교회를 파괴할 것이다(18:24). 이것은 거룩한 성에서 굵은 베옷을 입고 일천이백육십일 동안 예언했던 두 증인의 죽음을 즐거워했던 사건이기도 하다. 사도는 이러한 현상을 선지자들과 성도들과 땅 위에서 죽임을 당한 모든 자들의 피가 이 성중에서 보였다고 설명한다(18:24).

15.5.

본 단락(②')의 다섯째 단락(ⓐ')의 주제 소단락(❷ 18:22-23b, 큰 성 바벨론의 황량함)의 구조는 다음과 같이 고안할 수 있다.

> ② 일곱 대접 재앙 실행과 세상 나라 멸망(16:1-21)
> ▶ ②' 큰 성 바벨론의 멸망(18:1-24)
>   ⓐ 큰 권세를 가진 천사의 외침(18:1-3): 큰 바벨론 멸망과 그 이유
>   ⓐ' 힘센 천사의 행동(18:21-24): 큰 성 바벨론 멸망과 그 이유
>   ❶ 큰 성 바벨론의 멸망을 선포(18:21)
>   ❷ 큰 성 바벨론의 황량함(18:22-23b)
>   ㉮ 기쁨과 즐거움의 소리가 결코 다시 들리지 않음(18:22a)
>   ㉯ 세공업자가 결코 다시 보이지 않음(18:22b)
>   ㉰ 맷돌 소리가 결코 다시 들리지 않음(18:22c)
>   ㉯' 등불 빛이 결코 다시 네 가운데서 비취지 않음(18:23a)
>   ㉮' 신랑과 신부의 음성이 결코 다시 들리지 않음(18:23b)
>   ❶' 큰 (성) 바벨론의 죄악(18:23c-24)

사도는 큰 성 바벨론이 바다에 던져진 큰 돌처럼 결코 다시 보이지 않는 심판의 결과를 '큰 성 바벨론의 황량함'으로 설명한다. 주제 소단락(❷)에서 사도가 큰 성 바벨론의 황량함을 다섯 항목으로 설명하는데, 필자는 이 항목들을 '결코 다시 (들리지/비취지) 않음'이라는 반복적인 표현에 근거하여 교차적 병행구조로 배열하였다. 그 결과 셋째 항목(㉰ 18:22c, 맷돌 소리가 결코 다시 들리지 않음)을 중심으로 처음(㉮ 18:22a, 기쁨과 즐거움의 소리가 결코 다시 들리지 않음)과 마지막 항목(㉮' 18:23b, 신랑과 신

부의 음성이 결코 다시 들리지 않음)은 혼인잔치의 기쁨이 실종된 모습을 묘사하였다. 이 것은 사도가 멸망할 예루살렘의 암울한 분위기를 어린양의 혼인잔치의 즐거움과 대 조되는 큰 성 바벨론의 황량함으로 설명한 것이다.

아울러 둘째(㉯ 18:22b, 세공업자가 결코 다시 보이지 않음)와 넷째 항목(㉯' 18:23a, 등불 빛 이 결코 다시 네 가운데서 비취지 않음)에서는 멸망 직전 세상의 암울한 상황을 혼인잔치 가 사라진 공동체의 암울한 모습으로 표현하였다. 요약하면, 주제 소단락(❷)은 사 탄을 경배하고 악의 세력들과 연합한 예루살렘과 세상의 암울한 모습을 회화한 것 이다.

15.6.

본 단락(②')의 둘째(ⓑ 18:4-8, 하늘에서 들려진 음성: 큰 바벨론 심판과 하나님 백성을 향한 경고)와 넷째 단락(ⓑ' 18:20, 하나님의 신원하심: 큰 바벨론 심판)의 구조는 다음과 같이 고안할 수 있다.

    ② 일곱 대접 재앙 실행과 세상 나라 멸망(16:1-21)
▶   ②' 큰 성 바벨론의 멸망(18:1-24)
      ⓑ 하늘의 음성(18:4-8): 큰 바벨론 심판과 하나님 백성을 향한 경고
        ㉮ 심판주 하나님의 경고(18::4b-5): 큰 바벨론의 죄에 참여하지 말라
          ㉯ 하나님의 큰 바벨론을 향한 보응(18:6-7b)
            ㉰ 큰 바벨론의 교만(18:7c-7d)
          ㉯' 큰 바벨론에게 임할 재앙(18:8a-8c)
        ㉮' 심판주 하나님은 강하신 자(18:8d)
      ⓑ' 하나님의 신원하심(18:20): 큰 바벨론 심판

둘째(ⓑ)와 넷째 단락(ⓑ')에서 사도가 하늘의 음성으로 말씀하신 내용을 큰 바벨론 심판, 곧 신약교회를 위한 신원함으로 설명한다. 둘째 단락(ⓑ)이 큰 바벨론 심판에 관한 설명이라면, 넷째 단락(ⓑ')은 큰 바벨론의 심판으로 인하여 신원함을 받은 신약교회의 즐거움에 대한 설명이다. 이것은 앞선 '신약교회의 탄원'(6:9-11)에서 약속하신 대로 종말의 순교자의 수가 채워진 시점에서 신약교회의 신원함을 위한 하나님의 공의 심판이 큰 바벨론에게 집행된 것이다.

둘째 단락(ⓑ)의 주제 항목(㉰ 18:7c-7d, 큰 바벨론의 교만)에서 사도가 큰 바벨론의 교 만을 큰 음녀의 교만으로 설명한다. 앞서 설명한 것처럼 큰 바벨론은 붉은 짐승과

큰 음녀의 정치 · 종교 연합체인 동시에 큰 음녀를 중심으로 한 신정국가이다. 그래서 사도가 큰 바벨론의 교만을 큰 음녀의 교만처럼 설명하였다(18:7; 17:4,5). 즉 큰 바벨론의 핵심 세력인 큰 음녀는 하나님만 소망하는 '과부'(18:7)의 삶을 미워하고 여황처럼 자존자의 교만함과 영화와 사치를 탐닉하는 욕망에 사로잡혀서 배도의 길을 선택한다. 그래서 큰 음녀는 붉은 짐승과 야합하고, 큰 바벨론의 권력을 이용하여 자신의 죄악에 대한 회개를 촉구하는 증인된 교회를 파멸시킬 것이다. 그러나 하나님의 말씀과 그리스도에 대한 증거로 인하여 죽임당한 영혼들은 큰 바벨론 멸망으로 인하여 그들의 억울함을 신원 받을 것이다(18:6,7; 6:9-11).

15.7.
둘째 단락(ⓑ)의 처음 항목(㉮ 18:4b-5, 하나님의 경고: 큰 바벨론의 죄에 참여하지 말라)에서 하늘 음성이 전능하신 하나님께서 강하신 능력으로 큰 바벨론의 교만에 대한 심판을 경고한다. 그리고 마지막 항목(㉮' 18:8d, 심판주 하나님은 강하신 자)에서는 큰 바벨론의 일원인 음녀를 향하여 하늘까지 사무친 큰 바벨론의 죄에 참여하지 말라고 경고한다(18:4). 이처럼 하늘 음성이 음녀에게 큰 바벨론과 관계 단절을 촉구하는데, 이러한 은혜로 인하여 큰 음녀 안에 분열과 회개 운동이 일어날 것이다(17:15,16).
둘째 단락(ⓑ)의 둘째(㉯ 18:6-7b, 하나님의 큰 바벨론을 향한 보응)와 넷째 항목(㉯' 18:8a-8c, 큰 바벨론에게 임할 재앙)에서 하늘 음성은 큰 바벨론에게 행하실 보응과 그 결과에 대하여 설명한다. 둘째 항목(㉯)에서는 하늘 음성이 하나님의 보응에 대하여 설명한다. 즉 하나님의 보응은 큰 바벨론이 신약교회에게 행했던 것과 동일한 방식이지만, 그러나 큰 바벨론에게 '갑절의' 고난과 애통으로 갚으신다. 또한 넷째 항목(㉯' 18:8a-8c, 큰 바벨론에게 임할 재앙)은 큰 바벨론이 하루 동안에 사망과 애통과 흉년과 불사름의 재앙을 당할 것을 설명한다. 이러한 재앙은 여섯째 대접 재앙인 아마겟돈 전쟁으로 인하여 발생할 것이다. 즉 하나님은 아마겟돈 전쟁을 사용하여 큰 바벨론을 필두로 배도한 교회를 향한 철저한 보응을 예고하신 것이다.

16. 큰 음녀의 심판과 하늘의 큰 무리의 찬송(19:1-10)

```
A. 임박한 그리스도의 강림 예고와 신약교회를 향한 교훈(1:1-3:22)
B. 종말의 개략적·점진적인 구원계시(4:1-11:13)
B' 종말의 핵심적 구원계시(11:14-22:5)
   1. 대환난 이후 개략적 구원계시(11:14-14:20)
   2. 대환난 이후 개략적 구원사건(15:1-22:5)
      a. 마지막 재앙과 큰 (성) 바벨론의 멸망(15:1-19:10)
         ① 마지막 재앙 예고와 이긴 자들의 찬송(15:1-8)
         ② 일곱 대접 재앙 실행과 세상 나라 멸망(16:1-21)
         ③ 큰 음녀의 비밀과 큰 바벨론의 비밀(17:1-18)
         ②' 큰 성 바벨론의 멸망(18:1-24)
      ▶ ①' 큰 음녀의 심판과 하늘의 큰 무리의 찬송(19:1-10)
            ⓐ 큰 음녀의 심판(19:1-4)
            ⓑ 보좌로부터 들려온 음성(19:5): 하나님을 찬송하라
            ⓐ' 어린양의 혼인잔치의 도래(19:6-9)
            ⓑ' 천사의 말(19:10): 오직 하나님께 경배하라
      b. 재림과 악의 삼위일체 멸망(19:11-20:10)
      a' 백보좌 심판과 그리스도 나라 완성(20:11-22:5)
A' 임박한 그리스도의 강림 예고와 신약교회를 향한 교훈(22:6-21)
```

16.1.

본 단락(①' 19:1-10, 큰 음녀의 심판과 하늘의 큰 무리의 찬송)과 병행 단락(① 15:1-8, 마지막 재앙 예고와 이긴 자들의 찬양)은 '큰 음녀의 심판'과 '마지막 재앙 예고' 그리고 '하늘의 큰 무리의 찬송'과 '이긴 자들의 찬송'으로 연계된다. 재림 때 있을 하나님의 진노는 한 번 비췸을 얻고 하나님의 은사를 맛보고 성령에 참예한 바 되고 하나님의 선한 말씀과 내세의 능력을 맛보고 배도한 교회에 집중될 것이다(히 6:4,5). 반면 대환난의 박해를 이긴 자들은 어린양의 보좌 앞에서 음행으로 땅을 더럽게 한 큰 음녀의 심판을 찬양할 뿐 아니라 하늘군대로 큰 음녀의 심판에 참여할 것이다.

본 단락(①')에서 사도가 계시록의 마지막 찬송, 곧 어린양이신 그리스도의 강림과

함께 시작될 승리의 찬가(讚歌)를 기술하였다. 이러한 배경에서 하늘에 허다한 무리의 정체는 세 가지 추론이 가능하다(19:1).

첫째, 본 단락(①')을 병행 단락(①)의 '이긴 자들의 찬송'과 연계하면, 하늘에 허다한 무리는 짐승과 그 우상과 그의 이름의 수를 이기고 벗어난 자들이 유리바다 위에 서서 하나님의 거문고를 가지고 하나님의 종 모세와 어린양의 노래를 부르는 자와 동일하다(15:2,3).

둘째, 본 단락(①')을 '신약교회 순교자들의 탄원' 단락(6:9-11)과 연계하면, 하늘에 허다한 무리는 제단 아래서 신원하던 순교자의 영혼이 어린양의 보좌 앞에 나아간 상태이다. 이들은 '하나님의 큰 잔치'(19:17,18)에 참여하여 큰 음녀를 심판하므로 자신들의 신원에 대한 약속을 이루신 참되고 의로우신 하나님을 찬송한다.

셋째, 본 단락(①')을 '흰옷 입은 큰 무리'(7:9-17) 단락과 연계하면, 하늘에 허다한 무리는 수많은 천사와 함께 보좌 앞과 어린양 앞에서 찬송하는 셀 수 없는 흰옷 입은 큰 무리이다. 계시록에서 '허다한 무리(오클루 플루)'는 오직 두 곳에서 사용된다(7:9; 19:1,6). 또한 계시록이 마지막 예언서임에도 불구하고 '구원(쏘테르)'이라는 단어도 오직 세 번 사용된다(7:10, 12:10, 19:1). 그런데 위 두 단어가 함께 사용된 곳은 7장과 19장뿐이다. 이처럼 동일한 용어를 사용한 두 본문을 동일한 사건으로 해석하면, 하늘에 허다한 무리는 어린양의 혼인 잔치에 참여하여 흰옷을 입고 찬송하는 자들이다.

16.2.
본 단락(①')의 첫째(ⓐ 19:1-4, 큰 음녀의 심판)와 셋째 단락(ⓐ' 19:6-9, 어린양의 혼인 잔치의 도래)의 구조는 다음과 같이 고안할 수 있다.

> B' 종말의 핵심적 구원계시(11:14-22:5)
>   2. 대환난 이후 개략적 구원사건(15:1-22:5)
>   a. 마지막 재앙과 큰 (성) 바벨론의 멸망(15:1-19:10)
>   ① 마지막 재앙 예고와 이긴 자들의 찬송(15:1-8)
>   ▶ ①' 큰 음녀의 심판과 하늘의 큰 무리의 찬송(19:1-10)
>   ⓐ 큰 음녀의 심판(19:1-4)
>   ❶ 허다한 무리가 큰 음녀의 심판을 찬송(19:1-3)
>   ❷ 이십사 장로와 네 생물의 경배(19:4)

    ⓐ' 어린양의 혼인잔치의 도래(19:6-9)
     ❶ 허다한 무리가 어린양의 혼인잔치의 도래를 찬송(19:6-8)
     ❷ 천사의 증거(19:9): 어린양의 혼인잔치에 청함 받은 자들은 복됨
   a' 백보좌 심판과 그리스도 나라 완성(20:11-22:5)

첫째(ⓐ)와 셋째 단락(ⓐ')에서 사도가 두 단락의 상관성을 다음과 같이 설명한다.
첫째, 사도가 두 단락에서 찬송을 부르는 주체를 '하늘에 허다한 무리'(19:1,6)로
소개하므로 두 단락이 서로 연관된 사건임을 밝힌다.
둘째, 사도는 두 단락을 상반된 결과로 설명한다. 사도는 어린양의 혼인잔치의 도
래로 말미암은 큰 음녀와 허다한 무리의 결말을 대조하여 설명하였다. 즉 사도는
이 단락들에서 재림 때 승리한 교회와 배도한 교회의 결말을 대조하였다.

16.3.
본 단락(①')의 첫째 단락(ⓐ 19:1-4, 큰 음녀의 심판)의 구조는 다음과 같이 고안할
수 있다.

   ① 마지막 재앙 예고와 이긴 자들의 찬송(15:1-8)
 ▶ ①' 큰 음녀의 심판과 하늘의 큰 무리의 찬송(19:1-10)
    ⓐ 큰 음녀의 심판(19:1-4)
     ❶ 허다한 무리가 큰 음녀의 심판을 찬송(19:1-3)
      ㉮ 첫 번째 할렐루야(19:1)
      ㉯ 음행으로 땅을 더럽힌 큰 음녀를 심판(19:2)
      ㉮' 두 번째 할렐루야(19:3a-3b)
      ㉯' 큰 음녀를 심판한 연기가 세세토록 올라감(19:3c)
     ❷ 이십사 장로와 네 생물의 경배(19:4)
    ⓐ' 어린양의 혼인잔치의 도래(19:6-9)

첫째 단락(ⓐ)이 재림 곧 악에 대한 최종 승리를 확정하는 하나님의 주권적인 심판
이 실행되는 시점임을 고려할 때, 큰 음녀의 심판에 대한 하늘의 찬송은 광활한 우
주에 울려 퍼지는 크고 열광적인 천상교회의 승리의 합창일 것이다.
첫째 단락(ⓐ)의 첫째(❶ 19:1-3, 허다한 무리가 큰 음녀의 심판을 찬송)와 둘째 소단락(❷
19:4, 이십사 장로와 네 생물의 경배)은 큰 음녀의 심판에 대한 허다한 무리의 찬송과 이
십사 장로와 네 생물의 화답(和答)에 대한 설명이다. 여기서 허다한 무리는 대환난

이후 박해와 환난을 이긴 증인으로서 큰 음녀의 죄악을 고발하는 동시에 큰 음녀를 심판하신 참되고 의로우신 하나님을 찬양한다. 그러자 또 다른 증인인 이십사 장로들과 네 생물도 '아멘 할렐루야'로 화답한다(19:4).

첫째 단락(ⓐ)의 첫째 소단락(❶)은 교대적 병행구조로 고안할 수 있다. 첫째(㉮ 19:1, 첫 번째 할렐루야)와 셋째 항목(㉮' 19:3a-3b, 두 번째 할렐루야)은 할렐루야 찬양으로, 둘째(㉯ 19:2, 음행으로 땅을 더럽힌 큰 음녀를 심판)와 넷째 항목(㉯' 19:3c, 큰 음녀를 심판한 연기가 세세토록 올라감)은 큰 음녀의 심판으로 서로 연계된다. 즉 사도가 허다한 무리의 할렐루야 찬송과 그 이유를 반복하여 설명한 것이다.

16.4.

본 단락(①')의 셋째 단락(ⓐ' 19:6-9, 어린양의 혼인잔치의 도래)의 구조는 다음과 같이 고안할 수 있다.

     ① 마지막 재앙 예고와 이긴 자들의 찬송(15:1-8)
  ▶ ①' 큰 음녀의 심판과 하늘의 큰 무리의 찬송(19:1-10)
       ⓐ 큰 음녀의 심판(19:1-4)
       ⓐ' 어린양의 혼인잔치의 도래(19:6-9)
         ❶ 허다한 무리가 어린양의 혼인잔치의 도래를 찬송(19:6-8)
           ㉠ 전능하신 주 하나님이 통치하심(19:6b-6c)
            ⓛ 큰 기쁨과 즐거움으로 주께 영광을 돌림(19:7a-7b)
           ㉠' 어린양의 혼인 기약이 이르고 그 아내가 예비함(19:7c-8)
         ❷ 천사의 증거(19:9): 어린양의 혼인잔치에 청함 받은 자들은 복됨

셋째 단락(ⓐ')의 첫째 소단락(❶ 19:6-8, 허다한 무리가 어린양의 혼인잔치의 도래를 찬송)은 전능하신 주 하나님의 통치와 그 결과에 대하여 찬양하는 내용이다. 첫째 소단락(❶)은 교차적 병행구조로 배열되었는데, 천상교회의 찬양을 중심으로 그 찬양의 이유를 하나님의 통치와 어린양의 혼인잔치의 도래로 설명한다. 또한 둘째 소단락(❷ 19:9, 천사의 증거: 어린양의 혼인잔치에 청함 받은 자들은 복됨)은 어린양의 혼인잔치에 청함을 받은 자들은 복되다는 천사의 증언이다.

16.5.

첫째 소단락(❶)의 첫째 소항목(㉠ 19:6b-6c, 전능하신 주 하나님이 통치하심)에서 허다한

무리가 전능하신 주 하나님을 '할렐루야'로 찬양하는데(19:6), 이들이 하나님을 찬양하는 이유가 부정과거동사인 '통치하시도다'(19:6)에 나타나 있다. 허다한 무리는 구원경륜을 이루시는 데 있어서 쉬지도 또 실패하지도 않으시는 전능하신 주의 신실하심을 찬양한 것이다. 이러한 사실은 일곱째 천사가 나팔을 불 때, 이십사 장로들이 부정과거동사인 '(주 하나님) 왕노릇 하시도다'(11:17)[55]로 찬송하는 데서 알 수 있다. 즉 이십사 장로의 찬송은 하늘의 큰 음성이 미래시제 동사인 '왕노릇 하시리로다'(11:15)를 사용하여 일곱째 나팔 이후 완성될 하나님 나라의 통치를 선포한 일에 대한 화답이며, 또한 주 하나님께서는 언제나 신실하게 세상을 통치하셨다는 고백이다.

첫째 소단락(❶)의 셋째 소항목(㉠' 19:7c-8, 어린양의 혼인 기약이 이르고 그 아내가 예비함)에서 허다한 무리가 주 하나님의 신실하신 통치로 말미암아 어린양의 혼인 기약이 이르고 그 아내가 예비하였음을 찬양한다(19:17). 신실하신 주 하나님의 통치로 말미암아 성부 하나님께서 정하신 어린양의 혼인잔치의 때가 이르렀고 또 그의 아내가 자신을 예비하였으니, 그리스도께서는 자신의 혼인잔치를 시작하실 것이다. 여기서 어린양의 아내(신부)는 어린양의 피로 구원을 얻은 자들의 총화, 또는 종말의 이스라엘 선교 이후 완성될 우주적 교회를 의미한다.

첫째 소단락(❶)의 주제 소항목(㉡ 19:7a-7b, 큰 기쁨과 즐거움으로 주께 영광을 돌림)에서 허다한 무리인 천상교회가 그리스도 나라의 완성을 크게 기뻐하고 즐거워하며 주 하나님께 영광을 돌린다. 신실하신 주 하나님께서 의로운 일(규례)인 재림 사건을 이루시므로 악의 삼위일체를 비롯한 모든 악은 첫 창조와 함께 불로 소멸할 것이다. 마침내 하나님의 구원역사는 절정에 도달하고, 전능하신 주 하나님께서 세세토록 왕노릇 하실 때가 이르렀다(11:15).

16.6.

본 단락(①')의 둘째(ⓑ 19:5, 보좌로부터 들려온 음성: 하나님을 찬송하라)와 넷째 단락(ⓑ' 19:10, 천사의 말: 오직 하나님께 경배하라)의 구조는 다음과 같이 고안할 수 있다.

① 마지막 재앙 예고와 이긴 자들의 찬송(15:1-8)

---

55) 11:17. 감사하옵나니 옛적도 계시고 시방도 계신 주 하나님 곧 전능하신 이여 친히 큰 권능을 잡으시고 왕노릇 하시도다.

▶ ①' 큰 음녀의 심판과 하늘의 큰 무리의 찬송(19:1-10)
　　ⓑ 보좌로부터 들려온 음성(19:5): 하나님을 찬송하라
　　ⓑ' 천사의 말(19:10): 오직 하나님께 경배하라

본 단락(①')의 둘째(ⓑ)와 넷째 단락(ⓑ')은 하나님께 대한 찬송과 경배라는 주제로 연계된다. 둘째 단락(ⓑ)에서 보좌로부터 들려온 음성이 천상교회인 허다한 무리에게 큰 음녀를 심판하신 하나님을 찬송하라고 명령한다. 이것은 어린양의 혼인잔치에 참여한 순교한 영혼이 자신들의 신원을 이루신 하나님을 찬송하는 것이다.

에덴에서 여인의 후손을 약속하신 주님께서 친히 육체를 입고 세상에 오셔서 죄인들의 대표로서 세례를 받으심으로 스스로 언약에 매이셨다. 그리고 인류의 대표로서 십자가 대속의 죽음을 성취하신 후 죽은 자의 첫 열매로 부활하셔서 사망에 매인 모든 인류를 구원하셨다. 더 나아가 주님께서는 어린양의 신부가 자신을 준비하기까지 박해받는 교회와 함께 고통을 감내하시면서 오랜 세월 동안 반역한 세상을 참으셨다. 그리고 종말에 재림의 약속을 이루시고, 죄로 오염된 세상을 심판하시므로 교회의 신원을 이루시고, 마침내 하나님 나라를 완성하신 것이다. 이것이 성경에서 말씀하신 구속사의 핵심 내용인데, 마지막 날에 이 모든 약속을 이루신 전능하신 주 하나님의 전능함과 신실함을 찬송하라고 명령하신 것이다.

17. 재림과 악의 삼위일체 멸망(19:11-20:10)

A. 임박한 그리스도의 강림 예고와 신약교회를 향한 교훈(1:1-3:22)
B. 종말의 개략적·점진적인 구원계시(4:1-11:13)
B' 종말의 핵심적 구원계시(11:14-22:5)
  1. 대환난 이후 개략적 구원계시(11:14-14:20)
  2. 대환난 이후 개략적 구원사건(15:1-22:5)
    a. 마지막 재앙과 큰 (성) 바벨론의 멸망(15:1-19:10)
▶ b. 재림과 악의 삼위일체 멸망(19:11-20:10)
      ① 그리스도께서 심판주로 강림하심(19:11-16)
        ② 하나님의 큰 잔치(19:17-18)
      ①' 재림(19:19-20:10): 하나님 심판
    a' 백보좌 심판과 그리스도 나라 완성(20:11-22:5)
A' 임박한 그리스도의 강림 예고와 신약교회를 향한 교훈(22:6-21)

17.1.

본 단락(b. 19:11-20:10, 재림과 악의 삼위일체 멸망)에는 2세기 교부 시대부터 지금까지 논쟁이 지속되고 있는 천년기 본문이 기재되어 있다. 필자는 현금의 천년기 논쟁은 20장을 신학적 관점으로 접근한 결과물이라고 생각한다. 즉 사도가 본 단락(b)을 기술한 의도를 간과하고, 20:1-7절을 재림 이후 실존할 천년왕국으로 오해하므로 천년기를 사변적으로 해석하는 과오를 범하였다. 그 결과 신약교회는 유대주의 신학에 동조하는 모습을 보였고, 그리스도의 십자가 복음으로 모든 인류가 구원에 이른다는 진리를 약화시켰다.

17.2.

필자는 전천년의 성경해석 방식대로 19장과 20장을 하나의 단락으로 해석해야 한다는 견해를 수용한다. 전천년의 종말도식은 교회시대 동안 복음이 전파되고, 아마겟돈 전쟁이 발발하고, 큰 (성) 바벨론이 멸망하고, 재림 때 짐승과 거짓 선지자가 불 못에 던져진 후 모든 구속역사가 마감하고 하늘의 세계가 임하는 시간적 순서가 될 것이다.

아울러 필자는 하나님의 구속역사가 재림으로 마감된다는 무천년의 견해를 지지한다. 그래서 용은 십자가 사건으로 결박되고, 교회시대 동안 천국 복음이 전파되며, 아마겟돈 전쟁과 함께 큰 (성) 바벨론이 멸망하고, 그리스도의 강림으로 인하여 짐승들은 결박되어 유황불에 던져질 것이며, 이후 주 하나님께서 통치하시는 그리스도 왕국이 도래할 것이라는 해석을 지지한다.

이상에서 천년기 본문을 제외한 계시록의 줄거리를 연대기적으로 배열한 결과 두 학파의 주장이 잘 일치함을 알 수 있다. 더 나아가 필자가 천년기에 대한 무천년의 해석을 선호하고, 그러나 무천년의 주장을 입증하기 위하여 전천년의 성경해석 방법을 사용하였음에도 불구하고 계시록의 전체 줄거리를 연대기적으로 재구성하는 것이 가능하였다. 그렇다면 천년기 논쟁을 해결하기 위해서는 먼저 사도가 기술한 천년기 본문을 바르게 이해할 필요가 있다.

17.3.

본 단락(b. 19:11-20:10, 재림과 악의 삼위일체 멸망)은 그리스도의 강림과 악의 삼위일체의 멸망에 관한 내용이다. 본 단락(b)은 주제 단락(② 19:17-18, 하나님의 큰 잔치)인 '하나님의 큰 잔치'(19:17)를 중심으로 처음(① 19:11-16, 그리스도께서 심판주로 강림하심)과 마지막 단락(①' 19:19-20:10, 재림: 하나님 심판)이 재림과 재림주의 심판으로서로 연계된다. 즉 사도는 주제 단락(②)의 하나님의 큰 잔치를 그리스도 강림으로 말미암은 악의 삼위일체와 그들을 추종하는 세력들이 멸망 당한 사건으로 설명하였다.

본 단락(b)의 주제 단락(②)에서 사도가 어린양의 혼인잔치를 하나님의 큰 잔치로 설명한다. 그런데 사도가 어린양의 혼인잔치를 하늘군대와 악의 세력들 사이 전쟁으로 설명할 뿐 혼인잔치에 대한 구체적인 설명은 생략하였다. 대신 어린양의 혼인잔치인 재림주 그리스도와 우주적 교회의 연합에 대한 자세한 묘사는 새 예루살렘 성과 연계하여 설명한다(21:2,9). 마치 사도가 하나님의 구원경륜의 절정인 그리스도와 우주적 교회의 연합이라는 큰 주제를 제한하면서까지 하나님의 큰 잔치로 인한 악의 세력들의 심판을 강조하는 것처럼 보인다. 이러한 사실은 계시록의 교회론적 관점, 곧 계시록을 참교회와 배도한 교회로 대비시켜 해석해야 할 당위성을 제공한다.

17.4.

본 단락(b)에서 사도는 하나님의 큰 잔치가 인류의 마지막 전쟁임을 다음과 같이 설명한다.

첫째, 사도가 하나님의 큰 잔치의 배경을 곡과 마곡 전쟁으로 설명한다(겔39:17). 사도가 하나님의 큰 잔치의 배경으로 인용한 겔38-39장의 내용은 종말에 발생할 곡과 마곡 전쟁에 관한 계시이다. 이처럼 사도가 곡과 마곡의 전쟁을 공통으로 언급한 계시록과 에스겔서의 본문은 동일한 사건으로 간주할 수 있다. 그러므로 그리스도의 강림으로 시작되는 하나님의 큰 잔치는 곡과 마곡 전쟁과 동일한 사건이다.

둘째, '(공중에 나는 새를 향하여) 모여(쉬나크데테)'(19:17)의 단어 사용이다. 이 단어는 악의 삼위일체가 아마겟돈 전쟁을 촉발하기 위하여 만국을 모을 때 사용되었다(16:14,16; 19:19). 그런데 사도가 동일한 단어를 하나님의 큰 잔치에서 하늘군대의 일원인 천사들을 소집하는 데서 다시 사용한다(19:17). 이러한 사실로부터 하나님의 큰 잔치는 전능하신 하나님의 큰 날에 있을 아마겟돈 전쟁과 동일한 사건으로 해석할 수 있다(16:14).

18. 그리스도의 강림(19:11-16)

```
A. 임박한 그리스도의 강림 예고와 신약교회를 향한 교훈(1:1-3:22)
B. 종말의 개략적·점진적인 구원계시(4:1-11:13)
B' 종말의 핵심적 구원계시(11:14-22:5)
  1. 대환난 이후 개략적 구원계시(11:14-14:20)
  2. 대환난 이후 개략적 구원사건(15:1-22:5)
     a. 마지막 재앙과 큰 (성) 바벨론의 멸망(15:1-19:10)
     b. 재림과 악의 삼위일체 멸망(19:11-20:10)
   ▶ ① 그리스도께서 심판주로 강림하심(19:11-16)
        ⓐ 재림주의 이름(19:11a-11c)
          ⓑ 심판의 기준(19:11d)
            ⓒ 재림주의 이름과 모습(19:12-13)
              ⓓ 재림의 광경(19:14): 하늘 군대가 그리스도를 따름
            ⓒ' 재림주의 권세와 모습(19:15a-15c)
          ⓑ' 심판의 참상(19:15d)
        ⓐ' 재림주의 이름(19:16)
     ② 하나님의 큰 잔치(19:17-18)
     ①' 재림(19:19-20:10): 하나님 심판
   a' 백보좌 심판과 그리스도 나라 완성(20:11-22:5)
A' 임박한 그리스도의 강림 예고와 신약교회를 향한 교훈(22:6-21)
```

18.1.

본 단락(① 19:11-16. 그리스도께서 심판주로 강림하심)에서 사도가 그리스도의 강림을 웅장한 광경으로 묘사한다. 본 단락(①)에서 사도가 그리스도 강림의 상황을 자세히 설명하고, 병행 단락(①' 19:19-20:10, 재림: 하나님 심판)에서는 심판의 정황을 상세히 설명한다. 또한 본 단락(①)에서 사도가 만왕의 왕과 만주의 주이신 그리스도와 함께하는 심판의 주체를 하늘군대로 설명하고(19:14), 병행 단락(①')에서는 심판의 주체를 첫째 부활에 참여할 자로 설명한다. 여기서 첫째 부활에 참여할 자는 신약교회의 순교자와 대환난 때 휴거한 자이며, 이들은 그리스도께서 강림하실 때 천사들과 함께 군사와 증인으로 심판에 참여할 것이다.

18.2.

본 단락(① 19:11-16. 그리스도께서 심판주로 강림하심)의 구조는 다음과 같이 고안할 수 있다.

> B' 종말의 핵심적 구원계시(11:14-22:5)
>   2. 대환난 이후 개략적 구원사건(15:1-22:5)
>   a. 마지막 재앙과 큰 (성) 바벨론의 멸망(15:1-19:10)
>   b. 재림과 악의 삼위일체 멸망(19:11-20:10)
>   ▶ ① 그리스도께서 심판주로 강림하심(19:11-16)
>   ⓐ 재림주의 이름(19:11a-11c)
>   ⓑ 심판의 기준(19:11d)
>   ⓒ 재림주의 이름과 모습(19:12-13)
>   ⓓ 재림의 광경(19:14): 하늘 군대가 그리스도를 따름
>   ⓒ' 재림주의 권세와 모습(19:15a-15c)
>   ⓑ' 심판의 참상(19:15d)
>   ⓐ' 재림주의 이름(19:16)
>   ①' 재림(19:19-20:10): 하나님 심판
>   a' 백보좌 심판과 그리스도 나라 완성(20:11-22:5)

본 단락(①)의 주제 단락(ⓓ 19:14. 재림의 광경: 하늘 군대가 그리스도를 따름)에서 사도가 재림주께서 하늘군대와 함께 강림하시는 광경을 기술한다(17:14; 슥14:5). 그런데 여기서 사도가 재림주에 대한 설명보다 하늘군대가 그리스도와 함께 심판에 참여한다는 점을 강조한다. 이것은 교회가 '철장으로 만국을 다스린다'(2:27. 12:5)는 약속의 성취이며, 신약교회가 누릴 영광이다. 또한 이것은 사도가 계시록을 교회론적 관점으로 기술하였다는 증거이다. 사도는 이 영광스런 환상을 목도한 후 신약교회가 이기는 자가 되어 첫째 부활의 영광에 동참하도록 권면하기 위하여 소아시아에 편지하였다.

18.3.

본 단락(①)의 처음(ⓐ 19:11a-11c. 재림주의 이름)과 마지막 단락(ⓐ' 19:16. 재림주의 이름)은 '재림주의 이름'으로 연계된다. 사도가 처음 단락(ⓐ)에서 재림주의 칭호를 '충신과 진실'(19:11)로, 마지막 단락(ⓐ')에서는 '만왕의 왕과 만주의 주'

(19:16)로 호칭한다. 이처럼 사도가 재림의 문맥에서 '충성과 진실'을 언급한 것은 그리스도께서 공생애와 보좌 우편 통치에서 참되고 의로우시다는 점을 설명한 것이다. 또한 '만왕의 왕과 만주의 주'로 호칭한 것은 그리스도께서 성부 하나님의 대권을 받아 온 세상을 통치와 심판하시는 분으로 설명한 것이다. 이러한 해석을 주제 단락(ⓓ)의 '(그를) 따르더라'(19:14)라는 미완료 동사와 연계할 경우, 신약교회는 진실하고 신실한 증인이신 그리스도를 본받아 만왕의 왕과 만주의 주이신 하나님을 영원히 경배할 대상으로 섬겨야 한다는 것이다. 이처럼 신약교회가 그리스도를 본받아 세상을 복음의 권세로 다스리면, 장차 첫째 부활에 참여할 하늘군대로서 재림주의 영광에 참여할 것이다.

18.4.

본 단락(①)의 셋째(ⓒ 19:12-13, 재림주의 이름과 모습)와 다섯째 단락(ⓒ' 19:15a-15c, 재림주의 권세와 모습)의 구조는 다음과 같이 고안할 수 있다.

> ① 그리스도께서 심판주로 강림하심(19:11-16)
>   ⓒ 재림주의 이름과 모습(19:12-13)
>   ❶ 눈이 불꽃 같고 머리에 많은 면류관을 가짐(19:12a-12b)
>   ❷ 자기만 아는 이름을 가짐(19:12c)
>   ❶' 피 뿌린 옷을 입음(19:13a)
>   ❷' 하나님의 말씀이라는 이름으로 칭함(19:13b)
>   ⓒ' 재림주의 권세와 모습(19:15a-15c)
>   ①' 재림(19:19-20:10): 하나님 심판

셋째(ⓒ)와 다섯째 단락(ⓒ')은 '재림주의 이름과 모습'과 '재림주의 권세와 모습'으로 연계된다.

셋째 단락(ⓒ)의 첫째(❶ 19:12a-12b, 눈이 불꽃 같고 머리에 많은 면류관을 가짐)와 셋째 소단락(❶' 19:13a, 피 뿌린 옷을 입음)은 재림주이신 그리스도의 모습을 묘사한다. 첫째 소단락(❶)에서 사도가 재림주를 눈이 불꽃 같고 그 머리에 많은 면류관(디아데마)이 있다고 설명한다(19:12). 여기 '눈이 불꽃 같다'는 표현은 영광을 얻으신 인자 같은 이의 모습과 동일하다(1:13). 또한 이 표현은 두아디라교회에게 임하신 주님의 모습과 동일한데(2:18), 이때 불꽃 같은 눈은 사람의 뜻과 마음을 살피시며 각 사람의 행위대로 심판하시는 것과 관계된다(2:23).

아울러 그 머리에 많은 면류관이 있다는 표현은 만왕의 왕과 만주의 주이시다는 칭호와 연계된다(19:12,16). 즉 성자는 성부 하나님의 대리왕으로서 구원역사를 주관하시는 대주재이시다. 그래서 '유대인에게는 거리끼는 것이요 이방인에게는 미련한 것'(고전1:23)처럼 보이는 십자가 사건마저도 하나님의 지혜로서 사탄의 머리를 깨뜨리는 사건이 되었다.

셋째 단락(ⓒ)의 셋째 소단락(❶' 19:13a, 피 뿌린 옷을 입음)에서 사도가 재림주께서 피 뿌린 옷을 입었다고 설명하는데(19:13), 이 구절은 다섯째 단락(ⓒ' 19:15a-15c, 재림주의 권세와 모습)과 연계하여 해석해야 한다. 다섯째 단락(ⓒ')에서 사도가 그리스도를 그의 입에서 나오는 이한 검, 곧 그리스도의 말씀으로 심판하시는 분임을 설명한다. 이것이 재림주께서 친히 저희를 철장으로 다스린다는 의미이다(19:15). 그 결과 그리스도께서 입으신 피 뿌린 옷은 원수의 피에 의하여 적셔진 상태가 된다(사 66:1-3). 이러한 해석은 머리에 금 면류관을 쓰고 손에 이한 낫을 가진 인자께서 포도송이 심판을 주관하시는 상황과 잘 부합한다(14:14,18).

18.5.

셋째 단락(ⓒ)의 둘째(❷ 19:12c, 자기만 아는 이름을 가짐)와 넷째 소단락(❷' 19:13b, 하나님의 말씀이라는 이름으로 칭함)에서는 그리스도 자신만이 아는 칭호를 계시하는데, 사도는 이 칭호를 하나님의 말씀이라고 한다(19:13).

태초부터 성부 하나님과 함께 계셨던 영원하신 성자께서는 하나님의 로고스로 선재(先在)하셨다(요1:1). 성자는 성부와 동등한 하나님이시지만(요5:18) 성부 하나님과 동등됨을 취하지 않으시고(빌2:6), 성부의 뜻을 행하려고 성육신하셨다. 그래서 성자께서 육신이 되어 우리 가운데 거하실 때 자신을 하나님의 말씀으로 계시하셨다(요1:14; 요일1:1-3). 즉 성자는 철저히 성부 하나님의 대리자로서 사셨는데, 이러한 그리스도의 존재 목적을 잘 표현하는 호칭이 하나님의 말씀이다. 더 나아가 '창세전 아버지와 함께 가졌던 영광으로'(요17:5) 복귀하신 로고스 하나님께서는 마지막 날에 심판주로 재림하실 것이다(19:11,14).

18.6.

본 단락(①)의 둘째(ⓑ 19:11d, 심판의 기준)와 여섯째 단락(ⓑ' 19:15d, 심판의 참상)의 구조는 다음과 같이 고안할 수 있다.

▶ ① 그리스도께서 심판주로 강림하심(19:11-16)
　　ⓑ 심판의 기준(19:11d)
　　ⓑ' 심판의 참상(19:15d)
① ' 재림(19:19-20:10): 하나님 심판

사도는 둘째(ⓑ)와 여섯째 단락(ⓑ')을 재림주의 심판으로 연계시킨다. 둘째 단락(ⓑ)의 주제는 재림주의 '심판의 기준' 이다. 성경에서 공의는 하나님의 거룩한 속성이며, 그래서 만국의 왕이신 하나님의 길은 참되고 의롭다(15:3). 또한 그리스도의 칭호가 충신(faithful)과 진실(true)이므로 그리스도의 심판도 항상 참되고(true) 의로워야(righteous) 한다(16:5,7, 19:2,11). 이처럼 하나님은 자신의 속성과 언약에 근거하여 심판을 집행하실 것이다. 사도는 이것을 재림주이신 그리스도께서 공의로 심판하며 싸운다고 설명한다(19:11).

아울러 여섯째 단락(ⓑ')에서 사도는 재림 때 있을 심판의 참상을 맹렬한 진노의 포도주 틀을 밟는 상황으로 묘사한다(19:15). 이 심판의 참혹함은 이미 포도 추수에서 설명한 것처럼 포도즙 틀에서 피가 나와 말굴레까지 닿았고 일천육백 스타디온까지 퍼져 나간다(14:19,20). 이처럼 재림주께서 원수들을 참혹하게 심판하시는 것은 이들이 수많은 성도의 피를 흘렸다는 증거이다(6:10, 16:6, 17:6, 18:24, 19:2).

19. 재림, 하나님의 심판(19:19-20:10)

A. 임박한 그리스도의 강림 예고와 신약교회를 향한 교훈(1:1-3:22)
B. 종말의 개략적 · 점진적인 구원계시(4:1-11:13)
B' 종말의 핵심적 구원계시(11:14-22:5)
  1. 대환난 이후 개략적 구원계시(11:14-14:20)
  2. 대환난 이후 개략적 구원사건(15:1-22:5)
    a. 마지막 재앙과 큰 (성) 바벨론의 멸망(15:1-19:10)
    b. 재림과 악의 삼위일체 멸망(19:11-20:10)
      ① 그리스도께서 심판주로 강림하심(19:11-16)
      ② 하나님의 큰 잔치(19:17-18)
   ▶ ①' 재림(19:19-20:10): 하나님 심판
        ⓐ 짐승과 거짓 선지자의 심판(19:19-21): 멸망당할 자
         ⓑ 첫째 부활에 참여한(할) 자(20:1-7): 상 받을 자
       ⓐ' 사단의 심판(20:8-10): 멸망당할 자
  a' 백보좌 심판과 그리스도 나라 완성(20:11-22:5)
A' 임박한 그리스도의 강림 예고와 신약교회를 향한 교훈(22:6-21)

19.1.

앞서 필자는 계시록의 셋째 단락(B')의 첫째 단락(1. 11:14-14:20, 대환난 이후 개략적 구원계시)을 '대환난 이후 개략적 구원계시'로, 둘째 단락(2. 15:1-22:5, 대환난 이후 개략적 구원사건)을 첫째 단락(1)의 성취인 '대환난 이후 개략적 구원사건'으로 해석하였다. 필자는 본 단락(①')에서 이러한 해석의 근거를 다음과 같이 제시한다.

첫째, 본 단락(①' 19:19-20:10, 재림: 하나님 심판)에서 사도가 계시록의 셋째 단락(B')의 첫째 단락(1)에서 언급한 상 받을 자와 멸망당할 자의 주제를 다시 설명한다. 본 단락(①')에서 상 받을 자는 주제 단락(ⓑ 20:1-7, 첫째 부활에 참여한(할) 자: 상 받을 자)의 첫째 부활에 참여한(할) 자이다. 반면 멸망당할 주된 세력은 처음(ⓐ 19:19-21, 짐승과 거짓 선지자의 심판: 멸망당할 자)과 마지막 단락(ⓐ' 20:8-10, 사단의 심판: 멸망당할 자)에서 언급된 악의 삼위일체인 사탄과 종말적 적그리스도와 거짓 선지자들이다. 즉 본 단락(①')에서 상 받을 자와 멸망당할 자에 대한 설명은 계시록의 첫째 단락(1)인 '대환난 이후 개략적 구원계시'에서 언급한 존재의 궁극적 실체

와 운명을 명시한 것이다.

둘째, 본 단락(①')에서 땅의 백성들이 악의 삼위일체와 함께 유황불 못에 던져진다(19:20, 20:10; 20:15). 본 단락(①')에서 계시록의 첫째 단락(1)의 셋째 천사의 예언, 곧 누구든지 짐승과 그 우상에게 경배하고 짐승의 표를 받는 자는 유황불에 던져지고 밤낮 쉼을 얻지 못한다는 예언이 성취된 것이다(14:9-11). 즉 악의 삼위일체를 추종하므로 생명책에 기록되지 못한 땅의 백성들은 유황불 못에서 세세토록 괴로움을 당할 것이다. 이러한 사실은 계시록의 첫째 단락(1)인 '대환난 이후 개략적 구원계시'가 본 단락(①')에서 상 받을 자와 멸망당할 자의 심판으로 완성된다는 것을 의미한다.

19.2.

전천년은 19장을 재림 사건으로, 20장을 재림 이후 도래할 천년왕국으로 해석한다. 그러나 사도가 본 단락(①')을 재림을 설명하는 하나의 단락으로 고안하였다면, 본 단락(①')에는 전천년이 주장하는 '천년왕국 가설(假說)'이 개입될 여지가 없다. 또한 본 단락(①')에서 사도가 사탄과 두 짐승이 유황불 못에 던져지는 사건을 연계하므로 재림으로 말미암은 두 사건의 시간적·논리적 연관성을 강조한다. 즉 악의 삼위일체 멸망은 논리적 연관성을 가질 뿐 아니라 동시적 사건임을 명시한 것이다. 이것은 인류 역사가 재림 사건으로 종결될 것을 분명히 밝힌 것이다. 그러므로 전천년이 주장하는 '소위 천년왕국'은 완성된 그리스도 나라에 대한 오해라고 할 수 있다.

아울러 계시록의 줄거리를 구성하는 주된 골격이 일곱 인-나팔-대접 환상임을 고려할 때, 역사의 마지막 전쟁은 여섯째 대접 심판인 아마겟돈 전쟁이다(16:13). 그리고 일곱째 대접 재앙으로 인하여 세상 역사도 마감되어야 한다. 사도는 이 사실을 일곱째 대접 재앙의 보좌로부터 들려진 '되었다'(16:17)는 선언으로 확정하였다. 환언하면, 사도는 한 번의 재림 사건으로 모든 악의 세력들에 대한 심판이 마감되고, 그 후 영원한 그리스도 나라가 도래한다는 사실을 분명히 밝힌 것이다.

19.3.

본 단락(①')에서 사도가 필자처럼 재림 사건을 교차적 병행구조로 기술했다면, 이것은 사도가 악의 세력에 대한 심판보다 첫째 부활에 참여한(할) 자를 강조한 것이다. 필자는 첫째 부활에 참여한(할) 자에 대한 의미를 다음과 같이 설명한다.

본 단락(①ʹ)의 주제 단락(ⓑ 20:1-7. 첫째 부활에 참여한(할) 자: 상 받을 자)에서 사도가 '첫째 부활에 참여한(할) 자'에 관하여 기술하면서 천년과 왕노릇을 연계하여 두 번 사용하였다(20:4,6). 이러한 사도의 의도는 당시 유대인뿐만 아니라 사도들도 오해했던 사실, 즉 유대주의 신학의 메시아 왕국에 대한 그릇된 해석을 근절시키려는 의도 때문이다. 또한 유대주의 신학이 갈망했던 메시아 왕국을 첫째 부활에 참여한 (할) 자들이 왕노릇 하는 나라로 설명하기 위함이다. 그렇다면 전천년이 주장하는 '소위 천년왕국'에서 유대인의 특권은 신약교회의 순교자들을 위한 상급이어야 한다. 또한 이것은 주님께서 소아시아 교회의 이기는 자들에게 약속하신 상급이기 도 하다.

19.4.

본 단락(①ʹ 19:19-20:10. 재림: 하나님 심판)의 구조는 다음과 같이 고안할 수 있다.

> Bʹ 종말의 핵심적 구원계시(11:14-22:5)
>> 2. 대환난 이후 개략적 구원사건(15:1-22:5)
>>> a. 마지막 재앙과 큰 (성) 바벨론의 멸망(15:1-19:10)
>>> b. 재림과 악의 삼위일체 멸망(19:11-20:10)
>>>> ① 그리스도께서 심판주로 강림하심(19:11-16)
>>>> ▶ ①ʹ 재림(19:19-20:10): 하나님 심판
>>>>> ⓐ 짐승과 거짓 선지자의 심판(19:19-21): 멸망당할 자
>>>>> ⓑ 첫째 부활에 참여한(할) 자(20:1-7): 상 받을 자
>>>> ⓐʹ 사단의 심판(20:8-10): 멸망당할 자
>>> aʹ 백보좌 심판과 그리스도 나라 완성(20:11-22:5)

본 단락(①ʹ)의 주제는 '첫째 부활에 참여한(할) 자'이다. 사도는 주제 단락(ⓑ)에 서 이들이 누구인지 설명하는데, 이들은 신약교회의 순교자들로서 철장 권세를 가 지고 그리스도와 함께 왕노릇 한 자들이다(20:4). 또한 이들은 주님께서 라오디게아 교회에게 하신 약속, 곧 '이기는 자는 내 보좌에 함께 앉게 하여 주신다'(3:21)는 약속을 붙잡고 가늠할 수 없는 대환난 이후 박해 상황을 믿음으로 승리한 후 그리 스도의 영광에 참여할 자들이다(20:6).

19.5.

본 단락(①')의 첫째 단락(ⓐ 19:19-21, 짐승과 거짓 선지자의 심판: 멸망당할 자)의 구조는 다음과 같이 고안할 수 있다.

> ① 그리스도께서 심판주로 강림하심(19:11-16)
> ▶ ①' 재림(19:19-20:10): 하나님 심판
> ⓐ 짐승과 거짓 선지자의 심판(19:19-21): 멸망당할 자
> ❶ 짐승과 땅의 왕들과 그 군대들의 전쟁(19:19)
> ❷ 짐승과 거짓 선지자의 사로잡힘(19:20a)
> ❸ 거짓 선지자의 죄목(19:20b)
> ❷' 짐승과 거짓 선지자의 최후(19:20c)
> ❶' 땅의 왕들과 그 군대들의 최후(19:21)
> ⓐ' 사단의 심판(20:8-10): 멸망당할 자

본 단락(①')에서는 그리스도의 강림으로 인하여 악의 삼위일체가 단번에 유황불 못에 던져지며, 세상 역사는 종결될 것을 설명한다. 필자는 이러한 내용을 설명하기 위하여 처음(ⓐ 19:19-21, 짐승과 거짓 선지자의 심판: 멸망당할 자)과 마지막 단락 (ⓐ' 20:8-10, 사탄의 심판: 멸망당할 자)을 병행구조로 고안하였다.

첫째 단락(ⓐ)은 두 짐승이 받을 심판에 관한 내용이다. 첫째 단락(ⓐ)에서 사도의 관심은 두 짐승 또는 짐승의 통치 아래 있는 땅의 백성들이 당할 멸망에 있지 않다. 왜냐하면 역사의 마지막 전쟁에서 악의 세력의 멸망은 자명한 일이기 때문이다. 오히려 사도의 주된 관심은 주제 소단락(❸ 19:20b, 거짓 선지자의 죄목)에서처럼 '거짓 선지자의 죄목'에 있는데, 배도한 교회의 죄상은 짐승의 표를 받고 그의 우상에게 경배하던 자들을 이적으로 미혹한 것이다(19:20).

아울러 주제 소단락(❸)과 논리적으로 연계된 처음(❶ 19:19, 짐승과 땅의 왕들과 그 군대들의 전쟁)과 마지막 소단락(❶' 19:21, 땅의 왕들과 그 군대들의 최후)의 표제처럼 거짓 선지자의 죄목은 땅의 왕들과 백성들을 미혹하여 큰 바벨론의 군사로 아마겟돈 전쟁에 참전케 한 것이다(19:19; 16:14). 그래서 하나님의 맹렬한 진노가 집행될 하나님의 큰 잔치에서 수많은 영혼이 멸망 당하게 될 것이다(19:18). 이러한 종말적 현상은 주님께서 종말에 출현할 거짓 선지자에 대하여 경고하신 예언의 성취이다(마 24:11,12,24). 그 결과 거짓 선지자는 짐승과 함께 사로잡혀서 영원한 유황불 못에 던져질 것인데(19:20), 이것이 순교자의 신원에 대한 약속의 성취이다(6:11).

첫째 단락(ⓐ)의 둘째(❷ 19:20a. 짐승과 거짓 선지자의 사로잡힘)와 넷째 소단락(❷' 19:20c. 짐승과 거짓 선지자의 최후)은 짐승과 거짓 선지자의 사로잡힘과 최후에 관한 설명이다. 그리스도께서 강림하실 때, 짐승과 거짓 선지자는 하늘군대에 의하여 결박되어 산채로 유황불 못에 던져질 것이다. 이들에 대한 심판은 사탄의 심판과 일치할 뿐 아니라 백보좌 심판에서 있을 악인의 심판과 동일하다(20:10,15). 이것은 한 번의 재림 사건으로 인하여 세상 역사가 종결된다는 것을 명시한 것이다.

19.6.
본 단락(①')의 셋째 단락(ⓐ' 20:8-10. 사탄의 심판: 멸망당할 자)의 구조는 다음과 같이 고안할 수 있다.

> ① 그리스도께서 심판주로 강림하심(19:11-16)
> ▶ ①' 재림(19:19-20:10): 하나님 심판
>   ⓐ 짐승과 거짓 선지자의 심판(19:19-21): 멸망당할 자
>   ⓐ' 사단의 심판(20:8-10): 멸망당할 자
>   ❶ 용이 곡과 마곡을 미혹하여 전쟁을 촉발(20:8)
>   ❷ 하나님께서 사랑하시는 성을 보호하심(20:9)
>   ❶' 곡과 마곡 전쟁의 결과(20:10): 마귀가 불과 유황 못에 던져짐

셋째 단락(ⓐ')의 처음(❶ 20:8. 용이 곡과 마곡을 미혹하여 전쟁을 촉발)과 마지막 소단락(❶' 20:10. 곡과 마곡 전쟁의 결과: 마귀가 불과 유황 못에 던져짐)에서 사도는 모든 죄악의 근본 실체인 사탄의 궁극적 멸망에 관하여 기술한다.
사도가 첫째 소단락(❶)에서 에스겔 선지자의 예언인 곡과 마곡 전쟁을 인용한 것은 셋째 단락(ⓐ')에서 에스겔 선지자의 종말적 예언이 실현된다는 사실을 명시하기 위함이다. 그러므로 사탄이 멸망당할 곡과 마곡 전쟁은 아마겟돈 전쟁과 동일하며 재림과 연계된 사건이다.
필자는 곡과 마곡 전쟁을 여섯째 대접 재앙인 아마겟돈 전쟁과 동일한 전쟁으로 해석하는 무천년의 견해를 수용하는데, 그 근거는 다음과 같다.
첫째, 계시록에는 무저갱에서 올라온 짐승이 주도한 전쟁이 여러 차례 언급되는데(11:7. 16:14. 20:8; 참고. 19:19), 이 전쟁들은 동일한 사건이다. 이처럼 사도가 대환난 후반에 있을 동일한 전쟁을 반복하여 기술한 이유는 계시록의 구조가 일곱 인-

나팔-대접 환상에 일곱 재림 환상이 추가되기 때문이다. 그래서 재림 직전 사탄이 주도하는 인류 마지막 전쟁에 대한 기사가 자주 반복되는 것이다. 또한 위에서 언급한 전쟁 가운데 두 증인과 무저갱에서 올라온 짐승이 격돌한 전쟁에는 헬라어 관사인 '톤(그)'이 없다(11:7). 이것은 계시록에서 사탄이 처음으로 전면에 등장한 전쟁이 두 증인과 무저갱에서 올라온 짐승의 전쟁임을 암시한다.

둘째, 계시록이 묵시문학 형식을 사용하여 기술한 예언서임을 고려할 때, 사도가 계시록에서 많은 상징을 사용한 것은 명백한 사실이다. 그렇다면 사도가 역사의 마지막 전쟁을 한편으로 아마겟돈의 지명을 사용하여 기술하고, 다른 한편으로 곡과 마곡이라는 나라와 민족으로 표현할 가능성을 고려할 수 있다.

19.7.

셋째 단락(ⓐ')의 주제 소단락(❷ 20:9. 하나님께서 사랑하시는 성을 보호하심)에서 언급한 성도의 진과 사랑하시는 성은 종말의 유대인 교회를 위한 예비처이다.

앞서 필자가 배도한 예루살렘 성을 큰 성 바벨론으로 해석하였다. 그러므로 예루살렘 성은 새 예루살렘 성으로 회복될 때까지 예루살렘 성의 고유한 칭호인 거룩한 성이라는 표현으로 부를 수 없다. 그래서 사도는 하나님의 도성이었지만 타락한 큰 성 바벨론으로 전락해버린, 그러나 여전히 하나님의 마음이 머무는 예루살렘을 사랑하시는 성으로 표현하였을 것이다(20:9). 또한 사도는 종말의 유대인 교회 공동체를 성도의 진으로 표현하였다(20:9). 환언하면, 하나님께서 사랑하시는 성과 성도들의 진은 대환난 이후 극심한 박해 가운데서 큰 바벨론의 통치를 거절하고, 주 하나님을 유일한 신앙의 대상으로 섬기는 종말의 유대인 교회의 예비처를 지칭하는 표현이다.

20. 천년왕국 가설에 대한 비판

A. 임박한 그리스도의 강림 예고와 신약교회를 향한 교훈(1:1-3:22)

B. 종말의 개략적·점진적인 구원계시(4:1-11:13)

B' 종말의 핵심적 구원계시(11:14-22:5)

  1. 대환난 이후 개략적 구원계시(11:14-14:20)

  2. 대환난 이후 개략적 구원사건(15:1-22:5)

    a. 마지막 재앙과 큰 (성) 바벨론의 멸망(15:1-19:10)

    b. 재림과 악의 삼위일체 멸망(19:11-20:10)

      ① 그리스도께서 심판주로 강림하심(19:11-16)

      ② 하나님의 큰 잔치(19:17-18)

      ①' 재림(19:19-20:10): 하나님 심판

        ⓐ 짐승과 거짓 선지자의 심판(19:19-21): 멸망당할 자

      ▶ ⓑ 첫째 부활에 참여한(할) 자(20:1-7): 상 받을 자

        ⓐ' 사단의 심판(20:8-10): 멸망당할 자

   a' 백보좌 심판과 그리스도 나라 완성(20:11-22:5)

A' 임박한 그리스도의 강림 예고와 신약교회를 향한 교훈(22:6-21)

20.1.

본 단락(ⓑ 20:1-7. 첫째 부활에 참여한(할) 자: 상 받을 자)은 천년왕국설(킬리아즘) 논쟁의 근거가 되는 본문이다. 천년왕국 논쟁은 2세기부터 신학자들 사이에서 일치된 적이 없고, 그리스도 강림이 임박한 현시점까지도 계속 진행되고 있다.

전천년은 19장과 20장의 연대기적 해석을 강조하므로 재림 이후 천년왕국의 도래를 주장할 뿐 아니라 두 짐승과 사탄의 심판을 다른 사건으로 해석한다. 반면 무천년은 하나님의 구원역사가 재림으로 종결된다고 주장하지만, 천년기론자의 천년왕국에 관한 주장 때문에 20장을 재림과 연계하여 해석하지 못한다. 더 나아가 무천년은 '천년왕국 가설'을 부정하려고 20장을 새로운 단락의 시작으로 구분하는데, 이러한 '의도적' 해석은 구원역사의 점진적 해석을 부정하므로 오히려 성경해석 원리와 상충 될 뿐 아니라 20장 해석에 혼란을 증가시키는 결과를 초래하였다. 그런데 필자처럼 '대환난 이후 개략적 구원사건' 단락(15:1-22:5)을 교차적 병행구

조로 배열하면, 전천년의 견해처럼 계시록을 연대기적으로 해석하는 것이 가능하다. 또한 '재림과 악의 삼위일체의 멸망' 단락(19:11-20:10)을 교차적 병행구조로 배열하면, 하나님의 구원역사가 재림으로 마감한다는 무천년의 견해도 수용할 수 있다.

20.2.

본 단락(ⓑ)에서 '천년' (20:2,3,4,5,6,7)의 용례를 설명하기 전, 필자가 하나의 전제를 제시하고자 한다. '천년왕국'은 성경에서 사용된 용어가 아니므로 신학적 용어인 천년왕국의 폐기를 제안한다. 이 용어를 사용하면, 마치 성경에 천년왕국 같은 유형적 실체가 있는 것처럼 오해할 수 있기 때문이다. 그래서 필자는 20장의 천년을 '천년기'의 의미로 사용할 것을 제안한다. 그리할 때 천년(10^3)은 문자적으로 불분명하지만 완전한 특정 기간을 의미할 수 있고, 또는 상징적 의미를 지닌 이상적인 시간을 지칭할 수도 있다. 이처럼 천년기를 하나님 나라가 실현되는 이상적인 기간으로 해석할 수 있다면, 필자는 하나님 나라의 이중 도식에 근거하여 20장의 두 번의 '천년과 왕노릇'(20:4,6)을 이상적으로 실현된 그리스도 왕국과 이상적으로 실현될 그리스도 왕국으로 해석하고자 한다. 즉 전자는 신약교회에 의한 그리스도 왕권의 실현이고, 후자는 재림 이후 도래할 영원한 그리스도 왕국에서 실현될 왕적 통치이다.

20.3.

필자가 제안한 그리스도 왕국의 이중적 천년 통치에 대한 타당성을 살피기 위하여 먼저 20장에서 사용된 천년의 용례를 고찰해야 할 것이다. 사도는 20장에서 천년을 6번 사용한다. 즉 천년의 용례는 한편으로 사탄의 결박(20:2), 감금(20:3), 풀림(20:7)에서, 다른 한편으로는 그리스도 교회의 왕적 통치와 관계되어 사용되었다(20:4,5,6). 또한 사도는 교회의 통치와 관련하여 천년을 문자적으로 사용하지 않았을 뿐 아니라 천년을 획일적인 의미로 사용하지도 않았다.

사탄은 십자가 사건에서 결박되어 교회시대 동안 무저갱에 갇혀 만국을 미혹하지 못하게 되었으므로 신약교회의 복음 전파가 가능하게 되었다. 이것이 20:4절의 천년 동안 왕노릇 하였다는 의미이며, 신약교회에 의하여 실현된 '이미의 하나님 나라'이다. 이후 사탄은 무저갱에서 출옥하여 두증인을 죽일 것이며(11:7), 두 짐승과 함께 만국을 미혹하여 아마겟돈 전쟁을 촉발시킬 것이다(16:14). 사탄이 역사의 마지막 전쟁을 도발한 목적은 종말의 유대인 교회를 파괴하므로 그리스도 강림을 훼방하려는 것이다. 그러나 재림주이신 그리스도는 하늘군대를 동반하고 강림하셔서 세상 나라를 심판하실 것이며, 장차 새 예루살렘 성의 보좌에 좌정하셔서 그리스도 교회와 함께 영원한 통치를 실행하실 것이다. 이것이 20:6절의 또 다른 천년 동안 왕노릇 할 것이라는 의미이며, 장차 실현될 '아직의 하나님 나라'이다.

20.4.

필자는 천년기론자가 주장하는 천년왕국에 대한 반론을 하나님의 구원경륜과 계시록의 문학적 특징으로 설명하려고 한다.

첫째, 계시의 연속성과 불연속성의 측면에서 천년왕국의 문제점을 생각할 수 있다. 하나님의 구원역사는 구약과 신약시대(율법시대와 복음시대 또는 옛 시대와 새 시대)로 불리는 시대 구분이 있다. 일반적으로 신구약 계시는 연속적이지만, 신구약의 시대 구분 때문에 때로 신구약 계시가 불연속적인 특징을 갖기도 한다. 그런데 천년기론자는 하나님의 구원경륜에서 옛 시대와 새 시대 같은 시대적 간격을 간과하였다. 이들은 구약에서 계시한 메시아 왕국을 다윗 왕국 재건(천년왕국)으로 직접 해석하는데, 이것은 유대주의 신학의 과오를 반복하는 것이라고 할 수 있다. 이것과 관련된 대표적인 예(例)가 '새 하늘과 새 땅'(사65:17, 66:22)이다.[56]

아울러 구약의 계시는 하늘 세계가 열리기 이전에 주신 옛 시대의 계시이므로 종말의 메시아 왕국을 이해하는 데 한계가 있다. 오순절 사건이 있기까지 사도와 선지자들도 옛 시대의 계시를 바르게 이해하지 못했다. 그러나 오순절 성령 강림 이후 사도는 예수께서 말씀하신 메시아 왕국을 죄로부터 해방되어 진정한 구원이 이루어지는 나라로(막2:10, 눅7:22), 또 성경이 예언한 메시아는 인류의 죄악 때문에 대속의 죽음을 담당하신 분이다는 사실을 깨닫게 되었다. 더 나아가 사도는 '내 나라는 이 세상에 속한 것이 아니다'(요18:35)는 말씀에 근거하여 메시아 왕국을 백보좌 심판 이후에 도래할 새 예루살렘 성으로 설명한다.

둘째, 이사야 선지자가 사용한 새 하늘과 새 땅의 의미이다(사65:17, 66:22).

---

56) 필자는 이 점을 천년왕국의 두 번째 반론에서 설명할 것이다.

구약성경에서 새 하늘과 새 땅이 두 번 사용되는데, 천년기론자는 이것을 천년왕국의 근거로 삼는다. 그런데 사도가 이사야 선지자가 언급한 새 하늘과 새 땅을 인용하는데(계21:1), 사도는 이사야가 예언한 새 하늘과 새 땅을 그리스도 왕국의 도래로 말미암은 새 창조에서 성취되는 것으로 이해하였다.

천년기론자에 의하면 천년왕국은 재림과 사탄의 풀림(20:7) 사이에 위치해야 한다. 그런데 사도가 '천년왕국 가설'의 근거가 되는 새 하늘과 새 땅을 백보좌 이후에 배치하므로 사도는 유대주의 신학이 주장하는 메시아 왕국 또는 천년기론자가 주장하는 '소위 천년왕국'을 재림 이후 도래할 영원한 그리스도 왕국으로 해석하였다. 그러므로 영원한 그리스도의 왕국인 새 하늘과 새 땅은 첫 창조의 회복이며, 보좌에 앉으신 그리스도의 부활 능력으로 새롭게 하실 세계이며, 그래서 다시 죄와 사망의 흔적을 찾아볼 수 없는 재창조된 세계이다. 그래서 그곳에는 모든 결함이 없으므로 소경이 눈이 밝아지고 귀머거리의 귀도 열릴 것이다(마11:5).

셋째, 사도가 인용한 에스겔서의 곡과 마곡 전쟁의 해석이다(20:8; 겔38,39장).

사도가 곡과 마곡 전쟁을 포함한 '사탄의 심판' 단락(ⓐ' 20:8-19, 사탄의 심판: 멸망당할 자)과 '짐승과 거짓 선지자의 심판' 단락(ⓐ 19:19-21, 짐승과 거짓 선지자의 심판: 멸망당할 자)을 병행시켰다면, 이것은 사도가 곡과 마곡 전쟁을 재림에 있을 사건으로 이해한 것이다. 이러한 견해는 재림으로 인하여 인류 역사가 마감한다는 무천년의 주장과 일치하므로 천년기론자가 주장하는 재림 이후 도래할 '소위 천년왕국'에 대한 주장은 하나님의 구원경륜에 부합하지 않는다는 것을 알 수 있다.

넷째, 사도의 헬라어 '게고넨'의 사용이다(16:17, 21:6).

앞서 설명한 대로 사도가 동일한 단어를 서로 다른 곳에서 사용한 목적은 두 사건의 긴밀한 연관성을 표현하기 위함이다. 이러한 해석 원리는 헬라어 '게고넨'이 사용된 문맥에서도 잘 드러난다.

사도가 계시록에서 '게고넨'을 재림(16:17, 되었다)과 새 예루살렘 성(21:6, 이루었다)을 설명하는 문맥에서 두 번 사용한다. 그래서 사도가 그리스도 강림으로 인한 세상 나라의 심판과 그리스도 왕국의 설립을 동시적 또는 연속적 사건으로 기술하였다. 이러한 해석에 의하면, 유대주의 신학이 말하는 메시아 왕국 또는 천년기론자의 '소위 천년왕국'에 대한 주장은 그 근거를 상실하게 될 것이다.

21. 용의 무저갱의 결박과 풀림(20:1-3,7)

A. 임박한 그리스도의 강림 예고와 신약교회를 향한 교훈(1:1-3:22)
B. 종말의 개략적 · 점진적인 구원계시(4:1-11:13)
B' 종말의 핵심적 구원계시(11:14-22:5)
  1. 대환난 이후 개략적 구원계시(11:14-14:20)
  2. 대환난 이후 개략적 구원사건(15:1-22:5)
    a. 마지막 재앙과 큰 (성) 바벨론의 멸망(15:1-19:10)
    b. 재림과 악의 삼위일체 멸망(19:11-20:10)
      ① 그리스도께서 심판주로 강림하심(19:11-16)
      ② 하나님의 큰 잔치(19:17-18)
      ①' 재림(19:19-20:10): 하나님 심판
        ⓐ 짐승과 거짓 선지자의 심판(19:19-21): 멸망당할 자
    ▶ ⓑ 첫째 부활에 참여한(할) 자(20:1-7): 상 받을 자
        ❶ 용의 결박과 풀림(20:1-3)
          ❷ 첫째 부활(20:4-6)
        ❶' 용의 무저갱에서 풀림(20:7)
        ⓐ' 사단의 심판(20:8-10): 멸망당할 자
   a' 백보좌 심판과 그리스도 나라 완성(20:11-22:5)
A' 임박한 그리스도의 강림 예고와 신약교회를 향한 교훈(22:6-21)

21.1.

계시록은 웅장한 대서사시처럼 새 하늘과 새 땅에 설립될 장엄하고 영광스러운 하나님 나라를 목표로 역사의 마지막 때를 향하여 질주한다. 그래서 계시록에서 사도가 보고 들은 환상들은 미래주의적 관점으로 해석해야 한다.

앞서 언급한 대로 사도가 소아시아 일곱 교회들에게 편지하면서 과거에 있었던 두 사건을 기술한다. 즉 예수 그리스도께서 역사의 대주재로서 보좌에 취임하신 일과 옛 뱀인 사탄의 추방(12:7-9)과 십자가 결박(12:13) 사건이다.[57]

---

57) 필자는 12장의 주제 단락(12:10-12, 하늘의 음성)을 중심으로 사탄이 하늘에서 공중으로 쫓겨난 단락(12:7-9)과 십자가 사건으로 공중에서 땅으로 내어쫓긴 사건(12:13)을 대칭구조로 고안하였다.

그런데 본 단락(ⓑ 20:1-7, 첫째 부활에 참여한(할) 자)에서 사도가 사탄의 결박과 풀림을 재차 언급한다. 사도가 재림의 문맥에서 사탄의 결박을 다시 언급한 것은 이 사건이 구원역사에서 매우 중요하기 때문이다. 즉 사탄의 결박은 십자가 사건으로 인하여 사탄의 능력과 활동이 제어된 것이고, 사탄의 감금은 만국을 미혹하지 못하도록 하여 세상에 복음 전파가 가능케 한 사건이다.

아울러 사탄의 풀림은 재림과 연관된 일련의 계시와 긴밀히 연계되어 있다. 십자가 사건으로 인하여 결박당한 사탄은 결코 스스로 결박에서 벗어날 수 없다. 오직 주님께서 하나님의 경륜을 이루기 위하여 주권적으로 사탄의 결박을 풀어주실 때 속박에서 풀려날 수 있다. 즉 사탄의 풀림은 하나님의 경륜 가운데 그것의 멸망을 위하여 잠깐 놓아주신 사건이다(9:1,2). 이때 무저갱에서 풀려난 사탄은 두증인을 죽일 것이고(11:7), 하나님의 큰 날의 전쟁을 위하여 온 천하 임금들을 아마겟돈으로 모을 것이다(16:13). 이때가 사탄의 심판과 멸망의 날이다(20:10).

21.2.

본 단락(ⓑ 20:1-7, 첫째 부활에 참여한(할) 자)의 구조는 다음과 같이 고안할 수 있다.

> B' 종말의 핵심적 구원계시(11:14-22:5)
>   2. 대환난 이후 개략적 구원사건(15:1-22:5)
>   a. 마지막 재앙과 큰 (성) 바벨론의 멸망(15:1-19:10)
>   b. 재림과 악의 삼위일체 멸망(19:11-20:10)
>   ① 그리스도께서 심판주로 강림하심(19:11-16)
>   ①' 재림(19:19-20:10): 하나님 심판
>   ⓐ 짐승과 거짓 선지자의 심판(19:19-21): 멸망당할 자
> ▶   ⓑ 첫째 부활에 참여한(할) 자(20:1-7): 상 받을 자
>   ❶ 용의 결박과 풀림(20:1-3)
>   ❷ 첫째 부활(20:4-6)
>   ❶' 용의 무저갱에서 풀림(20:7)
>   ⓐ' 사단의 심판(20:8-10): 멸망당할 자
>   a' 백보좌 심판과 그리스도 나라 완성(20:11-22:5)

본 단락(ⓑ)의 주제 단락(❷ 20:4-6, 첫째 부활)은 신약교회의 순교자들과 연관된 첫째 부활을 설명한 단락이다. 그리고 처음(❶ 20:1-3, 용의 결박과 풀림)과 마지막 단락

(❶' 20:7. 용의 무저갱에서 풀림)은 ‘용의 결박과 풀림’과 ‘용의 무저갱에서 풀림’ 이라는 주제로 병행을 이룬다. 이것은 본 단락(ⓑ)이 하나의 단락으로서 완전한 형태를 갖추었다는 것을 의미한다.

사도가 처음(❶)과 마지막 단락(❶')에서 용의 결박에서 풀림까지 기간을 천년으로 설명하는 한편(20:2,3,7), 주제 단락(❷)에서는 첫째 부활에 참여할 자가 그리스도와 함께 천년동안 왕노릇 한다고 설명한다(20:4). 이처럼 사도가 용의 무저갱의 감금과 신약교회의 왕노릇을 동일한 천년으로 표현한 것은 이때가 교회시대임을 명시하려는 의도이다. 즉 사탄이 결박되어 만국을 미혹하지 못하는 동안 신약교회는 복음의 통치로 왕노릇 하는데, 이때가 현금의 교회시대이다.

21.3.
본 단락(ⓑ)의 첫째 단락(❶ 20:1-3, 용의 결박과 무저갱 던져짐)의 구조는 다음과 같이 고안할 수 있다.

> ⓐ 짐승과 거짓 선지자의 심판(19:19-21): 멸망당할 자
> ▶ ⓑ 첫째 부활에 참여한(할) 자(20:1-7): 상 받을 자
>> ❶ 용의 결박과 풀림(20:1-3)
>>> ㉮ 천사가 용을 결박(20:1-2a)
>>>> ㉯ 용의 정체(20:2b): 옛 뱀, 마귀, 사탄
>>> ㉮' 용의 무저갱에 감금과 풀림(20:2c-3)
>> ❷ 첫째 부활(20:4-6)
>> ❶' 용의 무저갱에서 풀림(20:7)
> ⓐ' 사단의 심판(20:8-10): 멸망당할 자

첫째 단락(❶)의 주제 소단락(㉯ 20:2b, 용의 정체)에서 사도가 용의 정체에 대하여 설명한다. 사도가 큰 붉은 용, 곧 하나님을 대적한 사탄을 옛 뱀으로 표현한 것은 에덴 사건을 상기시키려는 의도 때문이다(20:2). 또한 하늘에서 쫓겨난 용을 온 세상을 미혹한 마귀로 비유한 것은 그것의 최후를 설명하기 위함이다(20:10).

처음(㉮ 20:1-2a, 천사가 용을 결박)과 마지막 소단락(㉮' 20:2c-3, 용의 무저갱에 감금과 풀림)에서 사도가 사탄의 결박과 풀림을 언급한다. 사탄은 십자가 사건에서 결박되어 더 이상 성도를 참소할 수 없고, 천년동안 무저갱에 감금되었다(20:3). 그런데 다섯째 나팔 환상에서 ‘하늘에서 땅에 떨어진 별’(9:1)이 무저갱에서 출옥하는데, 이것

이 사탄의 풀림이다. 이것은 대환난 직전 사탄에게 임할 심판 때문에 무저갱에서 풀려날 것이며, 결코 재림 이후에 있을 사건이 아니다.

결론적으로, 사도가 역사의 마지막 시점에서 모든 죄악의 근원인 큰 붉은 용을 재차 언급한 것은 하나님을 대적한 사탄의 최후를 설명하기 위함이다. 또한 사탄의 풀림과 멸망에 대한 설명은 신약교회의 신원과 영광을 설명하기 위한 배경이다.

22. 첫째 부활(20:4-6)

A. 임박한 그리스도의 강림 예고와 신약교회를 향한 교훈(1:1-3:22)
B. 종말의 개략적 · 점진적인 구원계시(4:1-11:13)
B' 종말의 핵심적 구원계시(11:14-22:5)
 1. 대환난 이후 개략적 구원계시(11:14-14:20)
 2. 대환난 이후 개략적 구원사건(15:1-22:5)
  a. 마지막 재앙과 큰 (성) 바벨론의 멸망(15:1-19:10)
  b. 재림과 악의 삼위일체 멸망(19:11-20:10)
   ① 그리스도께서 심판주로 강림하심(19:11-16)
   ② 하나님의 큰 잔치(19:17-18)
   ①' 재림(19:19-20:10): 하나님 심판
    ⓐ 짐승과 거짓 선지자의 심판(19:19-21): 멸망당할 자
   ▶ ⓑ 첫째 부활에 참여한(할) 자(20:1-7): 상 받을 자
     ❶ 용의 결박과 풀림(20:1-3)
     ❷ 첫째 부활(20:4-6)
      ㉮ 첫째 부활에 참여할 자가 천년동안 왕노릇 함(20:4)
       ㉯ 첫째 부활에 참여하지 못한 자들(20:5a)
        ㉰ 첫째 부활(20:5b)
       ㉯' 첫째 부활에 참여한 자들(20:6a)
      ㉮' 첫째 부활에 참여한 자는 천년동안 왕노릇 할 것(20:6b-6d)
     ❶' 용의 무저갱에서 풀림(20:7)
    ⓐ' 사단의 심판(20:8-10): 멸망당할 자
  a' 백보좌 심판과 그리스도 나라 완성(20:11-22:5)
A' 임박한 그리스도의 강림 예고와 신약교회를 향한 교훈(22:6-21)

22.1.

예수님의 공생애 시절 사도는 주님으로부터 하나님 나라에 대한 가르침을 받았다. 그러나 사도의 관심은 유대주의 신학에서 만개한 지상의 메시아 왕국에 있었다. 그래서 사도는 다른 사도들처럼 하나님 나라의 긴장 관계를 다 이해하지 못하였다. 아울러 로마의 압제하에 있는 당시 교회들도 그리스도께서 교회의 머리로서 교회를 보양(保養)하시는데, 교회는 왜 세상에서 환난을 받아야 하는가 하는 의문이 있었을

것이다. 사도는 이러한 교회의 의문에 대하여 공관복음과 다른 관점에서 기독론을 설명하며(요1:1-18, 20:28), 또한 공관복음의 주제인 '이미와 아직의 하나님 나라'를 '천년과 또 다른 천년'으로 설명하였다.

22.2.

전천년처럼 계시록을 연대기적으로 해석하면 20장은 19장의 재림 이후 사건이어야한다. 그리할 때 '보좌'(20:4)는 24 장로 또는 순교자와 연계되고, '에제산(살아서)' (20:4)은 모든 신자의 부활로 해석하며, 천년의 왕노릇은 천년왕국에서 있을일로 해석한다(20:4,6). 반면 무천년은 점층·반복 이론을 주장하므로 용의 결박을십자가 사건으로, '에제산'을 중생으로, 천년의 왕노릇을 초림부터 재림에 이르는 신약교회의 복음의 통치로 해석한다. 그런데 이러한 무천년의 해석의 문제는 사도가 왕노릇을 부정과거시제와 미래시제로 구분한 사실을 간과한 것이다.

필자는 본 단락(ⓑ 20:1-7, 첫째 부활에 참여한(할) 자: 상 받을 자)의 주제를 '첫째 부활'로, 그리고 이것을 장차 신약교회가 받을 영광으로 설명한다. 이러한 필자의주장은 천년기론자의 연대기적 해석을 수용하여 20장을 해석한 결과다. 또한 무천년의 주장처럼 사탄의 결박과 풀림을 교회시대에서 발생한 사건으로 해석한 결과이기도 하다. 이처럼 필자가 전천년과 무천년의 주장을 통합하여 20장을 해석할 수있는 근거는 히브리 병행구조 때문이다. 결론적으로, 20장에 대한 전천년과 무천년해석의 불일치는 재림의 문맥을 사도의 의도대로 이해하지 못한 결과이다.

22.3.

본 단락(ⓑ)의 주제 단락(❷ 20:4-6, 첫째 부활)의 구조는 다음과 같이 고안할 수 있다.

> B' 종말의 핵심적 구원계시(11:14-22:5)
>   2. 대환난 이후 개략적 구원사건(15:1-22:5)
>   a. 마지막 재앙과 큰 (성) 바벨론의 멸망(15:1-19:10)
>   b. 재림과 악의 삼위일체 멸망(19:11-20:10)
>   ① 그리스도께서 심판주로 강림하심(19:11-16)
>   ①' 재림(19:19-20:10): 하나님 심판
>   ⓐ 짐승과 거짓 선지자의 심판(19:19-21): 멸망당할 자

▶ ⓑ 첫째 부활에 참여한(할) 자(20:1-7): 상 받을 자

　❶ 용의 결박과 풀림(20:1-3)

　❷ 첫째 부활(20:4-6)

　　㉮ 첫째 부활에 참여할 자가 천년동안 왕노릇 함(20:4)

　　　㉯ 첫째 부활에 참여하지 못한 자들(20:5a)

　　　　㉰ 첫째 부활(20:5b)

　　　㉯' 첫째 부활에 참여한 자들(20:6a)

　　㉮' 첫째 부활에 참여한 자는 천년동안 왕노릇 할 것(20:6b-6d)

　❶' 용의 무저갱에서 풀림(20:7)

　ⓐ' 사단의 심판(20:8-10): 멸망당할 자

a' 백보좌 심판과 그리스도 나라 완성(20:11-22:5)

주제 단락(❷)에서 사도가 신약교회의 순교자들에 대하여 자세히 설명한다. 주제 단락(❷)의 주제는 '첫째 부활'이다. 필자는 이 주제어를 중심으로 앞뒤 소단락들을 교차적 병행구조로 배열하였다. 그리할 때 주제 소단락(㉰ 20:5b, 첫째 부활)을 중심한 처음(㉮ 20:4, 첫째 부활에 참여할 자가 천년동안 왕노릇 함)과 마지막 소단락(㉮' 20:6b-6d, 첫째 부활에 참여한 자는 천년동안 왕노릇 할 것)은 논리적 연관성을 갖는데, 두 단락은 첫째 부활과 왕노릇의 관계를 설명한다.

처음 소단락(㉮)에서 사도는 교회시대 동안 그리스도의 복음으로 왕노릇한 순교자들, 곧 장차 첫째 부활에 참여할 자들에 대하여 설명한다. 반면 마지막 소단락(㉮')에서는 첫째 부활에 참여한 자들이 장차 도래할 그리스도 왕국에서 왕노릇 할 것을 설명한다. 여기서 첫째 부활은 순교자의 부활이다. 이들은 순교로 하나님을 향한 사랑과 믿음을 확증한 자들로서 백보좌 앞에서 자신들의 믿음에 대하여 심판을 받지 않는다. 왜냐하면 백보좌 심판은 첫째 부활에 참여하지 못한 선인과 악인의 부활이기 때문이다(요5:29). 이것이 둘째 사망이 그들을 다스릴 권세가 없다는 의미이다(20:6).

22.4.

주제 단락(❷ 20:4-6, 첫째 부활)에서 사도가 '천년과 또 다른 천년'에 입각하여 첫째 부활에 참여할 자와 첫째 부활에 참여한 자의 통치에 대하여 설명한다.

첫째 소단락(㉮)에서 사도가 그리스도의 현세적 통치에 참여한 자들을 그리스도로 더불어 천년동안 왕노릇 한다고 기술한다(20:4). 여기서 사도가 '왕노릇'을 부정

과거시제로 기술한 것은 신자들이 '살아서(에제산)'(20:4; 1:18) 현세의 하나님 나라에서 복음의 권세로 통치한다는 의미이다(고전6:2).

반면 마지막 소단락(㉮')에서 사도가 왕노릇을 미래시제로 기술한 것은 부활 이후 상황을 설명한 것인데, 이것은 둘째 사망이 그들을 다스릴 권세가 없다는 설명으로 알 수 있다(20:6). 또한 첫째 부활에 참여한 순교자의 영혼이 하나님과 그리스도의 제사장이 되어 그리스도로 더불어 천년동안 왕노릇 한다는 의미는 새 하늘과 새 땅에서 실현될 우주적 교회의 통치를 의미한다(20:6).

결론적으로, 필자는 처음(㉮)과 마지막 소단락(㉮')을 병행관계로 배열하고, 신약교회의 순교자들이 생전에 복음의 통치를 실현할 뿐만 아니라 영원한 그리스도 나라에서도 왕적 통치에 참여할 것을 설명하였다. 이것은 영원한 그리스도 나라를 '현세(교회시대)의 천년'(20:4)과 '미래(영원한 나라)의 천년'(20:6)으로 기술한 것이다. 그러므로 그리스도께서 그분의 몸인 교회와 함께 영원히 하나님 나라를 통치하시는 경륜이 완성된 것이다. 이것은 그리스도의 왕권이 영원한 것처럼 그리스도와 연합한 교회의 통치도 영원하다는 것을 의미한다.

22.5.

본 단락(ⓑ)의 주제 단락(❷)의 첫째 소단락(㉮ 20:4. 첫째 부활에 참여할 자가 천년동안 왕노릇 함)은 다음과 같은 교차적 병행구조로 고안할 수 있다.

ⓐ 짐승과 거짓 선지자의 심판(19:19-21): 멸망당할 자
▶ ⓑ 첫째 부활에 참여한(할) 자(20:1-7): 상 받을 자
  ❶ 용의 결박과 풀림(20:1-3)
  ❷ 첫째 부활(20:4-6)
    ㉮ 첫째 부활에 참여할 자가 천년동안 왕노릇 함(20:4)
      ㉠ 보좌에 앉은 자들이 심판하는 권세를 받음(20:4a-4c)
        ㉡ 순교자들(20:4d-4f)
      ㉠' 그리스도로 더불어 천년동안 왕노릇 함(20:4g)
    ㉮' 첫째 부활에 참여한 자는 천년동안 왕노릇 할 것(20:6b-6d)
  ❶' 용의 무저갱에서 풀림(20:7)
ⓐ' 사단의 심판(20:8-10): 멸망당할 자

첫째 소단락(㉮)에서 사도가 첫째 부활에 참여할 자에 대하여 설명하였다. 첫째 항

목(㉠ 20:4a-4c, 보좌에 앉은 자들이 심판하는 권세를 받음)에서 사도가 보좌에 앉은 자들을 심판하는 권세를 받은 자로 설명하고, 셋째 항목(㉠' 20:4g, 그리스도로 더불어 천년동안 왕노릇 할 것)에서는 이들이 교회시대 동안 '살아서(에제산, 생전에)' 그리스도와 함께 왕노릇한 자로 설명한다. 즉 첫째 부활에 참여할 자들은 교회시대 동안 그리스도의 왕권을 위임받아 세상을 통치한 자들이다. 그러므로 첫째 항목(㉠)의 보좌에 앉았다는 것은 그리스도께서 피로 사서 나라와 제사장 삼으신 신약교회가 그리스도의 왕권을 위임받았다는 의미이다.

주제 항목(㉡ 20:4d-4f, 순교자들)에서 사도가 세상에서 왕노릇한 복음 사역자의 결말을 순교로 설명한다. 신약교회가 복음의 권세를 가지고 세상을 질그릇 부수듯 심판할 때, 복음의 증인들은 박해와 환난에 직면하게 될 것이다. 사도는 이러한 위험을 교회시대 동안 하나님의 말씀과 어린양의 증거로 말미암은 순교와 대환난 이후 짐승을 거절하는 일로 인한 순교로 설명한다. 그러나 신약교회의 순교자들은 첫째 부활의 영광에 참여할 것이며, 이것이 장차 신약교회가 받을 영광이다.

22.6.

첫째 소단락(㉮ 20:4, 첫째 부활에 참여할 자가 천년동안 왕노릇 함)의 난해한 본문 이해를 위하여 20:4절을 다음과 같이 직역하였다.

　　㉠ 또 내가 보좌를 보았다, 그리고 그들이 그들 위에 앉았다,
　　　　그리고 심판이 주어졌다 그들에게,
　　㉡ 카이 영혼들 (그들의) 목 베임을 받은 (예수의 증거와 하나님의 말씀을 인하여),
　　　　그리고　　　　　　경배하지 않고 (짐승과 그의 우상에게)
　　　　　　　　　　　　또 받지도 않은 (이마와 손에 표를);
　　㉠' 그리고 그들이 살아서 왕노릇 했다 (그리스도와 더불어 천년동안).

필자처럼 4절을 교차적 병행구조로 고안하면, '그들은' 모두 동일한 존재로 해석이 가능하다. 즉 그들은 보좌에 앉아 심판하는 권세를 위임받았고, 살아서(생전에) 그리스도와 더불어 복음의 권세로 왕노릇 하였다. 그리고 그들은 예수의 증거와 하나님의 말씀으로 인하여, 또 짐승에 대한 거절로 인하여 목 베임을 받았다. 그리고 그들은 자신들의 신원을 위하여 재림 때까지 제단 아래서 탄원하는데(6:9,10), 이것도 신약교회가 그리스도와 더불어 천년동안 왕노릇 했다는 의미이다.

둘째 항목(ⓛ)의 '카이'가 첫째 항목(⊙)의 '(심판의 권세가 주어진) 그들'과 둘째 항목(ⓛ)의 '영혼들 (그들의)'을 바로 연결하는 것처럼 보인다. 이러한 경우 '그들, 카이 영혼들 (그들의)' 어순이 되어 '카이(즉)'를 등위 접속사로 생각할 수 있다. 그러면 영혼들에게 심판하는 권세가 주어졌고, 영혼들이 살아서(부활하여) 재림 이후 왕노릇 하는 것으로 해석할 수 있다. 그러나 사도가 둘째 항목(ⓛ)에서 '카이 (그리고)' 다음에 목적격 명사(영혼들)를 배치하였다. 이것은 '카이' 다음에 첫째 항목(⊙)의 '내가 보았다'는 구절이 생략되었다고 추론할 수 있게 한다. 그리할 때 '카이'는 '그리고'라는 의미이며, 둘째 항목(ⓛ)의 '(그들의) 영혼들'(20:4)은 생전에 복음의 권세를 가지고 왕노릇한 순교자들을 설명한 것이다.

22.7.

첫째 소단락(㉮ 20:4, 첫째 부활에 참여할 자가 천년동안 왕노릇 함)에서 사도는 순교자들을 다음과 같이 설명한다.

첫째, 순교자들은 교회시대 동안 예수의 증거와 하나님의 말씀으로 인하여 목 베임을 받은 증인들이다. 그래서 이들은 첫째 부활에 참여할 것이며, 장차 하늘군대의 일원으로서 심판주와 함께 심판을 실행할 것이다. 또한 이들은 영원한 그리스도 나라에서 왕노릇에 참여할 것이다.

둘째, 순교자들에 대한 또 다른 표현은 '짐승과 그의 우상에게 경배하지도 아니하고 이마와 손에 표를 받지 아니한' 자들이다. 이들은 대환난 이후 큰 바벨론의 대대적인 박해에 의하여 탄생할 순교자들이다. 그러므로 이들도 장차 그리스도께서 강림하실 때 첫째 부활에 참여할 것이고, '또 다른 천년'의 하나님 나라에서 그리스도와 더불어 왕노릇 할 것이다(20:6).

셋째, 신약교회의 순교자들은 장차 첫째 부활에 참여할 자들이다. 사도가 첫째 소단락(㉮)의 순교자를 '영혼들(프쉬카스)'(20:4)로 서술하는데, 이 영혼들은 앞서 언급한 하나님의 제단 아래서 신원하는 영혼들이다(6:9). 그러므로 이 영혼들은 아직 첫째 부활에 참여하기 이전 상태이지만, 재림 직전 첫째 부활에 참여하게 될 것이다.

23. 백보좌 심판과 그리스도 나라 완성(20:11-22:5)

```
A. 임박한 그리스도의 강림 예고와 신약교회를 향한 교훈(1:1-3:22)
B. 종말의 개략적 · 점진적인 구원계시(4:1-11:13)
B' 종말의 핵심적 구원계시(11:14-22:5)
   1. 대환난 이후 개략적 구원계시(11:14-14:20)
   2. 대환난 이후 개략적 구원사건(15:1-22:5)
      a. 마지막 재앙과 큰 (성) 바벨론의 멸망(15:1-19:10)
      b. 재림과 악의 삼위일체 멸망(19:11-20:10)
   ▶ a' 백보좌 심판과 그리스도 나라 완성(20:11-22:5)
      ① 크고 흰 보좌 위에 앉으신 하나님(20:11)
        ② 죽은 자들이 흰 보좌 앞에 서다(20:12a)
          ③ 펴진 책들(20:12b)
            ④ 생명책(20:12c-12d)
          ③' 행위를 기록한 책들(20:12e)
        ②' 악인의 심판과 처소(20:13-15): 둘째 사망인 불 못에 던져짐
      ①' 의인들의 처소(21:1-22:5): 새 예루살렘 성
A' 임박한 그리스도의 강림 예고와 신약교회를 향한 교훈(22:6-21)
```

23.1.

본 단락(a' 20:11-22:5. 백보좌 심판과 그리스도 나라 완성)은 재림 이후 도래할 '백보좌 심판과 그리스도 나라의 완성'을 기술한 내용이다.

성경은 하나님의 구원역사에 관한 계시의 책이다. 하나님께서 영원 전부터 만물의 경영을 계획하시고 또 영원 세계에서 그 일을 하실지라도, 성경은 영원 세계에 대하여 극히 제한된 내용만을 기록한다. 그래서 사도가 처음 하늘과 땅에 대비하여 새 하늘과 새 땅으로, 새 예루살렘 성이 내려올 새 에덴도 처음 에덴에 비유하여 설명한다. 이러한 점을 고려할 때, 본 단락(a')의 마지막 단락(①' 21:1-22:5. 의인들의 처소: 새 예루살렘 성)은 재림 이후 도래할 영원한 그리스도 왕국을 새 예루살렘 성으로 설명한 것이며, 이것이 '아직의 하나님 나라' 실현이다.

23.2.

본 단락(a' 20:11-22:5. 백보좌 심판과 그리스도 나라 완성)의 구조는 다음과 같이 고안할 수 있다.

  B' 종말의 핵심적 구원계시(11:14-22:5)
    2. 대환난 이후 개략적 구원사건(15:1-22:5)
      a. 마지막 재앙과 큰 (성) 바벨론의 멸망(15:1-19:10)
      b. 재림과 악의 삼위일체 멸망(19:11-20:10)
    ▶ a' 백보좌 심판과 그리스도 나라 완성(20:11-22:5)
      ① 크고 흰 보좌 위에 앉으신 하나님(20:11)
        ② 죽은 자들이 흰 보좌 앞에 서다(20:12a)
          ③ 펴진 책들(20:12b)
            ④ 생명책(20:12c-12d)
          ③' 행위를 기록한 책들(20:12e)
        ②' 악인의 심판과 처소(20:13-15): 둘째 사망인 불 못에 던져짐
      ①' 의인들의 처소(21:1-22:5): 새 예루살렘 성

본 단락(a')의 주된 골격은 백보좌에 앉으신 하나님(a)-생명책(d)-의인의 처소(a')이다. 이 구조가 의도하는 것은 그리스도께서 주와 하나님으로 세상을 심판하실 때 생명책에 이름이 기록된 자들을 의인의 처소인 새 예루살렘 성으로 인도하실 것을 설명하려는 것이다(요14:3).

아울러 새 예루살렘 성에서 의인들이 누릴 상급은 하나님의 자녀됨과 하나님의 자녀로서 하나님과 장애 없는 교제이다. 이것이 죄로 말미암은 저주가 제거된, 그래서 사망과 애통함이 없는 새로운 창조 세계에서 주 하나님과 함께 누릴 영생이다.

그런데 본 단락(a')에서 사도가 생명책에 그 이름이 기록된 신자들의 구원보다도 악인들의 심판을 더욱 자세히 설명한다. 백보좌 심판은 생명책에 이름이 기록된 신자들에게 있어서 구원을 선언 받는 사건이지만, 악인들에게는 영원한 멸망을 선언 받는 심판의 사건이다. 그래서 사도는 악인들, 특히 배도한 자들을 향하여 경각심을 일으키려는 목적으로 본 단락(a')을 기술한 것 같다.

23.3.

성경은 마지막 날에 모든 인류가 하나님의 심판대 앞에 서야 할 것을 말한다(롬

14:10; 고전5:10). 사도는 이러한 내용을 본 단락(a')의 둘째 단락(② 20:12a, 죽은 자들이 흰 보좌 앞에 서다)부터 여섯째 단락(②' 20:13-15, 악인의 심판과 처소: 둘째 사망인 불 못에 던져짐)까지 세분하여 설명한다. 즉 사도가 이 단락들에서 첫째 부활에 참여하지 못한 자들, 곧 '천년이 차기까지 살지 못한 모든 자들'(20:5)이 마지막 날에 부활하여 심판받을 것을 설명한다. 이때는 아담부터 재림 때까지 죽은 아담의 모든 후손이 부활할 것이다. 마지막 날에 모든 죽은 자가 부활해야 할 이유는 피조물과 언약 당사자로서 그리스도 심판대 앞에서 판단 받아야 하기 때문이다. 더 나아가 사망과 음부도 심판받고, 유황불 못에 던져질 것이다.

23.4.

본 단락(a')의 주제 단락(④ 20:12c-12d, 생명책)에서 사도는, 마치 신자들의 운명은 이미 교회의 생을 통하여 결론에 이른 것처럼, 신자들에 대한 최종 심판을 생명책으로 약술한다. 왜냐하면 신자들은 예수께서 약속하신 대로 하나님의 아들을 믿는 모든 자에게 주시는 영생을 선물로 받았기 때문이다. 그러므로 예수를 믿고 성령 안에서 그리스도와 연합한 자들은 생명의 부활에 이를 것이 당연하다(요5:29).

반면 셋째(③ 20:12b, 펴진 책들)와 다섯째 단락(③' 20:12e, 행위를 기록한 책들)에서 사도는 행위를 기록한 책들에 대하여 설명한다. 사도가 생명책과 행위를 기록한 책들을 구분하므로 이 단락들에서 언급된 책들은 악인들과 연관하여 해석해야 한다. 즉 백보좌에 앉으신 주 하나님께서 모든 사람을 심판하실 때, 악인들은 이 책들에 근거하여 자신들의 행위대로 심판받을 것이다.

23.5.

본 단락(a')의 첫째 단락(① 20:11, 백보좌에 앉으신 그리스도)에서 큰 백보좌에 앉으신 분은 영광을 받으신 그리스도이시다. 종말의 구원역사를 시작하는 시점에서 보좌에 앉으신 분은 성부 하나님이시지만,[58] 백보좌에 앉으신 분은 성부로부터 영광을 받으시고 만물을 심판하는 권세를 위임받으신 성자 하나님이시다(요17:2,7).

공생애 시절 그리스도께서 구주로서 계시하신 말씀이 마침내 재림 사건으로 성취되고, 그리스도는 주 하나님으로서 말씀을 거역한 모든 죄악에 대하여 최후의 심판을

---

58) 계4:2; 계5:1,7,13.

집행하실 것이다. 그러므로 백보좌에 앉으신 심판주이신 주 하나님 앞에 더 이상 죄악은 설 수 없다. 사도는 이 사실을 모든 죄악의 장(場)이었던 처음 하늘과 땅이 심판주 앞에서 사라졌다고 기술한다. 이것은 구약에서 불로 물건을 정결케 한 것처럼 죄로 오염된 모든 것들을 불로 정화한다는 의미이다(민31:23).

마지막 단락(①' 21:1-22:5, 의인들의 처소: 새 예루살렘 성)에서 사도가 주 하나님을 옛 창조를 폐하시고 재창조를 시작하신 분으로 설명한다. 그리스도는 구속 중보자로서 속죄 사역을 이루셨고, 첫 창조의 목적대로 만유를 회복하기 위하여 백보좌에 앉으신 하나님으로서 심판과 재창조를 주관하셔야 한다. 또한 그리스도는 주 하나님으로서 생명책에 기록된 자들을 예비된 처소로 데려가기 위하여 세상에 다시 오셨다(요14:3). 그러므로 의인들의 처소는 그리스도께서 부활의 생명으로 창조하신 세계이다. 이 새로운 세계는 베드로 사도의 예언처럼 새 하늘과 새 땅이 도래한 세상이며(벧후3:12,13),[59] 여기서는 다시금 타락이 허용되지 않을 것이다.

23.6.

본 단락(a')의 둘째(② 20:12a, 죽은 자들이 흰 보좌 앞에 서다)와 여섯째 단락(②' 20:13-15, 악인의 심판과 처소: 둘째 사망인 불 못에 던져짐)의 구조는 다음과 같이 고안할 수 있다.

    a. 마지막 재앙과 큰 (성) 바벨론의 멸망(15:1-19:10)
    b. 재림과 악의 삼위일체 멸망(19:11-20:10)
▶ a' 백보좌 심판과 그리스도 나라 완성(20:11-22:5)
    ② 죽은 자들이 흰 보좌 앞에 서다(20:12a)
    ②' 악인의 심판과 처소(20:13-15): 둘째 사망인 불 못에 던져짐
      ⓐ 악인들의 심판(20:13)
        ⓑ 사망과 음부에 대한 심판(20:14)
      ⓐ' 생명책에 기록되지 못한 자에 대한 심판(20:15)

둘째(②)와 여섯째 단락(②')에서 사도가 마지막 때 있을 악인들과 악의 세력에 대한 심판을 설명한다. 여기서 악의 세력은 사망과 음부이며, 이들은 악인들에게 역

---

59) 벧후3:12,13, ~ 그날에 하늘이 불에 타서 풀어지고 체질이 뜨거운 불에 녹아지려니와 우리는 그의 약속하신대로 의의 거하는바 새 하늘과 새 땅을 바라보도다

사하여 영원한 멸망으로 인도하는 세력이다(고전15:55). 악인들은 하나님의 은혜와 사랑을 멸시하고, 하나님의 그리스도를 배척하고 교회를 박해할 것이다. 이러한 죄악 때문에 악인들은 악의 세력들과 함께 유황불 못에 던져질 것이다.

23.7.

여섯째 단락(②')의 주제 소단락(ⓑ 20:14, 사망과 음부에 대한 심판)에서 사도는 '사망과 음부에 대한 심판'을 설명한다. 사도가 사망과 음부를 불 못과 구분한다. 그리고 악의 세력들과 연관된 사망과 음부가 영원한 유황불 못에 던져지는 것을 둘째 사망으로 설명한다(20:14).

여섯째 단락(②')의 첫째 소단락(ⓐ 20:13, 악인들의 심판)에서 사도가 악인의 부활을 바다와 사망과 음부에서 풀려나는 것으로 설명한다. 악인들은 악의 세력에게 패배하여 죄의 종으로 전락하고(벧후2:19),[60] 하나님을 거스르며 악인으로 살다가 악인의 신분으로 죽게 될 것이며, 마침내 최후의 심판을 위하여 부활할 것이다(요5:29). 그리고 사도가 셋째 소단락(ⓐ' 20:15, 생명책에 기록되지 않은 자에 대한 심판)에서 기술한 것처럼 악인들은 사탄과 귀신들, 그리고 악의 세력들과 함께 영원한 불 못에 던져질 것이다. 이것이 하나님보다 세상을 사랑한 악인의 최후이다.

---

60) 벧후2:19, 저희에게 자유를 준다 하여도 자기는 멸망의 종이니 누구든지 진 자는 이긴 자의 종이 됨이니라

24. 의인의 처소: 새 예루살렘 성(21:1-22:5)

A. 임박한 그리스도의 강림 예고와 신약교회를 향한 교훈(1:1-3:22)

B. 종말의 개략적·점진적인 구원계시(4:1-11:13)

B' 종말의 핵심적 구원계시(11:14-22:5)

　1. 대환난 이후 개략적 구원계시(11:14-14:20)

　2. 대환난 이후 개략적 구원사건(15:1-22:5)

　　a. 마지막 재앙과 큰 (성) 바벨론의 멸망(15:1-19:10)

　　b. 재림과 악의 삼위일체 멸망(19:11-20:10)

　　a' 백보좌 심판과 그리스도 나라 완성(20:11-22:5)

　　　① 크고 흰 보좌 위에 앉으신 하나님(20:11)

　　　② 죽은 자들이 흰 보좌 앞에 서다(20:12a)

　　　③ 펴진 책들(20:12b)

　　　④ 생명책(20:12c-12d)

　　　③' 행위를 기록한 책들(20:12e)

　　　②' 악인의 심판과 처소(20:13-15): 둘째 사망인 불 못에 던져짐

　▶　①' 의인의 처소(21:1-22:5): 새 예루살렘 성

　　　　ⓐ 새 하늘과 새 땅(21:1)

　　　　　ⓑ 새 예루살렘 성(21:2)

　　　　　　ⓒ 보좌에서 들리는 음성(21:3-8)

　　　　　ⓑ' 새 예루살렘 성(21:9-27)

　　　　ⓐ' 새 에덴의 모습(22:1-5)

A' 임박한 그리스도의 강림 예고와 신약교회를 향한 교훈(22:6-21)

24.1.

하나님의 구원경륜은 창세 전 그리스도 안에서 예정하신 하나님의 뜻대로 성취될 것이다. 하나님의 뜻은 구원역사에서 언약의 형태로 계시 되었고, 모든 언약은 그리스도를 향하여 점진적으로 진행되었으며, 마침내 새 예루살렘 성에서 완성될 것이다. 그래서 사도는 본 단락(①' 21:1-22:5, 의인의 처소: 새 예루살렘 성)에서 구원역사의 완성을 새 하늘과 새 땅, 새 예루살렘 성으로 설명한다. 이것은 생명책에 이름이 기록된 자들이 영원한 그리스도 나라에서 누릴 복락에 대한 설명이기도 하다.

아울러 신실하신 하나님은 역사의 마지막 순간에 그리스도 안에서 약속하신 모든 언약을 성취하실 것인데(21:6), 이것은 양면성이 있다. 즉 하나님의 독생자이신 그리스도를 믿음으로 주 하나님께 돌아오는 자는 구원하시며, 인간의 죄로 말미암아 죄 아래서 신음하는 만물도 회복하실 것이다(21:5; 롬8:21).

24.2.

본 단락(①' 21:1-22:5. 의인들의 처소: 새 예루살렘 성)의 구조는 다음과 같이 고안할 수 있다.

> B' 종말의 핵심적 구원계시(11:14-22:5)
>> 2. 대환난 이후 개략적 구원사건(15:1-22:5)
>>> a. 마지막 재앙과 큰 (성) 바벨론의 멸망(15:1-19:10)
>>> b. 재림과 악의 삼위일체 멸망(19:11-20:10)
>>> a' 백보좌 심판과 그리스도 나라 완성(20:11-22:5)
>>>> ① 크고 흰 보좌 위에 앉으신 하나님(20:11)
>>> ▶ ①' 의인의 처소(21:1-22:5): 새 예루살렘 성
>>>> ⓐ 새 하늘과 새 땅(21:1)
>>>>> ⓑ 새 예루살렘 성(21:2)
>>>>>> ⓒ 보좌에서 들리는 음성(21:3-8)
>>>>> ⓑ' 새 예루살렘 성(21:9-27)
>>>> ⓐ' 새 에덴의 모습(22:1-5)

본 단락(①')은 새롭게 창조된 세상과 의인의 처소인 새 예루살렘 성에 대한 설명이다. 그리스도께서 주 하나님으로 세상에 다시 오셔서 언약 백성을 하늘의 처소로 데리고 가실 것이다. 이것은 예수께서 공생애 때 근심하는 제자들과 약속하신 것이며(요14:2,3),[61] 이긴 자 곧 승리한 교회를 위한 상급이다. 그래서 사도는 의인의 처소인 새 예루살렘 성, 곧 완성된 우주적 교회에 대하여 많은 분량을 할애하여 기술하였다.

본 단락(①')의 주제 단락(ⓒ 21:3-8. 보좌에서 들리는 음성)의 요지는 보좌로부터 '이루었다'(21:6)고 선언하신 대로 하나님의 구원경륜의 완성이다. 이것은 하나님께서

---

61) 요14:2,3. 내 아버지 집에 거할 곳이 많도다 그렇지 않으면 너희에게 일렀으리라 내가 너희를 위하여 처소를 예비하러 가노니 가서 너희를 위하여 처소를 예비하면 내가 다시 와서 너희를 내게 영접하여 나 있는 곳에 너희도 있게 하리라.

만물을 새롭게 하셨다는 것으로 설명된다(21:5). 또한 사도가 주제 단락(ⓒ)을 중심으로 처음(ⓐ 21:1. 새 하늘과 새 땅)과 마지막 단락(ⓐ' 22:1-5. 새 에덴의 모습)에서 하나님의 구원경륜의 완성을 새 하늘과 새 땅, 새 에덴으로 설명한다. 사도가 이 단락들에서 기술한 광경은 창조시 아담과 하와가 살았던 에덴을 연상케 할 뿐 아니라 장차 어린양의 아내인 우주적 교회가 거할 영광과 축복의 처소를 가늠하게 한다.

24.3.
본 단락(①')의 처음(ⓐ 21:1. 새 하늘과 새 땅)과 마지막 단락(ⓐ' 22:1-5. 새 에덴의 모습)의 구조는 다음과 같이 고안할 수 있다.

> ① 크고 흰 보좌 위에 앉으신 하나님(20:11)
> ▶ ①' 의인의 처소(21:1-22:5): 새 예루살렘 성
>   ⓐ 새 하늘과 새 땅(21:1)
>   ⓐ' 새 에덴의 모습(22:1-5)
>   ❶ 생명수 강과 생명나무(22:1-2)
>   ❷ 새 에덴에서의 예배(22:3-5)
>   ㉮ 다시 저주가 없음(22:3a)
>   ㉯ 하나님의 종들이 그분의 얼굴을 보며 섬김(22:3b-4)
>   ㉮' 다시 밤이 없음(22:5a-5c)
>   ㉯' 하나님의 종들이 왕노릇함(22:5d)

사도가 보좌에 앉으신 주님께서 '이루었다'(21:6) 선언하신 일, 곧 만물을 새롭게 완성하신 일을 처음(ⓐ)과 마지막 단락(ⓐ')에서 설명한다.

첫째 단락(ⓐ)에서 새 하늘과 새 땅이 열리는 새로운 세계가 시작되는데, 이것이 메시아 왕국 또는 영원한 그리스도 나라이다. 이때 처음 하늘과 땅은 불타 없어질 것이고(벧후3:7,12), 하나님을 대적하는 세력의 출처인 바다와 죽은 자들의 거처를 상징하는 음부도 더 이상 존재하지 않을 것이다(13:1, 20:13). 옛 세상은 죄로 말미암아 썩어짐의 종노릇 하였으므로 처음 창조는 반드시 새롭게 재창조되어야 한다(롬 8:21).

24.4.
다섯째 단락(ⓐ')에서 사도는 새롭게 창조될 새 에덴의 모습에 대하여 설명한다.

첫째 소단락(❶ 22:1-2. 생명수 강과 생명나무)에서 사도가 새 에덴을 생명수 강과 생명나무로 설명한다. 새 에덴에는 수정같이 맑은 강이 길 중앙을 흐르는데(22:1), 이것은 에덴동산의 강들을 연상케 한다(창2:10). 새 에덴의 생명수 강은 하나님 및 어린양의 보좌로부터 발원하는데, 이것은 겔47장의 성전 문지방에서 흘러나오는 물을 배경으로 한다(겔47:1). 또한 에덴동산을 흐르는 강이 고대 근동의 온 땅을 적신 것처럼 생명수 강은 새 에덴의 모든 곳에 생명력을 공급할 것이다. 그리하여 새 에덴에서는 강 좌우에 심겨진 생명나무가 달마다 열두 가지 실과를 맺힐 것이며, 그 나무의 열매와 잎사귀들은 생명수 강과 함께 만국을 소성시킬 것이다. 여기서 생명수 강과 열두 과실을 맺는 생명나무들, 만국을 소성시킬 잎사귀들에 대한 언급은 새 에덴의 생명의 충만함을 의미한다. 그래서 새 에덴은 에덴의 회복이며, 에스겔 성전 환상의 완성이라고 해석할 수 있다.

다섯째 단락(ⓐ')의 둘째 소단락(❷ 22:3-5. 새 에덴에서의 예배)의 표제는 '새 에덴에서의 예배'이다. 그리고 둘째 소단락(❷)의 첫째(㉮ 22:3a. 다시 저주가 없음)와 셋째 항목(㉮' 22:5a-5c. 다시 밤이 없음)은 새 에덴에 '다시 저주가 없음'과 '다시 밤이 없음'으로 연계된다. 여기서 저주와 밤은 죄와 그에 따른 형벌을 의미한다. 또한 첫째(㉮)와 셋째 항목(㉮')의 표제를 둘째 소단락(❷)의 표제인 '새 에덴에서의 예배'와 연계하면, 새 에덴에서는 하나님과 교제를 방해하는 제약이 제거된 상황, 곧 하나님과 영원한 교제가 완성된 것이다.

아울러 둘째(㉯ 22:3b-4. 하나님의 종들이 하나님의 얼굴을 보며 섬김)와 넷째 항목(㉯' 22:5d. 하나님의 종들이 왕노릇함)에서 사도가 새 에덴의 예배의 형태에 대하여 설명한다. 사도가 새 에덴에서 드려지는 예배를 두 가지 측면에서 설명하는데, 둘째 항목(㉯)에서는 하나님과 교제와 섬김으로, 넷째 항목(㉯')에서는 하나님의 통치에 참여하는 왕노릇으로 설명한다. 여기서 하나님과 교제와 섬김, 왕노릇은 하나님을 예배하는 동일한 행위이다.

하나님께서 에덴에서 거니시며 아담의 예배를 받으셨는데, 이것은 에덴의 성소적 기능을 의미한다. 마찬가지로 새 하늘로부터 새 에덴으로 내려오는 새 예루살렘 성에는 하나님 및 어린양의 보좌가 있고, 그곳에서 하나님을 향한 예배는 영속될 것이다. 그러나 새 예루살렘 성에는 지상의 성전과 같은 건물은 따로 존재하지 않는데, 주 하나님과 어린양이 성전이시기 때문이다. 또한 새 예루살렘 성에 참여한 자들은 하나님의 자녀로서 세세토록 왕노릇 할 것이며, 그들은 타락 전 아담처럼 하나님의 아들로서 대리 통치자의 직임을 수행할 것이다.

결론적으로, 새 에덴은 주 하나님의 영광이 충만한 영원한 하나님 나라이다. 그곳에는 하나님과 예배를 방해하는 모든 장애물이 제거되어 한 분 하나님의 얼굴에서 삼위의 영광을 뵙게 될 것이다. 또한 어린양의 아내인 교회는 하나님의 제사장으로서 구속받은 만물과 더불어 생명과 언약의 주이신 하나님을 영원히 찬송할 것이다.

24.5.

본 단락(①')의 주제 단락(ⓒ 21:3-8. 보좌에서 들리는 음성)의 구조는 다음과 같이 고안할 수 있다.

① 크고 흰 보좌 위에 앉으신 하나님(20:11)
▶ ①' 의인의 처소(21:1-22:5): 새 예루살렘 성
  ⓐ 새 하늘과 새 땅(21:1)
  ⓒ 보좌에서 들리는 음성(21:3-8)
    ❶ 하나님의 백성(21:3)
      ❷ 하나님이 저희의 모든 눈물을 씻기심(21:4)
        ❸ 하나님께서 언약을 다 이루심(21:5-6)
      ❷' 이기는 자는 하나님의 아들이 되는 유업을 받음(21:7)
    ❶' 둘째 사망에 참여하는 자들(21:8)
  ⓐ' 새 에덴의 모습(22:1-5)

주제 단락(ⓒ)의 주제 소단락(❸ 21:5-6. 하나님께서 언약을 다 이루심)에서 보좌에 앉으신 주 하나님께서 신구약 성경의 모든 언약을 '이루었다 (게고난)'(21:6)고 선언하신다. 이것은 예수의 대속의 죽음으로 말미암아 하나님의 뜻을 '다 이루었다(테텔레스타이)'(요19:30)는 선언의 완성이고, 또 보좌에서 '되었다(게고넨)'(16:17)고 선언하신 결말이다. 그 결과 만물과 목마른 자들은 현재와 완전히 다른 새로운 차원의 생명으로 재창조될 것이다. 바울에 의하면,[62] 새로운 생명은 지금 그리스도 안에서 죄와 사망을 이기는 권세로 주어졌지만 장차에는 신령한 몸을 입고 그리스도의 생명으로 살아갈 영원한 생명이다. 즉 영의 생명으로 살기 때문에 영원히 살아갈 수 있다.

---

62) 고후5:17. 그런즉 누구든지 그리스도 안에 있으면 새로운 피조물이라 이전 것은 지나갔으니 보라 새것이 되었도다

24.6.

주제 단락(ⓒ)의 처음(❶ 21:3, 하나님의 백성들)과 마지막 소단락(❶' 21:8, 둘째 사망에 참여하는 자들)에서는 하나님의 언약이 완성될 때 하나님의 백성과 둘째 사망에 참여한 자들의 운명을 대조하여 설명한다. 이들의 특징은 다음과 같다.

전자는 평생토록 하나님의 장막을 가까이했던 사람들이고, 그래서 하나님께서도 율법을 그들 속에 두며 그 마음에 기록하여 그들과 함께 교제하시는 관계로 묘사한다(렘31:33). 이것은 예레미야 선지자가 예언한 새 언약이 새 예루살렘 성에서 성취됨을 의미한다. 그러므로 언약에 신실하신 하나님은 어떤 역경, 특히 대환난 가운데서도 자기 백성과 친밀한 교제로 함께 하실 것이다.

반면 후자는 신약시대 동안 복음의 증인들을 통하여 회개하도록 권고받았으나 끝까지 하나님의 사랑을 멸시하거나 또한 하나님을 대적하며 살았던 사람들이다. 그래서 하나님보다 우상을 가까이했던 유대인들을 우상의 나라에서 살게 하신 것처럼 하나님 대신 사탄을 숭배하는 자들은 그들이 섬기는 사탄과 함께 불 못에서 영원히 고통당하며 살게 될 것이다. 여기 유황불 못은 하나님 아들의 죽음으로 약속하신 사랑과 구원을 멸시한 악인들의 영원한 처소이며, 이것이 둘째 사망이다.

24.7.

주제 단락(ⓒ)의 둘째(❷ 21:4, 하나님이 저희의 모든 눈물을 씻기심)와 넷째 소단락(❷' 21:7, 이기는 자는 하나님의 아들이 되는 유업을 받음)에서 사도가 하나님의 언약이 완성될 때 하나님 백성들이 누리게 될 축복에 대하여 설명한다.

넷째 소단락(❷')에서 사도가 예수 안에서 이기는 자의 유업에 대하여 설명한다. 사도가 소아시아 교회에게 보낸 서신에서 언급한 '이기는 자'를 재차 사용하면서 이기는 자가 하나님의 모든 약속을 유업으로 얻는다고 설명한다(21:7). 여기서 사도가 이기는 자의 유업인 양자됨을 새 언약의 형태[63]로 표현한 것은 성경의 모든 언약이 마침내 그리스도 왕국에서 성취됨을 명시한 것이다. 또한 둘째 소단락(❷)에서 사도가 첫 창조 때 아담의 죄로 말미암아 도입된 사망과 그것으로 인한 저주들이 종식될 것을 설명한다. 일련의 종말 사건으로 처음 것들이 지나가고 만물

---

63) 나는 그들의 하나님이 되고 그들은 내 백성이 될 것이다(계21:7; 렘31:33, 히8:10, 고후6:16).

이 새롭게 될 때, '이미와 아직의 하나님 나라'의 긴장으로 인하여 현재의 삶에서 지속되고 있는 모든 육체의 제약을 벗어버리는 몸의 구속이 이루어질 것이다.

24.8.

본 단락(①')의 둘째(ⓑ 21:2. 새 예루살렘 성)와 넷째 단락(ⓑ' 21:9-27. 새 예루살렘 성)의 구조는 다음과 같이 고안할 수 있다.

> ① 크고 흰 보좌 위에 앉으신 하나님(20:11)
> ▶ ①' 의인의 처소(21:1-22:5): 새 예루살렘 성
> ⓑ 새 예루살렘 성(21:2)
> ⓑ' 새 예루살렘 성(21:9-27)
> ❶ 천사가 새 예루살렘 성으로 인도(21:9-10)
> ❷ 새 예루살렘 성에 대한 묘사(21:11-27)
> ㉮ 새 예루살렘 성의 외형적 모양(21:11-21)
> ㉯ 주 하나님과 어린양이 성전(21:22)
> ㉮' 새 예루살렘 성의 내부적 모습(21:23-27)

둘째(ⓑ)와 넷째 단락(ⓑ')에서 사도가 어린양의 신부인 새 예루살렘 성을 설명한다. 사도가 둘째 단락(ⓑ)에서 새 예루살렘 성을 신부가 남편을 위하여 단장한 모습으로, 병행 단락(ⓑ')에서는 새 예루살렘 성을 웅장하고 거룩하고 영광스러운 의인의 처소로 설명한다.

24.9.

둘째 단락(ⓑ)에서 새 하늘로부터 내려오는 거룩한 성 새 예루살렘이 새 에덴에 정착한다(21:2). 이것은 우주적 교회의 완성으로 인하여 그리스도 안에서 만물이 하나됨을 의미한다. 또한 이것은 '만유 위에 계시고, 만유를 통일하시고, 만유 가운데 계시는'(엡4:6) 주 하나님의 통치를 회화적으로 표현한 것이다.

아울러 사도가 새 예루살렘 성의 영광을 보좌에 앉으신 하나님의 영광 모습과 동일한 수정같이 맑은 벽옥으로 설명하는데(21:11), 이것은 새 예루살렘 성이 하나님의 임재의 영광이 충만한 성전이기 때문이다(21:22). 즉 천상교회는 그리스도 안에서 삼위 하나님과 연합하여 하나님의 영광으로 나아간다.

24.10.

넷째 단락(ⓑ')의 주제는 둘째 항목(ⓝ 21:22, 주 하나님과 어린양이 성전)에서 밝힌 것처럼 '주 하나님과 어린양이 성전'이다. 그래서 새 예루살렘 성에 성전이 없는데, 이것은 새 예루살렘 성 전체가 성소임을 의미한다. 또한 이것은 하나님이 언약 공동체인 교회 안에 거하시는 최종적이고 영원한 임재의 형태이며, 그래서 하나님의 신적 통치가 우주적 교회 안에서 완벽하게 구현됨을 의미한다.

구약의 성소와 성전의 휘장에서 설명한 것처럼 아담의 타락 이후 하나님과 교제가 단절되었다. 비록 율법에서 제정하신 제사 제도로 말미암은 예배가 허락되었어도, 이것은 죄를 완전히 제거하지 못하는 상황에서 드리는 반복적이며 제한적인 교제이다(히10:1,4,10). 그런데 예수 그리스도의 십자가로 말미암아 하나님과 언약 백성 사이 간격을, 또는 유대인과 이방인의 막힌 담을 철폐하셨다. 예수께서 친히 자기 몸을 화목제물로 드려서 하나님께 나아가는 새롭고 산길을 여신 것이다(히10:20). 그 결과 새 예루살렘 성에서는 처음 에덴에서처럼 항시적인 하나님과 교제가 가능하게 되었다. 즉 예수의 대제사장적 기도처럼 '아버지께서 내 안에 내가 아버지 안에 있는 것 같이 저희도 다 하나가 되어 우리 안에 있게'(요17:21) 되는 완전한 연합 가운데 하나님과 영원한 교제가 가능하게 되었다. 이것은 어떤 세력도 우리를 우리 주 그리스도 예수 안에 있는 하나님의 사랑에서 끊을 수 없다는 바울의 가르침이 완성된 것이다(롬8:39).

24.11.

본 단락(①')의 넷째 단락(ⓑ')의 첫째 항목(㉮ 21:11-21, 새 예루살렘 성의 외형적 모양)에서 사도가 새 예루살렘 성의 외부 모습을, 셋째 항목(㉮' 21:23-27, 새 예루살렘 성의 내부적 모습)에서는 새 예루살렘 성의 내부 모습을 설명한다.

필자는 새 예루살렘 성의 외형적 모습을 다음과 같은 구조로 고안하였다.

    ① 크고 흰 보좌 위에 앉으신 하나님(20:11)
▶ ①' 의인의 처소(21:1-22:5): 새 예루살렘 성
    ⓑ 새 예루살렘 성(21:2)
    ⓑ' 새 예루살렘 성(21:9-27)

㉮ 새 예루살렘 성의 외형적 모습(21:11-21)
  ㉠ 성과 성곽과 문의 모양(21:11-14)
    ㊀ 성의 모습(21:11)
    ㊁ 성곽의 모습(21:12a)
    ㊁' 성문의 모습(21:12b-13)
    ㊀' 성곽의 열두 기초석(21:14)
  ㉡ 성과 성곽의 크기(21:15-17)
    ㊀ 천사가 척량할 금 갈대를 가짐(21:15)
    ㊁ 성과 성곽을 척량(21:16-17a)
    ㊀' 사람의 척량 곧 천사의 척량(21:17b)
  ㉠' 성과 성곽과 문의 재료(21:18-21)
    ㊀ 성곽은 벽옥으로 쌓음(21:18a)
    ㊁ 성은 정금으로 지음(21:18b)
    ㊁' 성곽의 기초석은 열두 보석으로 꾸밈(21:19-20)
    ㊀' 성에는 열두 진주문과 정금 길이 있음(21:21)
㉮' 새 예루살렘 성의 내부적 모습(21:23-27)

넷째 단락(ⓑ')의 첫째 항목(㉮)에서 사도가 성과 성문 그리고 성곽을 설명한다.
첫째 항목(㉮)의 주제는 둘째 소항목(㉡ 21:15-17, 성과 성곽의 크기)의 표제인 '성과 성곽의 크기'이다. 새 예루살렘 성은 모든 언약 백성이 항시적으로 하나님과 얼굴을 뵙는 교제가 가능한 성소이다(22:4). 그래서 사도는 새 예루살렘 성을 장(丈)과 광(廣)과 고(高)가 일만 이천(12×10^3) 스타디온, 즉 정육면체 모형의 웅장한 규모로 설명하므로 하나님 교회의 완전성을 표현하였다.
아울러 사도가 크고 높은 성곽의 두께를 일백사십사(12×12) 규빗으로 표시하였다. 성곽의 두께를 표시하는 숫자인 일백사십사는 신구약 교회를 수호했던 대표들을 상징하는 수로서 우주적 교회의 견고함을 의미한다.

24.12.
첫째 항목(㉮)의 첫째(㉠ 21:11-14, 성과 성곽과 문의 모양)와 셋째 소항목(㉠' 21:18-21, 성과 성곽과 문의 재료)에서 사도는 새 예루살렘 성과 성문 그리고 성곽의 모양과 재료에 대하여 설명한다.
첫째 소항목(㉠)에서 사도가 성과 성의 열두 문, 성곽의 열두 기초석에 대하여 설명한다. 크고 높은 성곽의 열두 기초석에는 열두 사도의 이름이 기록되었는데(21:14),

열두 사도의 이름을 성곽의 기초석에 기록한 것은 그들의 가르침이 우주적 교회의 근간이 되기 때문이다(엡2:20). 또한 열두 진주 문들 위에는 이스라엘의 열두지파의 이름이 기록된 것은 아브라함과 그의 후손들로 인하여 열방이 그리스도 나라로 편입하게 된다는 사실을 상징적으로 표현한 것이다(21:12,21; 창12:2,3). 이처럼 사도가 새 예루살렘 성을 열두지파와 열두 사도로 설명한 것은 이들로 말미암아 우주적 교회가 완성되었다는 사실을 강조하려는 의도이다. 즉 보좌의 환상에서 24 장로로 계시하신 우주적 교회가 완성되었다.

셋째 소항목(㉠′)에서 사도가 새 예루살렘 성과 성곽의 재료를 정금, 그리고 벽옥과 수정 같은 맑고 귀한 보석으로 설명한다(21:11,18-21). 여기서 사도가 새 예루살렘 성을 정금과 맑고 귀한 보석들로 설명한 이유는 다음과 같다.

첫째, 새 예루살렘 성은 어린양의 신부로 비유되므로 새 예루살렘 성을 장식하는 보석들은 신부의 순결과 아름다움을 표현한다. 또한 새 예루살렘 성에 대한 장식을 선지자 이사야의 예언과 연계하면,[64] 새 예루살렘 성의 단장은 예루살렘 성의 재건에 대한 예언의 성취이다. 즉 새 예루살렘 성의 단장은 이스라엘의 회복을 내포한 우주적 교회의 완성을 의미한다.

둘째, 새 예루살렘 성은 주 하나님 및 어린양의 성전이다. 그래서 성전을 장식하는 맑고 귀한 각색 보석들은 새 예루살렘 성의 거룩성 또는 하나님의 영광의 충만함을 나타낸다. 특히 벽옥은 보좌에 앉으신 하나님의 영광을 상징하므로, 벽옥으로 성벽을 쌓은 새 예루살렘 성은 전체가 하나님의 영광에 싸여 있다고 할 수 있다(21:18).

24.13.

본 단락(①′)의 넷째 단락(ⓑ′)의 셋째 항목(㉮′ 21:23-27. 새 예루살렘 성의 내부적 모습)에서 사도가 새 예루살렘 성의 내부 모습을 기술하는데, 필자는 셋째 항목(㉮′)의 구조를 다음과 같이 고안하였다.

  ① 크고 흰 보좌 위에 앉으신 하나님(20:11)
▶ ①′ 의인의 처소(21:1-22:5): 새 예루살렘 성
    ⓑ 새 예루살렘 성(21:2)

---

64) 사54:11,12. ~ 내가 화려한 채색으로 네 돌 사이에 더하여 청옥으로 네 기초를 쌓으며 홍보석으로 네 성첩을 지으며 석류석으로 네 성벽을 만들고 네 지경으로 다 보석으로 꾸밀 것이며

ⓑ' 새 예루살렘 성(21:9-27)
　　ⓐ 새 예루살렘 성의 외형적 모습(21:11-21)
　　ⓐ' 새 예루살렘 성의 내부적 모습(21:23-27)
　　　ㄱ 하나님의 영광이 그 성을 비추심(21:23)
　　　ㄴ 만국과 땅의 왕들이 영광을 가지고 그 성에 들어옴(21:24)
　　　ㄱ' 거기는 밤이 없음(21:25)
　　　ㄴ' 어린양의 생명책에 기록된 자만 들어옴(21:26-27)

셋째 항목(ⓐ')의 첫째(ㄱ 21:23. 하나님의 영광이 그 성을 비춤)와 셋째 소항목(ㄱ' 21:25. 거기는 밤이 없음)은 하나님의 영광이 충만한 새 예루살렘 성의 내부 모습에 대한 설명이다. 주 하나님의 영광 광채가 거룩한 성을 비취므로 피조세계의 모든 빛은 그 아름다움을 잃을 것이다. 또한 하나님의 얼굴에서 비추는 광채가 언약 백성의 생명인데(민6:25,26), 새 예루살렘 성에서는 예수 그리스도의 얼굴에 있는 영광의 광채가 성소를 비추므로 영원한 생명이 완성에 이를 것이다(고후4:6). 더 나아가 주 하나님의 영광이 충만한 거룩한 성에는 다시 밤이 없을 것이며, 그래서 성의 문들은 언제나 열려 있을 것이다(21:25). 왜냐하면 이미 죄의 권능은 사라졌고, 거룩한 성을 침입할 불법한 자가 심판받았기 때문이다.

셋째 항목(ⓐ')의 둘째(ㄴ 21:24. 만국과 땅의 왕들이 영광을 가지고 그 성에 들어옴)와 넷째 소항목(ㄴ' 21:26-27. 어린양의 생명책에 기록된 자만 들어옴)은 새 예루살렘 성의 영광과 거룩함에 대한 설명이다. 거룩한 성 새 예루살렘은 하나님을 경외하는 만국의 사람들(21:24,26), 또는 하나님의 택함을 받아 어린양의 생명책에 기록된 자만이 들어갈 것이다. 반면 속된 자들 곧 세상 것을 추구하는 자들, 가증한 일 곧 우상숭배를 행하는 자들, 거짓말하는 자들 곧 불신앙과 두려움으로 인하여 진리를 혼탁케 하는 자들은 결코 거룩한 성에 들어갈 수 없다(21:27). 오히려 이들은 그리스도 나라 밖에서 슬피 울며 이를 갈게 될 것이다. 하나님께서는 신약교회로 인하여 그리스도의 십자가 복음을 각 나라와 족속과 백성과 방언들 가운데 전파하므로 세상이 회개하고 하나님께 영광을 돌리도록 촉구하셨다(14:6-7). 그러나 땅의 백성들은 거짓 선지자의 미혹에 빠져서 끝까지 그리고 완강히 회개를 거부하였다.

결론적으로, 종말에 극히 일부 사람들만 죄를 슬퍼하고 하나님께 나아온 것이다(11:13).

사도 요한의 무덤

AD 64년, 사도 바울이 로마 성 밖에서 순교한 이후 사도 요한은 바울을 대신하여 에베소 교회의 지도자가 되었다. 요한은 노년에 버가모, 서머나 등에서 선교하다 로마에 의하여 지중해 연안의 밧모섬으로 유배 보내졌다. 사도는 이곳에서 계시록을 기록하였다.

AD 96년 도미티안 황제의 피살 후 사도는 에베소로 돌아와 요한복음을 기록하였고, AD 100년경 그는 에베소에 묻혔다. 그리고 유스티아누스 황제가 사도의 무덤이 있는 자리에 소아시아에서 가장 큰 규모로 요한 기념교회를 십자가 형태의 건물로 건축하였다.

H. 넷째 단락(22:6-21)

1. 넷째 단락을 들어가면서

1.1.
사도가 계시록의 서언(프롤로그/도입부, 1-3장)의 내용을 회상하며 결언(에필로그/결론부, 22:6-21)을 기술하였다. 사도는 히브리 문학의 특징인 병행법에 의거하여 서언에서 사용했던 동일한 구절들을 결언에서 반복적으로 사용한다. 예를 들면, '(반드시) 속히 될 일'(1:1; 22:6), '이 예언의 말씀을 듣는 자'(1:3; 22:18), '이 예언의 말씀을 지키는 자'(1:3; 22:7), '알파와 오메가'(1:8; 22:13) 이다. 이러한 사실에 근거하여 볼 때, 결언은 우선적으로 서언과 연계하여 해석해야 한다.

1.2.
사도가 계시록의 둘째(B. 4:1-11:13, 종말의 개략적·점진적인 구원계시)와 셋째 단락(B' 11:14-22:5, 종말의 핵심적 구원계시)에서 주 하나님께서 어떻게 종말의 역사를 경영하시고 완성하셨는가를 증거 하였다면, 계시록의 처음(A. 1:1-3:22, 임박한 그리스도의 강림 예고와 신약교회를 향한 교훈)와 마지막 단락(A' 22:6-21, 임박한 그리스도의 강림 예고와 신약교회를 향한 교훈)에서는 종말교회의 예를 들어 당시 교회에게 '이기는 자'가 되어 첫째 부활의 영광에 참여하라고 권면한다. 그래서 계시록의 처음(A)과 마지막 단락(A')의 주제는 동일하며, 이들의 주제는 '임박한 그리스도의 강림 예고와 신약교회를 향한 교훈' 이다.

1.3.
사도가 계시록의 둘째(B)와 셋째 단락(B')을 묵시문학 형식으로 기술하였다. 그래서 사도는 독자들에게 묵시문학의 결론, 곧 하나님은 모든 악의 세력들을 멸하시며 하나님의 백성을 영원한 구원으로 인도하실 것에 대한 소망을 제시한다.
아울러 계시록의 처음(A)과 마지막 단락(A')에서는 예수 그리스도의 계시가 반드시 속히 될 일에 관한 계시임을 밝히므로 그리스도의 강림도 속히 이루어질 것을 설명한다(1:1). 또한 마지막 단락(A')에서 사도가 속히 오리라 를 세 번 반복하여 언급하였다(22:7,12,20). 이 숫자가 지닌 상징성을 고려할 때, 이러한 표현은 천지의 주재이신 하나님께서 성령을 통하여 그리스도의 다시 오심을 확증하신 것이다. 그래서 사도가 재림주 그리스도를 장차 오실 이(he is coming)로 설명한다(1:4,8, 4:8). 결론적으로, 계시록의 구성은 당시 박해받는 교회에게 위로와 소망을 주려는 사도의 저작 의도가 잘 나타나 있다.

1.4.

계시록의 넷째 단락(A')에서 사도가 당시 황제 숭배로 인하여 박해와 환난 가운데 있는 교회들에서 나타날 배도의 현상들을 열거한다. 즉 개들과 술객들과 행음자들과 살인자들과 우상 숭배자들과 거짓말하는 자들이다(22:15). 이들은 박해와 환난을 두려워하여 언약을 배반할 뿐만 아니라 교회를 박해하는 자들로 전락한다. 사도는 이러한 현상을 소아시아 교회의 음행과 우상숭배, 그리고 박해로 인한 순교로 설명한다. 또한 사도가 배도자들을 대하여 '불의한 자는 그대로 불의하고 더러운 자는 그대로 더러운'(22:11) 상태로 남겨질 것이라고 설명한다. 즉 이들은 생명책에 기록되지 못한 자들로서 거룩한 성에 들어가지 못하고(22:15; 21:27), 장차 악의 세력들과 함께 유황불 못에 던져질 것이다(20:15).

반면 로마제국의 혹독한 박해 가운데서 그리스도만을 주(主)로 섬기는 어린양의 신부들이 있다. 이들은 큰 환난 가운데서도 자신의 생명이 다할 때까지 그리스도께서 선물하신 두루마기를 깨끗이 보존하는 자들이다(22:14). 이들은 성령 안에서 그리스도를 향한 의와 거룩함을 죽음으로 지킨 자들이며, 그래서 거룩한 성에 들어가며 생명나무에 대한 권세를 가진다(22:14). 이 일을 위하여 보좌에 앉으신 주 하나님께서 천사를 보내어, 또 사도를 통하여 당시 교회를 권면하신 것이다. 즉 이 책의 예언의 말씀이 성취될 때가 가까웠으니 의로운 자는 그대로 의를 행하고 거룩한 자는 그대로 거룩하여 오직 하나님만을 경배하라는 것이다(22:9,10). 그리하여 의에 주리고 목마른 자들에게 값없이 생명수를 주실 것을 약속하신다(22:17).

2. 사도와 천사를 통한 권면(22:6-19)

> A. 임박한 그리스도의 강림 예고와 신약교회를 향한 교훈(1:1-3:22)
> B. 종말의 개략적·점진적인 구원계시(4:1-11:13)
> B' 종말의 핵심적 구원계시(11:14-22:5)
> ▶ A' 임박한 그리스도의 강림 예고와 신약교회를 향한 교훈(22:6-21)
>   1. 사도와 천사를 통한 권면(22:6-19)
>   a. 천사의 경고(22:6-7): 이 책의 예언의 말씀을 지키는 자가 복이 있음
>   b. 오직 주 하나님만 경배하라(22:8-9)
>   c. 의로운 자와 불의한 자(22:10-11)
>   d. 예수, 주 하나님으로서 속히 오심을 약속(22:12-13)
>   c' 두루마기를 빠는 자들과 악한 자들(22:14-15)
>   b' 다윗의 자손이신 예수와 성령과 신부의 초청(22:16-17)
>   a' 사도의 경고(22:18-19): 이 책의 예언의 말씀을 더하거나 제하지 말 것
>   2. 사도의 기원과 축도(22:20-21)

2.1.

본 단락(A' 22:6-21, 임박한 그리스도의 강림 예고와 신약교회를 향한 교훈)은 계시록의 결언 부분으로서 계시록의 첫째 단락(A. 1:1-3:22, 임박한 그리스도의 강림 예고와 신약교회를 향한 교훈)과 병행을 이룬다. 필자는 본 단락(A')의 구조는 다음과 같이 고안하였다.

A. 임박한 그리스도의 강림 예고와 신약교회를 향한 교훈(1:1-3:22)
▶ A' 임박한 그리스도의 강림 예고와 신약교회를 향한 교훈(22:6-21)
    1. 사도와 천사를 통한 권면(22:6-19)
     a. 천사의 경고(22:6-7): 이 책의 예언의 말씀을 지키는 자가 복이 있음
      b. 오직 주 하나님만 경배하라(22:8-9)
       c. 의로운 자와 불의한 자(22:10-11)
        d. 예수, 주 하나님으로서 속히 오심을 약속(22:12-13)
       c' 두루마기를 빠는 자들과 악한 자들(22:14-15)
      b' 다윗의 자손이신 예수와 성령과 신부의 초청(22:16-17)
     a' 사도의 경고(22:18-19): 이 책의 예언의 말씀을 더하거나 제하지 말 것
    2. 사도의 기원과 축도(22:20-21)

　　　　a. 사도의 기원(22:20)
　　　　b. 축도(22:21)

첫째 단락(1. 22:6-19. 사도와 천사를 통한 권면)은 교차적 병행구조를 갖는다. 주제 소단락(d. 22:12-13. 예수, 주 하나님으로서 속히 재림하실 것을 약속)을 중심으로 처음(a. 22:6-7. 천사의 경고: 이 책의 예언의 말씀을 지키는 자가 복이 있음)과 마지막 소단락 (a' 22:18-19. 사도의 경고: 이 책의 예언의 말씀을 더하거나 제하지 말 것)은 '속히 오리라' (22:7,20; 22:12)는 동일한 구절과 '생명나무 및 거룩한 성에 참예함' (22:19) 과 '복' (22:7)이라는 동일한 개념으로 연계되고, 그리고 '예언의 말씀을 지키는 것' (22:7; 22:18,19)과 '일한대로(행위대로) 갚아 준다' (22:12)는 인과관계로 연계되어 있다.

첫째 단락(1)은 그리스도께서 천사를 통하여 사도에게 계시하신 이 책의 예언의 말씀을 반드시 성취하신다는 선언이다(22:7,10). 여기서 이 책의 예언의 말씀은 반드시 속히 될 일 또는 장차 될 일이며(1:1,19), 계시록의 둘째(B. 4:1-11:13. 종말의 개략적·점진적인 구원계시)와 셋째 단락(B' 11:14-22:5. 종말의 핵심적 구원계시)의 내용이다. 즉 하늘 성전에서 선포하신 것처럼 그리스도 강림으로 말미암아 하나님 나라의 완성을 이루신다는 것이다. 그래서 사도가 이 책의 예언의 말씀을 지키는 자는 어린양의 혼인잔치에 참여하는 복, 또는 거룩한 성에 들어가는 복을 누린다고 설명한다(19:9, 22:7,14).

2.2.
본 단락(A')의 첫째 단락(1)의 주제 소단락(d. 22:12-13. 예수, 주 하나님으로서 속히 재림하실 것을 약속)의 구조는 다음과 같이 고안할 수 있다.

　　　A. 임박한 그리스도의 강림 예고와 신약교회를 향한 교훈(1:1-3:22)
　▶　A' 임박한 그리스도의 강림 예고와 신약교회를 향한 교훈(22:6-21)
　　　　1. 사도와 천사를 통한 권면(22:6-19)
　　　　　a. 천사의 경고(22:6-7): 이 책의 예언의 말씀을 지키는 자가 복이 있음
　　　　　d. 예수, 주 하나님으로서 속히 오심을 약속(22:12-13)
　　　　　　① 예수께서 속히 오심(22:12a)
　　　　　　　② 예수께서 주실 상이 있음(22:12b)
　　　　　　　②' 예수께서 각 사람에게 일한대로 갚아 주실 것(22:12c)

①' 알파와 오메가, 처음과 나중, 시작과 끝이신 예수(22:13)
　　a' 사도의 경고(22:18-19): 이 책의 예언의 말씀을 더하거나 제하지 말 것
　2. 사도의 기원과 축도(22:20-21)

주제 소단락(d)의 처음(① 22:12a, 예수께서 속히 오심)과 마지막 항목(①' 22:13, 알파와 오메가, 처음과 나중, 시작과 끝이신 예수)에서 사도가 예수 그리스도의 강림과 심판에 대하여 설명한다.

계시록에는 '알파와 오메가'(1:8, 21:6, 22:13), '처음과 나중'(1:17, 2:8, 21:6, 22:3), '시작과 끝'(22:13)이라는 칭호가 서언과 결언에 집중적으로 사용되었다. 또한 마지막 항목(①')에서는 사도가 하나님의 삼중 호칭을 예수 그리스도께 적용한다(1:8). 이것은 예수 그리스도는 창조주와 심판주이시며, 역사의 모든 과정을 주재하시는 영원하신 주 하나님임을 강조한다. 이처럼 사도가 속히 다시 오실 예수를 영광 받으신 주 하나님으로 표현한 것은 처음 항목(①)의 임박한 그리스도 강림에 대한 약속의 성취를 강조하기 위함이다.

2.3.
주제 소단락(d)의 둘째(② 22:12b, 예수께서 주실 상이 있음)와 셋째 항목(②' 22:12c, 예수께서 각 사람에게 일한대로 갚아 주실 것)에서 주 하나님께서는 약속하신 상급을 주시는 분으로 각 사람이 일한대로 갚아 주시는 분으로 설명한다. 계시록의 상황에서 보상은 주의 이름을 경외하는 자에게 상 주시며, 또 땅을 망하게 하는 자는 멸망시킨다는 것이다(11:18). 또한 계시록에서 '일(엘곤)'은 임박한 재림주의 오심에 대한 약속을 믿는 것(요6:29)과 예언의 말씀을 지키며 의와 거룩한 삶을 사는 것을 말한다. 이러한 맥락에서 상(복) 받는 자는 처음(a. 22:6-7, 천사의 경고: 이 책의 예언의 말씀을 지키는 자가 복이 있음)과 마지막 소단락(a' 22:18-19, 사도의 경고: 이 책의 예언의 말씀을 더하거나 제하지 말 것)에서처럼 예언의 말씀을 지키는 자이다. 또한 이들은 셋째(c. 22:10-11, 의로운 자와 불의한 자)와 다섯째 소단락(c' 22:14-15, 두루마기를 빠는 자들과 악한 자들)의 두루마기를 빠는 자, 곧 의롭고 거룩한 자이기도 하다. 반면 멸망당할 자는 마지막 소단락(a')의 예언의 말씀에 무엇을 더하거나 제하는 자, 그래서 셋째(c)와 다섯째 소단락(c')에서처럼 불의하고 더러운 자 곧 악한 자로서 첫 창조를 심판으로 멸망케 할 자들이다.

2.4.

본 단락(A')의 첫째 단락(1)의 처음(a. 22:6-7, 천사의 경고: 이 책의 예언의 말씀을 지키는 자가 복이 있음)과 마지막 소단락(a' 22:18-19, 사도의 경고: 이 책의 예언의 말씀을 더하거나 제하지 말 것)의 구조는 다음과 같이 고안할 수 있다.

> A. 임박한 그리스도의 강림 예고와 신약교회를 향한 교훈(1:1-3:22)
> ▶ A' 임박한 그리스도의 강림 예고와 신약교회를 향한 교훈(22:6-21)
>   1. 사도와 천사를 통한 권면(22:6-19)
>   a. 천사의 경고(22:6-7): 이 책의 예언의 말씀을 지키는 자가 복이 있음
>   ⓐ 이 책의 말씀은 신실하고 참됨(22:6b)
>   ⓑ 주 하나님께서 속히 될 일을 보이시려고 천사를 보내심(22:6c)
>   ⓑ' 주께서 속히 오실 것(22:7a)
>   ⓐ' 이 책의 말씀을 지키는 자가 복이 있음(22:7b)
>   a' 사도의 경고(22:18-19): 이 책의 예언의 말씀을 더하거나 제하지 말 것
>   2. 사도의 기원과 축도(22:20-21)

처음(a)과 마지막 소단락(a')은 하나님의 구원역사의 전말을 깨달은 '교회의 사자'(1:20)인 사도와 천사가 계시록의 주제를 요약한 내용이다.

처음(a)과 마지막 소단락(a')은 하나님 종들의 경고로 연계된다. 두 소단락의 요지는 주 하나님께서 속히 강림하시므로 이 책의 예언의 말씀을 지킬 것을 교훈한다. 아울러 이 소단락들을 주제 소단락(d. 22:12-13, 예수, 주 하나님으로서 속히 재림하실 것을 약속)과 연계하면, 주 하나님의 강림을 고대하는 자는 각 사람에게 일한대로 갚아 주실 영원한 보상을 위한 언약 준수를 요구받는다.

2.5.

첫째 소단락(a)의 둘째(ⓑ 22:6c, 주 하나님이 속히 될 일을 보이시려고 천사를 보내심)와 셋째 소항목(ⓑ' 22:7a, 주께서 속히 오실 것)에서 사도는 서언의 말씀을 재차 언급한다. 즉 '주 곧 선지자의 영의 하나님'(22:5), 곧 영광을 받으신 그리스도께서 반드시 속히 될 일을 그의 종들에게 보이시려고 천사를 보내어 요한에게 지시(세마이노) 하셨다는 것이다(22:6; 1:1). 여기서 천사를 통하여 사도에게 보이신 예수 그리스도의 계시는 표적(세메이온)의 형태인데(1:1), 이것은 사도가 계시록에서 두드러지게 사용

한 상징들을 의미한다. 또한 처음(ⓐ 22:6b. 이 책의 말씀은 신실하고 참됨)과 마지막 소항목(ⓐ' 22:7b. 이 책의 말씀을 지키는 자가 복이 있음)에서는 사도가 천사와 사도를 통하여 계시하신 예언은 참되고 신실하므로 이것을 지키는 자는 복이 있다고 설명하는데(22:7,14; 1:3), 이 복은 어린양의 혼인잔치(19:19) 또는 거룩한 성에 참여하는 것이다(22:14,19).

마지막 소단락(a' 22:18-19. 사도의 경고: 이 책의 예언의 말씀을 더하거나 제하지 말 것)은 주의 강림에 대한 약속을 믿는 자는 이 책의 예언의 말씀에 무엇을 더하거나 제하지 말라고 경고한다. 만약 이 예언의 말씀을 왜곡 또는 변질시키는 자는 생명나무와 거룩한 성에 참여하지 못하게 될 것이다. 그러므로 신약교회는 사도의 권면대로 이 예언의 말씀에 무엇을 가감하지 않고 계시록을 해석하므로 신자들이 계시록의 말씀을 지켜서 영원한 복에 참여하도록 해야 한다.

2.6.

본 단락(A')의 첫째 단락(1)의 둘째(b. 22:8-9. 오직 주 하나님만 경배하라)와 여섯째 소단락(b' 22:16-17. 다윗의 자손인 예수와 성령과 신부의 초청)의 구조는 다음과 같이 고안할 수 있다.

     A. 임박한 그리스도의 강림 예고와 신약교회를 향한 교훈(1:1-3:22)
  ▶ A' 임박한 그리스도의 강림 예고와 신약교회를 향한 교훈(22:6-21)
       1. 사도와 천사를 통한 권면(22:6-19)
         b. 오직 주 하나님만 경배하라(22:8-9)
           ① 요한이 천사의 발 앞에 엎드려 경배하려고 함(22:8)
           ② 그리하지 말라(22:9a,9c)[65]
           ①' 천사는 형제된 종(22:9b)
           ②' 오직 하나님께 경배할 것(22:9d)
         b' 다윗의 자손인 예수와 성령과 신부의 초청(22:16-17)
           ① 예수는 사자를 보내어 이 책의 말씀을 증거 하심(22:16a)
            ② 예수는 다윗의 뿌리와 자손 곧 광명한 새벽 별(22:16b-16c)
           ①' 성령과 신부가 이 책의 말씀을 듣고 목마른 자를 초청하심(22:17)
       2. 사도의 기원과 축도(22:20-21)

---

65) 원문의 어순에 의하면 9c절이 9b절 보다 앞선다.

둘째(b)와 여섯째 소단락(b')에서 사도는 참된 경배의 대상이 누구인지를 설명한다. 예수 그리스도는 유다 지파의 사자와 다윗의 자손으로서 모든 언약을 성취하시고 영광을 받으신 주 하나님으로 경배받으셔야 한다. 또한 예수 그리스도는 다윗의 뿌리와 자손 곧 광명한 새벽 별이시다(22:16). 그래서 많은 천사와 만물이 일찍 죽임 당하신 어린양께 돌려드렸던 찬양을 받기에 합당하신 구속주 하나님이시다(5장). 여기서 사도는 참된 경배의 대상이 천사나 황제나 적그리스도가 아니다는 사실을 강조한다. 이것이 계시록의 핵심 메시지이다.

2.7.

둘째 소단락(b)의 첫째(① 22:8, 요한이 천사의 발 앞에 엎드려 경배하려고 함)와 셋째 항목(①' 22:9b, 천사는 형제된 종)은 천사숭배로 연계된다. 사도가 하나님의 명령을 수행하는 천사의 자태와 능력에 압도되어 천사를 경배하려 한다. 그러나 둘째(② 22:9a,9c, 그리하지 말라)와 넷째 항목(②' 22:9d, 오직 하나님께 경배할 것)에서 천사가 사도를 제재하며 참된 경배의 대상은 오직 한 분 하나님임을 깨우친다. 이처럼 사도가 천사의 자태와 능력에 압도되어 천사를 경배하려다 제재받고(19:10, 22:8,9), 이러한 경험을 당시 유대교의 영향을 받아 천사숭배를 자행하는 기독교 공동체에게 증언한다(골 2:18). 이것은 사도가 자신의 과오를 신약교회에게 알리므로 교회가 천사숭배를 근절하도록 교훈한 것이다.

2.8.

여섯째 소단락(b')의 처음(① 22:16a, 예수는 사자를 보내어 이 책의 말씀을 증거 하심)과 마지막 항목(①' 22:17, 성령과 신부가 이 책의 말씀을 듣고 목마른 자를 초청하심)에서 사도가 주 예수의 신약교회를 향한 초청을 기술하였다. 앞서 설명한 대로 '결언에 대한 해석은 먼저 서언과 연계하여 행해져야 한다'는 원리에 의하면, 처음 항목(①)은 그리스도께서 반드시 속히 될 일을 그 종들에게 보이시려고 천사를 통하여 사도에게 지시하셨다는 내용과 동일하다(1:1). 또한 처음 항목(①)에서 주님께서 사자를 보내어 신약교회를 초청한 것은 마지막 항목(①')의 성령 안에서 신부의 초청과 동일하다. 여기서 신부는 어린양의 혼인잔치에 참여한 교회의 대표들이며, 이들의 증거가 신약교회를 구원의 영광에 참여하도록 도전할 것이다.

아울러 여섯째 소단락(b')의 주제 항목(② 11:16b-16c, 예수는 다윗의 뿌리와 자손 곧 광명한 새벽 별)에서 사도가 신약교회를 초청한 그리스도의 정체성을 설명한다. 앞선 주제 소단락(d. 22:12-13, 예수, 주 하나님으로서 속히 재림하실 것을 약속)에서는 심판주 그리스도가 '알파와 오메가요, 처음과 나중이요, 시작과 끝'(22:13)인 주 하나님이시다고 고백하였다. 여기 주제 항목(②)에서는 사도가 예수의 칭호를 '다윗의 뿌리와 자손 곧 광명한 새벽 별'로 설명한다. 이것은 마태 사도가 그리스도의 정체성을 다윗의 주와 다윗의 자손으로 설명한 것처럼 요한 사도도 '(다윗의) 뿌리와 (다윗의) 자손'을 대비시키므로 다윗의 자손이신 그리스도가 주 하나님이시다고 설명한 것이다(마22:42,43; 참고, 삼하7:12-14).

2.9.

본 단락(A')의 첫째 단락(1)의 셋째(c. 22:10-11, 의로운 자와 불의한 자)와 다섯째 소단락(c' 22:14-15, 두루마기를 빠는 자들과 악한 자들)의 구조는 다음과 같이 고안할 수 있다.

A. 임박한 그리스도의 강림 예고와 신약교회를 향한 교훈(1:1-3:22)
▶ A' 임박한 그리스도의 강림 예고와 신약교회를 향한 교훈(22:6-21)
  1. 사도와 천사를 통한 권면(22:6-19)
    c. 의로운 자와 불의한 자(22:10-11)
      ⓐ 이 책의 예언의 말씀을 인봉하지 말라(22:10b)
      ⓑ 의로운 자와 불의한 자(22:11)
        ❶ 불의를 하는 자(22:11a)
        ❷ 더러운 자(22:11b)
        ❶' 의로운 자(22:11c)
        ❷' 거룩한 자(22:11d)
    c' 두루마기를 빠는 자들과 악한 자들(22:14-15)
      ① 두루마기를 빠는 자들은 복이 있음(22:14)
      ② 악한 자들(22:15)
        ❶ 개들
        ❷ 술객들과 행음자들
        ❸ 살인자들
        ❷' 우상 숭배자들
        ❶' 거짓말하는 자
  2. 사도의 기원과 축도(22:20-21)

셋째(c)와 다섯째 소단락(c')은 이 책의 예언을 지키는 자들과 그렇지 않은 자들의 최종적인 운명에 대하여 설명한다. 여기서 사도가 의로운 자와 거룩한 자를 두루마기를 빠는 자로, 불의한 자와 더러운 자를 악한 자로 연계하여 설명한다. 또한 사도는 이들의 운명을 새 예루살렘 성에 들어가는 것과 성 밖에 있는 것으로 대조하여 설명한다(22:14,15).

다섯째 소단락(c')에서 두루마기를 씻는 일은 두루마기를 받은 자가 하나님 앞에서 거룩한 삶을 유지하는 것을 의미한다. 즉 '두루마기를 빠는'(22:14)이라는 표현에는 칭의와 성화의 개념이 모두 내포되어 있다. 이처럼 사도가 성도의 의와 거룩을 단순한 도덕적 차원이 아닌 두루마기를 빠는 거룩한 행실로 해석한 것은 그리스도와 관계를 의(義)로 표현하기 위함이다. 또한 두루마기를 씻는다는 표현은 셀 수 없는 흰옷 입은 무리에 대한 장로의 해석과 동일하다. 두루마기를 씻는 자는 신약시대, 특히 대환난의 무서운 박해 가운데서 어린양이 인도하는 대로 따르는 자들 곧 복음의 빛 가운데서 칭의에 근거하여 거룩한 삶을 사는 자들이다.

2.10.

셋째 소단락(c)의 첫째 소항목(ⓐ 22:10. 이 책의 예언의 말씀을 인봉하지 말라)에서 천사가 사도에게 이 책의 예언의 말씀을 인봉하지 말라고 말한다. 이 책의 예언의 말씀은 하나님이 그리스도에게 주셨고, 그리스도께서 천사를 보내어 사도에게 지시하신 예수 그리스도의 계시이다(1:1). 그러므로 종말에 계시록의 말씀은 반드시 해석되어야 하고, 신약교회는 이 예언의 말씀을 읽고 또 듣고 지켜야 한다.

셋째 소단락(c)의 둘째 소항목(ⓑ 22:11. 의로운 자와 불의한 자)은 의로운 자와 불의한 자, 거룩한 자와 더러운 자를 대조한다. 여기서 불의는 의로움(칭의)의 반대 개념으로, 더러움은 거룩함(성화)의 반대 개념으로 사용되었다. 사도는 이러한 대조법을 사용하여 이 예언의 말씀을 듣는 교회는 어떤 교회가 되어야 하는가를 설명하고자 한다. 신약교회는 선과 악이 공존하는 세상 가운데 존재하므로 항상 의로움과 거룩함을 보존해야 한다. 그렇지 않으면 불의한 자와 더러운 자, 곧 악의 세력들의 미혹으로 인하여 악한 자로 전락할 수 있음을 경고한 것이다(22:15).

2.11.

다섯째 소단락(c')의 첫째 항목(① 22:14, 두루마기를 빠는 자들은 복이 있음)은 두루마기를 빠는 자들의 복에 대한 설명이며, 사도는 이 복을 권세로 표현한다. 계시록에는 그리스도께서 신약교회에게 세상 나라를 다스릴 수 있는 권세를 주신다는 표현을 자주 사용한다. 그래서 신약교회는 부여받은 권세를 힘입어 '이기는 자'가 되며, 영생 또는 보좌 앞에 나아가는 유업을 얻을 것이다. 그런데 사도가 이 유업을 새 예루살렘 성과 생명나무에 참여할 권세로 설명하였다. 이것은 영생에 대한 중의적, 회화적 표현이며 둘째 사망이 그들을 다스릴 권세가 없다는 내용과 동일한 의미이다(2:11, 20:6).

다섯째 소단락(c')의 둘째 항목(② 22:15, 악한 자들)에서 사도가 악한 자들에 관하여 기술한다. 사도가 악한 자들의 특징을 다양하게 기술하는데(22:15), 이것은 둘째 사망에 참여하는 자의 특징과 동일함을 알 수 있다(21:8).

악한 자(22:15)	둘째 사망에 참여하는 자(21:8)
❶ 개들 ❷ ㉮ 술객들 ㉯ 행음자들 ❸ 살인자들 ❷' 우상 숭배자들 ❶' 거짓말을 좋아하며 지어내는 자들	❶ 두려워하는 자들 ❷ 믿지 아니하는 자들 ❸ 흉악한 자들 ❸' 살인자들과 ❷' ㉮ 행음자들 　　㉯ 술객들 　　㉮' 우상 숭배자들 ❶' 모든 거짓말 하는 자들

위 표처럼 악한 자의 특징을 병행구조로 배열하면, 이들의 가장 대표적인 특징은 살인임을 알 수 있다. 이것은 사탄을 닮은 악한 자의 특징이며, 사도가 그의 복음서에서 언급한 도적에 대한 특징과 일치한다(요10:10).

결론적으로, 사도는 두 구절에서 의로운 자와 불의한 자의 최종적인 운명을 반복하여 설명하므로 계시록의 독자들에게 위로와 경고를 주고자 의도하였다.

2.12.

본 단락(A′)의 첫째 단락(1)의 다섯째 소단락(c′ 22:14-15, 두루마기를 빠는 자들과 악한 자들)에서 사도는 계시록의 일곱째 복을 언급한다. 필자는 계시록의 일곱 개의 복을 다음과 같은 교차적 병행구조로 고안하였다.

> a. ① 이 예언의 말씀을 읽는 자와 듣고 지키는 자는 복이 있다(1:3)
>   ② 주 안에서 죽는 자는 복이 있다(14:13)
>   ③ 깨어 자기 옷을 지켜 벌거벗고 다니지 않는 자는 복이 있다(16:15)
> b. 어린양의 혼인잔치에 청함을 입은 자가 복이 있다(19:9)
> a′ ②′ 첫째 부활에 참여하는 자가 복이 있다(20:6)
>   ①′ 이 책의 예언의 말씀을 지키는 자가 복이 있다(22:7)
>   ③′ 그 두루마기를 빠는 자가 복이 있다(22:14)

계시록의 일곱 개의 복을 교차적 병행구조로 배열하면, 그것의 주제와 내용들이 단순한 형태로 드러난다. 계시록에서 언급한 모든 복의 요지는 어린양의 혼인잔치에 청함을 받는 것이다. 어린양의 혼인잔치에 청함을 받기 위해서 성도들은 나머지 복에서 명시한 것처럼 순교적인 믿음의 삶을 살아야 한다.

계시록의 역사적 배경인 로마제국의 박해 상황과 대환난 이후 상황 가운데서 하나님의 말씀을 읽고, 그 말씀을 듣고 지키는 자들은 세속적인 삶 대신 순결하고 거룩한 삶을 선택한 것이다. 그러므로 이들은 순교적 상황을 직면하게 될 것이다. 그럴지라도 어린양의 혼인잔치에 청함 받기를 열망하는 자들은 믿음 가운데 인내와 충성의 삶을 살 것이며, 그날에 영광의 주님과 천사들의 영접을 받을 것이다(마 16:27).

2.13.

본 단락(A′)의 둘째 단락(2. 22:20-21, 사도의 기원과 축도)은 바울 서신과 유사한 형태로 끝을 맺는다.[66] 이것은 계시록의 처음(A. 1:1-3:22, 임박한 그리스도의 강림 예고와 신약교회를 향한 교훈)과 마지막 단락(A′ 22:6-21, 임박한 그리스도의 강림 예고와 신약교회를 향한 교훈)이 사도의 서신임을 의미한다. 반면 계시록의 둘째(B)와 셋째 단락(B′)은 묵시문학 형식을 빌려서 기술한 예언서이다. 그러므로 서신으로서 계시록이 독자로 하여금 직면한 문제들을 직시하도록 촉구한다면, 묵시문학 형식의 계시록은 그들의

---

66) 기원과 축도를 함께 포함한 서신들은 갈라디아서, 에베소서, 데살로니가후서, 히브리서 등이다.

딜레마에 대한 하나님의 해결책을 제시하는 예언이다.

둘째 단락(2)의 첫째 소단락(a. 22:20. 사도의 기원)에서 주님은 속히 다시 오실 것을 약속하시고, 사도는 이 약속에 화답한다. 첫째 소단락(a)에서 반드시 속히 될 일의 의미가 분명히 드러나는데(1:1), 영광을 받으신 그리스도께서 천사를 통하여 사도와 종들에게 나타내신 계시는 임박한 그리스도 강림이다. 이처럼 주께서 그의 임박한 강림에 대하여 계시하셨고, 사도는 참되고 신실한 약속에 근거하여 '아멘 주 예수여 오시옵소서'(22:20)하고 화답한다.

둘째 단락(2)의 둘째 소단락(b. 22:21. 축도)에서 언급된 '주 예수의 은혜'(22:21)는 서신서에서 의례적으로 사용되는 동일한 의미로 이해할 수 있다. 그러나 계시록에서 로마제국의 참혹한 박해 상황을 고려할 때, 사도의 인사말은 소아시아 교회에게 간절한 마라나타의 소망을 불러일으켰을 것이다.

끝으로, 원문에는 마지막 절의 '아멘'이 없다.

I. 부록

천년기가 공교회의 신앙고백에 속하는가?[67]

서철원(전 총신대 조직신학 교수)

한국교회는 그 시작부터 과도하게 종말론 지향적이었다. 그것은 선교를 받아들이는 한국의 역사적, 정치적 상황이 그렇게 가게 하는 촉매제 역할을 하였기 때문이다. 한국이 복음을 받아들이기 시작한 19세기 말엽 조선 왕조의 운명이 시시각각 변하고 그리고 20세기 초에는 나라를 잃고 일제의 식민지가 되므로 자유를 잃고 노예와 같은 강제 노동 아래 살게 되고 또 핍박을 겸하여 받으므로 현세의 안정과 소망을 기대할 수 없게 되었다.

1. 종말론 지향적 한국교회의 상황 이해

이때 한국교회는 내세 천국의 축복에로 지향하고, 또 천년왕국 때의 지복을 소망하게 되었다. 그리하여 요한계시록을 가장 중요한 성경책으로 삼아 역사의 진행을 해독하며 주의 재림과 그 후 전개될 천년왕국을 기대하고 소망하므로 위로를 받고 힘을 얻어 살 수 있게 되었다. 그러므로 요한계시록이 가장 많이 읽혀지고 또 가장 집중적으로 강해되고 설교 되었다.

그리하여 한국교회는 요한계시록이 가리키는 천년왕국을 가장 확실한 종말도식으로 받게 되었고, 요한계시록이 말하는 상징적인 숫자와 표현을 글자 그대로 받아 문자적인 해석을 가장 합당한 종말 도식으로 여기게 되었다. 그리하여 지금도 종말도식에 관한 한 계시록의 문자적 이해에 의한 천년기이고, 이 도식이 정통신앙으로 고정되게 되었다. 또 모든 역사적 사건들의 진행이 천년기 도식과 일치하는 것으로 믿게 되었다.

---

67) 이 글은 독자들이 천년기에 대한 이해를 돕고자 서철원 교수님의 허락하에 원문을 편집하여 게재하였습니다.

한국교회가 이처럼 종말론에 관한 한 천년기를 정통신앙으로 받게 된 것은 우리의 정치적, 역사적 상황 때문이지만 또 우리에게 복음을 전해준 미국교회가 종말론에 있어서 천년기론이었고, 또 세대론적인 천년기로 형성되었기 때문이다. 처음 선교사들은 역사적 천년기를 가져왔지만, 계속적인 교류를 통하여 전달된 것은 세대론적인 천년기론이었다. 그리하여 지금도 세대론적인 천년기를 가장 성경적인 종말도식으로 믿게 된 것이다.

2. 미국 복음주의 교회의 종말론

미국 복음주의 교회의 종말론은 19세기 중하엽부터 역사적 천년기에서 세대론적 천년기로 옮아가게 되었다. 그것은 19세기 중엽 영국에서 일어난 플리머스 형제단의 창설에서 비롯되었다. 이 형제단의 창설자인 J. N. 달비(John Nelson Darby)는 영국교회에 소속되었으나, 영국교회가 과도히 의식화되고 형식화되므로 영국교회를 떠나 플리머스 형제단을 조직하고 성경 공부를 하여 새로운 성경 해석법을 세웠다. 그것은 종말에 관한 예언을 기록한 성경 부분들을 글자대로 믿기로 하여 요한계시록의 상징적 숫자와 천년왕국을 문자대로 믿고 재림과 부활의 횟수들을 여러 번으로 늘려 확정하였다.

그 천년왕국은 유대인들의 왕국으로 예수 그리스도의 초림 시 연기된 메시아 왕국을 설립하는 것이다. 이 메시아 왕국에서는 유대인들이 영구히 땅에서 왕노릇 하는 일의 시작이 된다. 이 천년기에 근거한 성경 해석은 또 인류 역사의 전 기간을 일곱 세대로 나누어 각 시대마다 구원 얻는 원리가 달리 세워지게 되었다고 주장한다. 즉 인류 역사는 무흠시대, 양심시대, 인간통치시대, 언약시대, 율법시대, 은혜시대, 왕국시대로 나누어 선악과 금령, 양심의 법의 준수, 인간정부의 통치, 약속을 믿음, 율법 준수, 은혜, 왕국 복음으로 각 시대마다 구원에 이르게 되었다. 따라서 예수 그리스도의 구원의 길은 은혜시대 곧 십자가 사건에서 그의 재림까지의 기간에만 타당하다.

또한 예수 그리스도께서 초림 시에 가졌던 근본 목적은 세상 구원을 위한 그의 속죄 사역이 아니라 이스라엘에게 약속되었다고 믿는 메시아 왕국의 설립이었다. 그러나 이스라엘이 그를 배척하므로 메시아 왕국을 세울 수가 없어서 재림 후로 연기하고, 선지자들이 알지 못한 교회를 간주곡으로 설립하고 승천하였다. 다시 오실 그리스도는 유대인을 위한 메시아 왕국의 설립을 위해 오셔서 일하신다. 이 메시아 왕국의 기간은 문자적인 천년이 되고 그 기간에 구약 선지자들이 예언한 평화와 번영의 지복의 때가 계속된다. 이때 유대인들이 그리스도와 함께 온 세상을 다스리고 그리스도인들은 부차적 지위에 서며 이방 민족들이 대대적으로 기독교로 개종할 것이다.

이와 같은 체계가 세대론으로 불리는데, 이 체계는 달비의 여러 차례 미국 전도 여행을 통하여 미국 복음주의 교회들에 의해 수납되고 정착되기 시작하였다. 그리고 스코필드가 세대론 도식에 의해 전 성경에 관주를 붙임으로 이 체계가 대중화되고 통속화되어 복음주의 교회에 깊이 정착하게 되었다. 또 19세기 말엽 대부흥사인 D. L. 무디와 연합하여 더욱 널리 퍼지게 되었다.

이런 종말론 도식이 한국에서 선교가 시작되기 전에 정립되어 한국에 계속적으로 유입되게 되었다. 그리하여 한국교회도 세대론적 종말도식을 정통신앙으로 정립하기 시작하였다. 그러나 천년기는 교회사에 있어서 19세기 중엽 이후의 산물이 아니라 초대교회부터 발흥하기 시작하였다. 이 천년기가 역사적 천년기라고 불리운다.

3. 역사적 천년기

초대교회는 로마 세계에 승리의 행진을 전개하였지만 1세기가 다 지나기 전에 큰 핍박에 직면하였다. 로마제국이 비교적 무관심과 관망 속에 두었으나 기독교의 빠른 확장은 이교의 강력한 반발에 부딪혀, 이교의 마지막 보루라고 할 로마제국에 의해 강력한 탄압과 핍박을 맞게 되었다.

기독교는 예수 그리스도만을 주로 고백하고 로마 황제들을 주로 부르는 것을 거부하였고, 또 로마가 기초하고 있는 근본 사상 체계를 반대하게 되므로 자연 탄압과 핍박이 뒤따를 수밖에 없게 되었다. 이 핍박과 고난이 4세기 초엽 역전되어 기독교가 공인되고 4세기 말엽 제국의 종교가 되기까지 긴 기간 동안 천년왕국의 기대와 소망을 발전시켜 위로받게 되었다.

그럴지라도 2세기 초엽부터 벌써 천년기 사상이 나타나기 시작하였다. 2세기 초

중엽에 활동한 변증가요 순교자인 유스티누스(저스틴)와 그의 제자 타치안이 천년기 사상을 표현하였고, 2세기 중엽 이레니우스는 천년기 사상을 체계화하였다. 그리고 터툴리안도 이에 동조하였다.

그리하여 주 예수께서 재림하실 때 예루살렘을 서울로 정하고 전 세계적인 통치를 펴므로 의와 화평의 천년이 계속되어, 땅이 풍성한 생산을 하고 악이 극도로 억제되며 많은 인류가 주 예수께로 돌아와 하나님 나라에 편입될 것으로 보았다. 이 천년이 이르기 전에 적그리스도가 출현하여 큰 환난을 가져올 것이나 그리스도의 재림으로 평정되고 풍요와 공평의 천년이 계속될 것으로 믿게 되었다.

이 이론은 많은 호기심을 유발하고 고난받는 자들을 위로하는 면이 많아서 지금까지 형태를 달리하여 계속되어 오고 있다. 그러나 공교회는 이 천년기를 배척하기 시작하였다. 그리하여 종교개혁자들도 다 이 체계를 배척하였다.

4. 공교회의 태도

천년기 사상이 널리 퍼지기 시작하자 교회는 전혀 다른 반응으로 이 사상을 맞이하기 시작하였다. 3세기 초엽 알렉산드리아의 클레멘트와 오리게네스는 이 천년기를 강력히 반대하였다. 성경이 말하는 신령한 나라에 전적으로 배치됨을 인해서 이 사상을 교회에서 추방하기 위해 노력하였다. 특히 4세기에 들어서자 이 천년기에 대한 반대가 더욱 조직적이고 체계화하였다.

325년 니케아 공의회에서 큰 역할을 한 교회사가인 유세비우스가 강력하게 반대하였다. 이 반대는 또 아다나시우스 등에게서도 마찬가지였다. 그리하여 천년기를 가리키는 것으로 보이는 요한계시록이 교회의 천년기 반대에 부딪혀 정경에 편입되지 못하고 오래도록 안티레구메나(Antilegoumena)[68]로 취급되어 오다가, 요한계시록 20장의 이해가 천년기적으로 이해될 것이 아니라고 하므로 367년경에 정경으로 편입되었다.

교회사에 있어서 천년기 배척에 가장 결정적인 역할을 한 사람은 힙포의 주교였던 아우구스틴(어거스틴) 이었다. 아우구스틴은 천년기가 과도히 육욕적이고 물질적이어

---

68) 루터의 경전관에 포함된 사상으로서 그리스도와 구원이 강조된 책들을 높이고, 야고보서를 지푸라기 서신으로 비하한 경전 등급론적 인식을 말한다.

서 바울이 가르친 하나님 나라의 성격에 전적으로 배치된다고 보아 교회에서 완전히 추방하였다. 하나님 나라는 신령한 나라이고 그리스도의 왕권은 영원하기 때문에 천년 기간에 그리스도의 왕권을 국한하는 천년기를 교회에서 추방하였다. 이런 공교회의 천년기 이해는 천년을 배제하는 종말도식을 정통신앙으로 확정하였다.

5. 공교회의 종말사상

1) 천년기를 배척한 공교회는 교회의 바른 종말 신앙을 공식화하였다. 이 공식화 작업은 381년 성령론 교리의 확정으로 정통 삼위일체 기독교를 확립한 콘스탄티노플 공의회에서 이루어졌다. 니케야 신경의 결정에 3조를 확장 추가한 381년 공의회는 2조에 '그리스도의 나라는 끝이 없다'고 확정하므로 천년기를 공식으로 교회가 배척하고 그리스도의 재림, 보편 부활, 최후 심판, 신천신지의 도식을 공교회의 신앙으로 확정하였다. 현대 용어를 빌린다면 무천년기 종말 도식이다.
이 공회의의 결정으로 천년기는 공교회에서 밀려나 소수의 분파들에게 남아있었고, 종교개혁 때 재세례파에 의해 부흥하였으나 종교개혁교회의 배척을 받아 교회 밖에 서 있었다. 청교도 운동 당시 복음주의 교회와 다시 접촉하게 되어 숨어 유지되어 오다가 19세기 중엽 세대론의 형식으로 다시 부활하여 오늘의 위세에 이르게 되었다.

2) 공교회의 천년기 배척은 종교개혁교회에서도 동일하게 계속되어 루터교회와 개혁교회가 그 신앙고백서들에 동일한 고백을 하게 되었다. 그것은 그리스도의 재림, 보편 부활, 보편 심판, 신천신지의 종말도식이다. 이 신앙고백은 종교개혁교회들의 공통 신조이다.
종교개혁가 중 칼빈은 더욱 강력하게 천년기를 배척하였다. 그리스도의 왕권은 영원한 왕권인데 천년에 국한하는 것은 전혀 부당하다고 하여 천년기를 배척하였고, 또 하나님의 영광의 엄위를 훼손하는 것을 가볍게 여기고 천년기에 또 한 번의 기회가 주어진다는 것은 불가하다고 배척하였다. 나아가서 천년기는 자세히 논할 가치도 없는 것이라고 배척하였다. 칼빈의 이 가르침대로 개혁교회의 모든 신앙고백서들이 천년기를 배척하고 재림, 부활, 심판, 신천신지를 바른 종말도식으로 고백하고 있다.

이런 공교회의 결정에도 불구하고 한국과 미국 등 복음주의 교회들은 천년기에 대한 소망과 기대가 크고 열렬하다. 따라서 한국교회도 자연히 그 영향권 아래 들게 되어 천년기에 대한 의혹과 기대가 크고, 또 구라파의 정치적 통합이 적그리스도를 곧 출현시킬 것으로 추측하고 염려가 커 주의 긴박한 재림 의식이 더욱 퍼지게 되었다. 이러한 주장들이 그러한지, 또 천년기가 바른지 살펴보자.

6. 천년기 논의

1) 한국교회의 천년기
한국교회는 서두에서 밝힌 대로 미국교회에서 복음을 받음으로써 그 영향으로 세대론에 세뇌되기 시작하였다. 그러나 한국장로교회가 채택한 웨스트민스터 신앙고백서에 천년기를 배척하고, 또 초기 평양신학교에서도 무천년적 종말론을 가르쳤으나, 박형룡 박사의 은사인 이율서(Reynolds)는 천년전기를 가르쳤다.

따라서 박형룡 박사가 자기의 조직신학 교과서로 채택한 루이스 벌코프의 조직신학은 전통적인 개혁신학의 종말도식을 가르쳤으나, 박형룡 박사께서 이 종말론 부분에서는 개혁신학을 따르지 않고 천년기를 바른 것으로 취하여 가르침으로 한국교회가 세대론의 영향권의 중심에 서게 되었다. 로레인 바트너(Lorraine Boettner)의 지적대로 신학교가 천년기를 가르치면 평신도들은 다 세대론이 되기에 십상이란 말이 진리로 성립하게 되었다. 그리하여 지금 한국교회가 이처럼 혼미를 거듭하고 있다.

2) 성경 해석의 원리
(1) 성경에서 천년기를 가르치는 책은 요한계시록뿐이다. 그리고 그중에서도 20장만이 천년을 언급하고 성경 다른 부분은 전혀 그런 가르침이 없다. 그러면 어느 가르침을 바른 것으로 택할 것인가 하는 것이 문제가 된다. 그런데 전통적으로 성경해석에 있어서 기본 원칙이 내려있다. 불명료한 부분은 명료한 부분에 의해 해석되고 조명되며, 부분은 전체에 의해 해석되고 조명된다.

그런데 요한계시록은 상징적 문자와 언어로 구성되어 있다. 그러므로 요한계시록을 종말론 해석의 표준으로 삼을 것이 아니고 성경의 다른 종말 부분에 의해 계시록이 해석되어야 한다.

(2) 요한계시록 자체가 상징적 언어를 사용하고 있음은 저자 자신의 해석으로 분명하다. 가령 옛 뱀을 말하므로 낙원에서 생긴 사건의 개입자임을 분명히 하면서 이 것을 다시 번역하여 용이라고 하고 사단으로 다시 옮기므로 그냥 동물 중의 하나를 지칭하는 말이 아니라 인류의 유혹자인 사단을 지시하는 것임을 분명히 한다.

또한 숫자도 마찬가지로 이해해야 한다. 예를 들면 천년은 단지 요한계시록 20장에 6번 언급되는데, 이 천년도 그리스도의 초림부터 재림까지의 복음이 전파되는 충만한 기간을 지시한다고 보아야 옳다. 물론 초대교회부터 인류 역사를 천년 단위로 구분하는 경향이 깊어서 아우구스틴도 자기가 사는 시대가 역사의 마지막 때인 제6천년기라고 지시하였다. 아우구스틴이 죽고도 약 1,700년이 지났는데 지금도 역사는 계속되고 있다. 천지창조를 어셔 감독의 계산대로 BC 4004로 쳐서 6천년을 지속하고 재림이 이루어진다면, 벌써 재림이 이루어져야 하지 않는가? 하지만 성경 어디에 그런 지적과 현시가 있는가? 다 부질없는 계산들이다.

천년기론에 의하면 지금 역사 내에 하나님 나라는 없다. 왜냐하면 왕 없이 왕국 없 듯이 그리스도께서 재림하셔야 비로소 그의 나라가 시작되고 또 천년이 계속된다. 그러나 그리스도의 나라는 그의 속죄 사역으로 설립되어 지금 역사에서 진행되고 또 그 나라가 영원에까지 이를 것이다. 그리스도의 나라는 영원한 나라인데 그의 왕권을 천년으로 국한하는 것은 성경의 자기 증거에 전적으로 배치된다. 또 콘스탄티노플 공회의가 그리스도의 나라는 끝이 없는 영원한 나라라고 고백하고 선언하였다.

7. 천년왕국

천년기론자들에 의하면 지금 역사 내에는 하나님 나라가 진행되지 않는다. 왜냐하면 왕이 아직 오시지 않았기 때문이다. 지금 복음이 전파되나 이 복음은 인류를 기독교로 돌리려 함이 아니고 단지 증거 하는 역할만 하고, 피택자만 모아들인다. 점점 세상이 악해져서 그리스도께서 재림하실 수 있다. 재림 직전에 적그리스도가 출현하므로 환난의 때를 만나게 되는데, 유대인들이 핍박을 받으나 그리스도께서 공중에 비밀리에 재림하신다. 성도들은 부활하고 변화되어 공중으로 휴거하여 7년 혼인잔치를 한다. 주께서 지상에 재림하실 때 예루살렘을 서울로 정하고 메시아 왕국을 세워 그가 다스릴 때 사도들이 장관의 자리에 앉고 유대인들이 특별한 지위에 앉아 이방인들을 다스리게 될 것이다. 이렇게 천년왕국이 세워지면 예루살렘 성이 재건될 뿐 아니라, 희생의 피제사가 복귀되고 구약의 모든 의식과 절기들이 회복되어 집행된다. 그리고 자연이 완전한 상태에 이르러 기근의 문제가 해결되며, 모든 질병이 제거되어 의와 화평의 천년이 계속된다.

이때 대부분의 이방인들이 하나님께로 돌아오나 회심하지 않은 악인들은 그리스도의 철권 정치에 복종한다. 성도들은 부활하고 변화되었으나 악인들은 현상대로 그리스도 왕 앞에 산다. 천년이 시작될 때 사단이 묶이어 무저갱에 던져졌다가 천년이 차면 잠깐 놓여 예루살렘성과 성도들을 에워싸 죽이려 할 때, 그리스도께서 불로 그들을 멸하고 심판하실 때 죽은 악인들이 다 부활하여 그 행한 대로 영벌을 받게 되고 성도들은 영생에 이르러 영원 세계가 전개된다.

8. 신학적 반대 근거들

1) 그리스도의 나라는 영원한 나라인데, 천년설은 그가 통치를 시작하고 천년 기간만 계속된다는 것으로 성경의 증거에 전적으로 배치된다.

2) 이스라엘은 그리스도의 출생과 속죄 사역으로 그 존재 목적을 다하였다. 그러므로 그들을 위해 지상적인 천년왕국이 세워지는 것이 아니다. 다윗 왕국의 재건을 야고보 사도는 이방인이 그리스도의 교회에 가입하므로 성취된 것으로 확정하였다. 또한 하나님께서 역사하시는 모든 사역은 이스라엘의 지상적 영광과 왕국의 회복이 아니다. 하나님께서 이스라엘을 택하사 세상 구원의 도구가 되게 하셔서 세상을 구원하셨다. 이 구원으로 이스라엘도 구원에 이르는 것이지, 그리스도의 구속과 다른 왕국 건설로 그들을 구원하시는 것이 아니다.

3) 피제사의 복귀는 그리스도의 속죄 사역의 전적 부정이므로 천년왕국은 불가하다. 하나님은 예수 그리스도의 십자가를 세상 구원의 유일한 길로 세우셨다. 십자가 전에도 세상이 구원 얻는 길은 낙원에서 약속하신 세상 구속주를 믿는 믿음이었다. 십자가 이후에는 그 십자가의 제사를 믿는 믿음이다.

하나님께서 그리스도로 세상 구원을 완성하신 후 더 이상 피제사가 진행되지 못하게 하시려고 예루살렘 성전을 훼파하시고 제사장들을 소제하셨다. 그런 구속이 천년왕국 때 다시 피제사로 복귀된다는 것은 그리스도의 속죄 사역을 근본에서 허물어뜨리는 것이므로 불가하다. 하나님께서 마련한 유일한 구속은 그리스도의 십자가상의 속죄 제사이고, 이 일이 이루어진 후 그 그림자인 성전제사를 폐지하셨는데 천년왕국 때 피제사를 복귀하는 것은 어불성설이다. 결국 이는 그리스도의 속죄 제사를 부인하고서만 가능한 것이다.

4) 그리스도의 직접적 신적 통치가 피조물의 공격에 의해 중단된다는 것은 불가하다. 지금은 그리스도께서 간접적인 은혜의 통치를 하시지만 천년왕국 때는 재림하셔서 다스릴 터인데 직접적 통치 곧 신적 통치가 피조물의 공격에 의해 중단된다는 것은 불가능하다.

5) 악인이 그리스도의 신적 영광 앞에 설 수 있다는 사실이 불가능하다. 천년기론자들 특히 세대론자들이 특히 이 점을 염려하는데 그들도 문제점을 깨닫기는 한 것 같다. 그리스도께서 직접 다스릴 때는 그의 신적 영광을 그대로 현시하실 터인데 변화되지 못한 악인들이 어찌 그 앞에 설 수 있고 또 살 수 있겠는가? 또 의인들은 부활하고 변화되어 영체가 되었는데 악인들은 혈육을 그대로 지니고 함께 산다는 것도 불가하다. 우리의 구원이 완성되어 몸이 부활하면 우리의 주위 환경도 함께 변화되게 되어 있다.

6) 구속은 창조의 회복인데, 천년기론자들에 의하면 천년왕국 후에 우리의 거처를 딴 곳으로 옮긴다니 불가하다. 성경의 근본 가르침은 구속은 재창조 곧 창조의 회복이지 새 창조가 아니다. 이 현 창조가 변화되고 새롭게 되어 우리의 영구한 거처가 될 것이다. 하나님의 구속은 자기의 손으로 지으신 것을 하나도 탈락시키지 않으신다. 변화된 땅이 우리 인류의 영구한 거처가 될 것이다.
그런데 천년기론자들에 의하면 천년 후 이 땅을 버리고 하늘 딴 곳으로 간다고 하니 이것도 불가하다. 이외에도 천년왕국에 대한 불가 근거들이 있지만 지면 관계상 이 정도로 마친다.

9. 성경적 종말론

성경과 공교회가 가르치는 종말론은 주의 재림, 보편 부활, 보편 심판, 정화, 신천신지이다. 주의 재림이 있기 전에 큰 배도와 천재지변의 가속화, 이스라엘의 회심, 적그리스도의 출현 등이 있을 것이다.

그러나 주의 재림의 날을 확정하는 것은 우리에게 허락되지 않은 일이다. 온갖 풍설에 밀려 마음이 요동하여 복음 전도와 우리의 할 일을 소홀히 하면 안 될 것이다. 우리는 절제의 생활을 하여 언제 주님이 오셔도 담대히 설 수 있도록 해야 한다. 그리고 우리의 생업에 최선을 다하며 하나님을 섬겨야 한다.

말세에 미혹하는 영들의 역사를 우리가 알고 경계해야 한다.

천년기 소고(小考)[69]

1.

교부 시대부터 천년왕국에 관한 주장은 이레니우스(AD 130-202년)와 터툴리안(AD 160-225년), 또 파피아스(AD 70-155년) 등 소수에 의해 계속되었다. 천년왕국주의자인 파피아스는 '죽은 자들의 부활 이후 천년왕국이 있을 것인데, 그때 그리스도의 인격적인 통치가 실현될 것이다' 라고 말했다.

반면 교부 가운데 처음 천년왕국을 반대한 사람은 AD 3세기 알렉산드리아 신학자 오리겐이었다. AD 4-5세기 교부였던 어거스틴도 '하나님 나라는 먹는 것과 마시는 것이 아니요, 성령 안에서 의와 평강과 희락이라' (롬14:17)는 말씀에 근거하여 천년왕국을 배척했다. 또한 AD 381년 콘스탄티노플 공회에서는 천년왕국을 배척하고 그리스도의 나라는 영원한 나라로 확정하였다.[70] 바울 사도가 '그 마지막은 그리스도께서 아버지께 나라를 바칠 때라' (고전15:24) 말함으로 그리스도의 나라가 종결되는 듯하지만, 그리스도의 나라는 삼위 하나님의 연합 안에서 영원하다.

2.

필자는 천년왕국의 견해 가운데 무천년과 역사적 전천년의 주장을 비교하려고 한다. 이들의 견해는 공히 복음 전파, 큰 배도, 적그리스도의 출현, 이스라엘의 회심, 재림을 종말의 도식으로 말한다. 그러나 이들의 차이점은 무천년은 공회의 결정인 한번 재림, 보편 부활, 보편 심판, 정화와 신천신지로 종결된다는 신앙고백을 하지만 역사적 전천년은 재림 이후에 천년왕국이 있다고 주장하는 것이다.

3. 천년왕국에 대한 견해들

1) 역사적 전천년의 견해

역사적 전천년은 '천년' 을 문자적으로 해석하여, 천년왕국은 그리스도의 재림 이후 완성될 지상의 메시아 왕국으로서 에덴의 회복이라고 주장한다. 이들의 주장의 근거는 계19-20장을 시간적 순서에 따라 해석한 결론이다.

---

69) 이 소고는 필자가 계20:1-7의 구조를 해석한 결과를 정리한 내용이다. 신학적으로 천년기의 새로운 학설을 제시한 것이 아니다 는 점을 밝힌다.
70) 서철원, 교의신학 7: 종말론 (쿰란, 2018), pp.170-172, 185.

역사적 전천년은 계19-20장을 하나의 단락으로 간주하여 19장과 20장을 나누지 않아야 한다고 주장한다. 즉 성경을 순서대로 읽으면 바벨론이 망하고, 짐승이 잡히고, 용이 잡히고, 용의 풀림과 불 못에 던져진 이후 하늘의 세계가 순서대로 기록되어 있으므로 성경에 기록된 시간 순서대로 읽어야 한다고 주장한다. 그래서 무천년이 주장하는 용의 사로잡힘을 역사의 초기로 회귀시키는 것은 계시록 전체의 문맥에 맞지 않는다고 주장한다. 즉 계12-16장까지는 악의 권세의 기원과 그 악의 정체와 활동에 대한 강조이며 계17장부터는 악의 세력의 순차적인 멸망, 곧 바벨론 멸망(18장)과 두 짐승 멸망(19장), 그리고 용의 멸망(20장)을 순차적으로 설명한다고 주장한다. 그래서 계20장의 서두에 있는 용의 사로잡힘을 역사의 초기로 회귀시키는 것은 계시록 전체 문맥에 맞지 않는다고 주장한다.

2) 무천년의 견해

무천년에 의하면 계20장이 계19장에 이어서 나타나는 사건이 아니라고 주장한다. 무천년은 계19장에서 그리스도의 재림으로 역사는 끝나고, 계20장은 다시 역사의 초기로 돌아가는 것으로 설명한다. 이러한 해석의 근거는 계시록이 일곱 인, 일곱 나팔, 일곱 대접으로 구성되어 있는데, 이것들은 항상 역사의 초기부터 역사의 말기까지 반복하는 구조로 이루어져 있다고 주장한다. 그래서 계19장에서도 그리스도께서 재림하셔서 짐승을 유황불 못에 던져 넣으시면 역사는 종결되고, 그 후에 다시 역사의 초기로 돌아가야 한다고 주장한다. 또한 계12장을 보면 하늘에서 용이 떨어지는 사건이 복음 시대의 초기인 것처럼 계20장도 복음 시대의 초기를 설명하는 것으로 해석한다.

이러한 주장에 근거하여 무천년은 역사적 전천년의 견해를 다음과 같이 비판한다. 무천년은 하나님의 구원역사가 재림으로 끝나야 하므로 역사적 전천년이 주장하는 재림 이후 천년왕국이 세워지는 견해를 반대한다. 또한 무천년은 재림 사건으로 모든 악의 세력이 심판받는데, 재림 이후 다시 악이 존재할 수 있느냐 하는 의문을 제기한다. 그래서 무천년은 역사적 전천년이 주장하는 구원 도식, 곧 재림 이후 용이 풀려나서 다시 유혹과 심판을 반복하는 구원 도식을 부인한다.

결론적으로, 무천년은 계20:1-7절의 '천년'을 상징으로 해석하며, 이것을 초림부터 재림까지 곧 신약시대 동안 그리스도께서 통치하시는 기간으로 해석한다.

3) 필자의 견해

필자는 지금까지 전개된 천년기 논쟁은 신학적 관점을 우선시하는 석의(exegesis) 방식 때문이라고 생각한다. 많은 사람이 계19-20장의 재림 이후 천년의 의미, 용의 출옥과 그로 인한 곡과 마곡의 전쟁에 집중하므로 계19-20장의 구조를 간과한 채 사변적으로 천년기를 접근하였다. 반면 필자가 계시록의 구조에 근거하여 계19-20장을 해석한 결과 천년기 해석은 무천년의 견해와 유사하다. 그러나 아이러니 하게도 그것을 입증하려는 방법은 역사적 전천년이 주장한 연대기적 해석법을 선택하였다. 이러한 필자의 주장에 대한 근거들은 다음과 같다.

첫째, 재림 단락의 구조에 대하여

계시록을 히브리 병행구조로 읽을 때, 재림 단락은 하나의 단락으로 고안할 수 있다.[71] 큰 음녀와 지상의 통치자들이 심판받는 주제 단락(19:17-18, 하나님의 큰 잔치)을 중심으로 계19:11-20:10절은 하나의 단락으로 묶을 수 있다. 이 구조가 의도하는 것은 그리스도의 강림으로 말미암아 모든 악은 한번 심판으로 끝나야 한다. 처음에 두 짐승과 그 세력들이 심판받고, 천년이 지난 후 모든 악의 원흉인 사탄이 심판받는 것이 합당치 않다.

이러한 견해에 근거하여 필자는 계19:11-20:10절을 '재림과 악의 삼위일체 멸망' 이라는 주제로 아래와 같이 구조를 고안하였다.

> ▶ 재림과 악의 삼위일체 멸망(19:11-20:10)
>   a. 그리스도께서 심판주로 강림하심(19:11-16)
>   b. 하나님의 큰 잔치(19:17-18): 어린양의 혼인잔치
>   a' 재림(19:19-20:10): 하나님 심판

아울러 '천년왕국 가설' 의 본문이 포함된 마지막 단락(a' 19:19-20:10, 재림: 하나님의 심판)의 구조는 다음과 같이 고안할 수 있다.

> a. 그리스도께서 심판주로 강림하심(19:11-16)

---

71) 교차적 병행구조는 성경을 자의적으로 해석하는 일을 예방하는 중요한 수단일 뿐 아니라 분명한 메시지를 전달하는 수단이기도 하다. 사도는 상징적 표현을 담고 있는 종말의 계시를 더욱 정확하게 전달하고자 교차적 병행구조를 사용하여 계19:11-20:10절을 기록하였다.

▶ a' 재림(19:19-20:10): 하나님 심판
　① 짐승과 거짓 선지자의 심판(19:19-21)
　② 첫째 부활에 참여한(할) 자(20:1-7)
　　ⓐ 용의 결박과 풀림(20:1-3)
　　　❶ 천사가 용을 결박(20:1-2a)
　　　　❷ 용의 정체(20:2b-2c): 옛 뱀, 마귀, 사탄
　　　❶' 용의 무저갱의 감금과 풀림(20:2d-3)
　　ⓑ 첫째 부활(20:4-6)
　　　❶ 첫째 부활에 참여할 자들이 천년동안 왕노릇 함(20:4)
　　　　❷ 첫째 부활에 참여하지 못한 자들(20:5a)
　　　　　❸ 첫째 부활(20:5b)
　　　　❷' 첫째 부활에 참여한 자들(20:6a)
　　　❶' 첫째 부활에 참여한 자들은 천년동안 왕노릇 할 것(20:6b-6d)
　　ⓐ' 용의 무저갱에서 풀림(20:7)
　① ' 사탄의 심판(20:8-10)
　　ⓐ 용이 곡과 마곡을 미혹하여 전쟁을 도발(20:8)
　　　ⓑ 하나님이 사랑하시는 성을 보호하심(20:9)
　　ⓐ' 곡과 마곡 전쟁의 결과(20:10): 마귀가 불과 유황 못에 던져짐

둘째 단락(② 20:1-7. 첫째 부활에 참여한(할) 자)의 주제는 '첫째 부활'이다(20:4-6). 성경에는 사탄의 멸망에 대하여 여러 곳에서 예언하고 있다. 그래서 사탄의 멸망은 더 이상 교회의 새로운 관심사가 아니다. 오히려 사도의 관심은 당시 교회보다 더 큰 환난을 직면한 종말교회를 설명하면서 종말교회가 대환난을 이기고 그리스도의 영광에 참여하였다는 것이다. 그러므로 당시 교회들도 믿음으로 원수의 공격을 이기고 동일한 영광과 축복에 참여할 것을 격려한다.

1세기 박해 상황 가운데 사도가 당시 교회에게 주는 교훈은 계2-3장에서 언급한 것처럼 하나님의 사랑이 역사의 고비마다. 특히 대환난 이후 교회들을 향하여 어떻게 나타나는가 하는 데 있다. 환언하면, 하나님은 신약교회에게 그리스도의 철장 권세를 부여하므로 모든 시대에서 사탄을 이길 수 있도록 하셨고, 이기는 자에게는 그에 합당한 상급을 약속하셨다. 그리고 주제 소단락(ⓑ 20:4-6. 첫째 부활)에서는 하나님께서 이기는 자에게 약속하신 상급이 무엇인가를 설명한다. 이것이 첫째 부활이다. 그러므로 둘째 단락(②)에서 사도가 의도한 메세지는 천년왕국에 대한 것이 아니다.

둘째, 용의 결박과 풀림에 대하여

둘째 단락(② 20:1-7, 첫째 부활에 참여한(할) 자)의 처음(ⓐ 20:1-3, 천사가 용을 결박)과 마지막 소단락(ⓐ' 20:7, 용의 무저갱의 감금과 풀림)에서 사도가 용의 결박과 풀림 사건을 다시 기록한다. 사도가 이미 사탄의 결박(12:9)과 풀림(9:1, 11:7) 사건을 기록했음에도 불구하고 그의 예언서 결말에서 이 사실을 다시 언급한다. 이러한 사도의 의도는 사탄의 심판을 설명하기 전 사탄의 기원과 정체를 다시 설명할 필요가 있다고 생각했기 때문일 것이다. 즉 사탄은 첫 창조 때부터 하나님의 교회를 박해한 원수로서 심판받을 것이다.

아울러 마지막 소단락(ⓐ' 20:7, 용의 무저갱에서 풀림)은 사탄이 재림 때 있을 심판을 위하여 무저갱에서 풀려나야 한다는 점을 설명한다. 사탄의 결박은 과거에 예수의 십자가 사건에서 이루어진 일이다. 사탄은 공중권세 잡은 자로서 지위를 상실하고 무저갱에 감금되었으므로 더 이상 만국을 미혹하지 못한다. 그래서 용은 바다짐승을 자신의 대리자로 세울 것이다(계13:2). 이 기간에 교회는 하나님의 구원역사를 위하여 땅끝까지 복음을 왕성하게 전파 할 수 있게 되었다. 이때가 계시록에서 말하는 한 번의 '천년'(20:4)이다. 이것은 하나님의 구원역사가 실행될 수 있는 충분한 상징적 기간으로서 천년이다. 즉 사탄이 결박되었으므로 신약교회로 말미암은 그리스도의 왕권이 실행되는 기간으로서 천년이다. 이 천년은 하나님 나라 신학에서 말하는 '이미'의 하나님 나라로서 천년이다.

천년이 마감할 무렵 무저갱에 감금되었던 사탄은 그의 수하인 악한 영들과 함께 옥(처소)에서 해방된다(계9:1-2, 20:7). 무저갱에서 풀려난 사탄은 '히브리식 이름이 아바돈이요 헬라식 이름이 아볼루온'(계9:11)인 악한 영들의 임금이며 무저갱의 사자(천사)다. 무저갱에서 풀려난 사탄은 종말적 적그리스도에게 보좌와 함께 강력한 권능을 부여한다(13:2). 이때 적그리스도 정부의 박해가 절정에 이를 것이며, 종말적 적그리스도는 붉은 짐승으로서 여자의 남은 자손들을 박해할 것이다(12:17). 또한 적그리스도 정부는 주님의 주권적 허락 아래 두 증인을 죽일 수 있다(11:7). 그러나 종국에는 주님께서 다섯째와 일곱째 대접 재앙을 실행하심으로 적그리스도 정부는 멸망하고, 붉은 짐승도 불 못에 던져짐을 당할 것이다.

셋째, 재림 직전에 있을 전쟁에 대하여

셋째 단락(①' 20:8-10, 사탄의 심판)에서는 악의 삼위일체가 그리스도 강림을 저지하려는 전쟁을 위하여 만국을 미혹할 것이다(16:13,14, 20:8,9). 무천년은 이 전쟁을 아마겟돈 전쟁, 곧 곡과 마곡 전쟁이라고 말한다. 즉 계16장에서 여섯째 대접 재앙으로 촉발된 전쟁은 아마겟돈 전쟁(16:16)인 동시에 곡과 마곡 전쟁(20:8)이다. 이 전쟁은 곡(북쪽 땅의 왕)이 이스라엘을 중심한 땅의 사방 백성을 미혹하여 촉발한 전쟁이다. 여기서 땅의 사방 백성은 곡이 왕으로 있는 메섹과 두발, 그들과 연합 관계에 있는 바사, 구스, 붓, 고멜, 스바, 드란, 다시 등 마곡지역에 있는 많은 민족이며, 이들은 이스라엘과 전쟁을 위하여 집결할 것이다(겔38-39장).

필자는 아마겟돈 전쟁과 곡과 마곡의 전쟁이 동일한 전쟁이라는 점을 다음과 같이 추론한다. 사도가 인류의 마지막 날에 있을 전쟁을 계16장에서 장소로 표현한다면, 계20장에서는 왕들과 민족들을 중심으로 기술할 수 있다. 이러한 추론은 계시록이 묵시 문학적 특징을 가졌다는 사실을 고려할 때, 사도가 동일한 전쟁을 다른 상징으로 표현할 가능성이 크다고 하겠다. 실제로 사도가 계시록에서 이러한 상징기법을 자주 사용한다. 예를 들면 교회는 촛대와 감람나무, 배도한 교회는 음녀와 큰 음녀, 그리고 대환난 때 활동할 사역자들을 두 증인, 십사만 사천, 해 입은 여자로 표현한다. 또한 사탄을 옛 뱀, 용, 마귀, 무저갱에서 올라온 짐승으로 표현하며, 또한 종말적 적그리스도를 바다짐승, 붉은 짐승 등으로 표현한다. 이러한 관점에서 볼 때, 두 개의 전쟁처럼 표현된 인류 역사의 마지막 전쟁은 동일한 전쟁의 다른 표현이며, 이것은 하나님의 큰 날에 있을 전쟁이다. 이 전쟁은 사탄의 주도하에서 촉발될 것이다.

넷째, 그리스도의 영원한 왕권에 대하여

둘째 단락(② 20:1-7, 첫째 부활에 참여한(할) 자)에서 '천년'은 여섯 번 사용되었다. 그런데 사도가 천년을 모두 동일한 의미로 사용하지 않았다. 즉 다섯 번의 천년은 초림에서 재림까지 기간, 곧 신약시대를 상징적으로 표현하였다(계20:2,3,4,5,7). 이 기간 동안 세상은 아직 그리스도의 철장 권세에 복종하지 않는다. 그래서 신약교회의 증인들은 그리스도처럼 순교로서 하나님의 통치를 실현한다. 이것이 현 세상에서 시행되는 그리스도 왕권의 실현이며, '이미의 하나님 나라'이다.

그러나 마지막 때에 만물이 그리스도의 권세와 능력 앞에 복종케 되는 사건이 발생할 것인데, 이것이 재림 사건이다. 이러한 종말적 사건은 장차 완성될 하나님 나라에서 나타날 그리스도 왕권의 지상적 실현이다.

아울러 또 한 번의 '천년'(계20:6)은 재림 이후 실행될 그리스도의 영원한 통치를 말한다. 이때 순교자들은 새 예루살렘 성에서 천년동안 그리스도와 함께 왕노릇 할 것이다(계20:6). 이때 신약시대 동안 구현되지 않았던 '아직의 하나님 나라'가 실현되는 때이다. 이것이 역사적 전천년이 주장하는 그리스도의 강림으로 완성될 '소위 천년왕국'이다.

요약하면, 그리스도의 왕권은 신약시대 동안 수립될 것이고, 새 하늘과 새 땅에서 완성될 것이다. 이때 만물이 새롭게 되어 그리스도의 통치에 복종하게 될 것이다. 또한 주 하나님이신 그리스도께서 백보좌 심판을 마치면 그리스도의 나라는 성부 하나님 나라에 귀속될 것이다(고전15:23-26). 그러므로 그리스도는 신인연합의 중보자이시며, 승귀하신 하나님이시며, 성부의 대리왕으로서 영원한 아버지의 나라이며 영원한 아들의 나라를 영원히 통치하실 것이다. 이것이 '나는 알파와 오메가요, 처음과 나중이요, 시작과 끝이라'(22:13)는 의미이다. 아울러 이것이 그리스도의 나라는 끝이 없다는 의미이기도 하다.[72)]

다섯째, 천년기를 하나님 나라의 신학으로 재해석

필자는 천년기 이론을 하나님 나라의 신학으로 해석하고자 한다. 신약신학의 백미라고 할 수 있는 하나님 나라의 핵심은 다음과 같이 설명할 수 있다.

첫째, 예수 그리스도께서 하나님 나라를 도래케 하셨고 그 나라의 왕으로서 통치하신다. 그래서 하나님 나라의 실질이 현 세상 가운데 나타난다.

둘째, 예수께서 말씀하신 그분의 나라는 이 세상에 속한 나라가 아니다(요18:36). 빌라도에게 말씀하신 것처럼 주님께서는 세상 가운데 하나님 나라의 통치를 가져오셨지만, 주님의 통치가 완전히 구현될 하나님 나라는 세상 나라에 속하지 않는다. 또한 이 세상에 도래한 하나님 나라는 '이미와 아직'의 긴장이 존재하므로 이 세상에서 완성된 형태로 나타나지 않는다. 다시 말하면, 예수 그리스도의 초림으로 인하여 이 땅에 구현된 하나님 나라는 십자가 사건에서 사탄의 죄와 사망의 권세를 박탈할 만큼 강력하게 나타났을지라도 아직 완성된 형태는 아니다.

위의 설명처럼 하나님 나라의 특징은 '이미-아직'의 긴장이 존재한다. 학자들은

---

72) 서철원, 종말론 (쿰란, 2018), 185 : 콘스탄티노플 공회의(381년)는 삼위일체 교리를 최종적으로 공식화하면서 이 진리를 추가하였다.

이러한 긴장이 신약성경 전체에 나타난다고 주장하는데, 그렇다면 이 개념은 계시록의 천년기에도 적용할 수 있다. 이 사실을 후크마는 다음과 같이 설명한다.[73]

이미 건설된 하나님 나라는 아직 그것의 절정 상태에 이르지 못하였다

그는 계속하여 말하기를

하나님의 왕국은 승리하신 그리스도가 말씀과 성령으로 자기 백성들을 통치하심으로써 지금 이 세상 속에 나타나고 있다. … 그리스도께서 죄와 악에 대하여 결정적인 승리를 이미 쟁취하셨다는 사실에도 불구하고 악의 왕국은 이 세상 끝날까지 하나님의 왕국과 함께 계속적으로 존재하고 있는 것이다. 우리는 현세대에서 많은 종말론적 축복들을 이미 향유하고 있음에도 불구하고(시작된 종말론) 우리는 또한 최종적 상태에서 시작될 그리스도의 재림과 연관된 결정적 미래적 사건들이 일어날 것도 바라보고 있다(미래적 종말론). 소위 "시대의 징조들"이 그리스도의 초림 사건 이후 이 세상에 나타났고 또한 그리스도의 재림 직전에 이 시대의 징조들은 더욱 심화된 결정적 형태로 나타나게 될 것이다.

위의 설명처럼 사탄은 재림 때까지 존재할 것이며, 사탄은 하나님 나라의 완성이 가까울수록 더욱 강력히 저항할 것이다.[74] 그러므로 예수께서 이 땅에서 구현하신 나라는 실현된 하나님 나라이지만, 이것의 완성은 그리스도 강림으로 말미암아 사탄이 구축한 세상 질서가 마감한 이후에 이루어질 것이다. 후크마 박사는 이 사실을 이 세상과 다음 세상 사이에는 불연속성뿐만 아니라 연속성도 존재한다 고 말한다.[75]
그렇다면 필자는 후크마 박사의 견해에 근거하여 '시작된 종말론' 곧 무천년이 말하는 천년왕국을 '실현된 천년기'로, 후크마의 '미래적 종말론' 곧 역사적 전천년이 주장하는 천년왕국은 '실현될 천년기'로 정의하려고 한다. 전자는 신약

---

73) 안토니 A. 후쿠마, 개혁주의 종말론 (기독교문서선교회, 1986), PP. 51, 240.
74) 계12:12, 벧전5:8, 마24:24.
75) 안토니 A. 후쿠마, 개혁주의 종말론 (기독교문서선교회, 1986), p. 104.

교회애서 진행되며, 후자는 신약교회의 완성으로 드러날 것이다. 결론적으로, 사도가 설명한 '천년'은 예수 그리스도의 초림으로 시작하여 새 예루살렘 성까지 계속되어야 할 것이다.

천년기에 대한 논의를 마감하면서....

유대주의 신학의 오해는 구약성경에 기초한 메시아 왕국에 대한 환상이다. 유대인들은 이 환상 때문에 메시아의 수난과 죽음에 대한 예언을 외면한 채 편향된 시각으로 구약성경을 해석하였다. 그 결과 조상인 아브라함 이후 민족 대대로 대망했던 메시아이신 예수를 십자가에 못 박는 죄악을 범하였고, 인류 역사를 통하여 메시아를 살해한 민족이라는 오명과 함께 많은 수난을 경험하였다.
여기서 주목할 점은 아무리 구약성경에서 다윗 왕국의 회복에 대하여 화려한 어조로 예언하였다 할지라도 메시아의 죽음으로 세워진 회복된 다윗 왕국의 실체는 유대인의 탄압과 로마제국의 박해 아래 놓인 외형적으로 초라한 모습의 초대교회였다. 종국에는 이 그리스도의 교회가 복음의 능력으로 세상을 심판할 교회로 완성될지라도 초대교회 당시에는 환난 가운데 명맥을 유지하는 공동체일 뿐이었다.

천년기 논쟁을 통하여 우리가 배워야 할 교훈은 구약 계시로 신약 계시를 해석하는 것은 분명한 한계가 있다는 것이다. 또한 구약 계시 없이 신약성경을 해석할 수 없다는 사실 또한 명백하다. 그래서 신학자들은 이러한 오류를 피하려고 '신약의 밝은 계시의 빛으로 구약성경을 해석한다'는 원리를 세웠다. 그런데 역사적 전천년은 구약에서 언급된 구절들에 근거하여 천년왕국의 도식을 주장하면서 구약 신학의 토대 위에서 신약성경을 해석하려고 한다. 그 결과 역사적 전천년이 주장하는 '천년왕국 가설'은 그리스도의 십자가로 세상의 구원역사가 종결된다는 하나님의 구원경륜을 부인하는 심각한 오류를 초래하게 되었다.
결론적으로, 역사적 전천년은 종말론 해석에 있어서 유대주의 신학이 범했던 동일한 과오를 반복하고 있다.

참고 문헌

David A. Dorsey, 구약의 문학적 구조 (크리스챤 출판사, 2003)

D. A. 카슨, G. K 빌, G. H. 거스리, 맥도너, 일반서신과 요한계시록 (기독교문서선교회, 2012)

G. E. 래드, 요한계시록 (크리스찬서적, 1990)

G. E. 래드, 종말론 강의 (이레서원, 2017)

G. E. 래드, 신약신학 (성광문화사, 1986)

R. Bauckham과 이필찬, 요한계시록을 어떻게 읽을 것인가? (헤르메데이아 투데이 12, 2000)

Vern S. 포이쓰레스, 세대주의 이해 (총신대학출판부, 1990)

간하배, 다니엘서의 메시야 예언 (개혁주의신행협회, 1970)

고든 디. 피와 더글라스 스튜어트, 성경을 어떻게 읽을 것인가 (성서유니온, 1988)

그랜트 오즈번, 요한계시록 (부흥과 개혁사, 2002)

그랜트 오즈번, 요한계시록 해석의 기본 원리 (그 말씀 11, 1997)

김서택, 요한계시록 어떻게 설교할 것인가 (그 말씀 11, 1997)

김홍전, 다니엘서의 네가지 환상 (성약, 2014)

리차드 멜릭, 묵시문헌 설교를 위한 지침들 (그 말씀 11, 1997)

박수암, 요한계시록의 구조론, (장신논단 21, 2004)

박수암, 요한계시록의 묵시와 묵시주의 (교회와 신학 33, 1998)

박익수, 묵시문학과 신약성서 (신학과 세계 12, 1986. 11)

박준서, 구약묵시 문학의 역사이해, (신학논단 15, 1983)

변종길, 요한계시록에서 무엇을 설교해야 할 것인가 (그 말씀 11, 1997)

서철원, 교의신학 1: 신학서론, (쿰란, 2018)

서철원, 교의신학 2: 하나님론, (쿰란, 2018)

서철원, 교의신학 3: 인간론, (쿰란, 2018)

서철원, 교의신학 4: 그리스도론, (쿰란, 2018)

서철원, 교의신학 7: 종말론, (쿰란, 2018)

송영목, 요한계시록 (SFC, 2013)

심운용, 요한계시록 배경 연구 (그 말씀 11, 1997)

양용의, 요한계시록은 어떤 책인가 (그 말씀 11, 1997)

에드워드 로제, 신약성서 배경사 (대한 기독교 출판사, 1984)

유석근, 밝혀진 적그리스도의 정체 (예루살렘, 2009)

이달, 요한계시록의 장르와 해석 (글누리, 2008)

이필찬, 요한계시록 어떻게 읽을 것인가 (성서유니온, 2000)

이필찬, 내가 속히 오리라 (이레서원, 2006)

크레이그 S. 키너, 요한계시록 (솔로몬, 2010)

한철흠, 요한계시록의 예언적 종말론, (피어선 신학 논단 5, 2016)

집필 후기

오래전 주님께서 필자의 뇌리에 계시록 구조의 일부분을 각인(刻印)시키셨습니다. 필자는 이것을 직관(intuition)으로 이해합니다. 그날 이후 필자는 계시록 전체 줄거리를 파악하는 고단한 작업에 몰입하였습니다. 또한 히브리 병행구조와 묵시문학 형식을 사용하여 개별적으로 존재하는 것처럼 보이는 환상들의 의미를 해석하고, 그 환상들을 연계하여 전체 줄거리를 고안하는 작업을 하였습니다. 이 과정에서 여러 시행착오를 거듭한 후 요한계시록 구조 성경을 제작하게 되었고, 이 성경에 기초하여 계시록의 난해한 구절들을 해석하였습니다. 특히 무천년 학파가 외면하고 전천년 학파가 과장한 현금의 계시록 해석을 교정하여 마침내 〈미로탈출 요한계시록〉을 출간하였습니다.

이 와중에 큰 수술과 후유증으로 인하여 연구에 집중할 수 없는 상황을 경험하였으나 모든 것은 '나와 함께 하신 하나님의 은혜'(고전15:10)라는 사실을 고백하게 할 만큼 주님의 은혜와 긍휼은 크고 놀라웠습니다.

평범한 목사로서 집필하는 일은 고단한 삶이었고, 난제들을 해결하려는 연구는 힘든 작업이었습니다. 더욱이 교수님들의 지도에 따라 보완하는 작업을 하는 가운데 많은 시간이 유수와 같이 흘렀습니다. 그 결과 초고보다 완성도 높은 저작을 완성했음에도 불구하고 기쁨보다 교수님들께 송구스러운 마음이 더욱 큽니다.

이제 필자는 주께서 맡기신 사명, 곧 신약성경을 히브리 구조로 제작하는 일에 매진하고자 합니다. 〈키아스무스 성경연구소〉를 통하여 성경의 길라잡이 책자도 제작하려고 합니다. 앞으로 이 연구소 사역에 한국교회가 깊은 관심과 기도로 동참해 주실 것을 간청드립니다.